古代木簡の研究

今泉隆雄著

吉川弘文館 刊行

日本史学
研究叢書

1

2

3

4

口絵１　若狭国遠敷郡調塩　平城宮

6

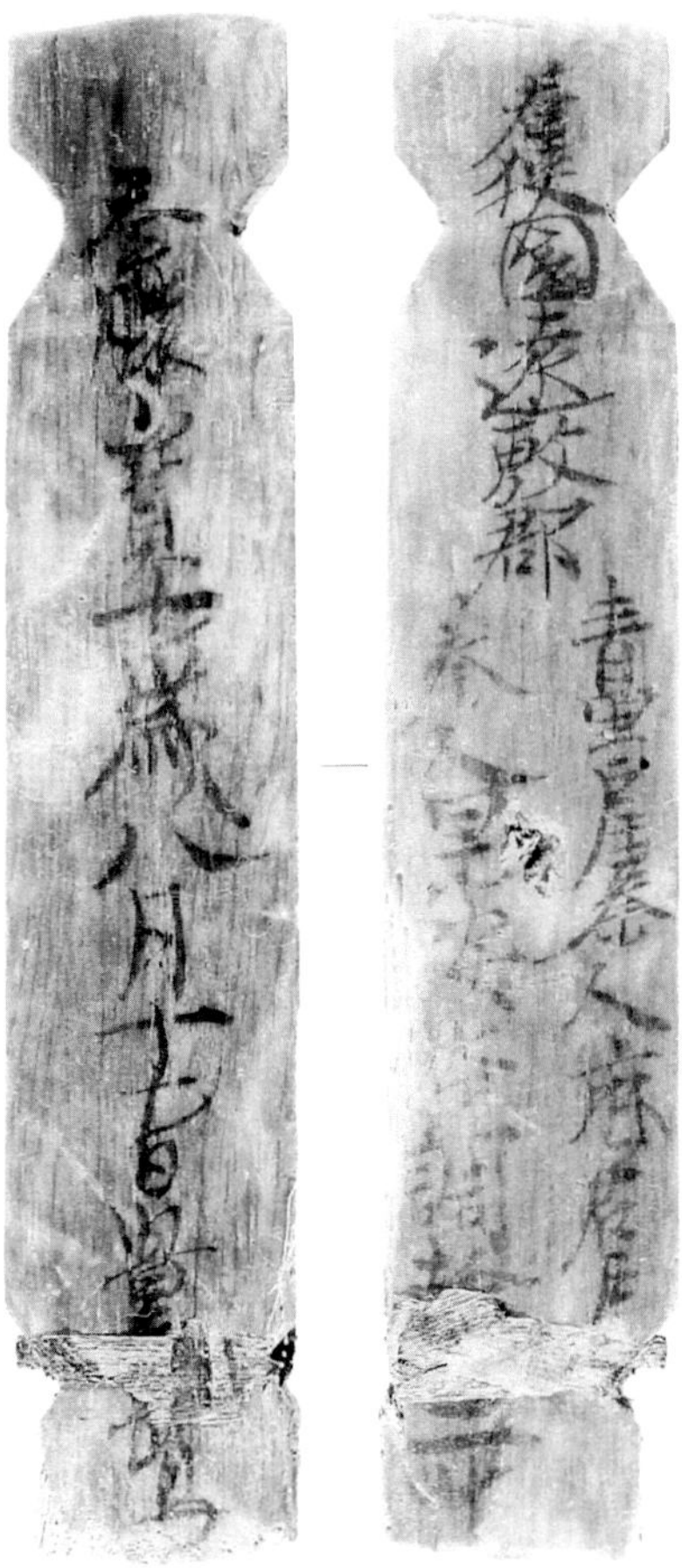

5

口絵２　若狭国遠敷郡調塩　平城宮

7

8

9

口絵3　若狭国三方郡調塩　平城宮

12

11

10

口絵 4　若狭国三方郡調塩　平城宮

16

15

14

13

口絵５　西海道調綿　平城宮

17

18

19

20

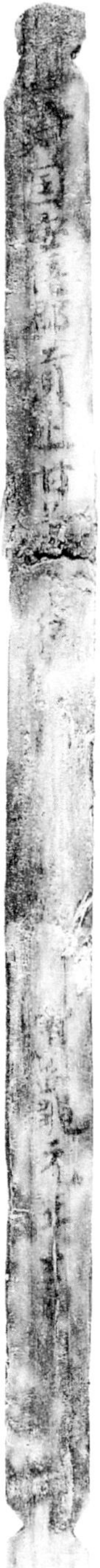

21

口絵6　贄　平城宮

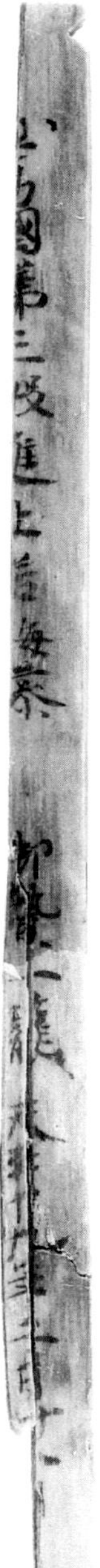

25

24

23

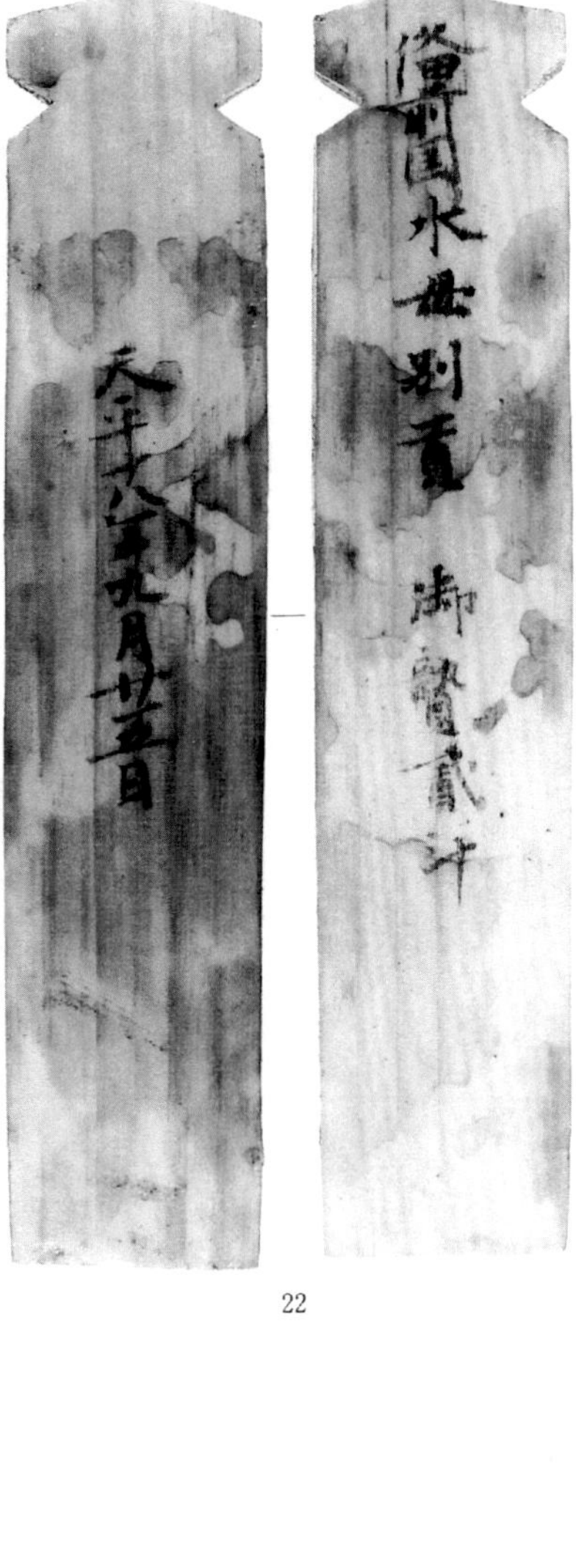

22

口絵7　贄・国衙様書風　平城宮

26

27

28

29

口絵 8　贄・国衙様書風　平城宮

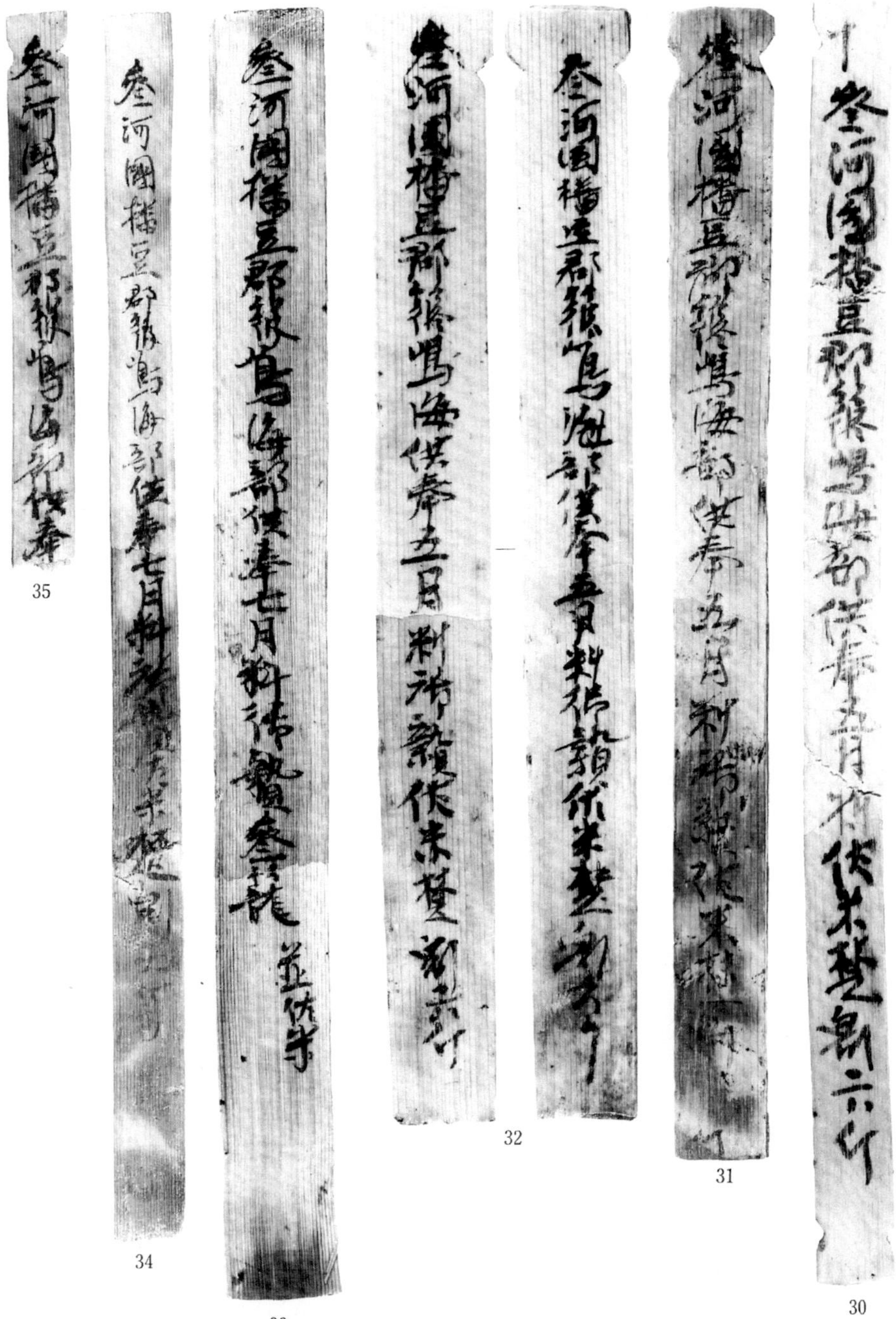

口絵 9　参河国篠嶋贄　五・七月料　平城宮

41 40 39 38 37 36

口絵10　参河国析嶋・篠嶋贄　六・八月料　平城宮

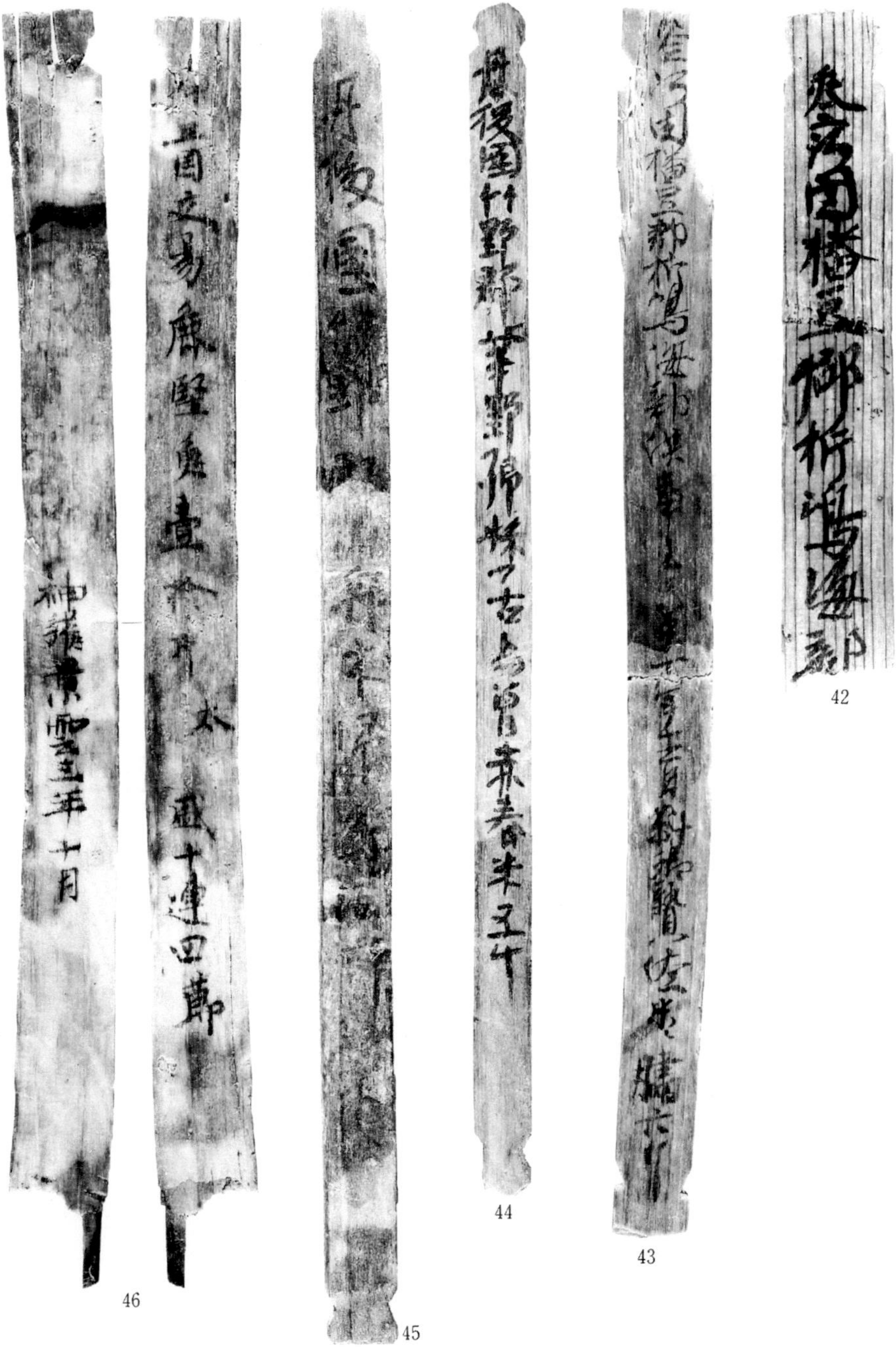

口絵11　春米・交易物　平城宮

49

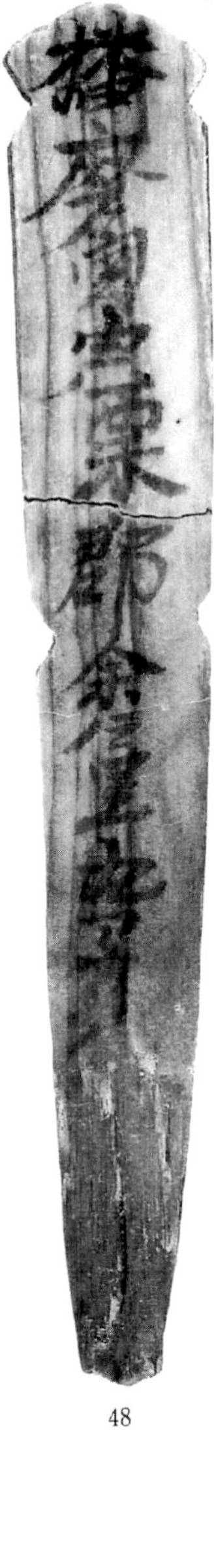

48

47

口絵12　舂米・続労銭　平城宮

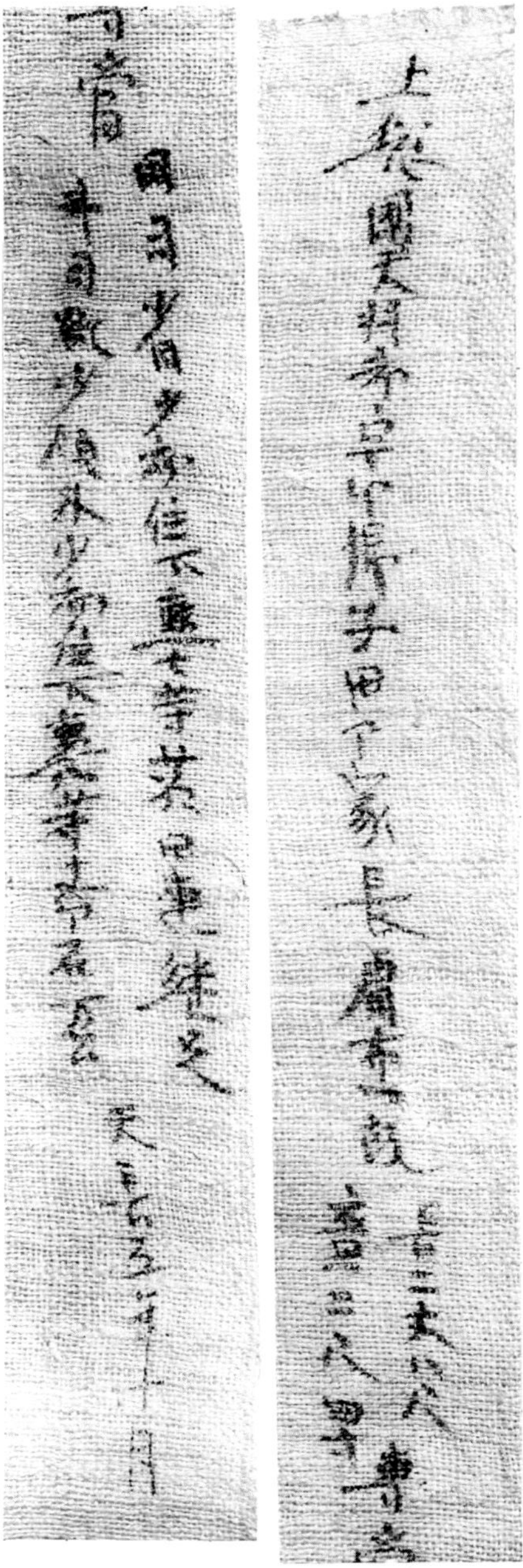

51

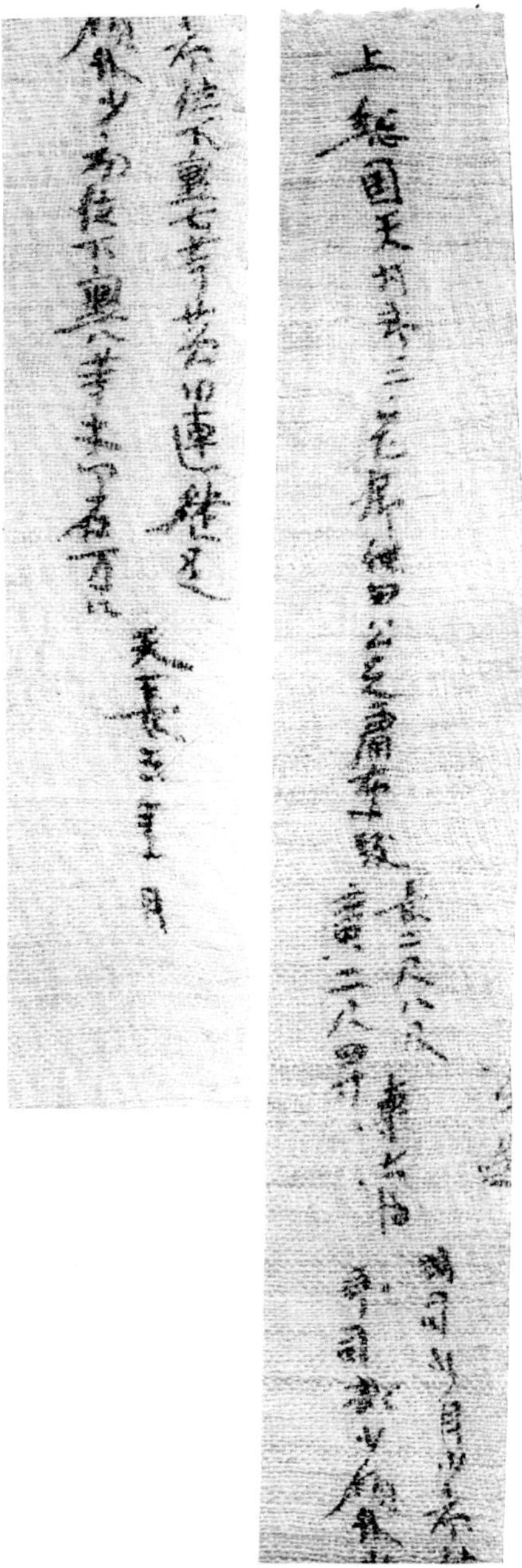

50

口絵13　庸布墨書銘　正倉院宝物

53

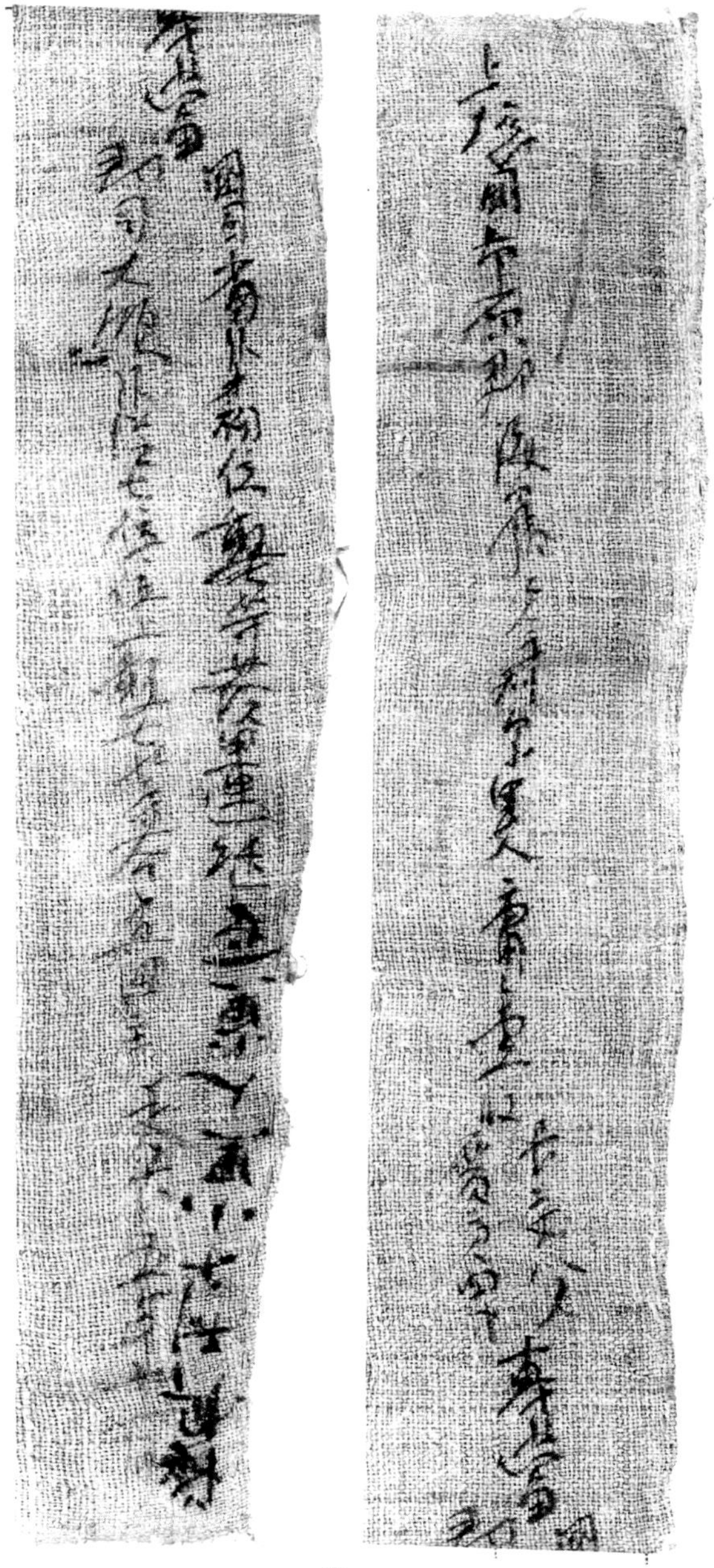

52

口絵14　調綾・庸布墨書銘　正倉院宝物

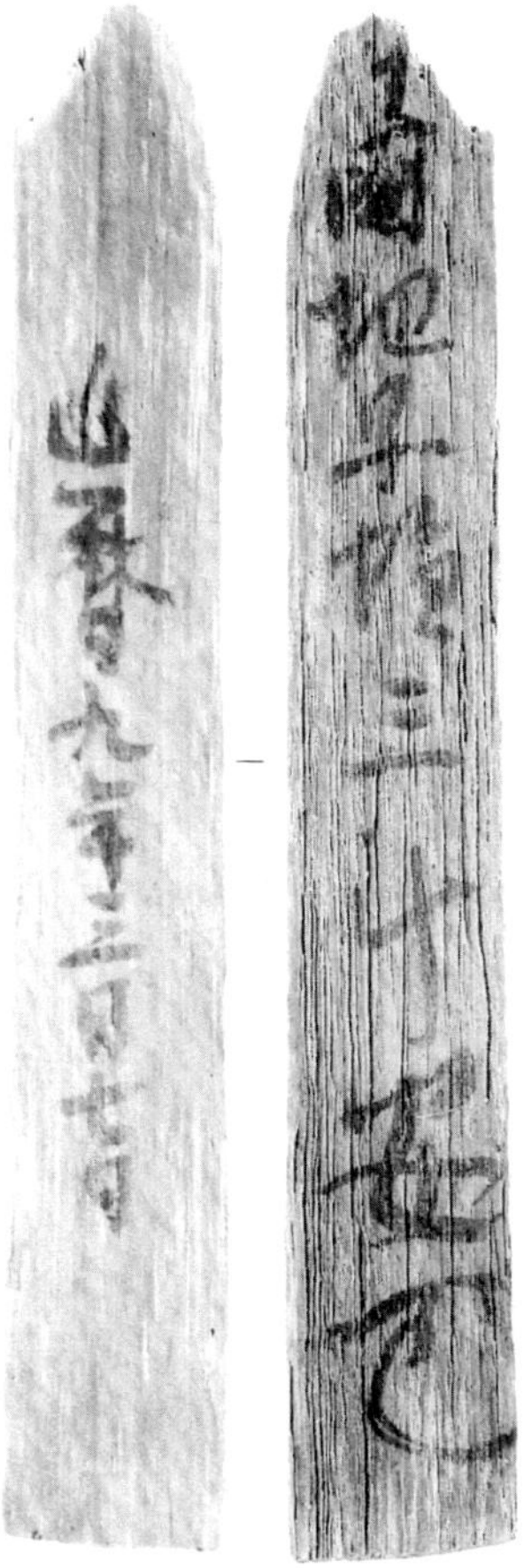

55

54

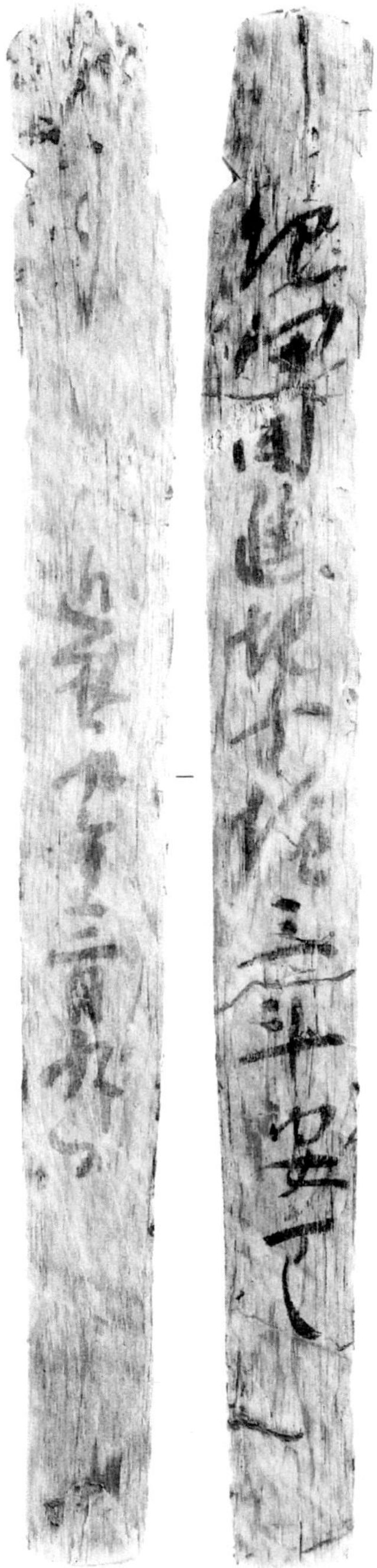

53

（口絵15～20の木簡番号は報告書の番号）

口絵15　紀伊国地子塩　長岡京

60

59

口絵16　近江国地子米　長岡京

62

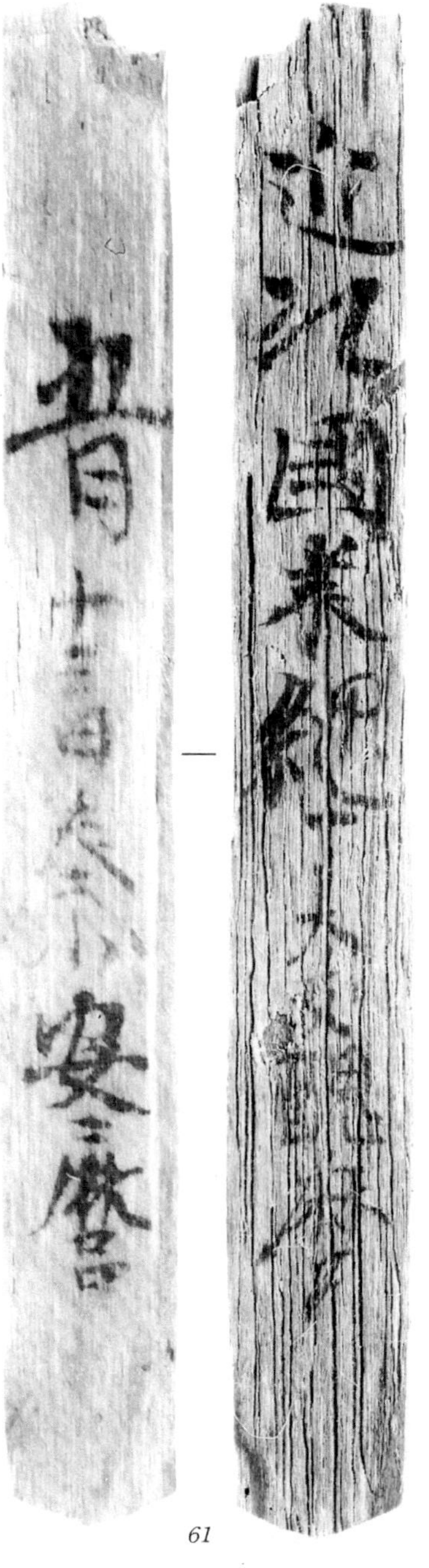

61

口絵17　近江国地子米　長岡京

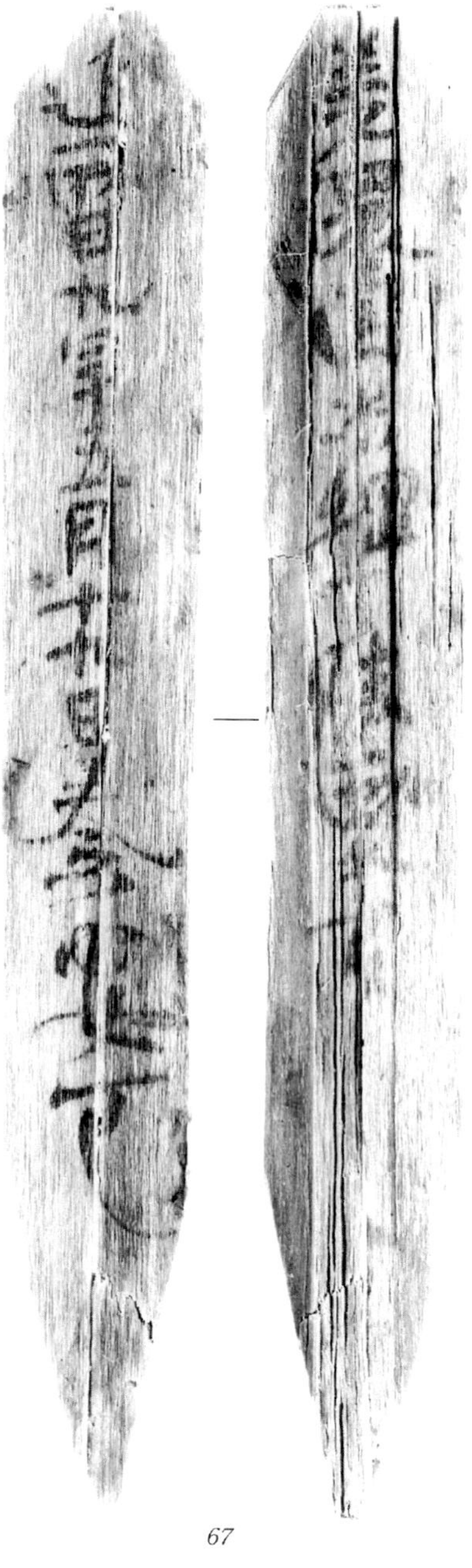

67

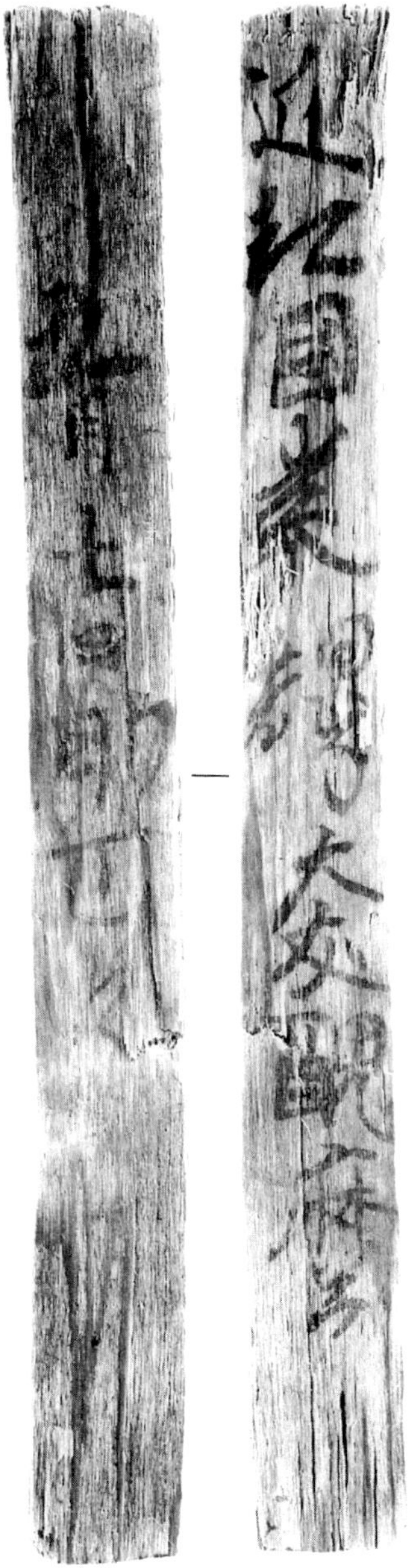

63

口絵18　美濃国地子米　長岡京

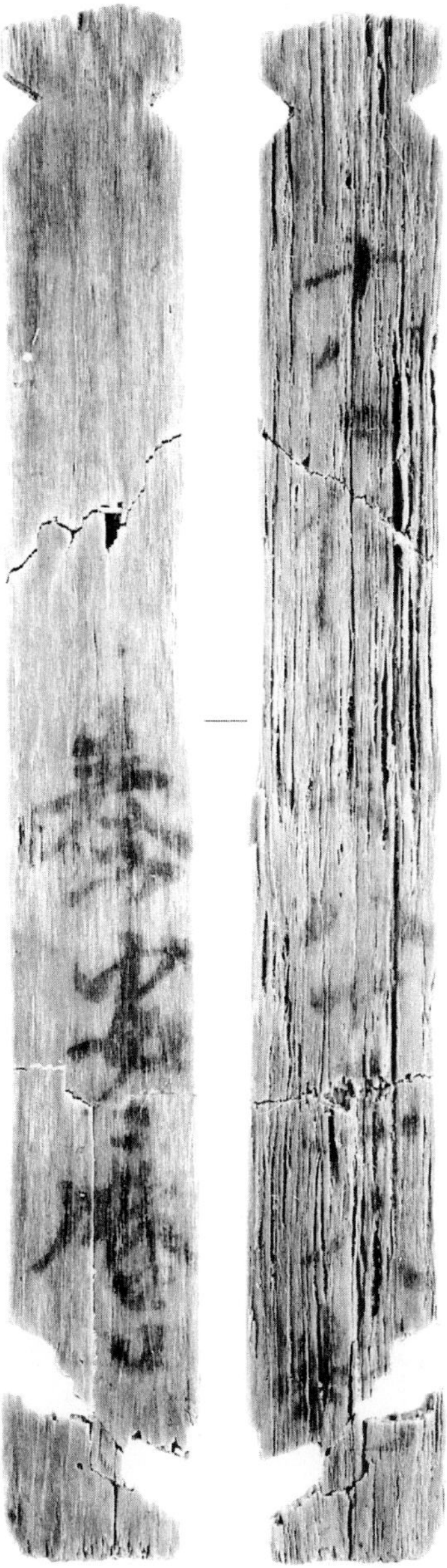

42

44

68

口絵19　作箸・秦安万呂　長岡京

46

48

49

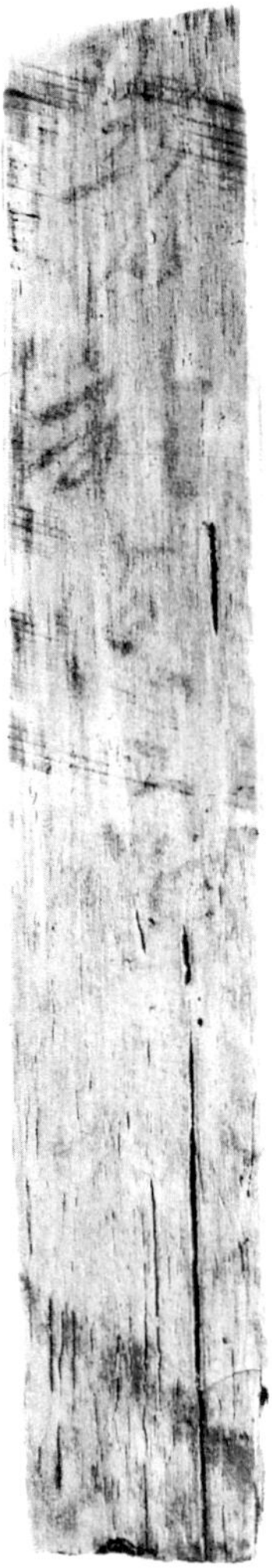

51

口絵20　検収整理札　長岡京

目次

第三編　個別木簡の考察

図・表目次

口　絵

挿　図

表

凡例

一　本書には十一編の論文を収め、そのうち十編はかつて発表した旧稿をもとにしている。旧稿を収める方針としては、発表時の研究史上の意味を考慮して旧稿のまま収める、および現在の考えによって書き改めるという二つの考え方がある。本書ではそれぞれの旧稿の研究史上の位置や、旧稿以後現在までの私の研究状況などを考慮して、不統一ではあるが、（1）旧稿のまま収める、（2）部分的に改稿する、（3）旧稿をもとにしながらも新稿を起こす、という三つのやり方を採用した。各章の初出稿とその成り立ちについては、各章の末尾の（付記）に記すとともに、巻末の「成稿一覧」に示した。

（1）旧稿のまま収めた場合は、現在の研究との関係やその後の新見を（補注）（補記）で補った。

二　全体的な統一をとるために、小見出しを加え、年次表記を改め、また引用論文の再収書を付加するなどの形式的な改訂を全面的に施した。改題したものもある。

三　引用した木簡の釈文の下段に双行に、法量・型式番号、樹種・木取りを記した。所拠の報告書の相違によって、この四項目すべてを記載できないこともある。また第二編第一章では樹種の前に出土小地区を記した。

四　法量は長さ・幅・厚さの順に記し、単位はミリメートルである。欠損し原形を保たないものについては（　）を付した。

五　型式番号は形態を示し、奈良国立文化財研究所、『木簡研究』で用いているものに準拠した。次の一五型式である（第1図）。

○一一型式　長方形の材。

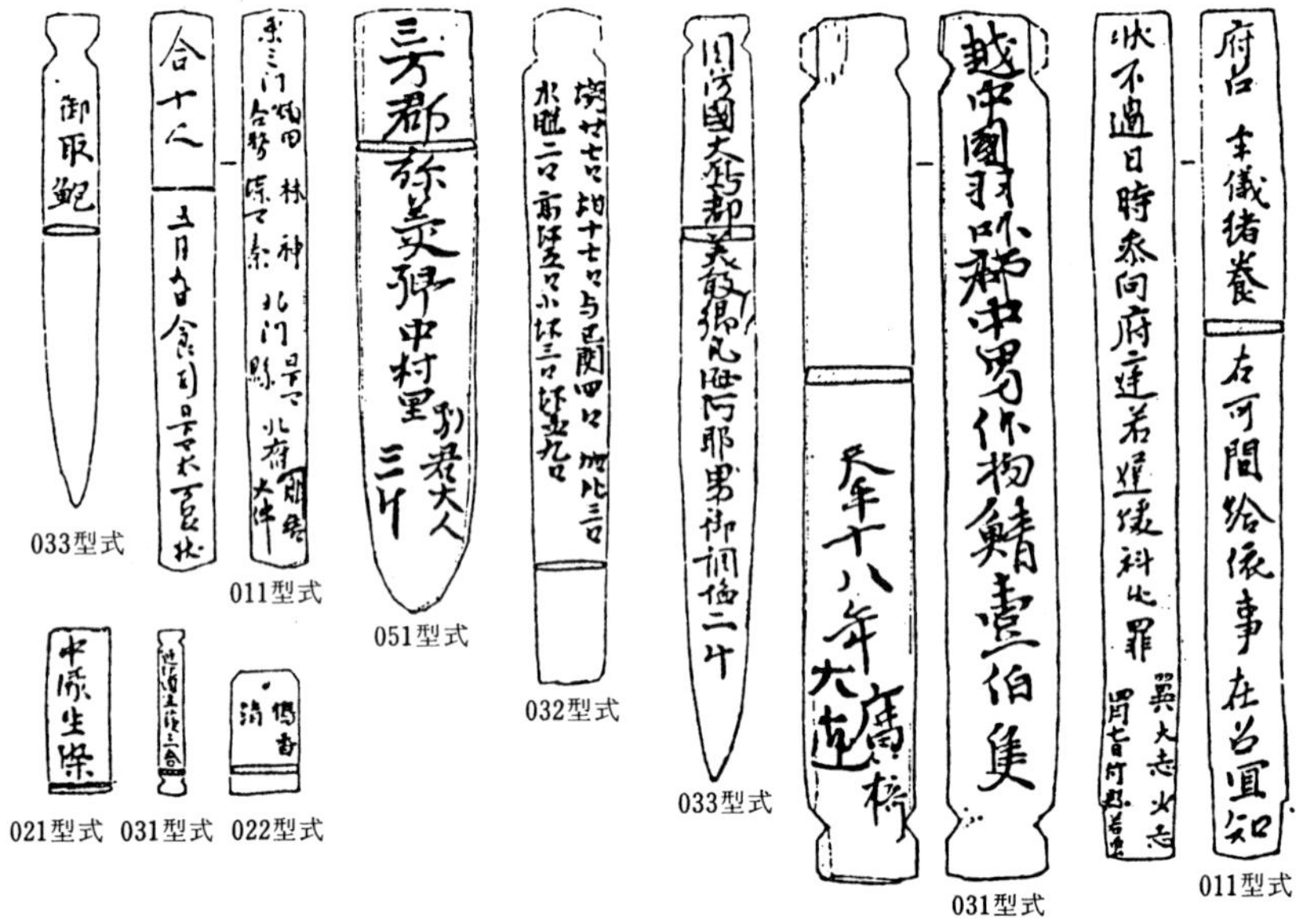

第１図　木簡の形態分類（『木簡研究』16より）

〇一五型式　長方形の材の一端側面から表裏面に平行に孔を穿ったもの。

〇一九型式　一端が方頭で、他端は折損・腐蝕などによって原形の失われたもの。原形は〇一一・〇三二・〇五一型式のいずれかと推定される。

〇二一型式　小形矩形のもの。

〇二二型式　小形矩形の材の一端を圭頭にしたもの。

〇三一型式　長方形の材の両端の左右にV字形の切り込みをいれたもの。方頭・圭頭など種々の作り方がある。

〇三二型式　長方形の材の一端の左右にV字形の切り込みをいれたもの。

〇三三型式　長方形の材の一端の左右にV字形の切り込みをいれ、他端を尖らせたもの。

〇三九型式　長方形の材の一端の左右にV字形の切り込みがあるが、他端は折損・腐蝕などによって原形の失われたもの。原形は〇三一・〇三二・〇三三型式のいずれかと推定される。

○五一型式　長方形の材の一端を尖らせたもの。
○五九型式　長方形の材の一端を尖らせているが、他端は折損・腐蝕などによって原形の失われたもの。原形は○三三・○五一型式のいずれかと推定される。
○六一型式　用途の明瞭な木製品に墨書のあるもの。
○六五型式　用途未詳の木製品に墨書のあるもの。
○八一型式　折損、割截、腐蝕その他によって原形の判明しないもの。
○九一型式　削屑。

六　木簡釈文に加えた符号はつぎの通りである。

ミミ　抹消した字画のあきらかな場合に限り原字の左傍に付した。
□□□　欠損文字のうち字数の確認できるもの。
▯　欠損文字のうち字数が推定できるもの。
▯　欠損文字のうち字数の数えられないもの。
⊔⊓　記載内容からみて上または下に少くとも一字以上の文字を推定したもの。
「　」　異筆、追筆。
ヘ　合点。
・　木簡の表裏に文字のある場合、その区別を示す。
ママ　文字に疑問はないが意味の通じ難いもの。
〔×　〕　文字の上に重書して原字を訂正している場合、訂正個所の左傍に・を付し原字を上の要領で右傍に示した。

七　口絵の写真は、口絵3の番号2を「口絵3－2」のように示す。

序　章　本書の意図と方法

本書は古代木簡に関する論文を収めたものである。全十一章を内容によって三編に編別構成した。第一編「木簡の史料学的研究」は五章よりなり、木簡そのものに関する史料学的研究を収めた。第二編「木簡群と遺跡」は三章よりなり、長岡京太政官厨家、平城京西隆寺、但馬国分寺から出土した木簡の考察である。それぞれ多数の木簡がまとまって出土しているので、群として捉えて相互に関連させ、さらに遺跡と関係づけて考察した。第三編「個別木簡の考察」は三章よりなり、個別木簡の考察である。序章では、各論文の意図と方法についてまとめて述べておきたい。

第一編　木簡の史料学的研究

第一章　木簡研究の成果と課題

I・IIのいずれも求めによって執筆したもので、Iは一九八〇年、IIは一九八七年のそれぞれの時点における木簡研究の成果と課題をまとめている。この二つの文章は研究史の整理という研究史的な意義を有するが、私の木簡に関する考え方を示しているので、木簡概説の意味を持たせて、本書の冒頭においた。

木簡の研究は木簡を史料・資料として利用した文献史学的・考古学的研究と、木簡そのものに関する基礎的な、いわば史料学的研究に分けられるが、ここでは後者の問題にしぼって論じている。すなわち木簡の資料的特性と研究方法、木簡の機能と用途に関わる特質、原物に即した問題、記載様式、木簡の伝来と終末、木簡を遺跡・遺物の調査に活用する方法などの諸問題である。

ここではすべてに関して詳しく触れないが、機能と用途に関する問題は木簡の特質を考える上で重要である。機能と用途に関しては、日本の木簡が紙と併用されているので、木簡の紙に対する独自な用途と機能、また両者の使い分けの観点から考え、私は木という材質に基づく、紙に対する木簡の書写材料としての特性、すなわち長所と短所という観点から考察した。そしてその際、木の堅牢性を生かした積極的な使い方を強調するそれまでの考え方に対して、木が紙に対して、体積の割に記載できる文字数が少なく、そのために書写材料として長文や、長期間保存を要するものの書写に適さないという欠点が、木簡の使い方を大きく制約している点を強調した。木簡はこのような書写材料としての欠点のために、短文ですむ日常的・個別的なことの記載や、カードとして用いられ、紙に対して補助的・従属的な位置にあった。

原物に即した問題については、形態、大きさ、樹種、木取り、製作技法、七世紀から八世紀前半の書風の変遷などについて整理した。

ここで掲げた課題はその後さらに深められたものもあるが、まだ課題として残されているものもある。

第二章　貢進物付札の諸問題

はじめに貢進物付札の呼称についてふれておく。本論文では、付札を貢進物付札と物品付札に小分類したので貢進物付札の呼称を用いたが、後に東野治之氏の指摘に従い荷札に変更し(1)、他の章では荷札を用いている。ただし本章は初出稿の内容を変更しなかったので、貢進物付札の呼称のままとしている。

本論文は研究史上、貢進物付札についての初めてのまとまった研究であり、先駆的な研究と言っていいだろう。本論文以前には貢進物付札は史料として用いられるだけであったので、本論文は貢進物付札そのものの解明をめざし、特に行政機構における貢進物付札の作成段階、およびその機能と役割の究明を意図した。まず貢進物の貢納に当たって文字を記載する方法として、付札のほかに賦役令調皆随近条に定める貢進物そのものに墨書する実物墨書、包装材に墨書する包装材墨書の方法があり、付札はそれらと並列する一方法であることを指摘し、つぎに貢進物付札に関する出土遺跡、税目・種目、形態、法量、材質、記載内容、貢進主体の書式、書蹟などの概要についてまとめた。

付札の作成段階については税目と貢進主体の書式毎に検討した。調庸絁布墨書銘は郡衙で書き込まれ、調の付札の大部分は郡衙で作成されたが、西海道諸国の調綿の付札は大宰府に蓄積されていた綿を貢進したという特別の事情から大宰府で作成された。白米の付札は郡衙、贄の付札は国衙と郡衙で作成されたと考え、結果として付札の作成について郡衙を重視した。調庸の徴収についても郡衙が中心になっていることから、付札の作成が徴税と深く関係していることを指摘した。付札・墨書銘の機能・役割については、貢進物の徴収・貢納を確実にするための貢進物の勘検において用いられ、調庸物については国衙と中央政府の二段階の勘検を行い、前者では計帳を台帳として貢進者単位の勘検、後者では調庸帳を台帳として郡および国単位の勘検を行ったと考えた。

本論文で採った方法について言うと、付札の作成段階、墨書銘の書き込み段階の決定について、㈠記載内容、㈡木簡の形態、法量、樹種、書蹟などの原物に即した点の二点について検討した。㈠については貢進主体の書式に注目し、下限をどの段階まで記載するかによって分類し、それが作成段階の下限を示すと考えた。㈡については上記の諸点の共通性・同一性が国・郡・郷のどの段階に検出できるかを検討した。書蹟については同筆の書蹟と国衙様書風を指摘した。国衙様書風は国衙段階で作成された付札にみえる楷好な書蹟で、国衙段階作成の付札を検出する根拠とした。

本論文の発表時点においてはこの二点のうち㈡が新しい方法と受けとめられたようである。この木簡の原物に即した諸点の検討については、すでに一九七六年十二月の第一回木簡研究集会で岸俊男氏が「木簡研究の課題」という報告で強調したところで、(2)また当時奈良国立文化財研究所の木簡の調査担当者の間には日常業務のなかで木簡の原物を扱っていた経験から、そのような共通の認識があったと思う。すでに鬼頭清明氏は参河国播豆郡篠嶋・析嶋の贄の木簡について同筆を指摘し、(3)加藤優氏は一九七六年の文化庁重要文化資料選定協議会において国衙様書風について指摘している。(4)本論文の方法もこのような前提のなかから生み出されたものである。この方法はその後の研究のなかで引き継がれ珍しいことではなくなっていく。ただ注意しておきたいのは、本論文の方法では㈡とともに㈠の記載内容、特に貢進主体の書式も重要な検討点になっている点である。作成段階の考察では税目別、貢進主体の書式別に検討しているから、貢進主体の書式は考察の枠組みになっているのである。㈠を無視し㈡のみを検討するのでは妥当ではない。

本論文はその後、東野治之氏、今津勝紀氏、山中章氏、寺崎保広氏らによって作成段階、機能・役割の問題について批判を受けたが、(5)それらに対する現在の私見は本文の「補記」に記した。

なお本論文のもとになったのは、一九七八年一月に奈良国立文化財研究所が開催した第二回木簡研究集会の報告「貢進物荷札について」である。(6)

第三章　木簡と歴史考古学

考古学において木簡は、遺跡・遺構の性格や内容の決定、また遺構の年代、共伴遺物の年代の決定において活用されている。本章はこれらの点に関して、木簡を考古学に活用する方法について考察した。このような問題に関する意識的な考察は本論文以前も以後も行われていない。

遺跡・遺構の性格の決定については、藤原宮・平城宮の門牓制に関する通行証木簡による宮城門の門号の決定、長岡京の地子荷札木簡などによる太政官厨家の決定を例にして、木簡の記載内容を遺跡・遺構に関係づけるためには、木簡の出土地点・状況の意味を、木簡の機能・移動・廃棄の検討から解明することが必要であることを指摘した。

遺構・遺物の年代の決定のために、年紀を記すか、または年代の推定できる木簡を利用するためには、木簡が作成されてから廃棄されるまでの期間を究明する必要がある。その期間は木簡の内容分類によって異なり、文書は短期間である。荷札は検収に使われるものは短期間で、保管のために荷物に残されたものは保存の利きにくい物品は短期間であるが、保存の利く物品は長期間に渡ることがある。題籤軸は文書の保管に用いるから長期間になることがあり、習書は作成年代と関係のない古い年紀が記載されることがある。

第一編第四章、第二編の三編の論文は前者に関する各論に当たり、第一編第五章は後者の文書木簡に関してあらためて詳論したものである。第一編第四章で展開した「木簡のライフサイクル論」は本論文を発展させたものである。

第四章　門牓制・門籍制と木簡 ―― 木簡のライフサイクル ――

本章は、門牓制による木簡によって藤原宮・平城宮の宮城門号を比定するとともに、そのことを材料にして出土木簡によって遺跡・遺構の性格・内容を推定する方法を意識的に考えようとしたもので、その方法として木簡のライフサイクルの復原という考え方を提起した。

出土木簡によって、出土した遺構およびその付近の遺跡の性格・内容を明らかにするためには、木簡の記載内容と出土遺構・遺跡との関係を考える必要があるが、そのためには木簡のライフサイクルを明らかにし、その中で出土地点・遺構の意味を明らかにすることが必要である。木簡は作成され機能し、不要になって廃棄される。これが木簡のライフサイクルである。木簡によってはその機能にともない移動することがあり、また必要に従って保管されることもある。木簡は作成され、そのことによってある内容を持ち、その内容に基づいて機能し、あるものはその機能にともなって移動し、また保管される場合もあり、そして不要になって廃棄される。私達は木簡の出土によって、木簡の記載内容と出土地点・遺構などを知ることができ、さらに出土地点・遺構から木簡の廃棄地点・状況を推測することができる。木簡の記載内容と出土地点・遺構⇒廃棄地点・状況からライフサイクルを復原し、出土地点・遺構と記載内容の関係を考えるのである。本章ではライフサイクルの復原について、ある制度における木簡の役割の解明という方法をとった。

宮城では内裏を中心として閤垣・宮垣・宮城垣の三重の垣が囲み、それぞれに対応して閤門（内門）・宮門（中門）・宮城門（外門）が開く。門牓制は宮門・宮城門における物資の搬出・搬入（詳しくは一般の物資の搬出と武器の搬出・搬入）を規制する制度である。藤原宮・平城宮の宮城門の外側から、搬出・入する物資の品目・数量と、通行する宮城門号を記載するか、またはある宮城門の門司に充てられた文書木簡が出土し、内容から見て門牓制に関わるものと考えられる。門牓制について詳しく見ると、宮城内の官司が物資の搬出・入をする時には中務省に申請し、中務省が門の守衛に当たる衛門府に門牓を発給し、さらにそれは通行を指定された門を守衛する門司に付され、門司は門牓によって搬出・入する物資を勘検する。先の木簡はこのような門牓の動きとは別に、搬出・入をする官司がそのことに当たる官人に、その担当者の身分と物資の内容を証明するために与えたものである。担当者はこの木簡を物資とともに通行する門まで携行していって門司に渡し、門司は木簡と門牓を照合して通行を許すのである。この木簡のライフサイクルを復原すると、この木簡は搬出・入をする官司で作成され、充先の門司、または通行を指定された門まで移動し、その門において門牓との照合に用いられ、通行証としての機能を果たし、そこで不要になって廃棄された。従ってこの木簡の出土地点＝廃棄地点の付近の宮城門に、木簡の充先である門司の門、または通行を指定された門の門号を比定することができるのである。

第五章　文書木簡の廃棄と計会制度

第二章において、木簡の年紀によってその出土遺構や共伴遺物の年代を決定するために、木簡の作成から廃棄までの期間について検討した。本章ではその際検討が十分でなかった文書木簡の廃棄までの期間について、長岡京木簡を材料にして明らかにした。

長岡京左京三条二坊八町の太政官厨家推定地から出土した二九点の請飯文書は、太政官内の各部局から太政官厨家へ常食の飯を請求した文書で、延暦八年八月から翌九年六月までの十一ヵ月間のもので、本来一年間分が集積・保管されて一括して廃棄されたものの一部である。律令制においては各官司間の公文書の伝達が確実に行われているかを確認するために計会制度が行われているが、その計会の一年度が八月一日から翌年七月末日までである。先の請飯文書木簡は、その始終の月が計会年度に近似することからみて、計会年度の一年分が集積・保管されて廃棄されたと推定でき、この点からみて一年度分が集積され、計会事務が終了すると短時日のうちに廃棄されたと考えられる。すなわちこの事例からみて、文書木簡の作成から廃棄までの期間は長くとも一年以内ということになる。この木簡の廃棄までの期間の問題は木簡のライフサイクルを時間の観点から考えることであり、ここでも計会制度という制度を手がかりにして考察した。

第一章　長岡京太政官厨家の木簡

長岡京左京三条二坊八町は太政官厨家の所在地と推定され、その町の東西溝ＳＤ一三〇一―Ａ・Ｂから出土した木簡群は内容の豊かなものなので、その諸問題について考察した。

第一節では、遺構と木簡について述べ、重複する古い溝ＳＤ一三〇一―Ａの木簡の年代が延暦六年（七八七）前後、新しい溝Ｂの木簡の年代が同八・九年（七八九・七九〇）と推定した。第二節では、三〇点の一括できる請飯文書が、太政官の書生と、太政官における考課事務を担当する考所の常食の飯を太政官厨家に請求した延暦八年八月～九年六月のほぼ一年間の文書であることを明らかにした。

第三節では、長岡宮の造営について、延暦八年に造東大宮所が第二次内裏である東宮の造営を担当したこと、延暦六年ごろ平城宮の楊梅宮を受け継いだ山桃院を造営したこと、延暦八・九年ごろ太政官の曹司の修営を担当する独自の造営機構である造館舎所の前身が活動していたことなどを明らかにした。

第四節では、近江・美濃・紀伊国の地子の荷札にある異筆の署名が、太政官厨家の官人の地子収納の際の検収の署名であることを明らかにし、また「日付＋人名」の書式の木簡が検収の際に荷物からはずした荷札と括っておいて検収の官人と日時を表示する検収整理札であること、近江国の地子荷札は都に来てから太政官厨家の検収の前に作成されて荷物に付けられたことを推定した。本節は荷札の機能が貢進物の検収であることを実証し、またこの町が太政官厨家の所在地である大きな根拠を提供した点で重要である。

第五節では国・郡名を省略した書式で、「上人」記載などを持つ特徴的な越前国の米の荷札について検討した。第六節では、第四節の地子荷札、検収整理札などの存在を根拠にして、全体的に木簡・墨書土器などを検討して、この八町が太政官厨家の所在地で、木簡群は官厨家のものであることを推定した。

第七節では、木簡料材の製作技法と方法について検討した。このような検討は本章が最初であるが、その後、山中章氏「考古資料としての古代木簡」が大きく進展せしめた（注5）。第八節では、太政官厨家また太政官のいずれかの曹司で文書の料紙作成に用いた界線引きの定木について、その使用法を明らかにした。

第二章　平城京西隆寺の木簡とその創建

西隆寺は称徳天皇によって、恵美押勝の乱後の神護景雲元年（七六七）から、僧寺である西大寺と対をなして創建された尼寺で、平城京右京一条二坊九・十・十五・十六坪に所在する。その東門の内側の二個所の土壙状遺構SX〇三三・〇三五から木簡が出土し、いずれも同寺の創建の造営に関係するものなので、文献史料にこの木簡をあわせて同寺の創建の造営について考察した。SX〇三五の木簡は神護景雲元年ごろの造営の初期段階の土地の造成に関するもので、SX〇三三の木簡は同二年から宝亀元年（七七〇）までの造営の本格化した段階から終末期までのものである。

木簡の中に知識銭荷札があり、西隆寺の造営に知識銭が進上されていたことが知られ、奈良時代の知識銭について検討した。藤原南家が建物の部材を進上した文書について検討し、これがやはり知識物として建物を解体して進上したもので、この時の南家の当主が豊成の四男の縄麻呂であることを指摘した。この木簡群によってはじめて官司名が明らかになった修理司について、職掌が宮城内の施設の修理であること、造西隆寺司長官・次官が修理司長官・次官を兼任するが、これは修理司が造西隆寺司の組織をもとに編成されたからであることを推測した。このほか木簡と文献史料から、西隆寺の造営過程、造西隆寺司の組織、造営の財源・資財などについて考察した。

第三章　但馬国分寺木簡と国分寺の創建

木簡は、但馬国分寺の寺域を画する築地塀の東南隅の内側の溝SD〇一などを中心に出土している。SD〇一の出土木簡は神護景雲元・二年（七六七・七六八）ごろのものである。

古代の寺院は院によって構成され、寺の実務に関係するのは食事の調進に当たる大衆院あるいは食堂院と、三綱が事務を掌る政所院であるが、国分寺クラスの寺では政所が大衆院に含まれる形態である。寺域東辺中央部の井戸SE〇四から「大院」と墨書する須恵器が出土したことから、この井戸の近辺に大衆院が所在したと推定した。SD〇一の木簡は大衆院で保管されていたものであるが、寺域の東南隅まで運んでSD〇一に廃棄されたと推定した。寺域東南隅には木材加工の造営現場や鋳所が存し、SD〇一に木材片などを廃棄する際に木簡も一緒に廃棄したと考えた。

SD〇一の木簡から神護景雲元年、二年頃に但馬国分寺では僧が居住し三綱が置かれ、大衆院・倉垣院・僧坊院などの付属の院の建物が建てられていたことが明らかになり、そのことをふまえて、同寺の釈迦像、金堂、さらに塔などの伽藍中枢部は、さかのぼって聖武太上天皇の一周忌斎会の執行のために荘厳具を頒下した天平勝宝八歳（七五六）までに完成していたと推定した。この時に荘厳具を頒下されたのは但馬国の他に二五国あり、これらの国の国分寺も同様の造営状況と推定でき、この時点における造営の進捗国の比率は七〇パーセントほどであった。但馬国分寺木簡は同寺だけではなく、諸国国分寺の造営を考える上で重要な史料群である。ところで第二章の西隆寺木簡もほぼ神護景雲年間のもので、全くの偶然であるが、同時期の中央と地方の寺院の木簡がここに並んだ点は興味深く、あるいは両者の木簡群を比較すると中央と地方の木簡の相違について考察することができよう。

第三編　個別木簡の考察

第一章　平城宮跡出土の郡領補任請願解の木簡

平城宮跡の内裏北外郭の土壙ＳＫ八二〇から、ある郡の郡領に補任されることを請願した解の下書きの木簡が出土している。共伴の木簡の検討から、この請願解は天平十九年（七四七）前後に内裏である西宮を守衛していた兵衛で、郡領氏族の出身の者が書いたものと推定した。天平二十年に中宮舎人の海上国造他田日奉部直神護が、下総国海上郡の大領に補任されることを申請した解がある。これと木簡の請願解を比較すると、神護解は郡領の補任に関して式部省に提出され簡試において読み上げられた公的な文書であるのに対して、木簡の請願解は郡領の補任に関して個人に嘆願した私的な文書と考えられる。

天平七年郡領補任に関して、国から式部省の簡試に送る候補者を複数にして式部省が実質的な補任権を掌握し、才用と労効を重視する補任を行うように改められ、この制度は同二十一年まで続く。木簡の請願解と神護解はこの天平七年制下において認められた。兵衛の一人が郡領補任の嘆願文書を作成したのは、郡領補任の候補者が複数になり、式部省が実質的補任権を握り、労効・才用重視の補任を行っていたからであり、中宮舎人の神護が郡領補任を求め、その文書の中に資人・中宮舎人として出仕した労効を書き上げたのも同様の理由からである。中央出仕の実績は労効と評価され、また才用ある者と認識されたのである。

この請願解の木簡は年紀も記さず、作成者も直接には明らかでないわけであるが、共伴木簡の検討から作成年代を定め、西宮兵衛の一群の木簡との関係からその作成者を推定することによって、その史料性を飛躍的に高めることに成功し、郡領補任制度の変遷の中に的確に位置づけることができるようになった。

第二章　平城宮跡出土の日向国の牛皮荷札——牛皮貢進制と宮城四隅疫神祭——

平城宮跡の東張出部東南隅の外から、日向国の牛皮の荷札二点が出土している。この荷札は共伴木簡の検討から一応和銅六年～八年（七一三～七一五）ころのものと推定される。律令制において牛皮の貢進制度として、朝集使貢献物制＝交易雑物制と年料別貢雑物制の二つがあるが、この日向国の牛皮の貢進は前者の制度によるものと推定される。隼人が京に朝貢する際の貢献物に牛皮が入っているが、この日向国の牛皮貢進は、隼人の朝貢貢献物の牛皮を朝集使貢献物に組み込んだものであると考えた。

『延喜式』に宮城に疫病の侵入を防ぐために宮城の四隅で臨時に執行する宮城四隅疫神祭を定め、その幣帛の一つに牛皮を用いる。この牛皮荷札の出土地点が東張出部東南隅の外であることから、この牛皮は宮城四隅疫神祭の幣帛に用いられ、その疫神祭は和銅六年四月の大倭国の疫病の時に執行されたと推測した。この日向国の牛皮が疫神祭の幣帛に用いられたのは、この牛皮が隼人の朝貢貢献物を引き継いだものだからでなかろうか。

本章では荷札の出土地点に注目することによって、疫神祭との関係を指摘し、その用途を明らかにすることができた。

第三章　多賀城跡出土の付札木簡の製作方法

多賀城跡西辺外郭の外溝ＳＤ一五一一から出土した九世紀と推定される七点の付札木簡を資料にして、木簡料材の製作方法を検討した。第二編第一章第七節の長岡京木簡の料材の製作方法に関連して検討したものである。

これらの木簡は一度木簡として使用された材を付札に作り替えたものである。第一次木簡は高さ二八センチメートル前後、幅がそれを越えない広さの縦長あるいは正方形に近い板で、表裏に刻線の横界線を引き「兵士番上簿」というべき帳簿を記していた。この帳簿は複数の木簡からなっていた。第二次木簡の付札はこの第一次木簡を第二次木簡の幅に縦に割り、それを横に二つに切断し、一端の両側面にV字形切り込みを入れて製作した。長岡京木簡の製作方法とくらべると、最初の段階で長岡京木簡では、原材の厚さを作る木簡の幅にして、木簡の厚さに割ると想定したのに対して、この例では作る木簡の幅で割るという点で異なるが、長い原材を横に切断する点では同じである。

製作方法を考察するためには同一材から作られた木簡を検出することが必要であるが、ここで扱った資料は未完成品で、その上使用せずに一括廃棄されている点が検討する上で好都合であった。第二次木簡として未完成品であるために第一次木簡の墨書や横界線が残存しているので、それらを手がかりに第一次木簡の形態を復原し、第二次木簡の製作方法を考察できるのである。この点は長岡京木簡の四点の付札木簡も同様であった。

おわりに

最後に言うまでもないことながら、本書で私が気を付けた木簡研究の方法についてまとめておきたい。

第一に、木簡は文献史料であるから文献史学的な検討が必要である。これは紙に書かれた文献史料でも同じである。

第二に、木簡の多くは発掘調査によって出土する考古学の遺物であるから、考古学的な検討が必要である。木簡が出土した時、出土遺構・出土状況を的確に把握することは言うまでもないことである。木簡は、共伴した木簡・その他の遺物、出土した遺構、その周りの遺跡との相互的な関係において考察することが必要である。その木簡の理解は、共伴の木簡、遺物、遺構、遺跡との関係で考察すれば一層深められることもあるし、逆にある木簡によって、共伴の木簡、遺物、遺構の年代が定められ、遺跡の内容・性格を推定できることもある。このことは紙の文献史料で、その伝えられた来歴や伝来を重視することに似ていないこともない。しかし木簡では、その出土状況から、その木簡が機能し不要になって廃棄された状況、すなわちその木簡の最終段階の状況を、復原あるいは推定できる点が、紙の文献史料の伝来とは異なる点である。この出土状況≠廃棄状況が、木簡が機能していたときの状況を復原する手がかりになることは言うまでもない。

第三に、原物に即して即物的に検討することである。書蹟、形態、大きさ、料材の樹種や木取り、製作方法、遺存状況・破損状況などである。書蹟は文字を書くことに、形態、大きさ、樹種や木取り、製作方法は料材の製作に、遺存・破損状況は木簡の廃棄の問題に関係する。書かれた文字による内容だけでなく、これらの検討によって史料としての可能性が広がり、多くのことが読みとれることは本文で記したとおりである。紙に書かれた文献史料、古文書でも典籍でもこのような即物的な検討が有効であることは同じであるし、近年では古代史学の中でも普通に行われるようになったが、このような検討は木簡研究において先行していた。このような検討をするためにはそれに耐えうる、鮮明な写真、観察結果の注記、ある場合には実測図などを収めた報告書の刊行が必要である。

以上の三つのうち、第一は当然のことであり、第二、第三の点はかつて岸俊男氏が「木簡研究の課題」（注2）で指摘したことを敷衍したものである。

以上の三つの方法が木簡研究の基礎である。そして木簡の理解を深めるためには木簡のライフサイクルの復原が必要であり、そのためにもこれらの三つの方法を駆使することが必要である。

注

(1) 東野治之「古代税制と荷札木簡」(『ヒストリア』八六、一九八〇年。『日本古代木簡の研究』再収、一九八三年)。

(2) 岸俊男「木簡研究の課題」(奈良国立文化財研究所『第一回木簡研究集会記録』一九七六年。『宮都と木簡――よみがえる古代史――』再収、一九七七年)。

(3) 鬼頭清明「律令制と木簡――支配のための道具=文字」(『古代史発掘9 埋もれた宮殿と寺』一九七四年)。

(4) 加藤優「貢進付札の書風 その他」(一九七六年文化庁重要文化資料選定協議会の口頭発表の資料)。

(5) 東野治之「古代税制と荷札木簡」(注1)。今津勝紀「調庸墨書銘と荷札木簡」(『日本史研究』三二三、一九八九年)。山中章「考古資料としての古代木簡」(『木簡研究』一四、一九九二年。『日本古代都城の研究』に第Ⅲ部第一章「行政運営と木簡」として再収、一九九七年)。寺崎保広「木簡論の展望――文書木簡と荷札木簡――」(『新版古代の日本10 古代資料研究の方法』一九九三年)。

(6) 今泉隆雄「貢進物荷札について」(奈良国立文化財研究所『第二回木簡研究集会記録』一九七七年)。

第一編　木簡の史料学的研究

第一章　木簡研究の成果と課題

本章に収めたI・IIはそれぞれ求めに応じて執筆したもので、Iは一九八〇年、IIは一九八七年に発表され、それぞれの時点における木簡研究の成果と課題をまとめている。この二つの文章はそれぞれの時点における研究史の整理という研究史的な意味をもつとともに、私の木簡に関する考え方を示しているので、木簡概説的な意味で、本書の冒頭に配することにした。

I

はじめに

一九六一年平城宮跡の一土壙から木簡が出土してから、すでに二十年近くの歳月が経過した。これ以前、一九二八年の三重県柚井遺跡を初めとして、二、三の遺跡から木簡が出土し、また早くから正倉院所蔵の木札の存在が知られていたが、平城宮跡からの出土木簡はそれらにくらべて質量ともに豊富で、日本古代における木簡の広汎な使用を明らかにした点で画期的な発見であった。これ以後、木簡の出土は北は秋田城跡から西は大宰府跡までの全国約七十個所の遺跡から三万点をこえる点数が出土し、古代史の史料として重要な一分野を占めるに至っている。

これまで木簡の研究は二つの面から進められてきた。一つは、木簡を史料として用いた研究で、その発見の当初から新しい古代史料として利用されてきた。藤原宮跡などから出土した「評」木簡によって、郡評論争に終止符がうたれ、評制の研究が進展してきたことなどはその顕著な事例である。また木簡は遺跡の性格や年代、共伴遺物の年代の決定にも用いられてきた。例えば平城宮跡の調査において発見遺構の官衙が推定され、また土器、瓦の編年研究が進められてきたのは、木簡の出土が預って力があったのである。そしてもう一つの面は木簡そのものの基礎的な研究で、木簡の研究方法やその用途と機能、また原物に即した諸問題、さらに日本木簡の伝来と終末の問題などに関して、ようやくここ数年の間に研究が進展しはじめている。一九七六年から三回にわたって奈良国立文化財研究所が開催した木簡研究集会は、このような観点からの研究の進展の一つの契機となった。(1)そこでは関係諸分野の研究者によって、実物に即した木簡の基礎的研究の諸問題について議論された。このような気運の中で、一九七九年三月には木簡学会が設立されるに至っている。

これら二つの方面の研究は相互に密接に関連しているが、殊に後者は木簡研究にとって不可欠のものであり、ここ数年間に注目すべき研究がだされているので、小論は主にこの方面の研究の現状と課題を整理することとする。なお小論では日本の古代の木簡の研究を中心として論述する。中国簡牘については既に適切な論著があり、(2)中世以降の木簡については未だ研究が進展していないからである。

一　木簡研究の方法

岸俊男氏「木簡研究の課題」(3)は、木簡研究を進める上で、出土状況や遺構、また共伴遺物と結びつけて考えていくべき点と、木簡の原物に即して研究すべき点の二点を強調している。木簡は文字のかかれた文献史料であるとともに、正倉院の少数の伝世品を除いて、その大部分が発掘調査によって出土する考古学的な遺物なのであって、その点に何よりも木簡の史料的な特性がある。出土状況を重視するのは、古文書学が古文書の伝来を重視するのと似ているが、古文書と異なって、木簡はその廃棄された状況、あるいはそれに近い状況が保存されている。従って木簡はその出土状況を的確に把握することによって、共伴する木簡、その他の遺物や遺構との相関関係の中で考察することができる。木簡相互の間ではその全体的な性格を、また木簡によって他の遺物や遺構の年代や性格を、また逆に遺物・遺構との関係から木簡の性格を考えることができる。第二に木簡はその記載内容だけでなく、原物に即してその形態・大きさ、樹種・木取り、書蹟などの諸点に関しても検討していくべきである。これは古文書学において、古文書の料紙や書蹟の書風などの諸点に注意するのと方法的に異ならない。これらの二点の岸氏の提言は当然なことなのであるが、従来木簡の記載内容だけに注意が向けられていたことに対する反省として提言されたものであった。これらの二点は、個々の木簡を史料として用いるためにも、その基礎的研究を進めていく上でも忘れてならないことである。

この二点のほか、当然のことながら文献史料の方面からの研究も必要である。文献の中にみえる木簡の史料（「簡」「札」「牘」「牓」「短冊」などとみえる）を整理し、また文献史料との関連で個々の木簡に関する考察を深めることが必要である。この方面では、滝川政次郎氏の先駆的な業績があるが(4)、近年東野治之氏が注目すべき研究を進めている(5)。

二　木簡の用途と機能

木簡の用途と機能に関する問題はその本質に関わる問題であって、またその史料的性格を明らかにする上でも重要な課題である。この問題については、日本の木簡が、書写材料として紙とともに用いられていた点を重視する観点から研究が進められている。木簡の発見当初には、古代に紙が貴重品であったため、その代用品として木簡が用いられたと考えられたりしたが、近年木という材質の特性から、紙と異なる木簡の独自な用途と機能や、紙と木簡との使い分けが論じられている。以下、文書木簡、貢進物付札、習書の三項にわけて諸研究についてみてみる。

文書木簡　文書木簡は差出と充先の間の授受関係の明らかな狭義の文書簡と、帳簿・伝票などの記録簡に分類され（以下、広義の文書を「文書木簡」、狭義の文書を「文書簡」という）、その各々の独自の用途と機能が明らかにされつつある。文書簡については、人や物品とともに移動する性格からその独自な機能が考えられ、記録簡については、紙の文書の作成のための補助的記録材としての機能が明らかにされている。

先ず文書簡については、早く藤枝晃氏「楼蘭文書札記」および『文字の文化史』(6)（第八章）が、中国簡牘について、前述のような観点から紙木併用期の簡牘の性格を明らかにしている。中国の書写材料の歴史は、簡牘のみの時代、紙と簡牘の併用時代、紙のみの時代の三段階の変遷を辿るが、魏晋簡など紙発明以後で紙とともに用いられた簡牘は、紙では不都合なもの、例えば食料支給のための割符、門や関の通行証などに用いられ、簡牘独自の機能があるとして、日本木簡についても紙木併用期のものであることから、同様の視点から考えるべきことを示唆している。狩野久氏「木簡」(7)はこのような観点から日本の文書簡について考えたものである。すなわち文書簡には人や物品とともに移動するものがある。その典型的な例は、関の通行証である過所木簡であるが、物品の請求文書や人の召喚状などの中にも、出土遺構からみて、文書の充先から差出へ物品や人とともに戻ってきて廃棄された例がある。このように、文書簡が人・物品とともに移動するのは、物品の運搬者の身分証明または召喚される人の通行証明といった機能をもっていたからであり、このような用途に木簡が用いられたのは、紙にくらべて堅牢で携帯に便利であったからであると考えた。この見解は木簡の材の堅牢性という特性に注目して、その独自な用途と機能を考えたものである。

次いで横田拓実氏「文書様木簡の諸問題」(8)は、より広範に出土木簡を検討して、狩野氏の提言を展開している。すなわち文書木簡を機能から五類に分類し、個々の木簡について出土遺構を重視して、木簡が文書の差出・充先のいずれで廃棄されたかを検討してその機能を考える。五類の分類は、(1)官司からの命令、(2)官司への報告、(3)請求文書、(4)物資の送り状、(5)官司における物資の収納記録で、(1)〜(4)が文書簡、(5)が記録簡に当る。文書簡の廃棄された官司について、(2)(4)は文書の充先で、(1)(3)は充先の例と、充先から差出に戻って廃棄された例の両例がある。これらのうち(3)請求文書の充先から差出へ戻ってきて廃棄されている例や、(4)送り状の例などから、文書簡は人や物品とともに移動する性格をもち、この性格に関連して木簡が人や物品の移動・通行を保証する機能を備え、また請求文書や送り状では物品を受けとる側で送られてきた物品の内容を木簡によって勘検することにも利用されたと考えている。横田氏の研究は文書木簡を符・解などの様式によってではなく、機能を中心に分類した点と、出土遺構を重視して木簡の実際の動きを明らかにした点に特徴がある。また横田氏が明らかにした木簡の廃棄の問題は、出土木簡によって遺跡・遺構の性格を考える場合、木簡にみえる官司名などによって簡単にその性格を決めることはできず、個々の木簡の機能や、どのように移動して廃棄されたかという問題をぬきにしては論じられないことを教えている。

岸俊男氏「木簡」(9)も人や物品とともに移動するという性格を基本として文書簡の内容分類をしている。すなわち文書簡の内容が物品や人の移動に関するものが多いことから、文書簡を(a)物品の移動に関するもの（物品の請求・支給・進上）、(b)人員の移動に関するもの（人員の召喚・発遣、過所）、(c)その他（宣命、詔書、告知札）の三種類に分ける。岸氏はすでに「木簡研究の課題」[10]において、木簡の人や物品とともに移動する性格を指摘し、宮衛令に定める宮城の諸門における人と物品の通行を規制する門籍・門牓の制（宮衛令宮閤門条、応入禁中条、儀仗軍器条、諸門出物条）から、文書簡の門の通行証としての機能を想定している。以上のように、文書簡については木簡が木という材質のために堅牢で、携帯に便利であるという点に着目して、人や物品とともに移動するという性格から紙に対する独自な用途・機能を考える見解があるのである。

次に記録簡については東野治之氏の優れた研究[11]がある。東野氏の研究は文書木簡全体に及ぶものであるが、記録簡を中心にすえて木簡の特質を考えているようである。またその方法は原物の木簡とともに文献史料を活用して、両者を有機的に考察している点に特徴がある。まず記録簡については、律令官衙における文書による事務処理において、木簡が紙の正式な文書に対して、補助的記録材として用いられたと考えている。すなわち記録簡は物品の収納や人の労務管理などに関して多く用いられているが、木簡はそれらのことに関する日々の記録として用いられ、後にこれらの木簡を整理して、正式な紙の文書や記録が作成されたとするのである。東野氏はこのような使い方を木簡のカードとしての使い方とよび、文献史料によって次のような例を明らかにしている。

まず正倉院文書にみえる「杁」（札の異体字）が木簡を意味することを明らかにし、その中で「倉杁」は倉庫の物資の日々の収納の記録で、倉杁が集積されて倉物の収納帳や正税帳のような紙の正式な文書にまとめられる。また天平宝字六年（七六二）石山院造営関係文書の中に「雑物収納杁」「銭用杁」などの杁を基にして作成された文書の存在を指摘して、日々の記録としての「杁」＝木簡を基に草稿的な紙の文書が作成され、さらに正式な文書にまとめられる過程を明らかにしている。

さらに補助的記録材として最も体系的に用いられた記録簡の例として、考選事務における考課・成選の木簡について文献史料と実物の木簡から考察を進める。(12)成選の事務に用いる成選短冊を例にとると、成選の事務処理においては選文や擬階簿などの紙の文書が作成される。両者はいずれも成選官人の歴名簿であるが、その人名列記の基準は異なり、選文は各官司から式部・兵部両省に提出される官司別の歴名簿、擬階簿は擬階の後に作成される擬階別（進階の等級別）の歴名簿である。成選短冊とよばれる木簡は、平城宮跡東南隅から一括して出土した式部省関係木簡の中にみられ、官人毎に位階・姓名・年齢・本貫・上日数・考第を記したもので、いわば選文の内容を官人別にカード化したものである。この木簡は厚い短冊形の材の上端側面に孔を穿つという独得の形態をしており、成選の事務処理の過程で選文を基に擬階簿を作成する際に用いる。すなわち成選短冊を擬階別に並べて孔に紐を通せば、そのまま擬階簿作成の資料となるのである。このように成選短冊は、成選事務の選文から擬階簿へという紙の文書の作成過程に体系的に用いられた。東野氏は、このような記録簡の補助的記録材としての用い方から、紙木併用期の日本の木簡は紙に対して従属的な役割を果したと考えている。このほか前述した木簡の堅牢性を活かした使い方にも言及し、記録簡では野外で執行する儀式・祭祀に用いる歴名簿を指摘する。儀式・祭祀における出仕者や賜禄に預る者、仕事の分担を記す歴名の木簡で、野外で用いるため堅牢な木簡が便宜であったとする。

次に文書簡については、岸氏と同様、その内容が物品の収納（物品の請求・支給・進上）と人の労務管理に関するもの（召喚状、宿直者の報告、食口の報告、仕事の割当）が多いことを指摘し、また木簡の堅牢性による携帯の便を生かした使い方に言及する（召喚状、門の通行証）とともに、文書簡が二次的に伝票として用いられることに注意している。例えば、物品の請求木簡に充先側（物品の支給側）で記したと思われる「了」や「判充」のかきこみがあることや、岸氏も指摘しているが、[13] 文書簡の上端あるいは下端に孔を穿ったもののあることから、文書簡が授受のなされた後、伝票として保管され利用されたことを考えている。孔は紐を通して、まとめて保管するのに用いるのである。[14]

以上、文書簡と記録簡の各々について、その独自な用途と機能に関する諸研究をみてきた。記録簡については東野氏の研究に尽くされているので、ここでは文書簡についてその機能を中心に整理しておきたい。

人や物品とともに移動する性格をもつ文書簡の機能については、人や物品の門の通行証としての機能が考えられ、門籍・門牓制との関係が指摘されているので、まず文書簡と両制度との関係を検討しておこう。[15]

令の規定によれば、宮城には内裏を中心として閤垣（内裏を囲む垣）、宮垣（内裏周囲の内廷官衙を含む一郭を囲む垣）、宮城垣（宮城外郭の垣）の三重の垣がめぐらされ、その各々に対応して、閤門（大宝令では内門）、宮門（中門）、宮城門（外門）の三種の門が開かれていた。これら宮城諸門における通行は、人に関しては門籍制、物に関しては門牓制によって規制される。門籍制は在京官人の閤門・宮門の出入に関する規定で、官人らは日々の出仕の際出入すべき門を決められ、各門にはその門を出入すべき官人の名簿である門籍がおかれる。官人らはこの門籍によって出入を勘検され、門籍に名の載せられていない門からは出入できなかった（宮衛令宮閤門条）。門籍制の適用されない役夫などの場合も、その都度名前を報告して各門において出入の勘検をうける（同令応入禁中条）。門牓制は宮門・宮城門における物資の搬出・入（一般物資は搬出、兵器は搬出・入）を勘検する制度である（同令儀仗軍器条、諸門出物条）。各官司は物資の門からの搬出入に当って中務省に報告し、これをうけた中務省は宮門・宮城門を守衛する衛門府に、出入する物資の内容・数量を記した門牓を付す。各門においては物資の出入に当って、この門牓によって物資を勘検して通行が許されるわけである。令文には明確に規定してないが、門牓制においても物資を出入すべき門が指定されたと思われる。

この両制度のうち門牓制に直接関わる木簡が藤原宮・平城宮跡から出土している。

・└於市□〔沽カ〕遣糸九十斤蝮王　猪使門
・└月三日大属従八位上津史岡万呂

○八一（奈良国立文化財研究所『藤原宮木簡一』二）

・□□〔造東カ〕内司運蒻一百┌　└出小子門
・　十月廿八日□┌　└小野滋野

○八一（同『平城宮木簡三』三〇〇六）

藤原宮跡出土の前者は糸を市で売却するため蝮王門あるいは猪使門（いずれも宮の北面の宮城門）を通行するための木簡で、平城宮跡出土の後者は、蒻の搬出のため小子門（平城宮東院南面の宮城門）を通行するための木簡である。両簡はいずれも、搬出すべき物資の内容・数量とともに通行すべき門名を記しているのが特徴で、門牓制において通行すべき門を指定することと符合する。またいずれも記された門と推定される門の遺構の外側の近辺から出土している。この両簡は、運搬に当たる官人によって物資とともに門に持ち来らされ、門における門牓との照合・勘検に用いられたもので、まさしく門牓制に基づく門の通行証の機能をもつ木簡と考えられる。両簡が門の外側の近辺から出土しているのはその機能を果して不要になった地点で廃棄されたためである。

このように文書簡の中に移動する人の身分や物の内容を証明する通行証の機能をもつ木簡が存するのは確かである。関の通行証である過所木簡も同じ機能をもつものである（『平城宮木簡二』一九二六）。しかし物の請求・進上・支給、人の発遣などに関する文書簡一般が、これらと同様に門籍・門牓制に基づく通行証の機能をもつと考えるには問題がある。門籍・門牓制では出入すべき門が指定されるが、一般の文書簡にはそれに対応する出入すべき門の名の記載はなく、前述の通行証木簡とは区別されるからである。また個々の木簡について門籍・門牓制との関係を考える場合、物・人の移動の経路と方向を検討すべきである。両制度は宮城の三種の門すべてにおいて、また出と入のいずれをも規制するものでないからである。すなわち前にも述べたように、門籍制は閤門・宮門の出と入を、門牓制は宮門、宮城門において、兵器は出と入を、一般物資は出のみを規制するのである。前述の通行証木簡は、一般物資の宮城門からの搬出に関するものであるから、門牓制の規制をうけるのであるが、横田・岸両氏が通行証木簡としてあげた、平城宮跡出土の泉津（木津川の津）からの材木の進上の木簡（『平城宮木簡二』二〇七四）や、藤原宮跡出土の宮外の園地からの大豆の進上に関する木簡（『藤原宮木簡一』一）などはいずれも宮城門あるいは宮門からの一般物資の搬入に関するものであるから、門牓制には直接関係ないのである。

以上、文書簡と門籍・門牓制との関係を具体的に検討した結果、門牓制に基づく通行証木簡があるのは確かであるが、物・人とともに移動する性格をもつ文書簡一般が、両制度と関係をもつ通行証の機能を果したとは考えにくい。あるいは両制度の外により緩やかな門の通行規制が行われたということも考えられないではないが、その点は別に論証されなければならないであろう。

文書簡の機能を考える上で、木簡が人や物品の受取側においてそれらとの照合・確認に用いられるとする横田氏の指摘、そして文書簡がその授受の後、二次的に伝票として利用されるという東野氏の指摘に注目したい。とりわけ人・物品とともに移動する性格をもつ文書簡に関連しては、前者の指摘が重要であり、またここに指摘された二つの機能は個別的なものではなく、相関連しあう一連の働きと捉えるべきものと考える。物品進上の文書簡を例として、これらの機能についてみてみる。

・北□所進挙鎹十六隻長三寸半　凵尻塞卌四枚　⌒牒□六隻長四寸　鐶二隻　　○一一（『平城宮木簡二』二〇八三）

・位丼尻塞四枚　合卌二斤　本受鉄卌三斤十両　「了」　損十一斤十両　神亀六年三月十三日足嶋

・天山司解　進上飛炎卌九枚　　○一九（『平城宮発掘調査出土木簡概報五』一一頁）

・「勘了」

前者は建物の扉の金具の、後者は建築部材の飛炎桱の進上に関する木簡で、いずれも物品とともに進上されたものと考えられる。異筆で「了」「勘了」とかきこまれ、また前者の「鐶二隻」には合点がつけられているが、これらは物品の受取側が木簡と物品の内容・数量を照合・確認しその結果をかきこんだもので、これらの木簡が物品との照合・確認に用いられたことを示す。文書簡が人・物品とともに移動することの意味は両者を照合できる点にあり、前述の通行証の機能を考える見解は移動の途中における照合を考えるわけであるが、実は移動の到達点である受取側における照合に意味があったと考えられる。

このように物品との照合の結果を「了」「勘了」あるいは合点の形でかきこんでいるのは、これらの木簡が二次的に伝票として利用されるためと考えられる。前者の扉金具進上の木簡に注意すると、この木簡には下端に孔を穿っているが、すでに東野・岸両氏が指摘するように、この孔は二次的に伝票として利用するのに紐を通して保管しておくためのものである。また前者の二〇八三の記載は進上する扉金具の製作に当たって、製作官司（北□所）が受けとった原材料量（本受鉄量）、製品となった実量、製作過程での損量をかきあげる形式となっている。石山寺造営に関する天平宝字六年（七六二）造石山寺所鉄充并作上帳（『大日本古文書』一五―二九二～三〇六頁）は日々の鉄製品製作に関してかきあげた帳簿で、その一日分の記載は充鉄量・得量・損量・作上鉄製品を記す形式をとって、この木簡と同じであって、この類似からみてこのような木簡の集積がこの種の帳簿作成の材料となったことが考えられる。以上の物品進上の文書簡の働きを整理すると、木簡は物品とともに進上され、受取側において両者が照合されて物品が木簡の内容と相違ないことが確認され、そこで木簡は物品から離され、二次的に伝票として紙の帳簿・文書の作成などに利用されるのである。このように物品との照合と二次的な伝票としての利用が一連の働きとしてとらえられる。物品・人とともに移動する、物品の支給や人の発遣に関する文書簡も、同じように、物品・人との照合、二次的な伝票としての利用という使い方がされた可能性が考えられる。物品の請求の文書簡は、充先に留められる場合（すなわち物品とともに移動しない）もあるが、東野氏が明らかにしているように、そのような場合にも充先で二次的に伝票として利用されることがあった。このように文書簡を伝票として利用することは広く行われていたと思われる。二次的な伝票としての利用は、前にみたように、記録簡と同じように紙の文書・帳簿の作成に利用することであり、文書簡・記録簡とともに、紙の文書に対して補助的な記録材としての機能をもっていたと考えられるのである。

文書木簡の独自性をより明確にするためには、紙の文書との対比においてその機能を考えることが必要で、そういった意味で、横田氏が常食請求に関してまず紙本による月単位程度の長期間にわたる請求の文書が請求・支給の両官司の間にかわされ（例えば、正倉院文書の天平十七年大粮請求文書）、そのような了解を前提として木簡による日々の常食請求がなされると指摘するのは重要である。この指摘は木簡が実際の人・物品の移動にともなって用いられること（人・物品とともに移動するか否かは問わない）を明確にしたものとうけとめることができる。木簡の記載内容は個別的な事柄に関することが多いが、それはこのような使い方の特徴と関係するのである。紙と木簡の使いわけは、実例に当たってみると送り状や召喚状が紙にも木簡にもあったりしてあいまいな面もあるが、紙に対して木簡が上記の方面にほぼ限定して用いられるということはできる。

以上、文書木簡に関して整理してきたが、その用途と機能は多様で、これまでの研究によって全てが明らかになったとは思われない。さらに文書木簡の用途・機能について研究を深めていくためには、何よりも文書木簡が実際の個別的な人・物品の移動とともに用いられるという特性を基本にすえ、各種の内容の文書簡・記録簡の各々が、その人・物品の移動をめぐってどのように機能するのかを、正倉院文書をはじめとする紙の文書との関係をも含めて全体的に明らかにすることが必要である。また様式論にはふれなかったが、正倉院文書も含めて、公式令に基づく公文書様式とは別な文書木簡の様式論の展開も欠かせない。

なお文書木簡に関しては正倉院伝世木簡の研究も注目すべきであるので、若干ふれておきたい。正倉院伝世木簡は、既に『大日本古文書（編年）』に収載されているが、柳雄太郎氏「正倉院伝世の木簡」[16]が新発見のものも含めて包括的に紹介している。東野氏「正倉院伝世木簡の筆者」[17]は、伝世木簡のうち造東大寺司写経所の経典貸出しに際して用いられた貸出しの要項を記した木簡の機能を論じ、木簡の筆者の同定を通じてこのような貸出しの記録簡を基に、紙の経典奉請の帳簿が作成されたことを明らかにしている。柳氏「正倉院伝世の仁王会関係木簡」[18]は天平勝宝五年（七五三）東大寺で催された仁王会関係の物品の送り状の機能を論じている。正倉院伝世の木簡は一方に直接関係する正倉院の宝物や古文書が伝えられ、それらとの関係で用途・機能を論じることができるという、出土木簡とは異なる利点をもっており、前記二論文はそのような視点からの成果である。

貢進物付札　貢進物付札については、その作成段階や機能が明らかにされつつある。

鬼頭清明氏「律令制と木簡」[19]、弥永貞三氏「木簡」[20]は、同筆の貢進物付札を検出することによって、貢進物付札が国・郡・郷・貢進者のどの段階で書かれたのかを考えている。鬼頭氏は平城宮跡出土の参河国播豆郡篠嶋・析嶋の海部の贄の付札に同筆のものがあることから、これらの贄の付札が郡衙段階でかかれたと考え、また弥永氏は調・白米の付札について同筆の付札を検討して、貢進者またはその戸主がかいた場合や、五保・郷・郡の書記がまとめてかいた場合があり、地方によって一様でなかったとする。

さらに今泉隆雄「貢進物付札の諸問題」[21]は検討の材料をより広くとり、税目別に検討して調・白米の付札や庸布の墨書銘は郡衙段階、贄の付札は郡衙段階と国衙段階で書かれ作成されたとし、調庸の徴収において実態的に郡衙機構が中心的な役割を果していたことを貢進物付札の作成段階の面から明らかにした。今泉の作成段階に関する方法は筆蹟ばかりでなく、付札の書式・形態・材質などの諸点について国・郡・郷のどの段階に共通性と相違点がみられるかを検討したものである。例えば特殊な例であるが、平城宮跡から一括して出土した西海道諸国の調綿の付札が、書式・筆蹟・形態・材質に関して国と年紀を異にして同一性を指摘できることから、大宰府に収納されている調綿を京進する際一括して作成されたものとしたのである。またこれらに加えて、贄など国衙段階で作成したと推定した付札については、正税帳など国衙で作成される文書とよく似た楷好な唐風の書蹟（国衙様書風）がみられることを根拠としている。

次いで今泉は貢進物付札の機能について貢進物収納の際の勘検に用いられると考える。貢進物の勘検は、徴税の確実を期するために、収納に当って貢進物の貢納が文書で報告された通りになされているかを、品目・数量、さらに品質などについて勘検することである。調庸物の収納について、文献史料を検討し、付札と同じ機能を果す調庸繊維品の墨書銘に国印が捺されていることを根拠に、郡衙段階で徴収され付札を付けられた調庸物が、国衙段階と中央政府段階の二段階の勘検をうけて中央政府の倉庫に収納され、国衙段階では計帳をもとに貢進者単位に、中央政府段階では調庸帳を基に国・郡単位に勘検が行われ、それらの勘検において付札が用いられたと考えている。貢進物の収納手続については文献史料からの検討が不可欠で、それについては北条秀樹氏「文書行政より見たる国司受領化」[22]が詳細に明らかにしている。

貢進物付札の機能を考える上では、長岡京左京第一三次調査出土の地子付札が重要な役割を果した。北条氏「平安前期徴税機構の一考察」[23]はこの地子付札を用い、前述の文献史料による研究をふまえて付札が中央政府の貢進物収納の際に収納物の集計や返抄交付の資料として利用されることを推定している。今泉「長岡京木簡と太政官厨家」[24]は、これらの地子付札に記された異筆の署名を検討して、その署名が地子を収納する太政官厨家の官人の収納の際の勘検の署名であること、またこれらの地子付札が京において貢進側によって官厨家に収納される直前に付けられたことなどを明らかにし、それらに加えて、地子付札と共に出土した木簡の中に貢進物の勘検作業に用いる勘検整理札とでもいうべき木簡の存在を指摘している。すなわち「月日＋人名（勘検官人名）」の書式をもつ小型矩型の木簡で、貢進物からはずした付札とともに紐でくくっておき、後に付札を収納物の集計や返抄交付の資料として利用する際に、収納月日や収納責任者を明らかにする働きをもち、付札に直接勘検署名するのと同じ意味のものである。いずれにしろ長岡京跡出土の地子付札によって、貢進物付札が貢進物収納の勘検に用いられるものであることが実証され、その働きがより詳しく検討できるようになったのである。

東野治之氏「平城宮跡の木簡」[25]五、狩野久氏『木簡』[26]は、貢進物付札が収納の勘検の機能とともに、貢進物の収納後の保管・消費のために貢進物の内容・産地・貢進年月を明らかにする物品付札と同じ役割も果したと考える。東野氏は倉庫令受地租条の地租収納の規定を参照し、また同文同筆の付札が出土していることから貢進物には複数の付札が付けられ、収納の際一枚が貢進物からとられて勘検のために、もう一枚は貢進物に付けられたまま残されて保管・消費のために利用されたとみるのである。

ところで平城宮跡出土の調・庸・舂米などの付札は、確実な勘検署名のあるものはこれまでみられず、また出土地点が特定の官司に限定されないことからみて、貢進物の消費段階においてはずされ廃棄されたとみられるのに対して、長岡京跡出土の地子付札は勘検署名があり、地子の収納官司である太政官厨家において貢進物からはずされたと考えられる。このような両遺跡出土の付札の相違は、あるいは東野氏の見解に従って、前者は貢進物の保管に用いられた付札、後者は収納勘検に用いられた付札と解釈できるかもしれない。この勘検・保管用の複数の付札を付けるという見解はまだ検討の余地があるかと思うが、今後平城宮の貢進物の収納官衙跡（例えば民部省・大蔵省）から勘検署名のある付札の出土があれば確実な根拠を得ることができよう。これらのことからみてわかるように、貢進物付札に関しても出土遺構を重視して考察しなければならない。

貢進物付札は、その勘検の機能に注目すると文書木簡と共通した使い方がされている点が注目される。前述のように、長岡京跡出土の地子付札によれば、貢進物付札は収納に当って収納官司で貢進物と照合された後にそれからはずされ、その後の貢進物の収納事務（収納貢進物の集計・返抄の交付）に利用されると推定されるが、このような使い方は先に物品進上の文書簡について述べたのと同じ使い方である。貢進物付札に木札を用いる理由は堅牢なため運搬に便利である点がまず考えられ、この点は文書簡について指摘した、木材の堅牢性を生かした使い方と同じであるが、それとともに貢進物からはずした後、カードとして種々の事務に利用される点も文書木簡と共通の使い方なのである。貢進物付札は木簡全体の中で特殊なものとみられがちであるが、決してそうではなく、木という材質に基づく木簡独自の使い方の一つである点を認識しておくべきである。

以上、貢進物付札に焦点をしぼってのべたが、貢進物の貢進に当ってはそれとともに貢進物そのものに墨書する方法や、貢進物を包装する紙や布袋に墨書する方法も行われており、(27)貢進物付札に関して例えば機能や用途などを考察する場合、それらのことも十分視野に入れて考えていくべきであろう。

習書・落書　習書・落書の木簡については、東野治之氏の一連の研究がある。(28)東野氏は習書木簡の片言隻句の中に『論語』『千字文』『王勃集』、『文選』李善注、『魏徴時務策』などの漢籍の語句を見出し、それによって当時の下級官人の漢籍の受容や教養のあり方を明らかにしている。東野氏は、習書・落書を文字通り官人らの私的な関心に基づく手すさびや練習と理解しているが、(29)これに対して岸俊男氏「木と紙」(30)は木簡の習書を典籍の紙本への浄書に付随するものと考える。すなわち典籍の書写などにおいては浄書は貴重な紙に、浄書のための筆ならしや練習には削れば再使用できる木簡を用いるという使いわけがあり、このような使い方にも当時の人々の紙と木簡に対する評価があらわれているとする。岸氏の見解は、東野氏の批判があるように、(31)まだ問題があって十分実証されたとはいいがたいが、出土木簡の中に習書・落書の類、とりわけ削屑の習書・落書も多くみられることから、木簡が習書・落書に用いられるのは削れば再使用できる利点と関係するものであろう。

以上、文書、貢進物付札、習書・落書について、木簡の独自な用途と機能を中心に整理してきた。その独自性は、紙とは異なる、木簡の書写材料としての特性に基づくと思われるので、ここで紙との比較において、木簡の特性――書写材料としての長所と短所を考え、そのような観点から、木簡の用途について整理しておきたい。

(1)木簡は紙にくらべて堅牢である。そのため移動に適し、貢進物運搬のための貢進物付札はもちろん、物品や人とともに移動する文書簡などに使うのに便利である。野外での儀式・祭祀に用いる記録簡、また野外に立てる告知札も堅牢性を活かした使い方である。さらに堅牢であることはカードとして用いるのに便利な面があり、考選木簡のように側面に孔を穿って紐で編綴する特殊な用い方をされる。(2)削れば墨書を消して再使用することができる。習書などに用いるのに適している。しかしこのことは反面、削れば簡単に記載内容を改竄できるということで、押印できないこととともに文書などに使うには信用度が低い。(3)紙にくらべて書き載せることができる文字の数が少ない。いいかえれば文字数の割りには嵩ばるという欠点をもつ。このため典籍はもちろん長文の文書・帳簿、また長期の保存を要する文書などには適さない。これらのためには中国で紙のない時代には冊簡が用いられたが、紙木併用期の日本では紙が用いられた。この欠点のため、木簡は主に、短文ですむ日々の個別的な内容の文書・記録に用いられた。この点は書写材料として致命的な欠点であるが、それにもかかわらず、木簡が大量に使用されていたことに関して、これまでの研究は、木簡の堅牢性などに基づく独自性から説明しようとしているのであるが、それだけでは説明しにくい面もあるように思う。たしかに古代において紙が不足していたとか、貴重であったとかいうことは証明が困難なことである。ただしかし一連の製紙過程を経てはじめてでき上がる紙にくらべて、木を削ればできる木簡は入手が容易な書写材料であることは確かであろう。このような入手のしやすさということもあわせて大量に用い、記載する文字数が少なくて、木簡ですませられることには木簡を使うといった面もあるのではないだろうか。

三　原物に即した諸問題

木簡の現物に即した研究、すなわち形態・大きさや樹種・木取り、また書蹟などの諸点や、木簡の作成、その廃棄に関する研究は、木簡を史料として扱う上で不可欠のものであるが、まだそれほど進んでいない。

形態と大きさ　形態については、『平城宮木簡一』『同二』[32]が、古代の木簡について十五型式の分類を行っている。

木簡は使用後の加工や転用、また欠損しているものが多いので、この分類は出土時における遺存形態を基にした分類である。原形を留めるものによると、木簡の基本型は長方形で、他の諸型式は、それに(イ)側面から切りこみを入れる。(ロ)先端を尖らせる。(ハ)孔を穿つなどの加工を施したものである。切りこみは上下両端の左右に入れるものと、一端の左右に入れるものがあり、孔は材に垂直に穿つものと、側面から水平に穿つものがある。この形態分類は古代の木簡によるものであるから、新しい時代のもの、例えば草戸千軒町遺跡出土の墨書木札にはあてはまらないものがある。また形態は機能や用途と深い関係をもつから、機能・用途について考えるには形態の面から考えることが是非とも必要である。

木簡の大きさについては、弥永貞三氏「木簡の形態」[33]が、長さ・幅・縦横比（長さ／幅）などに関して統計的に整理している。注目すべき指摘が多いが、全体としては日本の木簡は長さ・幅において大体の傾向をもってはいるが、極めて不揃いであること、また縦横比には時代的な変化があり、藤原宮以前の古木簡が平城宮木簡にくらべて、幅広形（縦横比小）であることなどが指摘されている。中国の漢簡には、大きさに一定の規格性があり、記す内容や典籍によって簡牘の長さが決められ（例えば一般の書信・文書＝一尺（＝二三㎝）、詔策＝一尺一寸、『論語』＝八寸、『孝経』＝一尺二寸、『春秋』＝二尺四寸など）、また二尺の簡を「檄」、三尺の簡を「槧」というように、長さによって特定の呼称がつけられていた。このような漢簡にくらべて、日本木簡の特徴は大きさに規格性がない点を指摘できるのである。

形態に関連して日本木簡における冊簡の存否が問題となるが、岸俊男氏「宣命簡」、「木と紙」[34]が、出土木簡のうち冊簡の可能性のあるものや、江戸後期の木簡を模して紙で作った「宣命簡」などを検討して、日本木簡にはこれまで冊簡の確実なものが存しないことを明らかにしている。これは日本木簡の性格や中国簡の受容の問題に関連して重要な指摘で、日本木簡が紙木併用期の魏晋以降の中国簡を受容していることを示している。

樹種と木取り　木簡の材の樹種については大部分が針葉樹で、濶葉樹は少なく、中国簡で一般的である竹簡はこれまで出土例がない。針葉樹の中でも檜が最も多く、次いで杉が用いられているようである。樹種の問題では、竹の生育していた古代日本において竹簡が用いられなかったことをどう理解するかが問題であるが、これについては日本木簡が竹の生育しない北朝の隋唐から受容されたためであるという見解が示されている。(35)しかし隋唐時代における簡牘についてはまだ十分明らかでないので、一つの仮説にとどまっている。木簡の材に針葉樹、とりわけ檜・杉が選ばれていることに関してはこれまで特に説明されていないが、樹種の選択には材の加工や墨書のしやすさ、材の入手しやすさなどが条件になっているのであろう。割りを基本として製板する古代においては針葉樹（特に檜・杉）が濶葉樹にくらべて格段に加工しやすい。木簡のみならず建築用材にも大部分針葉樹が用いられている。

貢進物付札の樹種については地方的特徴を検討することが課題である。これまで隠岐・尾張国の付札に杉材がみられることが指摘されており、(36)このような事例のものは国名不明の付札の国名同定の一根拠となしうる。

木簡の材の木取りについては、板目取りが柾目取りより多いことが指摘されている。(37)その理由については説明されていないが、丸太を割って板材を作る作り方に関係するのであろう。

木取りに関連して木簡の材の作り方については、『藤原宮』(38)が藤原宮跡の調査で木簡とともに大量に出土した木簡状加工木片の意義付けを通して考えている。この加工木片は長さ・厚さが木簡と近似し、幅が木簡の二分の一あるいは三分の一の大きさの墨書のない木片で、木簡の製作過程においてできるものと考えている。すなわち木簡は一定の長さ・厚さの板材の原材を用意し、必要に応じて墨書して、一点一点を割って作る。木簡状加工木片は、その製作過程で木簡を整形する場合や残された原材を次に使用する場合に生じるものと考える。また今泉「長岡京出土木簡補足報告」(39)は、長岡京出土木簡の中に幅が一定の長い板材の原材を横に切断して作った木簡の存在を指摘している。二点の同国の貢進物付札で各々の上・下端の切断面が接続するものや、同類の請飯文書の中に長さは異なるが、幅・厚さが同じで、材質・木取りがよく似ているものが存するのである。木簡を使用する場には板材の原材がおかれ、上記の二方法やその他の方法で木簡に加工されたと考えられる。

木簡の樹種・木取り・製作などの問題は、まだデーターが不足であり、原物に対するさらに精細な観察に基づくデーターの蓄積が必要である。それに加えて実際に小刀と筆をもって木簡を作るという実験的な方法を試みてみる必要があるように思う。

出土する木簡の状態については、『藤原宮』(40)が出土木簡の多くが割截・折損し、完形のものが少ない点に注目し、特に文書木簡が付札にくらべて完形のものの比率が低く、大部分が割られていることから、文書木簡は使用後悪用されることを防ぐため意識的に割って廃棄したと考えている。その後、岸俊男氏「木簡研究の課題」(41)は、付札も文書木簡と同じく完形のものの比率が低く、また割截・折損した木簡が接合して原形に復原できるものの少ないことから前記の考えを改め、木簡は木という特質から使用後に再使用することが多く、その結果出土木簡に完形のものが少ないと推定している。岸氏のいうように、木簡が一度使われたのち、再使用あるいは他の用途に転用されることがあるのは確かである。大量の削屑の出土が何よりもこのことを実証しているし、また正倉院宝物の中に木簡を転用して作った題籤軸の例が指摘されている。(42)また平城宮木簡の中に二片に割られ、一片は割られたままで、他の一片は二次的に加工されながら、互いに接続する木簡の例も指摘できる。このように出土木簡の状態が、木簡の用い方に関係するのならば、出土木簡における完形や割截したものの比率の時代的な変化も検討すべき課題であろう。もしそれらの比率に時代的な変化があるとすれば、それは木簡の用い方の変化を示すからである。

書　蹟　書蹟については、書道史的視点から七世紀から八世紀前半へかけての六朝様から初唐様への書風変遷の問題が論じられている。藤原宮木簡を初めとする七世紀代の木簡の出現は、これまで僅かな肉筆史料や金石文によって論じられていた七世紀書道史の再検討を迫るものであった。

藤原宮木簡の書蹟が六朝様書風であることを初めて論じたのは、東野治之氏「藤原宮木簡の書風について」[43]である。すなわち藤原宮木簡や伊場木簡を材料として、七世紀後半から八世紀初めまで中央から地方まで常用書体として六朝様が用いられ、神亀年間を境として新しい初唐様へと変化するとし、さらに古い六朝様は朝鮮経由で伝えられたもので、六朝様から初唐様への書風の変遷を政治制度や文化全般における七世紀代の朝鮮経由から大宝令以降の八世紀の唐制直輸入の時代変遷の中に位置づける。鬼頭清明氏「七世紀の書風」「八世紀国衙上申文書の書風について」[44]は、主に戸籍・計帳・正税帳などの国衙が中央政府に上申する文書の書風を中心として、八世紀前半における六朝様から初唐様への書風変遷を跡づけ、結論としては東野氏と大きく異ならず、神亀年間を両様式の変化の時期とするが、また七世紀の書風について基本的には六朝様であるが、七世紀後半には一部初唐様も移入されていたと考える。さらに神亀を境とする国衙上申文書の書風の変化の背景として、養老・神亀年間における律令政府の地方行政機構整備の一環としての国衙の史生制整備を指摘する。これら二論文に対して、田中稔氏「白鳳・奈良時代初期における書風の変遷」[45]は、素材を金石文、写経、戸籍・計帳、木簡などに広くもとめ、七世紀後半には古い六朝様に加えてすでに新しい隋・初唐様が受容され、八世紀初期には明確な六朝様は姿を潜め、中央から地方の国衙・郡衙段階まで隋・初唐様が浸透していたと主張する。田中氏の見解は先の二論文にくらべて、隋・初唐様の受容の時期を早く考える点や、新様式として初唐様に先行する隋様を指摘する点に特徴がある。

これら三氏の議論の中で結論の相違はもちろん重要であるが、まず何よりも各様式の判別の基準の違いに眼が向けられるべきである。東野氏は、六朝様の典型を伝聖徳太子筆「法華義疏」にもとめ、磔法・円筆の筆法や特徴的な

「阿」字の書体などを六朝様検出の基準としている。これに対して、鬼頭氏は三過折を初唐様の特徴として、その有無を両様式判別の基準とする。この考えは初唐様を狭く限定するのに対して、六朝様を多様なものとするもので、磔法や円筆は六朝様の一特徴であるが、それだけでなく方筆のものもあるとする。田中氏は前二氏に対して、六朝様は円筆、初唐様は三過折と割りきって考えるのは危険であると批判して、書風の判別は各時代に特徴的な筆法と結体のもつ特性によって行うべきであるとして、各様式の特徴について六朝様は円筆と波磔を特徴とするが、一方強い線をもった方筆もあり、隋様は扁平な結体、初唐様は三過折や縦長な結体を特徴とすると考える。以上のように、結論はもとより、書風判別の基準についても見解が分れているが、いずれにしろ七世紀から八世紀前半の書道史が地方も視野に入れてこのようにきめ細かに論ずることが可能になったのは、木簡出土の大きな成果の一つである。

八世紀についてはすでに写経などを中心とする書風変遷の大綱が示されているが、さらに木簡や正倉院文書などの日常用いられた書蹟を含めて肉づけしていくことが課題であろう。また一部の国では貢進物付札がかなり多数出土しているから、国ごとの書風の特徴やその変遷を明らかにすることも必要で、これによって国名の明らかでない付札の国名を決めることが可能になる。

四　日本木簡の伝来と終末

日本木簡の源流が中国の簡牘にあることは明らかであるが、その伝来の時期や伝来の過程が課題となる。この問題についてはまだ部分的な指摘がされているだけで全体的な検討は不十分である。前に一部ふれているがまとめて整理しておく。

岸俊男氏「木と紙」「木簡研究の課題」(46)は、日中簡の形態を比較して、一つには日本木簡の付札が、頭が丸く穴を穿つ形態の漢代の付札と異なり、左右側面に切込みを入れる魏晋代の付札と同じであること、二つには日本木簡に冊簡の形態が存しないことから、魏晋代以降の簡牘が伝来したと考える。またすでにふれたが、材質の面から日本木簡に竹簡が存しないことから竹の生育しない華北に都を置く隋・唐代の簡牘が伝来したとする見解もある。

日中簡の比較によって日本木簡の伝来の問題を考える場合、困難なのは日中簡の年代があまりに隔たりすぎている点である。中国簡牘の出土例は漢代を中心に戦国時代から魏晋代に及ぶのに対して、日本の木簡の最古のものは伝飛鳥板蓋宮跡出土の「大花下」木簡をはじめとして七世紀代のもので、中国簡との年代的な懸隔は二〇〇〜三〇〇年に及ぶのである。この点からみれば日本木簡が漢簡を受容したということはほとんど考えられず、魏晋以降の簡牘を受容したというのは至極当然な結論である。これまで中国簡牘の研究は漢簡・魏晋簡を中心に進められているが、日本木簡の伝来を考えるには、晋代以降――特に日本簡と時代的に併行する隋・唐代の簡牘について明らかにする必要がある。隋唐以降の簡牘使用についてはあまり積極的に評価されていなかったが、東野治之氏「奈良平安時代の文献に現れた木簡」「成選短冊と平城宮出土の考選木簡」(47)は、主に文献史料によって隋唐以降にも単に儀礼的なものだけでなく、事務処理の補助的な記録材として簡牘が使用され、特に日本の考選木簡の方式の原形が隋唐にあったことを推測しているのが注目される。

中国とともに朝鮮の木簡との比較検討も欠かせない。これまで朝鮮における木簡の出土例は少数が知られるだけであったが、一九七五年に発掘された慶州の新羅時代の宮苑雁鴨池から、平城宮木簡と同時代の八世紀中葉の木簡五一点が出土して、ようやく比較の材料をえることができた。朝鮮木簡の比較研究は今後の課題である。

貢進物付札の起源については、弥永貞三氏「木簡の形態」(48)が、『日本書紀』大化元年（六四五）七月条に百済の使者が任那の調を貢進する際には「国与二所レ出調一」を題することを命じているのに注目して、貢進物付札の起源を大化の時点に求めているのが注目される。

次に日本木簡の終末についても結論がでるほどの十分な議論はされていない。この終末の問題は木簡の概念規定という根本的な問題に関係している。木に墨書するという点では柿経・呪符・棟札・卒塔婆・高札、また出土例では草戸千軒町遺跡の室町時代の墨書木札などがあり、中世以降も種々の面で用いられており、これらを木簡の概念の中に含めるべきなのかが問題である。東野治之氏「『杝』と『札』」(49)は木簡の概念はその機能の面から考えるべきであるとして、古代の木簡が文書行政と密接に結びつき文書・帳簿の補助的な役割りを果した点に特徴があり、その形態上のあらわれとして、木簡の再使用を示す削屑の存在を木簡の終末期の指標として考え、このような点から中世以降の柿経・呪符・棟札、高札・卒塔婆などは木簡の範疇に入らないとしている。機能の面から木簡の概念規定をしようとする東野氏の考えは継承すべきである。中・近世の木簡の機能を考えるには、三三〇〇点をこえる多数が出土している草戸千軒町遺跡の墨書木札が好個の史料で、その機能論をきちんとおさえ、古代の木簡との共通点・相違点を明らかにすることが必要であろう。しかし、岸俊男氏「木簡研究の課題」(50)がいうように、木簡研究が十分進展していない現状では性急に木簡の概念を決めてしまわず、時代を問わず墨書のある木札を広く研究の対象とすることが必要と思われる。

以上、木簡の諸研究について現状の紹介を中心に整理してきた。日本木簡の基礎的研究は出発してからまだ日が浅く、ようやくその緒についたばかりで、明らかになったことにくらべて残された課題が多い。今後の木簡研究の進展のために、多くの分野の研究者の参加とともに多方面からの検討に耐えうる報告書の刊行が望まれる。

注

（1）奈良国立文化財研究所『第一回木簡研究集会記録』（一九七六年）、『第二回木簡研究集会記録』（一九七七年）、『第三回木簡研究集会記録』（一九七九年）。

（2）大庭修『木簡』（一九七九年）、同「中国簡牘研究の現状」（『木簡研究』創刊号、一九七九年）。

（3）岸俊男「木簡研究の課題」（奈良国立文化財研究所『第一回木簡研究集会記録』所収、一九七六年。『宮都と木簡――よみがえる古代史――』再収、一九七七年）。

（4）瀧川政次郎「短冊考――払田柵址出土の木札について――」（『古代学』七―二、一九五八年。『法制史論叢』第四冊『律令諸制及び令外官の研究』再収、一九六七年）。

（5）東野治之「奈良平安時代の文献に現われた木簡」（奈良国立文化財研究所『研究論集』II、一九七四年。『正倉院文書と木簡の研究』再収、一九七七年）。

（6）藤枝晃「楼蘭文書札記」（『東方学報』第四一冊、一九六九年）、同『文字の文化史』（一九七一年）。

（7）狩野久「木簡」（『古代の日本』九研究資料、一九七一年、『日本古代の国家と都城』に「木簡概説」として再収、一九九〇年）。

（8）横田拓実「文書様木簡の諸問題」（奈良国立文化財研究所『研究論集』IV、一九七八年）。

（9）岸俊男「木簡」（『日本古文書学講座』二　古代編I、一九七八年）。

（10）注（3）岸俊男「木簡研究の課題」。

（11）東野治之注（5）論文、「成選短冊と平城宮出土の考選木簡」（『正倉院文書と木簡の研究』所収、一九七七年）、「平城宮出土の木簡」「平城宮跡の木簡」二～五（「出版ダイジェスト」八八八、九〇〇、九〇九、九二〇、九三四号、一九七八・一九七九年。『日本古代木簡の研究』序章に「平城宮出土の木簡――木簡概説の試み――」として再収、一九八三年）。

（12）注（11）東野治之「成選短冊と平城宮出土の考選木簡」。

（13）注（9）岸俊男「木簡」。

（14）注（11）東野治之「平城宮出土の木簡」「平城宮跡の木簡」二～五。

（15）今泉隆雄「平城宮の小子門について」（奈良国立文化財研究所『平城宮木簡三』第三章、一九八〇年）。本書第一編第四章。

(16)　柳雄太郎「正倉院伝世の木簡」(奈良国立文化財研究所「第一回木簡研究集会記録」、一九七六年)。
(17)　東野治之「正倉院伝世木簡の筆者」(『ミュージアム』三〇四、一九七六年。『正倉院文書と木簡の研究』再収、一九七七年)。
(18)　柳雄太郎「正倉院伝世の仁王会関係木簡」(『ミュージアム』三二一、一九七七年)。
(19)　鬼頭清明「律令制と木簡──支配のための道具＝文字」(『古代史発掘9　埋れた宮殿と寺』一九七四年)。
(20)　弥永貞三「古代史料論」1「木簡」(岩波講座『日本歴史』25、一九七六年。『日本古代の政治と史料』再収、一九八八年)。
(21)　今泉隆雄「貢進物付札の諸問題」(奈良国立文化財研究所『研究論集』Ⅳ、一九七八年。本書第一編第二章)。
(22)　北条秀樹「文書行政より見たる国司受領化──調庸輸納をめぐって──」(『史学雑誌』八四－六、一九七五年)。
(23)　北条秀樹「平安前期徴税機構の一考察」(『古代史論叢』下巻、一九七八年)。
(24)　今泉隆雄「長岡京木簡と太政官厨家」(『木簡研究』創刊号、一九七九年)。
(25)　注(11)東野治之「平城宮跡の木簡」五。
(26)　狩野久『木簡』(『日本の美術』№一六〇、一九七九年)。
(27)　注(21)今泉隆雄「貢進物付札の諸問題」。
(28)　東野治之「平城宮出土木簡所見の文選李善注」(『万葉』七六、一九七一年)、「王勃集と平城宮木簡」(『万葉』八八、一九七五年)、「奈良時代における『文選』の普及」(『古代国家の形成と展開』、一九七六年)、「『論語』『千字文』と藤原宮木簡」(『万葉集研究』第五集、一九七六年)、「令集解『古記』にみえる『魏徴時務策』考」(『万葉』九二、一九七六年)、注(11)「平城宮跡の木簡」二～五。以上六編は『正倉院文書と木簡の研究』(一九七七年)再収。
(29)　注(11)東野治之「平城宮跡の木簡」二～五。
(30)　岸俊男「木と紙──木簡研究の一齣──」(『横田健一先生還暦記念日本史論集』、一九七六年。『宮都と木簡──よみがえる古代史──』再収、一九七七年)。
(31)　注(11)東野論文。
(32)　奈良国立文化財研究所『平城宮木簡一』(一九六九年)、『平城宮木簡二』(一九七五年)。
(33)　弥永貞三「木簡の形態──長さ・幅・縦横比などよりみた──」(『第二回木簡研究集会記録』一九七七年)。

(34) 岸俊男「宣命簡」(『柴田實先生古稀記念日本文化史論叢』一九七六年。『日本古代文物の研究』再収、一九八七年)、注(30)論文。
(35)「第一回木簡研究集会討論」(奈良国立文化財研究所『第一回木簡研究集会記録』、一九七六年)。
(36) 奈良県教育委員会『藤原宮——国道一六五号線バイパスに伴う宮域調査——』(奈良県史跡名勝天然記念物調査報告第二五冊)第V章7木簡(岸俊男・和田萃執筆、一九六九年)。奈良国立文化財研究所藤原宮木簡一』(一九七八年)。
(37) 注(36)『藤原宮』、奈良国立文化財研究所『藤原宮木簡一』、同『平城宮木簡三』(一九八〇年)。
(38) 注(36)『藤原宮』。
(39) 今泉隆雄「長岡京出土木簡補足報告」(『第三回木簡研究集会記録』一九七九年)。
(40) 注(36)『藤原宮』。
(41) 注(3)岸俊男「木簡研究の課題」。
(42) 注(17)東野治之「正倉院伝世木簡の筆者」、注(26)狩野久『木簡』。
(43) 東野治之「藤原宮木簡の書風について」(『ミュージアム』三一四、一九七七年。『日本古代木簡の研究』再収、一九八三年)。
(44) 鬼頭清明「七世紀の書風——日本と朝鮮——」(『日本の中の朝鮮文化』三六)、「八世紀国衙上申文書の書風について」(奈良国立文化財研究所『研究論集』IV、一九七八年。改稿して「木簡の書風」として『古代木簡の基礎的研究』に再収、一九九三年)。
(45) 田中稔「白鳳・奈良時代初期における書風の変遷」(『ミュージアム』三三〇、一九七八年)。
(46) 岸俊男注(30)「木と紙」、注(3)「木簡研究の課題」。
(47) 東野治之注(5)「奈良平安時代の文献に現われた木簡」、注(11)「成選短冊と平城宮出土の考選木簡」。
(48) 注(33)弥永貞三「木簡の形態」。
(49) 東野治之「『杙』と『札』——角林文雄氏の所説を読んで——」(『続日本紀研究』一九五、一九七八年。『日本古代木簡の研究』再収、一九八三年)。
(50) 注(3)岸俊男「木簡研究の課題」。
(付記) 初出稿「日本木簡研究の現状と課題」。『歴史学研究』四八三掲載(一九八〇年八月)。改題し、注について記載形式を他と同じくし、のちに著書に収められたものは付記した。内容は改めていない。

II

はじめに

一九六一年の平城宮跡における木簡の出土が、日本における木簡の本格的研究の出発点となった。これ以前にも木簡が出土したことがあったが、平城宮跡出土の木簡は質量ともに豊富で、日本古代における木簡の広汎な使用を明らかにし、その後の全国各地における木簡出土の契機となり、さらに木簡の本格的研究の端緒となったのである。一九八五年までで、中・近世を含む木簡の出土遺跡は全国各地の二〇〇余個所に及び、出土総点数は四万点をこえている。

これまで木簡研究は二つの方面から進められてきた。一つは木簡を資料として利用した研究で、木簡発見の当初から行われた。この方面でも木簡を文献史料として利用する古代史や国語学などの研究と、遺跡の性格や年代、遺物の年代の決定などに利用する考古学の二つの面がある。二つは木簡そのものに関する研究で、木簡の特質、用途と機能、原物に即した諸問題、日本への木簡の伝来とその終末等々、いわば木簡の史料学的研究である。一九七六年から三回にわたって奈良国立文化財研究所が開催した木簡研究集会が、この方面の研究の進展の契機となった。この研究集会を母胎として、一九七九年三月木簡学会が設立された。その機関誌『木簡研究』は八号（一九八六年）まで刊行され、毎年の出土木簡の報告と研究論文を掲載し、近年の木簡研究進展の中心となっている。

木簡の研究史については、すでに鬼頭清明氏がまとめられ[1]、筆者も一九七九年までの研究を整理したことがある。[2]

本稿では、紙幅の都合もあるので史料学的研究を主題とすることとし、旧稿でふれた点は概括的にのべ、その後の研究を中心にして木簡研究の現状についてまとめることとする。

一　木簡の資料的特性と内容

資料的特性　木簡は文字の書いてある文献史料であるとともに、その大部分が発掘調査によって出土する考古学の遺物であって、いわば「発掘された文献史料」である。ここに木簡の資料的特性があり、木簡の研究はこの二つの面からの検討を要する。ともすれば木簡は文献史料としてのみ検討されがちであるので、考古学的遺物として取り扱うべきことが強調されるのである。すなわち、出土遺構・層位、出土状況を把握し、共伴遺物との相関的関係の中で検討することが必要なのである。木簡研究の基本的方法として、まずこの資料的特性をふまえておかなければならない。

内容分類　周知のように木簡は、内容と用途によって文書と付札とに大きく二分類され、このほかに習書・落書、題籤軸などがある。さらに文書木簡は、発信者と受信者との間で授受される狭義の文書（以下、文書簡という）と、授受関係のない伝票・帳簿などの記録（記録簡という）に、付札は貢進物などの貢納に用いる荷札と、物品の保管・整理などに用いる物品付札に細分される。文書木簡の内容は、文書簡が物品と人の移動に関するものが多く、物品の請求・支給・進上、人の召喚・派遣、仕事の割当、宿直者や食口の報告、関や門の通行証など、記録簡は、物品の収納記録、官人の勤務評定の整理カード、野外の儀式・祭祀への出仕者の歴名などがある。

二　木簡の特質

木と紙　これまで日本木簡の特質については用途と機能から論じられてきた。その際日本の木簡は中国の漢代以前の簡牘と異なって、書写材料として紙とともに用いられていることから、木簡が紙に対する独自な用途と機能をもち、両者の間である程度の使い分けがあることが考えられてきた。そしてその使い分けは、両者の材質の違いに基づく、それぞれの書写材料としての特性によると考えられるのである。

木という材質に基づく、紙に対する木簡の書写材料としての特性＝長所と短所は次の三点に整理できる。(1)紙にくらべて嵩ばる。すなわち、紙にくらべて体積の割りに書き載せることのできる文字数が少ないのである。このために木簡は、長文や長期間保存を要するものの書写には適せず、この点は書写材料として大きな欠点である。(2)堅牢であり野外で書写したり、もち歩いたり、掲示するために立てたりするのに適する。(3)削って簡単に墨書を消去することができる。この点は再使用できるという長所であるとともに、簡単に改竄できるという短所でもある。これらの材質としての特性が木簡の用途と機能を規定していると考えられる。

堅牢性　まず付札は、(2)の堅牢性を活かした使い方である。野外に立てる告知札、文書木簡の中でも野外での儀式・祭祀に使う歴名簡、野外を携帯する関や門の通行証も同様である。文書簡一般についても、この堅牢性に基づく通行証という機能があったとする見解がある(3)。すなわち物品の請求・支給・進上、人の召喚などの文書簡が、物品・人とともに移動することがある点に注目し、これらの木簡が宮の門の通行に際して、人の身分や物品の内容を証明する働きを有したとするのである。たしかに門や関の通行証の木簡が存在するが、文書簡一般を堅牢性や携帯の便宜から理解するのは妥当でない。

文書木簡の用途と機能　木簡の用途と機能は一つにはその堅牢性に基づく面もあるが、より大きく規定しているのは、(1)の長文や長期間保存の必要なものに適さないという短所である。そして官衙の文書事務の中で木簡はこの短所に規制されて、短文ですむ個別的な事柄を記録し、紙の正式な文書に対して、従属的な役割を果したのである。この点について、東野治之氏が記録簡を中心に明らかにしている。(4) すなわち記録簡は物品の収納や人の労務管理に関する日々の記録として用いられ、一定期間の後これらの木簡を整理して紙の正式な文書や帳簿が作成された。また官人の考課・選叙（勤務評定）の事務では、木簡は個々の官人の成績を記すカードとして使われ、これらを編綴・整理して紙の正式な文書を作成する。すなわち記録簡は紙の補助的記録材として用いられたというのである。

このような個別的な内容の記録と紙に対する従属的な使い方は、文書簡にもあてはまる。この点を律令官衙における大粮・月料などの食料の請求・支給を例としてみてみよう。大粮（衛仕・仕丁・采女・工匠などの食料）、月料（官人の食料）の支給に当たっては、第一段階として、前もって月ごとに各省が被管官司の請求をとりまとめ、これらの保管官司である民部省・宮内省に請求し、両省は全体をまとめて太政官に申請して出給の許可を得る。第二段階として、先の出給許可を前提として、各官司から日々ごとなどの個別的な請求がなされ支給される。この手続きのなかで、第一段階の月ごとの太政官にまで至る請求と出給許可には紙の文書が（例えば正倉院文書の天平十七年（七四五）大粮請求文書）、第二段階の実際の日々の個別的な請求・支給には木簡の文書（例えば、平城宮木簡の陰陽寮から大炊寮への常食＝月料請求文書・史料1）が用いられ、さらに各官司内での個人の請求・支給にも木簡（「請飯」と書き出す飯請求木簡など。史料2）が使われたと思われる。

このように事前の月ごとの正式な請求と出給の手続と、日々の個別的な実際の請求と支給との間で、紙と木簡が使

史料

1 ・陰陽寮移　大炊寮　給飯捌升　右依
・例給如件録状故移　従八位下□□　〇一一
『平城宮発掘調査出土木簡概報七』三下

2 請書手飯四升十月三日軽間嶋枌
一七九×二五×二　〇一一
『長岡京木簡一』一四

3 庚子年四月若佐国小丹生評木ツ里秦人申二斗
一七〇×三三×五　〇三一
『藤原宮木簡一』一四六

4 ・卿等前恐々謹解□□〔寵カ〕□
・卿尓受給請欲止申
（二〇六）×二一×一　〇一九
『藤原宮木簡一』八

い分けられ、木簡は正式な紙の文書に対して従属的な使い方をされた。また文書簡は、発信者と受信者の間で授受された後いずれかに蓄積され、記録簡と同じく紙の文書作成のための資料として使われることもあった。文書木簡の用途と機能を考えるためには、前記のように物資の出給などにおいてどのような手続きがとられ、その中で紙と木簡がどのように使い分けられたかを明らかにする必要があり、このような意味で筆者も参照した保野好治氏の物資の保管・出給とその手続に関する研究は価値が高い(5)。

いうまでもなく文書木簡が個別的なことに用いられ、紙に対して従属的な位置にあるのは、木簡が長文や長期間保存を要するものの記録に適さないからである。上記のような用途においては、個別的な内容であるから短文ですみ、またその用件が完了し紙の文書にまとめられれば不要になって、長期間の保存を必要としないから、木簡でも間にあうのである。また木簡が削られて改竄され易く、印を押せないことも正式の文書として使われない理由であろう。このように木簡の用途は、その書写材料としての短所によって消極的に規定されているから、木簡の代りに紙を用いてもよかった。したがって文書における紙と木簡の使い分けはあいまいな面があって、同種の文書に紙も木簡も使われることがあった。しかし両者の間に一応の使い分けがあるのは、古代において紙が高価で入手しにくいものであるのに対して、木簡が容易に入手し得るものであるという両者の間の価値判断があり、木簡ですませられることには木簡を用いるということがあったからであると考えられるのである。

荷札の用途と機能　荷札については、国・郡・郷における作成段階、用途と機能について論じられている。作成段階については、今泉隆雄が荷札の書式、また書蹟・形態などについて国・郡・郷のどの段階において共通・相違点があるかを検討して、各種の貢進物の作成段階を考察し[6]、これに対して東野治之氏は貢進物の製造段階を明らかにすることによって別の見解を主張している[7]。

用途と機能については貢進物の検収と保管の二点が指摘されている。検収とは貢進物の収納の際に、決められた品目・数量・品質のものが貢進されているかを検査することである。中央政府における貢進物の収納には長期間を要し、貢進側の国と中央の収納官衙との間で貢進物が受納され、日々その受納分に関して、収納官衙から貢進側へ日収（収文）という受領書が渡され、さらに全体の収納が終った段階で、返抄という全体の受領書が交付された。荷札は最初の貢進物の受納の際に荷物からはずされ、収納官衙において貢進物の品目や数量の確認と、日収作成の資料として用いられた。荷札が検収に用いられることは、長岡京左京三条二坊八町の太政官厨家から多数出土した地子の荷札によって実証された。近年刊行された『長岡京木簡一』[8]で今泉がこの問題を論じている。

保管とは貢進物の収納後倉庫に保管しておく際、物品付札と同じく荷物の品目や数量などを明示する働きである。

このことは収納後も荷札が荷物に付けられていることを前提とするから、前記の検収の機能とは矛盾するかにみえるが、このことについて東野氏は、貢進物には複数の荷札が付けられ、一部が収納段階ではずされ、一部は保管段階にも残されたと考えている。(9)この保管に関して館野和己氏は、平城宮跡において国と種目・品目を同じくする荷札がまとまって同一の遺構から出土する例などから、貢進物が倉庫において同一品目・国ごとに保管されていることを明らかにした。(10)

荷札の用途について注意すべきは、検収事務において荷札が紙の日収の作成の資料として用いられることである。これは文書木簡が紙の補助的記録材として用いられるのと同じで、文書・荷札を通しての木簡の特性として指摘できる。

習　書　岸俊男氏は木簡に漢籍などの典籍の習書があることに注目して、典籍などの書写において浄書には貴重な紙を、筆ならしや練習には削れば再使用できる木簡を用い、両者の間で使い分けがあったとする。(11)これに対して、東野治之氏は、木簡の漢籍などの習書は官人が漢籍などを学習するために抄出（抜き書き）したもので、木簡には抄出の機能があると考えた。(12)この抄出の使い方はやはり個別的な内容の記録ということである。また東野氏は習書木簡の片言隻句の典拠となった漢籍の同定を通じて、日本古代における漢籍の受容を明らかにした。(13)

具注暦木簡と大型木簡　木簡の使い方に関して、静岡県城山遺跡出土の具注暦木簡が問題を投げかけている。この木簡は天平元年（七二九）の具注暦の一部で、長さ五八cm、幅五・二cmの大きなものである。原秀三郎氏は、この木簡が表に歳首部、裏に正月十八・十九・二十日の三日分を記すことなどから、複数の簡からなるものの一簡であるとして、本来の形態を七列九段に重ねられた六三枚で一年分を構成するものであると復原した。(14)中国の漢代以前には複数簡を編綴した冊簡の使い方があるのに対して、日本の木簡は単独簡の使用を原則とし、それが紙木併用の木簡の特徴であるわけであるが、原氏はそのような中で、この具注暦木簡が冊簡になることは確認できないものの、複数簡の組みあわせで一つの機能を果すものであることに注目している。これに対して東野治之氏は、この具注暦木簡が原氏のいうように一年分が一組になるようなものでなく、巻子の一年分の具注暦が使いにくいので、必要な部分を抜き書きしたものであるとして、木簡の抄出の機能から理解した。(15) しかしたとえ一年分のセットになっていないとしても、この具注暦木簡はその表裏の記載内容からみて、複数簡が組みになっていたことだけは確かであろう。

木簡の記載内容は短文であるのが一般的な中でこの具注暦のほかにも、帳簿の記載をもつ長文で大型の木簡が少数存する。伊場遺跡の屋椋帳（三一号、〈一一六・五〉×〈六・二〉㎝）、藤原宮跡の弘仁二年（八一一）の庄園の収納簿（九八・二×五・七㎝）、滋賀県鴨遺跡の貞観十五年（八七三）の稲の苅員を記録した帳簿（一一六・五×〈六・四〉㎝）などである。これらの大型木簡は告知札のように提示の機能をもつものもあるかもしれないが、それだけでは説明し切れない点もあり、その用途と機能は今後の課題である。

三　様　式

日付の位置　木簡の記載の様式（書式）については、藤原宮木簡などによって七世紀末の実例がふえることによって新しい問題が提起されるようになった。一つは荷札・文書の日付けの位置の問題である。荷札の日付の位置が、大宝二年（七〇二）の大宝令施行を境に文の冒頭から末尾に変化することは、早くから指摘されていたが（史料3）、岸俊男氏は、日本への木簡の伝来の時期や経路を解明する手掛りになるとしてこの問題をとり上げた。(16) まずこの変化が荷札ばかりでなく文書木簡や金石文にもみられることから、大宝公式令の施行に基づくものと考え、さらに朝鮮では冒頭記載が時代を通じて一般的であり、また中国では同じ変化が五世紀末ごろにみられることから、日本への木簡の伝来が朝鮮経由である可能性を指摘し、大宝公式令による変化は唐制の影響であるとした。

「某の前に申す」の上申文書　藤原宮木簡の文書に書き出しや書き止めに「某（＝充所）の前に申す」という文言をもつ上申文書があることが指摘されていたが（史料4）、その後この様式は七世紀末から八世紀半ば頃までの木簡・正倉院文書などにみえ、大宝公式令に規定する上申文書に先行するものであることが明らかになってきた。東野治之氏は、この文言は和文的なものでなく、その源流は中国六朝の文書様式にあるとし、さらに進んで浄御原令・大宝令時代の文書の「解」「奏」、「詔」「勅」の文言が公式令の規定の意味でなく、単に「申す」や「宣る」の意味に用いられることがあり、また大宝公式令の文書規定が規定通り行われないこともあることなどから、日本古代の文書制度では浄御原令時代のルーズな文書様式が基盤としてあり、唐制に基づく大宝公式令の文書制度の実施は皮相的なものにとどまったとする[17]。

これと異なって早川庄八氏は、「某の前に申す」の様式は人から人への口頭伝達の文言を文書化したもので、大宝公式令の官司を充先とする文書様式に先行するものであって、官司と官職が未分化で官司の機能が未成熟な大宝令前の官制に対応する様式であると意義づけた。早川氏はまた、文書簡と正倉院文書の様式と用途について公式令の規定との異同を検討し、規定との異同に関して木簡と正倉院文書は質的に変わりがないことを明らかにした[18]。この論文は、これまで公式令の説明にとどまり、遅れていた古代古文書学の新たな構築を意図したものであるが、また機能・用途論が先行し、おくれていた木簡の様式論を大きく進めるものであった。

四　原物に即した諸問題

料材の製作技法　原物に即した問題としては形態・大きさ、書蹟、料材の樹種や製作技法の諸点があるが、近年料材の製作技法について、同材から作られた木簡の資料の検出によって新しい知見が加えられた。(19) すなわち(1)長岡京・平城宮跡出土の木簡によれば、まず作るべき木簡の幅の厚さの厚めの板材を用意し、これを小口から側面に平行に、木簡の厚さの幅に割る。次にこれを木簡の長さに切断すればでき上る。この技法によれば、最初に用意する板材が板目板ならば柾目板の、柾目板ならば板目板の木簡ができ上る（第18図）。この技法が唯一のものでなく、他の技法も想定できる。例えば多賀城跡第四七次調査出土の付札は、最初の板材を木簡の幅に割って作ったものである。(2)製作の基本的な手法は割り・切断・削り・切りこみの四つである。割りと切断によっておおよその形が作られ、削りによって調整される。割りは木理に平行に、切断は木理に直交する方向に施す。薄い材ならば切断しきってしまうが、厚い材は切りこみを入れて折るのが普通である。削りによって上下左右の四辺と表裏面を整形・調整する。割りや折りのままで四辺を整形しない木簡も多い。切りこみは左右辺にV字形切りこみを施すものである。料材の樹種の大部分が檜・杉の針葉樹であるのは、製作技法において割りが重要な部分を占めるためである。(3)製作技法を解明するためには同材の木簡を検出することが必要であるが、そのためには機器による年輪幅の測定とその年輪グラフ化が有効である。

このほかの問題については旧稿に整理したので簡単にのべる。書蹟については飛鳥・藤原宮木簡など七世紀の木簡が多数出土することによって、これまで十分に明らかでなかった七世紀から八世紀の書風の変遷について、八世紀初めを境として六朝様から初唐様へ変化することが明らかになった。
料材の樹種については檜・杉などの針葉樹が多いが、そのような中で隠岐国の荷札に杉材が多く[20]、大宰府の木簡に椎材が用いられるなどの、樹種に関する地域性が指摘されている。

五　中世・近世木簡と呪符木簡

中世・近世木簡　従来古代木簡を中心に研究されてきたが、近年、中世・近世木簡の研究も進められつつある。点数は多くないが、中世木簡の出土遺跡が大幅に増加してもいる。中世木簡の中では、室町時代の草戸千軒町遺跡の木簡が四〇〇〇点にも及び、質量ともに豊富で、その正式報告書『草戸千軒　木簡一』が刊行された[21]。志田原重人氏は、この草戸千軒木簡を中心に古代木簡に対する中世木簡の特徴として、形態では板材のもの（六〇%）のほかに角材のもの（四〇%）があること、記載内容では、売買・取引、物資の調達・移動に関する覚え、荷札・付札などがあり、狭義の文書はないこと、内容が私的なものであることなどを指摘している[22]。水藤真氏は、木札使用に関する文献史料を検討して、中世から近世にかけても墨書木札が多様な用途に用いられていたことを明らかにしている[23]。

呪符木簡　祭祀に関わる呪符木簡は木簡の中でも特殊な用途のものであるが、斎串、物忌札、人形などとともに古代から用いられ、中世には木簡の中でその比重が重い。和田萃氏は、これら祭祀関係の遺物全体について、分類、機能と用途、時代的変遷、中国・朝鮮との関係などの諸問題について論じた[24]。そのすべてを紹介できないが、呪符木簡には「急々如律令」の呪句を記したもの、道家の秘文である符籙や祭儀の図を描くもの、神仏の名号を記すものの三類があり、内なるケガレを外に追い出し外界のケガレの侵入を防ぐのに用いる。斎串は聖なる空間を画定するのに用い、物忌札は内部のケガレの拡散を防ぐのに用いる。これら三者はいずれも聖とケガレの空間を分ける機能をもち、地面に突きさして用いるので木札が使われたとする。

六　遺跡・遺物と木簡

発掘調査において文字を記した木簡の出土する意義は大きく、発見の当初から木簡は遺跡の性格と年代、共伴遺物の年代の決定に利用されてきた。平城宮跡出土の土器は平城宮Ⅰ〜Ⅶに編年され、主に共伴木簡の年代によってその実年代が与えられている。また平城宮跡では木簡によって西宮、大膳職、造酒司、陰陽寮、式部省などの宮殿・官衙名が比定され、さらに例えば伊場遺跡や近年発見された山垣遺跡（兵庫県春日町）などでは、関連する文献史料がないにも関わらず、木簡によってある程度遺跡の性格が考究できるのである。このように考古学に木簡を活用する上での方法的問題点について今泉が次の諸点を検討している。[25]

遺跡の性格　まず木簡を遺跡の性格の決定に用いるためには、木簡の機能・移動・廃棄について検討する必要がある。木簡は内容に基づき一定の機能をもち、文書簡や荷札はその機能に関連して移動する。そして機能を果したところで廃棄される。出土木簡はこのようにして廃棄されたものであり、出土状況が廃棄状況を示す。したがって、木簡の内容を出土遺構に結びつけるには、出土地点（≠廃棄地点）と状況の意味をその木簡の機能・移動の検討から明らかにすることが必要なのである。簡単な例をあげれば、ある木簡に「大蔵省」と記されていても、大蔵省がその文書の差出なのか充先なのかそれ以外なのか、そして出土遺構が差出・充先のいずれに当たるのか、これらのことが決まらなければ、木簡に記された大蔵省と出土遺構との関係は決まらないのである。もちろんこのような木簡に関する検討の前提として、遺跡・遺構の内容、共伴遺物、文献史料について総合的に考察することが必要である。

遺構と遺物の年代　木簡に記された年紀はおおむね作成の年代を示すが、これによって出土遺構や共伴遺物の年代を決定するためには、木簡の作成から廃棄までの期間がどの程度あるのかを明らかにする必要がある。木簡は元来長期間の保存に適さないから、おおむねこの期間は短いが、種類と内容によっては長いこともある。文書木簡は紙の文書に整理されれば、また検収に用いる荷札も検収事務が終れば不用になるから、短期間に廃棄される。保管のために残された荷札は、荷物の品目の違いによって消費までの期間が異なるから、荷札の廃棄までの期間にも長短がある。魚、海藻など長期間保存できないものは貢納後短期間に消費されるから、廃棄までの期間は短く、塩などの長期間保存できるものは、二十年以上も保存されたのちに消費され廃棄されることがある。題籤軸、習書の年紀は共伴木簡のそれよりも古いことがあるが、それは題籤軸は文書の保存に用いられるからであり、習書は書写年代に関係なく古い年紀を記すことがあるためである。

本稿を締めくくるに当たって、木簡研究の方法について、かつて岸俊男氏が指摘した[26]、木簡を考古学の遺物として取り扱うこと、現物の観察・調査に基づき研究することと、関連する文献史料の研究を深めることの三点を強調しておきたい。紙幅の都合で、とりあげるべくしてふれられなかった研究のあることをおことわりしておきたい。

注

（1）鬼頭清明「日本における木簡研究の進展と課題」（『歴史評論』三八九、一九八二年）。
（2）今泉隆雄「日本木簡研究の現状と課題」（『歴史学研究』四八三、一九八〇年。本書第一編第一章Ⅰ）。
（3）狩野久「木簡」（『古代の日本』九研究資料、一九七一年。『日本古代の国家と都城』に「木簡概説」として再収、一九九〇年）。

岸俊男「木簡研究の課題」（奈良国立文化財研究所『第一回木簡研究集会記録』一九七六年。『宮都と木簡――よみがえる古代史――』再収、一九七七年）。横田拓実「文書様木簡の諸問題」（奈良国立文化財研究所『研究論集』Ⅳ、一九七八年）。

（4）東野治之「奈良平安時代の文献に現われた木簡」（奈良国立文化財研究所『研究論集』Ⅱ、一九七四年。『正倉院文書と木簡の研究』再収、一九七七年）、「成選短冊と平城宮出土の考選木簡」（『正倉院文書と木簡の研究』）、「平城宮出土の木簡」「平城宮跡の木簡」二～五（「出版ダイジェスト」八八八、九〇〇、九〇九、九二〇、九三四、一九七八・一九七九年。『日本古代木簡の研究』の序章に「平城宮出土の木簡――木簡概説の試み――」として再収、一九八三年）。

（5）保野好治「律令中央財政機構の特質について」（『史林』六三―六、一九八〇年）。

（6）今泉隆雄「貢進物付札の諸問題」（奈良国立文化財研究所『研究論集』Ⅳ、一九七八年。本書第一編第二章）。

（7）東野治之「古代税制と荷札木簡」（『ヒストリア』八六、一九八〇年。『日本古代木簡の研究』再収、一九八三年）。

（8）向日市教育委員会『長岡京木簡一』（一九八四年。本書第二編第一章）。

（9）注（7）東野論文。

（10）館野和己「荷札木簡の一考察――貢進物の保管形態をめぐって――」（『奈良古代史論集』一、一九八五年）。

（11）岸俊男「木と紙――木簡研究の一齣――」（『横田健一先生還暦記念日本史論叢』、一九七六年。『宮都と木簡――よみがえる古代史――』再収、一九七七年）。

（12）東野治之「平城宮木簡中の『葛氏方』断簡――習書と木簡――」（『日本古代木簡の研究』、一九八三年）。

（13）東野治之『正倉院文書と木簡の研究』（一九七七年）、『日本古代木簡の研究』（一九八三年）。

（14）原秀三郎「静岡県城山遺跡出土の具注暦木簡について」（『木簡研究』三、一九八一年）。

（15）東野治之「具注暦と木簡」（『日本古代木簡の研究』）。

（16）岸俊男「木簡と大宝令」（『木簡研究』二、一九八〇年。『日本古代文物の研究』再収、一九八七年）。

（17）東野治之「木簡に現われた『某の前に申す』という形式の文書について」（『日本古代木簡の研究』一九八三年）。

（18）早川庄八「公式様文書と文書木簡」（『木簡研究』七、一九八五年）。

（19）注（8）『長岡京木簡一』。

(20) 東野治之「木簡にみられる地域性」(『講座考古地理学』1、一九八二年。『日本古代木簡の研究』再収)。
(21) 広島県草戸千軒町遺跡調査研究所『草戸千軒　木簡一』(一九八二年)。
(22) 志田原重人「草戸千軒町遺跡出土の木簡」(『木簡研究』三、一九八一年)、同「中・近世の墨書木札類」(『歴史公論』九九、一九八四年)。
(23) 水藤真「木に墨書すること――中世木簡の用例――」(『史学雑誌』九三―一一、一九八四年)。
(24) 和田萃「呪符木簡の系譜」(『木簡研究』四、一九八二年)。
(25) 今泉隆雄「木簡と歴史考古学」(『日本歴史考古学を学ぶ』下巻、一九八六年。本書第一編第三章)。
(26) 注(3)岸論文。

(付記) 初出稿「文字資料研究の現状」の「木簡」。『季刊考古学』一八掲載(一九八七年七月)。改題し形式的に整えただけである。


(補記) 本稿以後、木簡の研究史がいくつか発表されているが、その中で主なものを上げておく。

佐藤信「木簡研究の歩みと課題」(木簡学会編『日本古代木簡選』一九九〇年、『日本古代の宮都と木簡』Ⅲの第二章付論一として再収、一九九七年)。

舘野和己「文書木簡の研究課題」(『考古学ジャーナル』三三九、一九九一年)。

森公章「荷札木簡の研究課題」(同前)。

鬼頭清明「木簡研究の現状」(『古代木簡の基礎的研究』第一章第1節、一九九三年)。

第二章　貢進物付札の諸問題

はじめに

木簡は、一九六一年の平城宮跡における出土以来、全国各地の諸遺跡からの出土が相継ぎ、古代史の新史料として注目され利用されてきたが、近年ようやく、原物に即した木簡そのものについての基礎的研究が着手されるに至った(1)。本稿で取り扱う貢進物付札は、調庸などの租税やその他の貢進物の貢進のために付けられた木札で、これまで律令税制の史料として断片的に利用されてきているが、原物に即して貢進物付札そのものについて明らかにすることが必要である。その研究課題として、貢進物付札がどのように作られ書かれたのかという作成の問題や、どのような機能や意義をもっていたのかという問題は、是非明らかにされなければならない基本的な課題であろう。本稿は、貢進物付札の原物に即しながら、それが国・郡・郷の律令地方行政機構のどの段階で作成されたのかという作成段階の問題を中心にして考え、更にその機能・役割の問題について若干の見通しをのべてみたい。これらの課題の解明は貢進物付札の本質の解明に必要であるとともに、貢進物付札が律令税制や律令地方行政機構に密着した史料であることから、これらの実態の解明の手掛りともなるであろう。

一　貢進物付札と実物・包装材墨書銘

貢進物は、貢進に当って貢進主体、貢進物の種目（税目）・品目・数量、貢進年月日などを明示しなければならなかった。付札はそのための一つの方法であったが、この方法のほかに貢進物そのものに墨書する方法や貢進物の包装材（包紙・布袋）に墨書する方法が行われていた。貢進物付札について考える前に、これらの方法について整理しておきたい。

賦役令調皆随近条は調の繊維製品の貢進に関して次のように定めている。

1　凡調皆随レ近合成、絹絁布両頭、及糸綿嚢、具注ニ国郡里戸主姓名、年月日一、各以ニ国印一印レ之、

すなわち貢進に当って、調の絹・絁・布はその実物の両端（両頭）に、糸・綿はその包装材（嚢）に、国・郡・里・戸主の姓名、貢進年月日を記すことを定めているのである。この規定が実際行われていたことは、現在正倉院に遺存する調・庸の布・絁・綾などの墨書銘や調綿包紙の墨書銘によって知られる[2]（口絵13・14）。令には調の繊維製品に関しての規定があるだけであるが、この二つの方法は他の税目・品目のものにも行われていた。実物墨書としては、正倉院に庸布の墨書銘もあり、また『延喜式』には交易商布に国郡名、貢進年月日、交易に要した稲束数を記して国印を押すこと（大蔵省式）や、庸の白木韓櫃に専当郡司名を署することが定められている（主計式上）。包装材墨書の例としては、調綿包紙のほか、中男作物の芥子を入れた布袋に国郡名と年月日を墨書したものが正倉院に残っている（「正倉院銘文」七八・七九）。

付札、実物墨書、包装材墨書の三方法は貢進物の品目を異にして使い分けられていたと考えられる。調・庸を例に

とりこの使い分けを見ると第1表の通りである。調綿に付札と包紙墨書の二方法が併用されているほかは、品目によってこれら三方法が使い分けられている（調綿については第三節参照）。これは、実物に墨書できるものは実物に、墨書のできる紙や袋で包装したものは包装材に墨書し、それ以外のものには付札を用いたものと考えられる。付札は貢進物の貢進主体などを明示するための唯一の方法ではなく、種々の方法の中の一つにすぎないことに先ず注意しておきたい。従って貢進物付札の解明には他の二つの方法についても一緒に考えていく必要があるが、本稿では第三節で、史料の多い調庸の絁・布の墨書銘について考察することとしたい。

二　貢進物付札の概要

木簡は内容・用途によって、文書・付札・その他（習書・楽書・題籤軸）の三つに大きく分類され、更に付札は本稿でとりあげる貢進物付札と物品付札に小分類されている。(3) 物品付札が宮内における物品の整理、保管のために用いられた付札であるのに対して、貢進物付札は調庸などの租税やその他の貢進物を送るために荷物に付けられた付札である。

出土遺跡　これまで貢進物付札の木簡は、飛鳥地方の遺跡、(4) 藤原宮跡、平城宮・京跡(5) などの都城遺跡や、多賀城跡、伊場遺跡、出雲国庁跡、大宰府跡(6) などの地方官衙遺跡から出土しているが、現在後者における出土点数は少い。本稿では出土点数の最も多い平城宮・京跡出土の木簡を主な史料として用い、他の遺跡出土のものは必要に従ってふれることとする。

種　目　平城宮・京跡からは現在税目・種目の明らかな貢進物付札が約三四〇点出土し

第1表　付札と実物・包装材墨書銘

	調	庸
付　　札	海藻類　魚介類(鮑・堅魚など)　塩　鍬　鉄　銭　綿	米　塩
実物墨書	綾　絁　布	布　白木韓櫃
包装材墨書	絲　綿	

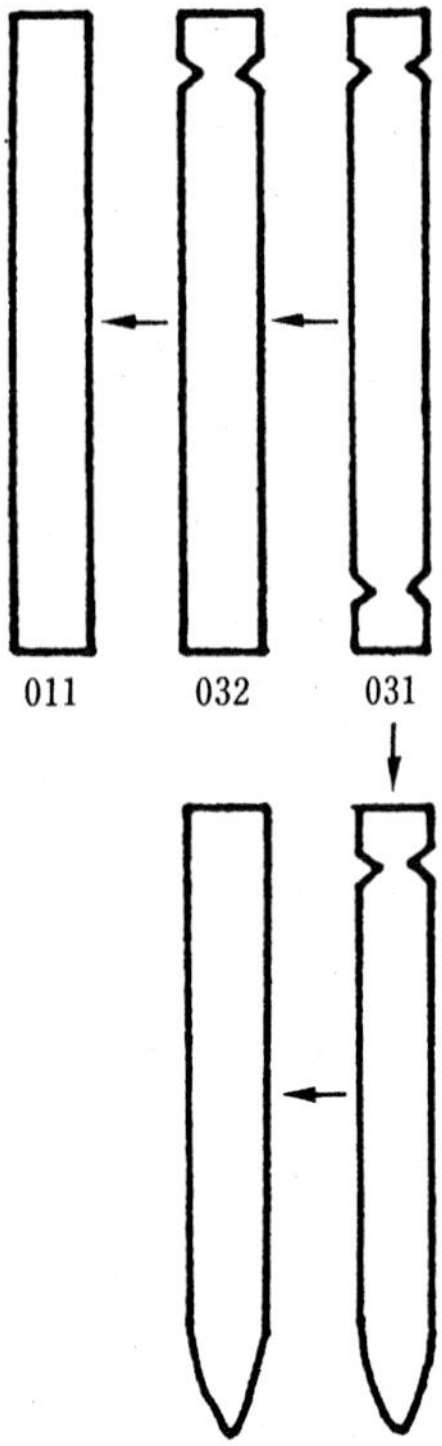

第2図　貢進物付札の形態

ている。調・庸・中男作物・白米（舂米）・贄などの租税の付札が主なもので、ほかに交易貢献物・雑役胡桃子・年料醤・県醸酒・乗田価銭・衛士養物銭・続労銭などの付札も少数ある。これらのうち調の付札が約一三〇点で最も多く、白米の約八〇点、贄の約七〇点の付札がこれに次いで出土している。

付札の原物の検討すべき諸点として、形態・法量・樹種・記載内容・書式・書蹟などが考えられるが、前述の問題の検討に入る前に、これらの諸点の概要について整理しておきたい。

形　態　付札の形態の主なものには第2図に掲げた五型式があり、完形品における各型式の点数の比率は第2表の通りである。[7] これら五型式の相違は、上・下両端の両側からの切込みの有無と一端を尖らせるか（尖端加工）否かの相違である。切込み、尖端加工は付札を荷物に付け易くするための加工である。上・下端の切込みは、荷物に付けるための紐を結びつけ易くするための加工で、縄や蔓などの結びついた付札も出土している。両端あるいは一端に切込みをもつ付札（〇三一・〇三二・〇三三型式）は全体の七四％を占めており、切込みをもつのが付札の基本と考えられる。

尖端加工をした付札（〇三三・〇五一型式）は全体の二八％を占める。尖端加工の機能は付札を荷物に突き刺すためではなく、荷物にかけた縄・紐などを通り易くするためのものと考えられる。尖端加工の中には、両側を斜めにそいだだけの形のものや、丸く削った形のものがあり、これらは荷物に突きさすのには不都合であ

り、また下端を尖端加工し上端に切込みをもつ〇三三型式は、一端を紐で縛りつけ固定するから荷物に突きさすとは考えられない。〇三三型式は一端を紐で縛りつけ尖端は荷物にかけた縄などに挟みこんで、付札を固定させるようにするのであろう。

これらの五型式の付札が荷物の品目の相違や荷造りの方法の違いによって使いわけられているのではないかという予測の下に、貢進物の品目別、荷造りの方法別(8)に形態の相違をみてみた。ここには荷造りの方法別の各形態の比率の第3表を掲げたが、貢進物の品目や荷造りの方法によって付札の形態が一定しているとはいえず、各型式のものが用いられていた。このことは、各型式の付札が明確な何らかの基準に基づいて使い分けられていたのではなく、比較的自由に用いられていたことを示している。各型式の間では、荷物への付け方において若干の相違はあっても基本的には変らなかったと考えられる。

五型式の間で、三三%を占め最も多い〇三一型式が付札の基本型であり、各型式の形態の相互関係からみると、他の型式は第2図の矢印の順で〇三一型式の省略あるいは変形型と考えられる。切込みのない〇一一・〇五一型式も含めて、両端あるいは一端を紐で荷物に縛りつけるのが基本的な荷物への付け方で、尖端加工のなされているものは、紐で縛りつける代りに付札の一端が動かないように荷物にかけた縄に挟んで固定するのである。俵と籠の統計の比較にみられるように尖端加工の付札が籠に少く（二〇%）、俵に多い（四四%）というような一定

第2表　付札の形態

型式	011	031	032	033	051	計
点数	26	91	77	43	33	270
百分率	9.6	33.6	24.8	15.9	12.1	

第3表　付札の形態と荷造りの方法

型式		011	031	032	033	051	計
俵	点数	5	14	15	15	12	61
	百分率	8.2	23.0	24.6	24.6	19.7	
籠	点数	6	23	8	5	4	46
	百分率	13.0	50.0	17.4	10.9	8.7	

*平城宮・京跡出土の付札による。
**第3表については注(8)参照。

の傾向がみられるが、これは、俵の縄のかけ方がきつく、縄に挟みこむのには尖端加工をしておいた方が都合がよいといったことがあったのかもしれない。

法　量　法量についてはばらばらであり規格性がみられない。『平城宮木簡一・二』所載の付札によると、長さは五〜四六㎝の幅があり、一三〜一七㎝のものが比較的多い（二八％）。幅は八〜四八㎜の幅があり、二〇㎜、二四㎜をピークとしてその前後のものが多く、一九〜二一㎜が一九％、二四〜二六㎜が二一％を占める。厚さは二〜一一㎜の幅があるが、三〜六㎜のものが八二％を占める。

樹　種　樹種については十分な検討をしていないが、大部分はスギ・ヒノキであり、濶葉樹のものは少い。(9) 樹種の地域的特徴をみるため、点数の多い藤原宮・平城宮出土の若狭国遠敷・三方両郡の付札に関して材質をみてみた。後述のように、この両郡の付札は書風・書式などの点でかなり異なっているが、樹種については、遠敷郡がヒノキ六四％（一六点）、スギ三六％（九点）、三方郡がヒノキ・スギ同数で（各七点）、遠敷郡の付札でヒノキの比率がやや高いが、両郡の間で決定的な相違はみられなかった（第4表）。樹種の面ではっきりした特徴がでたのは、後述する西海道の調綿の付札で、年紀・国が異なりながら全てシイが用いられ、(補二) これらの付札が大宰府で一括して作成されたことの一論拠となった。検討事例が少いので断定的なことはいえないが、若狭国の事例によれば、樹種の地域的特徴は顕著でなく、ヒノキ・スギのように、入手しやすく、加工しやすい材を自由に使っているのではないかと思う。西海道の調綿の事例は、同時に一括して作成するという特殊な条件下における特例的な事例であろう。同筆で同時にかかれたと考えられるものの大部分は、同樹種であるが、例えば、日向国の牛皮の付札二点（同筆・同一記載）のように、スギ・ヒノキと材が異なる例もある（第5表）。

記載内容　記載内容については、貢進主体、貢進物の種目または税目、品目、数量、貢進年月日を記載するのを原則とする。大宝令施行以降は右の順序で記すが、それ以前の付札は年月日に干支年紀を用いて冒頭に記しており、大宝令施行を境に書式に変化がある。(10)

貢進主体の書式　付札の作成段階を考える上で手掛りとなるのは貢進主体に関する書式である。貢進主体の書式は大きく次の四種類に分類できる。

A　国＋郡＋郷＋（里）＋貢進者

B　国＋郡＋郷＋（里）

C　国＋郡

D　国

この分類は最下級の段階がどの段階まで記されているかを基準とした整理である。付札の中には郡名や郷名から、また少数ではあるが貢進者名から書き出し、国名・郡名・郷名を記さないものがあり、書き出しがどの段階からであるかを基準とした分類も可能であるが、国・郡・郷名を記さないのは単なる省略と考えられるから、そのような分類は無意味である。従って、本稿では例えば郷＋貢進者の書式は書式Aに含めて考えている。貢進主体の記載から付札の作成段階を考える場合、往々にして、貢進主体の記載がそのまま作成段階を示すもの——例えば、書式Cの付札は郡衙段階で作成されたというように考えがちであるが、必ずしもそうではない。第三節に詳述するように、他の諸点からみて、貢進主体の記載よりも上級の段階で作成されたと考えられる付札の例がある。貢進主体の記載よりも下級の段階で付札が作成されるとは考えられないから、貢進主体の記載は、付札の作成された可能性のある段階の下限を示すにすぎないと考えられる。例えば書式Cの付札は、書式からは郡衙段階以上で作成されたとしかいえないのである。

書　蹟　書蹟については概括的な記述ができるまでに至っていないが、付札の作成段階に関して同筆の書蹟の存在と「国衙様書風」と仮称する書蹟の存在を手掛りとして考えた。同筆の書蹟の付札については、同筆の付札がどの範囲にあるかを検討することによって、付札の作成段階の手掛りを得ることができる。例えば、同郡別郷の範囲に同筆の付札を検出できれば、それらは郡衙段階以上で書かれたと考えられる。ところで、木簡で同筆の書蹟であることを認定することは仲々困難である。一つは、木簡の書蹟が紙のように明瞭でない場合が多いためであるが、より根本的には木簡の場合その筆者がほとんど明らかにできないためである。正倉院文書の場合筆者名が知られる例があって、その筆者の書蹟の幅がある程度明らかにできるが(11)、木簡の場合そのようなことはほとんどできず、従って同人が同時に筆録したようなものでないと同筆と認定することは仲々むずかしい。

国衙段階で作成されたことの明らかな付札には他の付札にみられない独特の書風の書蹟があり、私はこれを「国衙様書風」と仮称した（口絵7・8・14）。この書風の書蹟を検出することによって、国衙段階でかかれた付札を明らかにできるし、また逆にこれ以外の書風の書蹟は国衙段階以外でかかれたものと考えることができる。

ところで付札の作成は、木材を加工して付札そのものを作ることと、墨書することから成る。以上あげた諸点のうち、形態、法量、樹種は前者に、記載内容・書式、書蹟は後者に関わることである。付札の作成段階を考えるに当って、付札そのものを作ることと墨書することとが同じ段階で行われるという確証はないのであるが、現在のところ両者の関係を明らかにすることができないので、以下の叙述では両者を区別せず「作成」ということばで一括して扱うこととする。以上の諸点をふまえて、第三節で比較的史料の多い調・白米・贄の付札の作成段階について検討していくこととする。

三　貢進物付札の作成段階

(一)　調の付札

貢進主体の書式　調の付札の貢進主体の書式は書式A・B・Cの三種類があり、品目によって異なっている。

書式A　国＋郡＋郷＋(里)＋貢進者

2　上総国安房郡白浜郷戸主日下部床万呂戸白髪部嶋輸鰒調陸斤参拾條　天平十七年十月　(平城一―三七)

書式B　国＋郡＋郷＋(里)

3　備前国赤坂郡周匝郷調鍬十口天平十七年十月廿日　(同一―三一)

書式C　国＋郡

4　備後国三上郡調鍬壱拾口　天平十八年　（同一—三一四）

5・播磨国佐用郡調銭一□〔貫〕
・天平元年　（同二一—二〇八〇）

書式Aは貢進者名まで記し、記載数量が個人の調の負担量であって[12]、個人が貢進した調の荷物に付けられた付札である。塩・海藻類・魚介類、更に前述の調庸布絁・調綿包紙墨書銘がこの書式をとっており、この書式は賦役令調皆随近条（史料1）の調の繊維製品には「国郡里戸主姓名」を記すという規定に準拠したものである。書式B・Cは書式Aに対して一括して考えられる。綿・銭・鉄の付札が書式C、鍬が書式B・Cによる。両書式は貢進者名を記さず、記載数量が綿百屯、鍬十口、銭一貫、鉄一連というように個人の負担量に関係なく、調物を適当な大きさに荷造りした荷物に付けられた付札である。現在、書式Aのものの出土例が多く、書式B・Cのものは調綿の付札が一括して出土して点数が多いほかは少く、書式Aが調の付札、墨書銘の一般的な書式と考えられる。以下、貢進主体の書式の別に従い、書式Aについては調庸絁布墨書銘、若狭国調塩付札、書式B・Cについては銭・鍬・鉄の付札、西海道調綿付札に関して検討していくこととする。

調庸絁布墨書銘　付札に関して考えるに先だって調庸絁布墨書銘について検討する。賦役令調皆随近条がどのように実施されているか、また付札との密接な関係、更にどの段階で墨書されるのかなどについて明らかにする。

先ず書式に関しては次の二例が典型的なものである。

6　伊予国越智郡石井郷戸主葛木部龍調絁六丈　天平十八年九月　（正倉院銘文一〇二）

7　常陸国信太郡大野郷戸主生部衣麻呂調壱端専当国司正八位上志貴上連秋嶋　郡司擬主政无位物部大川　天平勝宝四年十月一日　（同五）

前述のように賦役令調皆随近条の規定に基づき、書式Aの付札と同じ書式をとっている。後者の例は調庸徴収の専当国司・郡司名を記している。これは令には規定がないが、『令集解』の調皆随近条の穴記・朱説は今行事として国郡司姓名を記すと注しており、後に行われるようになったことである。調庸絁布墨書銘の例では天平十八年（七四六）以前のものには専当国郡司名の記載はなく、天平勝宝元年（七四九）以降のものに記されるようになっているから、天平十八年〜天平勝宝元年の間に記されるようになったと考えられる。(13) 付札にも一例だけであるが、専当国郡司名を記した天平宝字四年（七六〇）駿河国の調煮堅魚の付札がある。(14)

調皆随近条には国印押印の規定があり、公式令天子神璽条にも調物に国印を押すことが定められているが、調庸絁布の例では一顆から四顆の国印が押されており、実際行われていたことが知られる。この国印押印は国衙が調庸物一個一個の勘検を行っていたことを示し、第五節でのべるように調庸絁布の墨書銘の、ひいては付札の機能を考える上で重要である。また同条では絹・絁・布の「両頭」すなわち両端に墨書することが規定されているが、調庸絁布墨書銘の実例にはこの規定通り行われているものが四例みられる。遠江国敷智郡の調絁墨書銘（正倉院銘文八八）は首・尾両端の墨書が同文であるが、他の三例（一六・一七、三七、六四）では、首端の墨書が完全な記載で尾端は国・郡名や税目・品目・年月日を省略して記載している。付札にも同筆で同一貢進者の付札の例があり、墨書銘の両端記載と同じ意味のものと考えられる。

8・参河国播豆郡熊来郷物部馬万呂五斗
・　景雲元年十月十日　（西隆寺報告三二）

9・播豆郡熊来郷物部馬万呂五斗
・　景雲元年十月十日　（同三三）

若狭国三方郡の調塩付札の例（平城木簡一―四二四・四二五）は二点同文であるが、例示した参河国播豆郡の白米付札、上総国朝夷郡の調鰒付札（三三八・三三八・三四〇）の二例は各々一点が完全な記載で、他は国名や郡・郷名、人名、年月日を省略する記載で、また播磨国赤穂郡の庸米付札（平城概報十一―15）の二点は郡名から記し、一点は二名の人名、もう一点は一名の人名を省略する記載となっており、調庸絁布墨書銘の首・尾両端の墨書と同じ傾向がみられる。これら四組の付札は各々同一荷物につけられたもので、調庸絁布の両端の墨書と同じ意味をもつものと考えられる。

調庸絁布の墨書段階については、原物に当っての調査はできなかったが、写真による同筆の書蹟の検討の結果、郡衙段階で墨書されたと考えられた。同年同国の庸布の墨書の中に同郡別郷の範囲で同筆の例を一例検出した。

10　上総国天羽郡三宅郷他田公足庸布一段 長二尺（ママ）八尺 広二尺四寸 専当 國司少目少初位下勲七等茨田連継足 郡司擬少領外少初位下勲八等丈マ石万呂 天長五年十月

（正倉院銘文四五　口絵13―*50*）

11　上総國天羽郡宇部郷子田部家長庸布一段 長二丈八尺 広二尺四寸 専当 國司少目少初位下勲七等茨田連継足 郡司擬少領外少初位下勲八等丈部石万呂 天長五年十月

（同四六　口絵13―*51*）

12　上総國市原郡海部郷戸主刑部小里人庸壱段 長二丈八尺 広二尺四寸 専当 國司少目外少初位（ママ）勲七等茨田連継足 郡司大領外従七位位（ママ）上勲七等谷直國主 天長五年十一月

「海部郷刑部小里人万呂」

（裏）「海部郷刑部小里人」

（同三七　口絵14―*52*）

これら三点は天長五年の上総国の庸布の墨書で、これらのうち10天羽郡三宅郷と11同郡宇部郷は同郡別郷で、その書蹟は同筆と判断され、このことからこれらの墨書は郡衙段階以上でなされたと考えられる。12市原郡海部郷は、前二者と同国別郡で、別筆と判断された。このことはあまり有効な根拠にならないが、墨書が国衙段階でなされたものでないことを暗示する。これら三点も含めて、全般的に調庸絁布の墨書銘には、後述する「国衙様書風」の書蹟がみられないので、国衙段階で墨書されたとは考えにくい。これらの点から、庸布の墨書は郡衙段階でなされたものと考える。養老元年（七一七）十二月二日格に正丁一人の調・庸布を合成して一端として貢納することが定められているように（『令集解』賦役令調絹絁条古記所引）、調・庸布の貢進は密接に関係しているから、調絁布の墨書の段階は庸布と同じと考えてよいであろうし、更にこれらと同じ書式である調綿・絲の包紙の墨書段階や、書式Aの調の付札の作成段階についてもこの事実を参考にできるであろう。

書式Aの付札（若狭国調塩）　貢進主体の書式Aの付札に関して、若狭国の調塩の付札を中心にして検討し、更に別の点から若干補足することにする。

若狭国は奈良時代に遠敷・三方郡の二郡である。付札は第4表に示したように平城宮跡から三三点（遠敷二三、三方一〇）、藤原宮跡から一一点（遠敷六、三方五）が出土している。平城宮跡出土のものの税・品目は、調塩二二点（遠敷一三、三方九）、贄三点（遠敷郡青郷）、庸米一点（遠敷）である。これらのうち、調塩の付札は、同一の税・品目で点数が多く、また時代的にも藤原宮跡出土のものから奈良時代の前半・後半にわたるものがあって、これらの点で上記の問題を考えるための好個の史料である。ここでは平城宮跡出土の調塩付札を中心に検討し、藤原宮跡出土のもの、調塩以外の税・品目のものについては参考になる場合にふれることにしたい。

さてこれらの調塩の付札の作成段階を考えるためには、どの段階で付札の共通性と相違点があるかを検討すること

第4表　若狭国の付札

遠敷郡　（藤原宮六点　平城宮二三点）

郷里名	税品目	年月日	表裏記載	単行双行	樹種	出典	備考
岡田里	調　塩	丁酉年（文武一）	◎	単	桧	藤一―一四七	評
□□里	？	丁酉年	○	双	桧	藤一―一八二	
三家里	？	己亥年（文武三）	◎	単	桧	藤原宮一一七	
木ツ里		庚子年四月（文武四）	○	双	杉	藤一―一四六	評
？	□　皮		◎	単	杉	藤一―一四八	評
？	？	？	○	？	桧	藤原宮九〇	評
小丹生郷	調　塩		○	双	桧	平二―二八三五	1―*1*
丹生里	調　塩	九月十日	◎	双	杉	平二―一九四九	
玉置郷田井里	調　塩	神亀四年潤月七日	◎	双	杉	平一―三三一	
玉置郷田井里	調　塩		○	双	杉	平一―三三六	
玉置駅家	調（塩）	天平四年九月	◎	単	桧	平一―三四六	
野　里	調　塩	和銅五年十月	◎	双	桧	平左京一三	
野郷野里	調（塩）	九月	◎	双	杉	平一―三四七	
佐分郷	調（塩）	十一月九日	◎	双	杉	平四―四六六四	2―*6*
佐分郷	（調）塩	九月廿一日	◎	双	杉	平二―二五九二	
佐分郷	調　塩	景雲四年九月廿九日	◎	双	桧	平二―二八一〇	
木津郷少海里	調　塩	神亀五年九月十五日	◎	双	桧	平三―三〇八一	1―*2*

木津□	調（塩）	天平勝宝二年九月廿二日	◎	双	桧	平二―二八〇一	
青　里	調　塩	天平勝宝七歳八月十七日	◎	双		平概六―8	2―5
青　里	贄多比鮓		◎	双		平一―三九九	
青　郷	贄貽貝		○	双	杉	平二―一九四八	1―3
青　郷	贄伊和志腊		○	単	桧	平二―二三八三	
青郷川辺里	庸　米	天平二年十一月	◎	双		平概一一―8	
遠敷郷	?	?	○	?	桧	平二―二三〇一	
木　津	?	養老三年十月十冂	◎	双	桧	平三―二九〇〇	1―4
木　□	?	天平勝宝二□	◎	双	桧	平二―一九五〇	
佐分里		天平勝宝二年	◎	双	桧	平二―二五九一	
?	?	天平十九年十月	◎	単	桧	平二―二八三九	
?	?	?	○	双	杉	平二―二七〇五	
三　方　郡				（藤原宮五点　平城宮一〇点）			
竹田部里	（調）塩		○	双	桧	藤一―一四五	評
耳五十戸	?		○	双	桧	藤原宮三三	評
美々里			○	単	杉	藤原宮一〇三	
余　戸	?	?	○	双	杉	藤原宮三五	郡
?	?	?	○	?	桧	藤一―一五二	評
能登里	調（塩）		○	双		平一―四五四	

能登郷	調 塩	／	○	双	杉	平二―二八一八	3―*7*
能登郷	調 塩	／	○	双	杉	平二―二八二四	3―*9*
乃止郷	調 塩	／	○	双	桧	平二―二八二三	4―*11*
能登郷	調 塩	／	○	双	杉	平二―二八二三	4―*10*
弥美郷中村里	（調塩）	／	○	双	桧	平一―四二四	3―*8*
弥美郷中村里	（調塩）	／	○	双	桧	平一―四二五	
竹田里	調（塩）	／	○	単	桧	平二―二六六五	4―*12*
竹田郷丸部里	調 塩	／	○	双	杉	平一―三三二	
？	？	？	○	？	杉	平二―二八二五	

(1)税品目に（ ）を付したものは推定による。
(2)表裏記載の項は、◎が表裏二面記載、○が一面記載。
(3)樹種は全てにわたって検討できなかった。
(4)？は該当項目についての記載の有無が不明なもの。
／は該当項目についての記載がないことが明らかなもの。
(5)出典の略号は次の通り。
藤一―一四七…『藤原宮木簡一』の木簡番号一四七。
藤原宮一七…『藤原宮』木簡釈文の木簡番号一七。
平一―三三一…『平城宮木簡一』の木簡番号三三一。
平概四―20…『平城宮発掘調査出土木簡概報四』の二〇頁。
平左京一三…『平城京左京三条二坊六坪発掘調査報告』の木簡番号一三。
(6)備考の項の1―*1*の数字は口絵の図版番号と木簡番号を示す。

が必要である。若狭国の付札には、郡の段階で書式と書蹟に関して郡ごとの共通性と郡相互間の相違点がみられる。

先ず書式については、両郡の間で年月日の記載の有無の相違がある。遠敷郡の調塩の付札は一三点のうち一一点に年月日あるいは月日の記載があるのに対して、三方郡の付札九点には一点も記載するものがない。この傾向は藤原宮跡の付札にもみられ、遠敷評では年月日記載の判断できる五点のうち四点に年紀が記載されているのに対して、三方評の付札三点にはやはり一点もないのである。付札に年月日を記すのは賦役令調皆随近条に準拠するものであるが、調庸絁布墨書銘でも付札でも全てに年月日を記しているわけではない。参考までに若狭国を除いて他国の例をみてみると、調の付札では年月日あるいは月日を記すのが六六点、記さないものが一七点、調塩付札では記載ありとなしが各一六点ずつで同数である。これらの数値と比較しても若狭国の両郡の年月日記載の有無の相違は際だっている。年月日は裏面に記されることが多いので、両郡の間では付札の表裏面使用に関しても相違がみられる。遠敷郡の調塩付札は一三点のうち一一点が表裏二面を用いて墨書しているのに対して、三方郡の付札は全て一面のみに記している。

次に書蹟については、遠敷郡と三方郡の書蹟の間に書風の相違がみられる。遠敷郡の書風の特徴として、穂先を使ってかいた細みの書蹟の一群があることが指摘できる。遠敷郡の書蹟全てがこの種のものではないが、奈良時代前期・中期以降を通じて存しており、(15) 遠敷郡の書風の一特徴と考えられる（口絵1・2）。奈良時代前期の例として養老三年の木津郷のもの（口絵1―4、平城三―二九〇〇）、神亀五年の木津郷少海里の調塩（口絵1―2、平城三―三〇八一）、中期以降の例として、天平勝宝七歳の青里の調塩（口絵2―5、概報六―8）、年紀不明ながら郷制記載から天平十二年以降と考えられる小丹生郷の調塩（口絵1―1、平城二―二八三五）、同じく青郷の贄（口絵1―3、平城二―一九四八）、同じく佐分郷の調塩（口絵2―6、平城四―四六六四）などがあげられる。これに対して、三方郡の付札には遠敷郡のような細みの書蹟はなく、どちらかといえば、やや太めの濶達な調子の書風である（口絵3・4）。奈良時代前期の例としては、弥美郷中村里別君大人の同文同筆の二点があり（図版3―8・平城一―四二四、四二五）、中期以降の例として天平十二年以降と考えられる能登郷の四点（口絵3―7・平城二―二八一八、口絵3―9・二八二四、口絵4―10・二八二三、口絵4―11・二八二二）がある。奈良時代中期以降の能登郷の四点は前半の弥美郷の二点にくらべて柔かな書風になっている。これら両郡の各々の中には別郷の間でよく似た書蹟が存している。遠敷郡の中では、奈良時代中期以降の佐分郷の調塩（口絵2―6）、青里の調塩（口絵2―5、概報六―8）、青郷の贄（口絵1―3、平城二―一九四八）、郷名不明のもの（平城二―二七〇五）の四点は同筆の可能性があり、また三方郡のものでは、能登郷の四点（口絵3―7・9、4―10・11）と時期不明の竹田里浪人の調塩（口絵4―12、平城二―二六六五）とは、同筆とは断定できないがよく似た書蹟である。このように両郡の付札には、同筆の可能性もあるよく似た書蹟を中心とした書風の共通性があると共に、両郡の間には書風の相違がみられるのである。若狭国の付札には書式に関して国としての共通性もあるが[16]、私は以上の書式と書風に関する遠敷・三方両郡の郡としての共通性と両郡相互の相違点を重視して、若狭国の調塩付札は郡衙段階でかかれたものと考える。

次に若狭国の付札から離れて、書式Aの省略型と考えられる、次のような書式の付札に注目したい。

13・讃岐国阿野郡日下部犬万呂三□〔斗〕

・　四年調塩　（平城一―三三〇）

14・紀伊国日高郡調塩三斗

・　宝亀五年　（平城概報四―6）

15　讃岐国□□□〔那賀郡〕調塩一斗　（平城二―二八五）

13讃岐国阿野郡のものは書式Aの郷名の省略された書式である。14紀伊国日高郡と15讃岐国那賀郡は貢進主体の書式だけみれば書式Cであるが、先にみた書式Cの付札の記載数量が個人負担の数量より大きいのと異なって、これら二点は調塩の正丁負担量三斗と等しいか少い。14紀伊国は記載数量が正丁負担量と一致していることから、書式Aの郷名・貢進者名の省略と考えられ、15讃岐国も、貢進者名を記した書式Aの調塩の付札に一斗例があることから（平城一―三三・三四・三八）、やはり書式Aの郷名・貢進者名の省略の可能性がある。このように書式Aのものは郷名あるいは郷名以下が省略されることがあるのである。このような省略は、これらの付札が郷段階でかかれたとしたらありうることではなく、書式Aの付札が郡衙段階以上でかかれたことを示していよう。調の書式Aの付札の書蹟には後述する国衙様書風のものがみられないから、国衙段階でかかれたとは考えられず、従って郡衙段階でかかれたものと考えられる。

以上、若狭国調塩の付札や書式Aの省略型書式の付札は郡衙段階で作成されたと考えられるが、しかしこの一方、郷段階で作成されたと考えられる付札も少数ながら存する。たとえば次の郷長の署名をもつ付札である。

16・山□〔富〕具郷〔尾張国智多郡〕野間里和尓部臣牟良御調塩

・□□〔平〕元年十月十九日郷長和尓部安倍　（平城一―三一八）

署名のある付札は非常に少く、調の書式Aの付札ではこのほか専当国司・郡司名を署した付札一点が存するだけである（注14）。この郷長署名のものは郷長がかいたものであることは明らかである。

このほかに、同郷の範囲で同筆の付札二例、また調布絁の合成と似た事例であるが、同郷の二人の調物をまとめた荷物に付けられた付札の例などがある。同郷同筆の例は若狭国三方郡能登郷の三点（口絵三―7・平二―二八一八、口絵三―9・二八二四、口絵四―11・二八二三）と周防国大嶋郡美敢郷の二点（同一―三三七・三三八）で、前者は貢進者の戸主が同人、後者は貢進者が同姓であって、郷の段階より下の貢進者段階でかかれた可能性もある。

同郷の二人の調物を一つにまとめた例は次の二例である。

17・備前国児嶋郡三家郷

・牛守部小成 山守部小広 二人調塩二斗　（平城一―三三一）

18・志麻国英虞郡船越郷戸主大伴部□□〔氏〕海松六斤

・志麻国英虞郡船越郷戸主□〔證〕直在在□小足御調熬海鼠□□〔八斤〕十□　（同二一―二七六）

ところで、これらの同筆の例や二人の調物をまとめた事例は郷あるいは貢物者段階以上の段階で付札が作成されたことを示すにすぎず、郷あるいは貢進者段階で作成されたことの確実な根拠にはなりえず、郷段階における作成を確実に示すのは、16郷長署名の付札一点だけである。以上の検討の結果、調の書式Aの付札には郡衙段階で作成されたと考えられる付札がある一方、一点だけではあるが、郷長が書いた付札も存することが明らかとなった。

さてこれらの相反するかにみえる個別的な事例から、調の書式Aの付札の作成段階一般についてどのように考えたらよいであろうか。これらの事例から付札は郡衙段階でも郷段階でも作成されることがあり、その作成段階は一律ではなかったというように単純に考えることは正しくないであろう。史料的にいえば、若狭国の調塩付札、書式Aの省略型書式、更に書式Aの庸布墨書銘の墨書段階など、郡衙段階作成を示す史料が優勢である。一点だけの郷長署名の付札はこれらの事実をふまえ、更に律令地方行政機構における郷長の位置付けを勘案してその意味を理解すべきである。第四節でのべるように、地方行政機構において、郷長は自立的な官人としてあったのではなく、郡司の支配下に駈使される側面があったと考えられている。郷長署名の付札は、郷長が単独で付札の作成に当ったことを意味するのではなく、郷長が郡衙機構における付札の作成に駈使されていたことを示すものと理解すべきである。すなわち調の書式Aの付札は郡衙機構を中心に作成され、そこには郷長も駈使されていたと考えられるのである。

書式B・Cの付札（調銭・鍬・鉄）　書式B・Cの付札のうち、調綿の付札は他の品目の付札と異なった特別な事情の下に作成されたものなので後述することにして、先ず調銭・鍬・鉄の付札についてみておきたい。これらの付札は、これまで銭が二点（平城二―二〇七九・二〇八〇）、鉄が二点（同二八三四、平城概報四―20）、鍬が八点（平城一―三二一～三二七、平城概報五―8）出土しているだけで、出土例が少い。貢進主体の書式は、銭・鉄が書式C、鍬が書式BとCがある。貢進主体の書式によれば、銭・鉄の付札は郡衙段階以上、鍬は郡衙あるいは郷段階以上の段階で作成されたと考えられる。書蹟に関しては、いずれにも国衙様書風のものがないから、国衙段階で作成されたとは考えにくい。出土点数が少いので、このほか作成段階決定の手掛りが見い出し難いが、書式Aの付札から推して、郷名まで記した書式Bの付札も含めて郡衙機構によって作成された可能性が高いと考えられる。

書式Cの付札（西海道調綿）　西海道諸国の調綿の付札は、平城宮の第二次内裏北外郭地区とよぶ地区に検出した土壙SK八二〇から出土した一括遺物で、断片も含めて二七点がある（平城一―二八三～三一〇）。この土壙は塵芥処理用の土壙で、天平末年に埋没されたと考えられている。(17) 付札にみえる綿貢進国は筑前（一点）、筑後（一点）、肥前（六点）、肥後（七点）、豊前（四点）、豊後（一点）の六国で、年紀は養老二年（三点）、同三年（一点）、同七年（五点）、神亀二年（三点）、同四年（一点）、天平三年（二点）と養老某年（三点）で、ほかに神亀二年、養老七年と考えられるものが各一点ある。ところで西海道諸国の調庸物は一般に京進せず、大宰府に収納してその費用にあてるのが原則であったが、調綿は後にその一部を京進するようになった。『続日本紀』天平元年（七二九）九月庚寅条に、大宰府の調綿一〇万屯を京進したことが初めてみえ、この時から調綿京進が始まったと考えてよいようであり、その後も引き続いて京進されていた。(18)

さてこれら調綿の付札の作成段階については、貢進主体の書式が国＋郡の書式Cであり、更に一点だけであるが、郡司主政名を記した付札（史料20）があることから、郡衙段階で作成されたと考えられがちであるが、[19] しかしこれらの付札には、書式、樹種、形態、書蹟などの諸点において、国、年次をこえて共通性がみられることから、これらの付札は大宰府において一括して作成されたものと考える。

先ず書式については次のものが代表例としてあげられる。

19・肥後国託麻〔郡〕□調綿壱伯屯 四両 養老三年

・　麻刀〔良〕□六　（平城一―三〇三）

表面は、「某国某郡調綿壱伯屯」と記し、最下段に一屯が四両に当ることを示す「四両」の注記と年紀を双行に記し、裏面は氏姓を省いた人名と数字を記している。裏面の人名と数字は全例について確認できないが、表面については全て「某国某郡調綿壱伯屯」の書式であって、「四両」と年紀を双行に記す書式も二点（二九三・三〇〇）を除き同一である。この「四両」と年紀の双行記載といった細かい部分に至るまで書式が共通していることは注目される。

次に樹種については全てシイである。[補二] 前述のように平城宮出土木簡の大部分は、スギ・ヒノキの針葉樹と思われるが、それらの中でこの調綿付札は非常に特徴的な一群である。参考までに調綿以外の西海道の付札の樹種をみてみると、第5表のように、六点のうちヒノキ一点、スギ三点、シイ二点である。[補二] もしも調綿の付札が各国の国衙や郡衙で作成されたものであるならばスギ・ヒノキなどがまじって、もう少しバラエティがあってもよいように思う。更に大宰府出土の木簡の樹種をみてみると、全てが針葉樹であって（注6「大宰府跡出土木簡概報(一)」）、大宰府で作成された木簡の中でもこの調綿の付札の樹種は特徴的な一群と考えられる。

形態に関しては、原形の明らかな八点全てが上下に切りこみをもつ〇三一型式で、欠損したもの七点も上端に切りこみをもち下端が欠損した〇三九型式で、これらも原形は〇三一型式の可能性がある。更に切りこみの作り方に特徴的な共通性がある。切りこみの紐の当る部分が鋭角にならず、丸く作られているものが多い点である。

最後に書蹟については、国・年次を異にした次の五点が同筆である（口絵5―13〜16、6―17）。すなわち、養老七年筑前国怡土郡（口絵5―14、二八三）、同年肥後国益城郡（口絵5―15、二八四）・恰志郡（口絵5―13、二九八）、同年筑後国御井郡（口絵6―17、二九二）と養老二年の国郡不明のもの（口絵5―16、二八九）の五点である。これら五点の間では、「国」「郡」「調」「綿」「屯」「老」などの文字、更に細部では、「調」の言偏の第二画を長くのばす点、「綿」の糸偏の下部を横棒を引いて省略する書き方や旁の「帛」の下部のかき方などに同一性が指摘でき、同筆と判断できる。これら五点の付札は、国名が筑前・肥後・筑後で、年紀は養老二年と養老七年とであって、国と年次を異にして同筆の書蹟が存するのである。

以上、調綿付札について四点にわたって国と年次をこえて共通性が指摘できた。これらの点から、これらの付札は大宰府で一括して作成されたものと考えられる。これらの付札は、大宰府に貯積されている調綿を京進する際に大宰府で一括して作成し、荷物に付けられたものであろう。

ところで前述した郡司主政名を記した次の付札についてふ

第5表　西海道付札の樹種

国・郡	品目	樹種	出典
日向	牛皮	ヒノキ	平城概報六―6
日向	牛皮	スギ	〃
筑後・生葉	煮塩年魚	シイ（補二）	平城二―三八七
筑後・生葉	煮塩年魚	シイ	平城二―三八八
(豊後)・速見	?	スギ	平城二―三三二
肥後・天草	腊	スギ	平城概報十一―15

れておこう。

20　肥後国飽田郡調綿壱伯屯　天平三年主政大初位下勲十二等建部君馬□〔都〕　（平城一―三〇〇）

この付札は他の付札にくらべて、「四両」の注記がないこと、また書蹟が行書風であること、更に長さが長いこと[20]など異なった点があり、他の付札と区別して考える可能性も否定できないが、樹種が同一である点から他のものと一括して大宰府で作成されたものと考えておきたい。この付札の主政の署名の意味については貢綿使の構成から理解できよう。大同四年（八〇九）正月二十六日官符によれば、大宰府貢綿使の構成は使一人、史生一人、書生二人、郡司十人、郡司子弟十人からなっていて、郡司や郡司子弟が調綿の京進に当っていた（『類聚三代格』）。この付札の主政名は貢綿使の一員であった主政の京への貢進の責任を明らかにしたものではないであろうか[21]。多賀城跡出土の武蔵国から多賀城へ送った米の付札に、部領使名を記していることは参考になるであろう[22]。

21・武蔵国播羅郡米五斗

部領使□□刑部古□□〔乙正〕

・大同四年十□〔二〕月

これらの調綿付札の記載内容については、その貢進主体の書式と年紀に関して若干の説明を要しよう。貢進主体の書式は、大宰府段階で作成されながら書式Cであって、第二節でのべた、貢進主体の記載が付札の作成段階をそのまま示すのではないということの好例である。郡名まで記しているのは某国某郡貢進の調綿であることを明示するためであり、国郡の調綿貢進の責任を明らかにしたものである。年紀に関しては、これらの付札が同時に作成されながら、年紀が養老二年から天平三年にわたって一致していないことに注意する必要がある。このことは、これらの年紀が大宰府から京進する年次を意味するのではなく、国郡が大宰府に貢進した年次を示すものと考えられる。年紀は「四両」の注記と双行に注記的なかき方になっているが、これはこれらの年紀の性格を示すものであろう。以上から、これらの付札の記載は某国某郡が某年に貢進した調綿であることを示したものと考えられる。

次に調綿の付札と包紙墨書銘との関係について考えておきたい。包紙墨書銘の実例はこれまで越中国の二例が報告されているだけであったが、最近東野治之氏が正倉院文書の中に越中国の二例とともに日向国の一例を検出されたことによって（注19東野論文）、西海道諸国の調綿貢進に当っては付札と包紙墨書銘が併用されていることが確認できた（補記一二四頁）。包紙墨書銘の貢進主体の書式は、次の例のように書式Aで、賦役令調皆随近条に準拠している。

22　越中國射水郡川口郷戸主中臣部照麻呂調白牒綿一屯　天平勝宝六年十月廿一日　（正倉院銘文六六）

包紙墨書銘は書式Aであることから、庸布墨書銘や書式Aの付札と同様に郡衙段階でかかれた可能性が高く、付札とは墨書の段階を異にしていたと考えられる。すなわち西海道の調綿は、郡衙段階で負担者個人が貢進した荷物ごとに包紙に貢進者名などが墨書されて、国衙を通じて大宰府に貢進・貯積され、更に大宰府段階で百屯にまとめられた荷物ごとに付札が付けられて京進されたと考えられるのである。このように西海道調綿が貢進に当って包紙墨書と付札とが二段階にわたって付けられたのは、西海道調綿の貢進の特殊な事情によるものであって、このようなあり方を一般的なものと考えるのは正しくないであろう。(23) 西海道調綿は一度大宰府に貯積され、その中から一定量を割いて京進するという手順をとったため、包紙墨書の上に更に付札が付けられることになったと考えられるのである。すなわち大宰府を中間においた二段階の貢進の手順が包紙墨書と付札という二段階に対応しているのである。

ところで段階を異にした包紙墨書銘と付札の貢進主体の書式が、前者が書式A、後者が書式Cと異なっていることには注意を要する。詳しくは第五節でのべるが、調物は中央政府に収納されるまでに、国衙と中央政府による二段階の勘検をうけ、付札や包紙墨書銘はこれらの勘検のために必要であったと考えられる。そして西海道調綿の包紙墨書銘と付札とは、郡衙段階でかかれる包紙墨書銘は国衙・大宰府による勘検のため、大宰府で付けられる付札は中央政府による勘検のためのものと考えられる。両者の貢進主体の書式が異なっているのは、これらの二つの段階の勘検の内容に相違があったことを示唆するものであると思われるが、この点については後述しよう。

書式Aと書式B・Cの付札　最後に書式Aと書式B・Cの付札の相違についてまとめておきたい。書式Aと書式B・Cとは、貢進者名記載の有無と記載数量が個人の負担量に一致するか否かの点で異なっている。書式Aは貢進者名を記し、記載数量が個人の調物負担量に一致しており、その付札は個人の貢納した調物の荷物に付けられたものである。調庸絁布墨書銘、調綿の包紙墨書銘も同じ性格のものである。書式B・Cは貢進者を記さず、記載数量が個人の負担量より多く、個人貢納の荷物に付けられたものではない。このうち調綿の付札が包紙に墨書された個人貢納の調物を百屯ごとにまとめた荷物に付けられたものであることは、前述した通りである。

問題になるのは調銭・鍬・鉄の付札である。これらの付札は調綿の付札と同様の書式であるが、それと同じように、個人貢納の荷物を基礎単位としてまとめた荷物に付けられたものとは考えられない。これらの付札の記載数量は、銭が一貫、鍬が十口、鉄が一連であるが、これらの記載数量は個人の負担量の整数倍になっていない。鉄の一連は比較することができないが、銭の正丁負担量は、時期によって異なるが、付札の年紀の天平元年（七二九）に最も近い神亀三年（七二六）山背国愛宕郡計帳（『大日本古文書』一―三三三〜三八〇頁）によれば九文で、畿外の播磨国の場合十八文、鍬の正丁負担量は賦役令・延喜主計式によれば三口であって、付札の記載数量の銭一貫、鍬十口は各々正丁あるいは次丁負担量の整数倍になっていない。従ってこれらの付札は、個人貢納の調物を基礎単位としてまとめられた荷物に付けられたものではない。調銭・鍬がこのように個人の負担量と関係のない、一貫とか十口などの丁度キリのよい数量の荷物にまとめられて貢進されたのは、これらの調物の収取形態に関係があるものと考えられる。[24] 延暦十五年（七九六）十一月十三日官符によると、備前国では鍬鉄を比国に交易して貢進していた（『類聚三代格』『日本後紀』）。すなわちこの史料によれば、調鍬、更に銭・鉄などは、貢納者個人はそれらの品目の調物ではなく、代物を貢納し、官（郡衙か）がそれらを交易して定められた品目の調物を調達して京進していたと考えられる。このような収取形態のため、これらの品目の調物は、個人貢納の形に荷造りされることはなく、郡衙で銭一貫、鍬十口のような丁度キリのよい数量の荷物に荷造りされたのであろう。

(二) 白米の付札

白米（舂米）は、田令田租条に規定する田租舂米、天平の各正税帳や延喜民部式にみえる年料舂米に当るものである。田令田租条によれば、田租の一部を割いて舂米として京進することが定められているが、天平の正税帳では正税の出挙利稲の穎稲から支出されている。田租舂米は大炊寮に送られて諸司の常食に充てられる。[25] 白米の付札は白米・舂米・米などと記され、調の付札に次いで多くの点数（約八〇点）が出土している。

さて貢進主体の書式は、書式A・Bの二種類がある。

書式A　国＋郡＋郷＋貢進者

23　丹後国竹野郡芋野郷婇マ古与曽赤舂〔ママ〕米五斗　〇三一（平城二―二三五八　口絵11―44）

書式B　国＋郡＋郷

24・備中国賀夜郡阿宗里白米五
・斗　天平十九年二月九日　〇一一（平城一―四一七）

書式Aのものが六九％（四九点）、書式Bのものが三一％（二二点）を占める。記載斗量は五斗の例が六八％（四七点）を占めて最も多く、一俵・俵の例が一七％（一二点）、六斗の例が七％（六点）である。一俵・俵の例を五斗と考えると五斗例は八五％となり、大部分を占めることになる。[26] 書式Aと書式Bとの相違については、調の付札のように両者の間で記載斗量に相違があるわけでなく、また貢進国や年代の相違によって両書式が異なっていない。これらの点から、点数の多い書式Aが白米付札の書式の基本型で、書式Bはその省略型の書式と考え、両者を一括して扱うことにする。

さて白米付札の作成段階については、同筆関係と署名のある付札を手掛りとして考えることができる。先ず同筆の書蹟は同郡別郷の範囲で二例の同筆の付札が存している。

25　丹後国竹野郡舟木郷生部須□斗　○三一　(平城二―三五七　口絵11―*45*)

26・播磨国宍粟郡
・柏野里山マ人足米五斗　○三三　(平城概報十一―14　口絵12―*47*)

27　播磨国宍粟郡余戸里丸部□□　○三三　(同十一―15　口絵12―*48*)

前掲23丹後国竹野郡芋野里の白米付札と25舟木郷のもの、26播磨国宍粟郡柏野里と27同余戸里のものがそれぞれ同筆である。二例とも各々一点が白米付札であることが確定できないが、これらの同筆関係から、これらの付札が郡衙段階以上でかかれたことが明らかである。白米の付札には後述する「国衙様書風」の書蹟はみられないから、国衙段階ではなく、郡衙段階でかかれたものであろう。

次に、署名のある付札が二点ある。

28　参河国□〔飽〕臣郡寸〔村〕松里海部宇麻呂□□〔舂糯〕
　　米五斗　和銅二年十二月无位主帳□麻呂　〇三二　（平城二―二七〇四）

29　但馬国養父郡老左郷赤米五斗村長語部広麻呂 天平勝宝七歳五月　〇三一　（平城二―二七一五）

28は郡司主帳、29は村長の署名があり、各々署名者によってかかれたものと考えられる。28の主帳署名の付札は先の同筆関係の検討結果と一致するが、29は異なる。村長は『続日本紀』天平宝字元年（七五七）七月戊午条や宝亀七年（七七六）十二月の唐招提寺文書にみえる（『大日本古文書』六―五九二頁、『唐招提寺史料』一―三号）。村長は文献にみえる自然村落としての「村」の長とも考えられるが、唐招提寺文書の村長寺広床は宝亀五年（七七四）十一月の同文書（『大日本古文書』六―五七七頁、『唐招提寺史料』一―付一号）に郷長とみえ、この場合の村長は郷長と同義とも考えられる。このように村長については明らかでないが、いずれにしろ郷長と同じか、それより下位の自然村落の長と考えられる。

以上のように、白米付札については、郡衙段階作成を考えさせる同筆の書蹟や主帳署名の付札がある一方、村長署名の付札が一点ある。これらの個別的事例から、白米付札一般の作成段階について郡衙段階において作成されたものと考え、村長署名の一点については前述した調の郷長署名付札と同様に、村長が郡衙段階における付札作成に駈使されていたものと理解する。

㈢ 贄の付札

贄の付札には国衙段階で作成されたものと郡衙段階で作成されたものが存する。貢進主体の書式、書風、同筆関係を手掛りに検討することにする。

貢進主体の書式　先ず貢進主体の書式は次の五種類がある。

書式B　国＋郡＋郷

30　武蔵国男衾郡川面郷大贄一斗鮒背割天平十八年十一月　○三二（平城一―四〇五　口絵6―*18*）

書式C　国＋郡

31　紀伊国无漏郡進上御贄磯鯛八升　○三一（平城二―二二八五）

書式D　国

32　出雲国若海藻　御贄　〇三一（平城一—四〇七　口絵7—*24*）

書式E　国＋郡＋嶋・埼・浦＋所生（所出）

33　長門国豊浦郡都濃嶋所出穉海藻天平十八年三月廿九日　〇三一（平城一—四〇一　口絵8—*29*）

書式F　国＋郡＋嶋＋海部供奉

34　参河国播豆郡篠嶋海部供奉七月料御贄佐米楚割六斤　〇一一（平城一—三七〇　口絵9—*34*）

贄の付札には、次の特例的な一例を除いて、調の付札で一般的である書式Aのものはみられない。

35・因幡国気多郡勝見郷中男神部直勝見麿作物海藻大贄壹籠六斤太

・　　　神護景雲四　　　　〇一一（平城四―四六八）

また書式E・Fは贄の付札に特有な書式で、特に書式Fは現在のところ参河国播豆郡篠嶋・析嶋の付札に限ってみられるものである。

国衙段階作成の付札　書式Dの付札はその書式から国衙段階で作成されたと考えられる。この書式Dの付札の書蹟には、郡衙段階でかかれたと考えられる調の付札などとは異なった書風上の特徴がみられる。すなわち正税帳に代表される国衙でかかれた公文書の書蹟[27]とよく似た唐風の楷好なる書蹟であって、私はこれらの書蹟を国衙でかかれた書蹟という意味で、仮りに「国衙様書風」とよぶこととする（口絵7―22〜25、8―26〜29）。その代表例として32出雲国の若海藻（四〇七、口絵7―24）、備前国の水母（三九八、口絵7―22）、但馬国の若海藻の付札（四〇九・口絵7―25、四一〇）などがあげられる。国衙様書風の書蹟は、国衙でかかれたことの明らかな交易貢献物付札や調綾の墨書銘にもみられる。

36　出雲国交易紫菜三斤「太」　　〇三一（平城二―二八三六　口絵7―23）

37　近江国調小寶花綾壱疋花綾文　織蒲生郡東生郷田尻小東人　（正倉院銘文九一　口絵14―53）

36の交易物付札は貢物主体の書式から国衙段階で作成されたことが明らかである。ほかに神護景雲三年の伊豆国の交易麁堅魚の付札（平城概報四―19　口絵11―46）も国衙様書風の例である。37の調綾の墨書銘については、調の綾・錦・羅などの高級繊維品が国衙工房の織手によって織成されて貢進されたと考えられており（早川庄八注19論文）、その墨書銘は国衙段階でかかれたことが明らかである。このように国衙段階でかかれたことの明らかな付札や墨書銘にみえる、正税帳などの書蹟と類似する楷好なる書蹟を「国衙様書風」として、国衙段階作成の付札を検出する手掛りとすることができる。

ところで国衙様書風は、書式からは国衙段階で作成されたことの明らかでない書式Eや書式Cの一部の付札にもみられる。書式Eのものは点数が少いが、前掲の33長門国豊浦郡都濃嶋の若海藻付札（平城一―四〇一、口絵8―29）、下総国海上郡酢水浦の若海藻付札（平城一―四〇〇、口絵8―28）、常陸国那賀郡酒烈埼若海藻付札（平城一―四〇二・口絵8―26、平城二―二七四〇・口絵8―27）など四点全てが国衙様書風であり、国衙段階でかかれたものである。

書式Eの嶋・埼・浦名の記載は、「所出」「所生」の記載から贄物の産地を示すものと考えられる。書式Dの付札にも次の38の例のように産地を示すと考えられる記載のあるものがあって、書式のうえで書式Eは書式Dの変形型と位置付けられる。

38　阿波国進上御贄若海藻壱籠板屋郡牟屋海　　○三一　（平城一―四〇三）

このような産地を示す書式は若海藻に限られるが、これらの地は若海藻の特産地であったのであろう。33長門国都濃嶋は万葉集に「角島の迫門の稚海藻」と歌われるように（巻十六―三八七一）、著名な若海藻の特産地であったらしい。

書式Cの付札では、駿河国安倍郡の甘子付札（平城二―二五三八、口絵6―*21*）や筑後国生葉郡の煮塩年魚の付札（三八七・口絵6―*20*・三八二二点同筆）が国衙様書風の例としてあげられる。書式Cの付札は全てが国衙様書風ではなく、武蔵国秩父郡の鼓付札（平城一―四〇六）や紀伊国无漏郡の少辛螺の付札（平城二―三八四）などは、郡衙段階で作成された調の付札と同様の書蹟であり、これらは書式からみて郡衙段階でかかれたものであろう。国衙段階で作成された付札は概して付札の作り方が丁寧である。木口部を丁寧に調整したり、四角を角切りにしたものがあり、また角切りや切込みが左右対称で均整のとれた形のものが多い（口絵7―*22*、8―*29*）。

ところで郡衙段階でかかれた付札とは異なった楷好なる国衙様書風の存在は、国衙における専門的な書手の存在と関係があろう。弘仁十三年（八二二）閏九月二十日官符によると、国衙の大帳・税帳所には大帳・正税帳の筆書を専門とする書手がおかれていた（『類聚三代格』、注34参照）。彼らは徭丁であったが、現存の正税帳の書蹟から明らかなように、特に中央から移入された唐風の書蹟を習得した者たちであったであろう。彼らが直接付札をかくことに当ったとはいえないが、付札における国衙様書風の存在は、彼らの書蹟が付札の筆者へ影響を与えた結果でないであろうか。

この弘仁十三年官符に定められた国衙徭丁について、ついでに気づいた点を記しておく。一つは「造函并札丁」で、「札」は木簡で、この徭丁は木箱や木簡の製作に専門に当るものと考えられる。国衙段階作成の付札が概して丁寧な作りであることは、あるいはこのような専門的な徭丁の存在と関係するのかもしれない。二つは「採黒葛丁」である。黒葛は筥や籠の材料となるもので（延喜縫殿寮式・木工寮式）、「採黒葛丁」は贄を貢進しない国には置かないと注記されているから、贄物を荷造りするための籠・筥の材料となる黒葛を採取するものである。この事実は国衙段階で荷造りされる贄物があることを示し、国衙段階で作成される贄の付札があることと関係する事実である。

郡衙段階作成の付札　郡衙段階で作成されたと考えられるのは、前述した書式Cの付札の一部と、書式B、Fの付札である。

書式Bの付札については、同郡別郷の範囲で同筆の一例が存している。天平十八年十一月の武蔵国男衾郡川面郷の鮒背割付札（四〇五、口絵6－*18*）と同年同月の同国同郡余戸里の贄付札である（平城一－四〇四、口絵6－*19*）。両者は品目が異なるためか法量は異なるが、形態は〇三二型式で一致し、付札の作り方も両端を丸く作っている点や、切込みの位置がやや内側にある点などよく似ており、同時に作られかかれた可能性が高い。同筆関係から郡衙段階以上の段階でかかれたと考えられるが、両者とも国衙様書風でないから郡衙段階で作成されたものであろう。

参河国篠嶋・析嶋付札の作成段階　書式Fの付札は全て参河国播豆郡篠嶋・析嶋の付札で、断片も含めて三七点が出土している。(28) 出土遺構は、調綿付札の出土した土壙SK八二〇から三五点（平城一－三六三～三九七）、推定第一次内裏地区の西側の南北溝SD三八二五から二点が出土している（平城概報四－4）。SK八二〇出土のものはいずれも年紀がないが、土壙SK八二〇の埋没年代（天平十九年頃）と「潤九月」と記されたものがあることから（三八〇）、天平十八年（七四六）のものと考えられ、SD三八二五出土の一点は天平十八年の年紀があるから、両遺構出土のものは同年度であり、更に両者の間には同筆のものがあり、(29) これらのことから両遺構出土のものは一括して考えることができる。

両島の贄は月料の形で貢進される。付札にみえる月は、正月・五月・六月・七月・八月・閏九月・十二月であり、恐らく一年を通じて貢進していたと考えられる。貢進品目は赤魚、佐米・宇波加・須々岐などの楚割、佐米の臑などである。島名と月の明らかな付札は一三点あるが、これらを整理すると第6表の通りで、三七六の篠嶋・八月料の一例を除くと、篠嶋が奇数月、析嶋が偶数月であり、(30) 両嶋が隔月に交互に貢進していたと考えられる。

これら参河国の贄付札は、書蹟の同筆関係によって郡衙段階以上でかかれたものと考えられる。同筆の付札は数多くあるが、貢進月同月の範囲にあり、第７表の如く、五月・六月・七月・八月・十二月の各グループの中に同筆の付札を検出できた（口絵9－*30*〜11－*43*）。中には月不明のものもあるが、かえってこれらの同筆関係によって貢進月を推定することができる。両島が隔月交互貢進であるから、同筆の付札の大部分は同島の範囲にあることになるが、一例だけ両島の間で同筆のものが存する。すなわち両島交互貢進の原則の例外となる一例で八月料の中にある。八月は交互貢進の原則によれば析嶋の貢進月であるが、**三六八**析嶋の付札（口絵10－*39*）とともに**三七六**の篠嶋の付札（口絵10－*40*）があり、これら二点と**三九一**月不明の析嶋の付札（口絵10－*41*）とあわせて三点が同筆である。このように同島の範囲で同筆の例が多い中で、両島間で同筆なのは僅かに例外的な一例だけであるが、私はこの例外的な一例を重視して参河国の贄付札は郡衙段階以上でかかれたと考える。そしてこれらの書蹟の中には国衙様書風がみられないから、郡衙段階でかかれたものと考える。(31)

以上、贄の付札は国衙段階で作成されるものと郡衙段階で作成されるものの二種類が存することが明らかになった。従来贄の徴収に関しては中男作物との関係が指摘さ

第６表　参河国贄付札の貢進月と島名

篠島			析島		
月	点数	出典	月	点数	出典
1	1	364	6	2	363,371
5	5	366,367,369,378,383	8	1	368
7	2	365,370	12	1	平城概報四－4
8	1	376			

第７表　参河国贄付札の同筆関係

月	島名	木簡番号
5月	篠島	366,367,369,387(月不明) *31　32　30*
6月	析島	363,371,372(月不明),382(月・島不明) *37　38　36*
7月	篠島	365,370,392(月不明) *33　34　35*
8月	析・篠島	368(析),376(篠),391(析，月不明) *39　40　41*
12月	析島	平城概報四－4，388(月不明) *43　42*

＊立体数字は報告書の木簡番号、その下の斜体数字は口絵9～11の木簡番号。

＊＊木簡番号を一行に並べたものが同筆。

れているが[32]、未だ贄制の研究は十分でなく、この二種類の付札の存在の意味を明らかにすることができないが、ここで明らかにした事実は今後の贄制研究の一つの手掛りとなりえよう。

四　貢進物付札の作成と徴税機構

付札の検討によってその作成段階を明らかにしてきたが、ここでは文献史料によって律令徴税機構の実態を明らかにし、付札の作成段階の事実とつきあわせてみたい。更にそれらを基に、付札の機能について若干の見通しをのべておきたい。ここでは比較的史料の多い調・庸の徴税機構を中心として考えることとする。

調庸の徴収は、国衙・郡衙・郷の行政機構を通じて行われ、国司・郡司が徴税の責任を負っていたが、実質的には郡衙機構が徴税の中心的な役割を果していた。

調物の合成　調の徴収は郡を単位として行われることになっていた。既にみたように、賦役令調絹絁条・調皆随近条（史料1）には、調の繊維製品は近傍の複数の貢進者の調物を合成して、定められた規格の製品として貢納することが定められている。調皆随近条の『令義解』や『令集解』の穴記・跡記・朱説などの諸説は、この調物の合成を一郡内の範囲で行うということで一致している。もっとも実例では繊維製品ではないが、調塩・調海産物（史料17・18）また庸米などに関して同郷の範囲の二人の貢納者の貢納物を合わせて貢納した事例がある[33]。『令義解』『令集解』の諸説は、調物の合成をしうる許容範囲を示したもので、実際の合成に当っては、できるだけ近傍の貢納者の間で行うのが便宜であって、同郷あるいは同郷戸の範囲で合成を行ったのであろう。調物の合成が一郡内の範囲で行い得ることは、調の徴収が郡を単位として行われることを明示している。

郡衙徭丁　徴税における郡衙の機能をより具体的に示すのは、徴税に当る徭丁の存在である。弘仁十三年（八二二）閏九月二十日官符（『類聚三代格』）は、同年七月二十九日官符で雑徭を免じたため、徭丁を使役するには正税を以て給粮することになったので、それまで諸国によって一定していなかった国衙・郡衙で使役する徭丁の種類と人数を定めたもので、当時の国衙・郡衙所属の徭丁の種類を知る好個の史料である。国衙所属のものと郡衙所属のものが定められ[34]、後者の中には徴税を任務とする次のものが定められている。

税長（正倉官舎院別三人）　徴税丁（郷別二人）

調長（二人）　庸長（郷別一人）　庸米長（郷別一人）[35]

税長は「正倉官舎院別」に、徴税丁以下では調長を除き「郷別」に人数が定められているが、これらの徭丁の前・後には郡衙所属であることの明らかである郡書生・郡案主、（郡）駈使・駅伝使鋪設丁・伝馬長が配列されているから、これらの徭丁は、郡衙所属と考えられる。院別・郷別とするのは、人員を定める基準を示したにすぎないものであろう。

これらの郡衙所属の徭丁は、郡司の指揮下にあって、税長・徴税丁は郡倉の正税稲の収納、特に正税出挙の割り充てや徴収に当り、調長・庸長、庸米長は調・庸の徴収に当ったものと考えられる[36]。税長は弘仁三年（八一二）八月十六日官符（『類聚三代格』、『貞観交替式』）、貞観十五年（八七三）九月二十三日官符（『類聚三代格』、『三代実録』貞観十五年十二月二十三日甲寅条）に、国司・郡司と共に正倉の管理者、正税収納の担当者としてあらわれ、また税長、「徴」、「庸調領」が奈良時代末から平安時代初期にかけて、農民が課役の諸賦課の未納のため田畠を売った際の田畠売券の署名にみえている。すなわち宝亀五年（七七四）備前国津高郡菟垣村の漢部□□人が「大税不成」つまり正税出挙未納のため畠三段を売った売券に、税長書直麻呂、徴漢部古比麻呂が売主戸主や郷長寺広床と共に連署し[37]、また宝亀七年備前国津高郡津高郷の蝮王部臣公楯ら三人が庸米・火頭養絁の未納のため畠を唐招提寺に売った際の売券に、税長書直麻呂が村長寺広床や売主と共に連署し(38)、更に仁寿四年（八五四）近江国愛智郡大国郷の秦忌寸五月麻呂が「所負庸米」のため墾田を東大寺に売った際の売券に、庸調領依知秦直継が売主戸主や証人・郷長と共に署名している例などである(39)。「徴」は弘仁十三年官符の徴税丁と、「庸調領」は同じく庸長や調長と同じものと考えられる。既に原秀三郎氏が正しく指摘しているように（注36論文）、これらの田畠売買は農民の課税滞納に対して官が行った強制執行であって、税長・徴・庸調領がこれらの売券に署名しているのは彼らがこれらの徴税担当者であったからと考えられるのである(40)。

以上のように、税長・徴税丁、庸長・庸米長・調長らは、郡司の指揮下にあって各々の徴税に当った。郡衙の徴税機能は郡司のみによって担われたのではなく、郡司がこれら郡衙傜丁を駈使することによって実現されたと考えられる。これが郡衙の徴税機構の実態であった。このような体制の成立時期については、税長が天平勝宝元年（七四九）の墾田売券（天平勝宝元年伊賀国阿拝郡柘殖郷長解、『寧楽遺文』六五〇頁）にみえるのが最も早い例であるが、これら傜丁は全国一律に定められたものではなく、諸国の実情に応じて国ごとに整えられていったものらしい（注36米田雄介論文）。

郷長と徴税　次に郷長が徴税に関わったことについては、戸令為里条に里長（郷長）の職掌として「催二駈賦役一」が定められていることや、『万葉集』の山上憶良の「貧窮問答歌」（巻五―八九二）などによって明らかである。ところで地方行政機構における郷長の位置付けについては、既に吉田晶氏の論文に明らかである（注36）。すなわち郷長は自主的な官吏としてあったのではなく、郡司の指揮下に駈使される一面があり、徴税に関しては諸賦課を農民に割りあてる権限はなく、ただ取りたてに当ったに止まり、更に税長など郡衙傜丁の出現によって郷長は実質的な役割を喪失していったと。前記の三通の田畠売券においても、郷長は郡司指揮下の税長・徴税丁や庸調領と共に署名しており、このことは、郷長がこれらの徴税に関与したことを明示するとともに、彼らがこれら郡衙傜丁と同様に郡司の指揮下にこれらの徴税に当ったことを示している。特に宝亀七年（七七六）津高郷墾田売券は、日下の位置に税長が署名していることから税長が作成したものと考えられ、このことはこの課税滞納に対する強制執行が税長の主導の下に行われたことを示す（注36原秀三郎論文）。第三節にのべたように、この売券で連署している「村長寺広床」の村長は郷長と同義の可能性があるが、もしそうでなくともこのような事態は、税長などの出現による徴税における郷長の地位の低下を示している。

以上のように、郷長は徴税に当ったといっても、郡司の指揮下にあって行っていたのであり、更に税長などの郡衙傜丁の出現と共にその地位を低下させていったと考えられるのである。第三節で付札の作成段階を考えるに当って、郷長署名の付札に関して、郡衙段階における付札作成に郷長が駈使されたことを示すと理解したのは、このような郷長の行政機構における位置付けを考えたためである。

国司の検校　国司の徴税への関与の具体相は、天平年間の正税帳の部内巡行の項の調庸の収納検校のための巡行の史料から知られる（第8表）。国司は調庸物の「検校」や「収」「斂」のため部内を巡行している。巡行の所要日数は、

第8表　国司の調庸検校の部内巡行

正税帳	目的	所要日数	使人	出典
天平八年薩摩	検校庸蓆	高城郡二日（補二）	医師一、従一	二―一四
天平九年豊後	収庸	郡別三日	史生一、従一	二―四三、四九、五四
天平九年但馬	検校庸物	一国二一日（郡別二・六日）	守一、目一、史生一、将従六	二―六四
天平十年駿河	検校調庸布	郡別二度各二日	目一、従一	二―一一五
天平十年周防	斂調庸	一国一八日（郡別三日）	守一、目一、史生二、従七	二―一三六

＊所要日数の項の（　）を付したものは、一国所要日数による郡別の平均所要日数。
＊＊出典は『大日本古文書』の巻数と頁数。

郡別に二日から長くて四日である。[補二]この部内巡行は、「収」や「斂」と記すものもあるが、所要日数が短いことからみても、国司が直接農民から調庸を徴収するというものではなく、郡衙機構によって収納された調庸物を「検校」するものであったと考えられる。弘仁十年（八一九）五月二十一日官符は、「郡司是自勘自申之職也、国司則随レ申覆検之吏也」（『類聚三代格』）と国司と郡司の関係についてのべているが、徴税においても国司は郡衙機構によって徴収された調庸物を単に検校していたにすぎないと考えられるのである。

以上によって、国衙・郡衙・郷の律令徴税機構において、実質的に郡衙機構が中心的な役割を果していたことが明らかである。郡司は、郷長あるいは税長以下の郡衙徭丁を駈使して農民からの調庸などの徴収に当り、国司は収納された調庸物の検校をしていたにすぎないと考えられる。

付札の作成と徴税機構　徴税機構に関するこの事実は、調庸布墨書銘や調の付札が、一部郷長の手になるものを含みながら郡衙機構によって書かれ作成されていた事実と照応し、徴税の実態と付札の作成が深い関わりを有していることを示している。このような両者の関係によれば、既に付札の作成段階を明らかにした白米や贄の徴収機構を推測することができる。付札の作成段階から考えると、白米は郡衙機構によって舂成・俵詰めされ、贄は郡衙機構を通して徴収されるものと、国衙機構によって直接調達されるものがあると考えられる。

五　貢進物付札の機能

貢進物の勘検　最後に以上の考察をふまえて、付札・墨書銘の機能・役割についての若干の見通しをのべて稿をとじることとする。墨書銘や付札の機能・役割については貢進物の勘検の面から考えるべきであろう。貢進物の徴収・

貢進に関しては文書が作られ報告されるが、貢進物の勘検とはその文書と貢進物とを照合して、貢進物の徴収・貢進が文書による報告通り行われているかどうかを明らかにする作業である。この貢進物の文書との照合において、墨書銘・付札は貢進物に密着して、貢進物の貢進の責任の所在（貢進主体）や貢進物の内容を明示する役割を果し、文書と貢進物の照合のために必要であった。ここでは調庸物の勘検を例にとりながら、もう少し具体的にみていくこととする。なお墨書銘・付札については一般的な書式である書式Aのものをとりあげることとする。

　調庸物については国衙と中央政府の二段階の勘検が行われた。調庸物は郡衙機構によって徴収され、墨書銘をかかれあるいは付札を付けられたのち、国衙と中央政府の二段階の勘検を経て中央政府の倉に収納されたのである。国衙と中央政府の勘検は勘検の単位に関して異なっていた。

国衙の勘検　先ず国衙段階の勘検については、前述した国司の調庸物検校の部内巡行および繊維製品の墨書銘の国印押印の事実によって明らかである。国司が郡毎に巡行して、郡衙機構によって収納された調庸物を勘検したのである。墨書銘の国印押印はこの勘検の結果に基づきなされたものと考えられる。『令集解』賦役令調皆随近条の穴記は、調の繊維製品に年月日を記すことを定めた規定に「穴云、年月日、謂下国勘記二国印一之日上耳、非三元輸日二也」と注し、国衙による勘検（国勘）と国印押印の関係を明示している。この墨書銘における国印押印は、国衙による調庸物勘検の事実を示すと共に、墨書銘が勘検のためのものであることの何よりの証拠である。この国衙勘検は郡衙機構による調庸物収納が確実になされているか否かをチェックするものであり、国印押印は郡衙の収納した調庸物が国衙勘検をパスしたことを中央政府に対して示したものである。

　ところで付札の場合その木という材質の点から押印することは不可能であり、その代りとして勘検者が署名した例が少数存する。調庸物ではないが、続労銭の付札に一〇例存する（平城概報四－9）。

39・位子山辺君忍熊資銭五百文

・神亀五年九月七日「勘苅原東人」　（図版15―67）

異筆の「勘苅原東人」が勘検者の署名で、他の例では「検校（署名）」とした例もある。この勘検署名がどの段階のものか確定する手掛りがないが、中央政府段階の勘検の可能性が高いと思う。調庸付札に関しては、勘検署名の確実な例は今のところ存しない。このように付札の場合全体として勘検との関係を示す例が少いが、しかしそうだからといって、付札が勘検と関係ないとは考えられない。以下、私は墨書銘の国印押印を手掛りとして、国衙勘検の内容について考えていくが、第一・三節にのべた付札と墨書銘の一体的な関係からみて、当然その内容は付札にもあてはまるものと考える。

国衙の勘検と計帳　国衙勘検の内容について考えるのに、墨書銘の国印が貢納者の個々の貢進物に押されていることに注目したい。このことは国衙勘検が貢納者の個々の貢進物単位になされたことを示している。ところで貢進物の勘検に当っては、貢進物と照合すべき基本台帳となる文書の存在が想定される。後述のように調庸物の中央政府勘検の基本台帳は調庸帳であり、国衙段階のそれは、明証を欠くが、国衙勘検が貢進者の貢進物単位になされることから考えて計帳であろう。計帳は調庸徴収の基本台帳で、郡衙機構による徴収の台帳となると共に、国衙勘検の台帳にも用いられたと考えられる。最近の鎌田元一氏の研究によれば(41)三種類の計帳が存したというが、調庸の徴収・勘検の台帳に用いられたのは一国全体の統計文書である「大帳目録」ではなく、戸毎の戸口に関する記載を内容とする「計帳手実」あるいは「計帳歴名」であろう。この二種の計帳は、戸毎の戸口数とその課・不課の内訳、輸庸調の品目と輸貢量、戸口歴名と戸口の年齢、正丁・次丁・少丁などの別などを記載内容とする。国衙による勘検は、これら二種のいづれかの計帳を基本台帳として墨書銘・付札を照合しながら、貢進者の個々の貢進物ごとに行われたのであろう。墨書銘・付札の貢進主体（貢進者）、税目・品目・輸貢量の記載は、それぞれ計帳の戸口歴名の課口記載、輸庸調の品目・輸貢量の記載に照応し、両者を照合することができる。これらの照合によって、調庸を負担すべき課戸・課口が定められた品目を規定量通り確実に貢進しているか否かを明らかにできるのである。貢進物勘検の目的からいえば、品目・輸貢量・品質などに関して、貢進物そのものに及ぶ勘検を行わなければならないが、そのような実物勘検を貢進物全てにわたって徹底的に行ったとは考えにくく、あるいは付札・墨書銘との照合が実物勘検に代ったのではなかろうか。推測を重ねることになったが、国衙勘検についてほぼ以上のように考える。

中央政府の勘検　次に中央政府段階における調庸の収納・勘検については『延喜式』に詳しい[42]。すなわち調庸物は調庸専当国郡司によって、調帳・庸帳と共に中央に貢進される。調帳・庸帳は主計寮によって大帳（大帳目録）の人数と勘会され、その後調庸物は、国郡司、民部省録・史生、大蔵省録の立会の下に勘検され収納される。このような調庸物勘検がいつから行われたか明確でないが、『続日本紀』慶雲三年（七〇六）閏正月戊午条に

40　勅、収ニ貯大蔵一諸国調者、令下諸司毎レ色検校相知上。

とあることから、『延喜式』と同様の勘検は大宝令施行当初から行われていたと推測できる。この中央政府勘検の具体的な内容についてはあまり明らかでないが、その基本台帳となったと考えられる調帳・庸帳の内容からおおよそは推測できる。中央政府の勘検（検納）と調・庸帳との関係は、両帳が調庸京進の際に作成され（後掲41倉庫令）、調庸物と共に送進されていることにうかがわれるが（『延喜式』）、元慶五年（八八一）五月十一日官符（『政事要略』延喜十五年七

月七日官符所引）に明らかである。同官符は畿内諸国の調銭の収納に当る穀倉院に、調銭検納の台帳とするため調帳一通を大蔵省に準じ進送することを命じたものである。同官符によれば『貞観式』主計寮式の規定では、穀倉院は主計寮から調帳の勘定の結果に基づく調銭数の報告を受け、その報告に基づき調銭を検納することに定められていたが、それまで主計寮がその報告を怠っていたために穀倉院の検納が実現されず、このため調帳の穀倉院進送の措置がとられたものである。本来調銭の収納には他の調物と同様に大蔵省が当っており、穀倉院が担当するようになったのは遅くとも貞観年間からである[43]。穀倉院における調帳を台帳とする調銭検納の方式は、大蔵省でのやり方をひきついだものである。

中央政府勘検の台帳となった調帳・庸帳の内容については、倉庫令の規定や遺存する実例から明らかにできる。倉庫令には次の規定がある。

41　調庸等物、応㆑送㆑京者、皆依㆓見送物数色目㆒、各造㆓簿一通㆒、

この条文は職員令中務省条の「租調帳」に関する義解の注釈に引用されているから、調帳・庸帳に当るものであることは明らかである。この条文によれば、調・庸帳は京進した調庸物の数量や品目を記した帳簿と考えられる。実例として神亀六年（七四九）志摩国輸庸帳（『大日本古文書』一―三八五頁）と保安元年（一一二〇）頃と推定される摂津国調帳案（『平安遺文』十―補四八号）とが遺存している。後者は若干の欠損があるがその大体をうかがうことができ、一国全体および各郡ごとの課丁数と品目別の輸調額を記したものである。前者は巻首部の短い断簡でその全体を知り得ないが、一国全体および各神戸ごとの課丁数と輸庸塩額を記したもので、摂津国調帳案と同様の記載内容のものと推測できる。倉庫令の規定と二つの実例から、調・庸帳は一国および各郡ごとの課丁数と京進した調庸物の品目・数量を記した統計的な帳簿と考えられる。

このような調・庸帳の内容からみて、それらを台帳として行う中央政府の勘検は、国衙勘検のように貢進者個人の貢進物単位ではなく、国および郡単位の貢進物に関して行われたのであろう。国および郡単位の貢進物の総量やその品質に関する勘検と考えられる。[44]従ってこの段階の勘検の調・庸帳と墨書銘・付札の照合においては、墨書銘・付札の貢進主体の記載のうち国郡名の記載は意味をもったが、貢進者名の記載は意味を失い、また輸貢量の記載も貢進物個々の記載としては意味をもたず、国および郡単位の総量として意味をもったにすぎない。

二段階の勘検と西海道の調綿　このように国衙と中央政府段階における勘検はその勘検の単位を異にしていたが、この点に関連して注目されるのは第三節にのべた西海道調綿の包紙墨書銘と付札の書式の相違である。包紙墨書銘は郡衙段階でかかれ、国衙・大宰府段階の勘検のためのもので、付札は大宰府段階で付けられ、中央政府段階の勘検のためのものと考えられるが、前者の書式は貢進者名まで記す書式A、後者は郡名まで記す書式Cであって、両者の書式は国衙と中央政府段階の勘検の単位の相違に照応していると考えられる。西海道調綿は特殊な貢進の事情によって、他の調物と異なって包紙墨書銘と付札が段階を異にして付けられたわけであるが、そこに図らずも国衙と中央政府勘検の単位の相違が示されることになった。

以上、調庸物の勘検とそこにおける墨書銘・付札の役割を明らかにしてきた。他の貢進物に関しても、その徴収や勘検の段階に相違はあっても、調庸物と同様の勘検が行われ、墨書銘や付札は同じ役割を果したのであろう。調庸物勘検から考えると、調庸物と同様、郡衙段階で付札を付けられた白米や贄の一部は、やはり国衙と中央政府の二段階の勘検をうけたのであろうし、国衙段階で調達され付札を付けられた贄は中央政府段階の勘検のみをうけたものであろう。

おわりに

以上、貢進物付札の作成段階と機能・役割りの問題を中心に考察してきた。作成段階については、木簡の原物に基づいて、調・白米・贄の付札について明らかにした。史料の豊富な西海道の調綿や参河国の贄の付札に関する結論はかなり確実度の高いものと思うが、数例の同筆関係を論拠にしたものについては、新史料の増加によって再検討しなければならないであろう。付札の機能・役割については、貢進物勘検の面から考える基本的な視点について大きな誤りはないと思うが、論証が不十分で試論の域を出ず、更に考察を深めていく必要がある。

注

（1）近年の木簡研究にとって、奈良国立文化財研究所が開催した木簡研究集会（第一回一九七六年一月、第二回一九七七年一月）の意義は大きい。この研究集会では、日本史・考古学・東洋史などの関係諸分野からの、原物に即した木簡の綜合的かつ基礎的な研究をめざしたものである。まだ結論をだすには至っていないが、木簡研究の現状や課題が明らかにされている。なお本稿は第二回木簡研究集会における報告「貢進物荷札について」を全面的に改稿したものである。奈良国立文化財研究所編『第一回木簡研究集会記録』（一九七六年）、同『第二回木簡研究集会記録』（一九七七年）、弥永貞三「古代史料論　一木簡」（『岩波講座日本歴史25別巻2』所収、一九七六年）。

（2）松嶋順正編『正倉院宝物銘文集成』（一九七八年）。本稿では同書からの史料の引用は「正倉院銘文」と略記し、第三編「調庸関係銘文」の番号を記す。

（3）奈良国立文化財研究所編『平城宮木簡一』解説（一九六九年）、岸俊男「木簡」（『新版考古学講座』7有史文化下、一九七〇年所収)。

(4) 飛鳥地方遺跡出土のものとしては、明日香村小山田の県立明日香養護学校校庭出土の(表)「旦波国多貴評草上」、(裏)「里漢人部□□□〔佐知目カ〕」や、最近話題をよんだ飛鳥京跡第五一次発掘調査出土の(表)「白髪部五十戸」、(裏)「皷十口」などが明らかにされている。白石太一郎・前園実知雄「明日香養護学校校庭出土の木簡」(橿原考古学研究所編『青陵』二二号、一九七三年)、奈良県立橿原考古学研究所「飛鳥京跡第五一次発掘調査出土木簡概報」(『奈良県遺跡調査概報一九七六年度』所収、一九七七年)。

(5) 平城宮・平城京跡、藤原宮跡出土のものは次のものに報告されている。史料の引用に当たっては次のように略記する。

奈良国立文化財研究所『平城宮木簡一』(一九六九年)、同『平城宮木簡二』(一九七五年)、『平城宮木簡三』(一九八一年)、『平城宮木簡四』(一九八六年)。平城一―五として巻次と木簡番号を示す。

同『平城宮発掘調査出土木簡概報』一～十一(一九六三～七五年)。平城概報一―5として巻次と頁数を示す。

同『平城宮発掘調査報告』VI(一九七五年)。

同『平城京左京八条三坊発掘調査概報』(一九七六年)。

同『平城京左京三条二坊六坪発掘調査報告』(一九八六年)。

西隆寺発掘調査委員会『西隆寺発掘調査報告書』(一九七六年)。西隆寺報告三として木簡番号を示す。

奈良県教育委員会『藤原宮跡出土木簡概報』(一九八六年)。

同『藤原宮』(奈良県史跡名勝天然記念物調査報告第二十五冊、一九六九年)。

奈良国立文化財研究所『飛鳥藤原宮発掘調査出土木簡概報』一～二(一九七三・七五年)。

同『藤原宮木簡一』(一九七八年)、『藤原宮木簡二』(一九八一年)。藤原一―三として巻次と木簡番号を示す。

(6) 地方官衙遺跡からの出土例は、大宰府・多賀城跡各一点、伊場遺跡一三点、出雲国庁跡から付札と考えられるもの一点がある。大宰府跡・出雲国庁跡のものは「評」字使用で、大宝令以前のものであり、伊場遺跡のものは奈良時代のものを中心として七世紀後半のものも含んでいる。地方官衙遺跡出土の付札は、都城遺跡出土のものが地方から中央政府に送られてきた荷物に付けられたものであるのに対して、地方官衙あてに送られてきた荷物に付けられた付札である可能性があり、両者は若干性格を異にするかもしれない。しかしまだ全体として出土例が少くその性格を把握できる状況ではない。ただその中で伊場木簡は比較的点数が多く、平城木簡と異なる次のような特徴を指摘できる。(1)形態は材の一端を尖らせた〇五一型式が多く（四点）、平城木簡で多い切込みをいれるものは〇三二型式が一点あるだけである。(2)記載内容は国・郡名を記すものがなく郷名から記すものが多く、人名のみを記すものもある。(3)税目を記すものがない。

地方官衙遺跡出土のものは次のものに報告されている。

多賀城跡　多賀城跡発掘調査研究所『宮城県多賀城跡発掘調査研究所年報一九七三年』（一九七四年）

伊場遺跡　浜松市教育委員会『伊場遺跡発掘調査報告書第一冊　伊場木簡』（一九七六年）

出雲国庁跡　松江市教育委員会『出雲国庁跡発掘調査概報』（一九七一年）

大宰府跡　九州歴史資料館『大宰府跡出土木簡概報㈠』（一九七六年）

（7）奈良国立文化財研究所では、木簡を形態によって一四型式に分類し三桁の型式番号で示している。『平城宮木簡一』解説参照。

（8）貢進物の荷造りの方法に関して、全体にわたって明らかにできないが、時に付札に記載のある場合もあり、また付札に記された貢進物の数量から推測できるものもある。第3表は例数の多い俵詰めと籠入りの貢進物の付札の形態を示した。

俵詰と考えたのは米・大麦・小麦である。大麦・小麦の付札（各一点）の記載斗量は五斗、米は五斗、六斗、五斗八升、一俵の例がある。一俵の例は俵詰めであることが明らかであり、五斗、五斗八升の例は正倉院文書（『大日本古文書』一五―一九六、三四二頁など）や付札の記載（平城概報十―7、十一―15）から各々が一俵に当ることが知られるので俵詰と考えられる。六斗例は明証がないがやはり俵詰めと考えた。因みに古代においては五斗俵（現在の約二斗三升）が一般的であり（直木孝次郎「奈良時代の米俵と糒」『奈良時代史の諸問題』所収、一九六八年）、これは現在の六斗俵の三八パーセントの容量に当るが、「信貴山縁起絵巻」を初めとする平安時代末・鎌倉時代の絵巻物によると（中央公論社版『日本の絵巻4　信貴山縁起』一九八七年、渋沢敬三編『日本常民生活絵引』）、その形態は現在の米俵と大差ないものである。

籠入と考えたのは、塩、鹿堅魚、若海藻、海松、鰒、佐米（鮫）・宇波加・須々岐（鱸）などの楚割、赤魚、鯖、胡桃子である。これらも付札の数量の記載などを手掛りに籠入りと考えたが、同一品目でも付札によって数量が異なる場合もあり、第3表の統計には他の文献史料・付札の記載から籠入りであることが確認できるもののみ採用した。以下品目ごとに列記する。

塩　三斗例が籠入りであることは明らかである（『大日本古文書』一―三八五・三八六頁）。ほかに二斗、一斗五升、一斗例、

「顆」単位のものがあるが、明証を欠き統計には採用せず。
鮑堅魚　十一斤十両の例が籠入り（『延喜式』神祇三）。十斤、八斤五両例は採用せず。
若海藻　六斤、一籠例が籠入り（平城概報四－20）。五斤、二十斤例は採用せず。
海松　六斤例が籠入り（『大日本古文書』十四－四二八）。
鰒　六斤例が籠入り（『延喜式』神祇三）。
佐米等の楚割　六斤例が籠入り（『平城宮木簡一』五七頁）。
赤魚　六斤例が籠入り（同三六四）。
鯖　籠入りと明記（同三六一）。
胡桃子　「古（＝籠）」単位（同一九）。
因みに『延喜式』内膳司式に定める年料御贄の稺（若）海藻の貢進用の籠は、長一尺二寸、広八寸、深四寸の箱形の籠であった。なお貢進物の荷造りについては関根真隆『奈良朝食生活の研究』（一九六九年）参照。

（9）本稿における材質の鑑定は奈良国立文化財研究所の光谷拓実氏にお願いした。肉眼による鑑定である。

（10）鬼頭清明「一九七五年度発見の藤原宮木簡」（「奈良国立文化財研究所年報」一九七六）。大宝三年の付札に両書式のものが存し、その前後に書式の変化があったと考えられる。

（11）内藤乾吉「正倉院古文書の書道史的研究」（『正倉院の書蹟』所収、一九六四年）。

（12）調の鰒・堅魚などの斤量単位の品目の付札の記載数量は、賦役令の正丁負担量の三分の一に当るが、これは賦役令の規定は小斤法、付札の記載数量は大斤法によるためと考えられている。一大斤＝三小斤である。『平城宮木簡一』解説四七～四八頁。

（13）調庸専当国郡司について格にみえてくるのは延暦以降のことであるが（『続日本紀』延暦四年五月戊午条、『類聚三代格』延暦二十一年八月二十七日官符、大同二年十二月二十九日官符など）、すでに天平六年出雲国計会帳に「主当調庸国郡司歴名」がみえている（『寧楽遺文』三二八頁）。

(14)・駿河国駿河郡古家郷戸主春日部与麻呂調煮堅魚捌斤伍両
・天平宝字四年十月専當 国司掾従六位下大伴宿祢益人 郡司大領外正六位下生部直□□理〔信陀〕
（平城概報四―19）

(15)　無年紀の付札の年代を決定する方法として伴出遺物や出土遺構の年代による方法と共に、「里」制（霊亀三年以前）、「郷里」制（霊亀三年～天平十一・十二年の交）、「郷」制（天平十二年以降）の記載による方法が考えられる。伴出遺物や遺構の年代ついてはまだ全体にわたって整理されていないので、主に後者の方法によった。ただし、天平十二年以降の年紀をもった付札にまま「里」記載のものがみられるので、「里」記載であるからといって霊亀三年以前とはいえず、「里」記載は年代決定の根拠とはなしがたい。本稿では一応、「郷里」記載の付札を奈良時代前期、「郷」記載のものを中期以降とした。

(16)　若狭国の付札には、調塩以外の付札も含めて一部を双行に記すという書式上の特徴が認められる。

・若狭国遠敷郡 木津郷少海里 土師竈御調塩三斗
・神亀五年九月十五日
（平城三―三〇八一）

この例のように郷名以下、あるいは郡名以下、人名以下の記載を双行に記す例が多い。平城宮出土の全三三点のうち、双行記載二七点、単行記載四点、不明二点である（第4表参照）。このことと関連して若狭国の付札には長さに比し幅の広いものが多い。このように若狭国一国としての共通性があるが、本文にのべたように、郡段階での共通性と相違点を重視した。なお双行記載の例は隠岐国の付札にもみられる特徴である。

(17)　『平城宮木簡一』解説。なお点数については、二九〇・三〇六が直接接続しないが、本来同一木簡の断片なので一点と数えた。

(18)『平城宮木簡一』解説五〇頁、平野邦雄「大宰府の徴税機構」(『律令国家と貴族社会』所収、一九六九年)。

(19) 早川庄八「律令財政の構造とその変質」(『日本経済史大系1古代』所収、一九六五年)、東野治之「調庸墨書銘二題」(『続日本紀研究』一八七、一九七六年。『正倉院文書と木簡の研究』再収、一九七七年)。

(20) 20以外の完形の付札の長さは二一・六cm～二五・四cmであるが、20は三六・八cmあり、特に長い。

(21) 前述のように、調綿付札には裏面に人名を記したものがあるが、これらは主政署名とは性格の異なるものと考える。これらは、人名が氏姓を省略した略式記載であること、書蹟が表面にくらべて行書風のものがあること、人名の下に数字を記すものがあることなどの点で、主政署名とは異なっているからである。裏面墨書の意味を考える上で、表面の書蹟と同筆か異筆かが問題となるが、書蹟が明瞭でなく断定できない。ここでは、右の諸点から何らかの心覚え的な記載と考えておく。

(22) 注(6)「多賀城跡発掘調査研究所年報一九七三年」。平川南「東北地方出土の木簡について」(『木簡研究』創刊号、一九七九年)。

(23) 調綿は西海道諸国以外からも貢進されているが、現在のところ西海道以外の調綿付札は出土していない。調綿貢進国である越中の調綿に関する次の木簡があるが、これは原形不明で付札であると断定できず、また「越白綿」の記載が貢進物付札の国名記載としては異例であることから、付札ではなく文書断簡と考えるべきである。

□越白綿二百屯調綿 調綿□〔二〕 二百屯　〇八一　(平城二―二六四)

(24) 狩野久「律令制収奪と人民」(「日本史研究」九七、一九六八年。『日本古代の国家と都城』再収、一九九〇年)。

(25) 早川庄八注(19)論文、『平城宮木簡一』解説五九頁。

(26) 米の付札には年料舂米(田租舂米)のほかに庸米の付札がある。本稿では、「庸」と明記するか否かを基準とし、それに記載斗量を勘案して、両者を区別した。庸米の付札はこれまで一九点出土している。その記載斗量は、六斗(五点)、五斗(四点)、俵(一点)、五斗八升(五点)である。白米に比し、六斗例の比率が高いのが特徴である。なお、五斗八升例五点の中には、「庸」と明記しない四点を含めている。

(27) 正倉院事務所編『正倉院の書蹟』の隠伎・大倭・尾張・周防・駿河国の正税帳の書蹟を参看。原色図版八、単色図版四一〜四三、四五〜四七。

(28) 篠嶋・析嶋の贄付札については、『平城宮木簡一』五五頁。

(29) SD三八二五出土のものは一点が断片であるが、一点は次のものである。

参河国播豆郡析嶋海部供奉去天平十八年十二月料御贄佐米䐹六斤　〇三一　(口絵11―*43*・平城概報四―4)

「去天平十八年十二月料」の記載は、天平十八年十二月料を天平十九年になって貢進したことを意味するのであろう。SK八二〇出土の三八八と同筆である(口絵11―*42*)。

(30)『平城宮木簡一』は三七五を析嶋、「□〔七〕月料」と訓んでいるが、「七」の文字は判然としない。

(31) 第二回木簡研究集会の報告の際に、篠嶋・析嶋の付札が郡衙で作成されたと報告したことについて、出席者から、篠嶋・析嶋は地理・交通上京に近いからその贄物を播豆郡衙まで運んで京進するのは不自然ではないかというご意見をいただいた。この指摘は徴税や付札作成の具体相を考える上で貴重である。ただ本稿で問題にしている付札の作成段階とは、どの段階の行政機構によって付札が作成されるかということであって、付札の作成場所は問題にしていない。本稿で国衙・郡衙段階で付札を作成するというのは、国衙・郡衙機構によって作成することを意味するにすぎない。両嶋の付札も指摘の点を考えると、あるいは郡衙の官人が両嶋に出向いて徴税や付札の作成に当ったとも考えられる。

(32) 直木孝次郎「贄に関する二、三の考察」(『律令国家と貴族社会』所収、一九六八年。『飛鳥奈良時代の研究』再収、一九七五年)。

(33)・淡路国津名郡賀茂里人

・夫中臣足嶋庸米三斗
　同□〔姓〕山□〔部庸〕米三斗并六斗　（平城概報七－6）

・赤穂郡大原郷　秦造吉備人丁二斗
　　　　　　　　秦造小奈戸丁三斗

・并庸一俵　（平城概報十一－15）

これら二例は同姓貢納者の合成で、同郷戸の範囲の合成の可能性がある。

(34) 弘仁十三年（八二二）官符に定められた徭丁は、人員を決められた徭丁（「四度使雑掌厮丁」以下「伝馬長」まで）と人員を臨時に定める徭丁（「調綾師・生」以下「採甘葛汁蜜及猪膏等丁」まで）とに大きく分けられ、後者についてはその所属の明確でないものもあるが、前者については、「四度使雑掌厮丁」以下「事力厮丁」までの一三種が国衙所属、「郡書生」以下「伝馬長」までの二〇種が郡衙所属と考えられる。

(35) 調長と庸長の間に「服長郷別一人」が配列されており、この配列からみて服長も調庸徴収に当るものかとも考えられるが、確証がないので除いておく。

(36) 平野博之「平安初期における国司郡司の関係について」（『史淵』七二、一九五七年）、吉田晶「郷司制成立に関する二、三の問題」（『ヒストリア』二三、一九五八年）、直木孝次郎「税長について」（『奈良時代史の諸問題』所収、一九六八年）、原秀三郎「荘園形成過程の一齣」（静岡大学文学部「人文論集」一八、一九六七年）、米田雄介『郡司の研究』第五章第一節「在庁官人制の成立」（一九七六年）。

(37) 宝亀五年（七七四）十一月二十三日備前国津高郡菟垣村常地畠売買券（『大日本古文書』六－五七七頁、『唐招提寺史料一』付一号）。

(38) 宝亀七年十二月十一日備前国津高郡津高郷人夫解（『大日本古文書』六－五九一頁、『唐招提寺史料一』三号）。

(39) 仁寿四年（八五四）十二月十一日近江国愛智郡大国郷墾田売券（『平安遺文』一－一一七号）。

(40)　宝亀七年津高郷人夫解によれば、税長が庸米や火頭養絁の徴収に当ったことになりかねないが、そうではないであろう。税長がこの庸米・火頭養絁未納のための田畠売買に関与したのは、農民の庸米・火頭養絁未納分を既に正税を以て代輸したというよう事情があったからであろう。

(41)　鎌田元一「計帳制度試論」(『史林』五五―五、一九七二年)。

(42)　凡貢二調庸一使者、物之与レ帳同領入京、不レ得二先後零畳脚夫苦一レ久、　(民部式上)
凡勘二納調庸物一者、郡司見参之日、省録率二史生等一、向二大蔵省正倉院一、与二大蔵録一共勘二会見物一、然後可レ納二調物一状移二大蔵省一、　(民部式上)
凡勘二調庸帳一者、皆拠二大帳人数一、若大帳之後更有二出入一、依レ実勘レ之、　(下略)　(主計式下)

(43)　穀倉院調銭収納の初見史料は前述の延喜十五年(九一五)七月七日官符所引の貞観主計寮式である。なお穀倉院については山本信吉「穀倉院の機能と職員」(『日本歴史』三〇〇号)参照。

(44)　貢納物の品質に関する勘検については『延喜式』に次のような規定がある。
凡調庸雑物、所司検覆、如有二麁悪一、随レ事勘却、且検且納、莫レ致二民苦一、　(大蔵省式)
凡受二納調庸雑物一者、国帳至レ省、先可レ納状申レ官、期月之後、廿日以前随レ次収納、(中略)其絁絲綿布者、毎レ国品別割置為レ様、至二于後年一以レ此比校、違即勘返、　(大蔵省式)
凡諸国所レ進調庸等物、縁二麁悪短狭及欠失等一、若有二買換一者、検納之日、便捺二省印一、　(大蔵省式)

(付記)　初出稿は奈良国立文化財研究所『研究論集』Ⅳ掲載(一九七八年三月)。収載に当たっては小見出しと第五節節題を加え、引用論文の補訂をした。引用の木簡については初出稿後、奈良国立文化財研究所『藤原宮木簡』一・二、同『平城京左京三条二坊六坪発掘調査報告』などの正報告が刊行され、調庸絁布墨書銘については松嶋順正『正倉院宝物銘文集成』が刊行されたので、それぞれ新たにこれらによった。内容については、補注で記した点について改めた。

(補一)　初出稿では、西海道調綿と第5表の筑後国生葉郡の煮塩年魚の荷札の樹種を闊葉樹としたが、その後の調査でいずれもシイであることが判明したので改めた。奈良国立文化財研究所光谷拓実氏の鑑定による。

（補二）初出稿では天平八年薩摩国正税帳の「検校庸蓆」の二日を誤って一国分としたが、この部分は高城郡の分なので、本文のように改めた。

（補記）本論文は研究史上荷札木簡に関するまとまった論考としては早い時期のものであり、またその後、長岡京木簡、二条大路木簡など良質のまとまった木簡が多く出土したことなどもあって、いくつかの批判を受けた。本論文以後の荷札に関する論文は多いが、ここでは本論文で中心的に論じた荷札の作成段階、機能と役割の問題を扱った東野治之、今津勝紀、寺崎保広、山中章の四氏の論文に対する私見を記しておくこととする。

論文の概要　まず各論文について前記の二問題を中心に各々の概要を記しておく。

東野治之「古代税制と荷札木簡」（『ヒストリア』八六、一九八〇年。『日本古代木簡の研究』再収、一九八三年）。

一　荷札は中央政府における貢進物の勘検に用いられ、収税文書を作成する資料とされた。ただし郡より下の段階で書かれた調の荷札は郡の勘検のために付けられ、中央や国の勘検でも意味がないわけではなかったが、それは二次的なものであった。

二　貢進物には複数の荷札が付けられ、一つは検収の際に取り外され検収に用いられ、一つは保管用に残され、貢進物の消費段階にはずされる。

三　調庸絁布墨書銘は国衙段階で書かれた。

四　荷札の書かれた段階は国衙、郡衙、それ以下の三つが想定でき税目毎に見ると次の通りである。

調　書式A（国＋郡＋郷＋貢進者）の一般的な書式のものは郷以下の段階で、郷長、のちには郷や正倉所在地に配された郡雑任が書き、そのほか調庸専当国司・郡司名記載の荷札などは国衙段階で、書式B（国＋郡）の調銭の荷札などは郡衙段階で書いた。

中男作物　調の荷札と同じで、国衙段階で書いたものも含む。

庸　調の荷札と同じで、郡ないしそれ以下の段階で書いた。

春米　郡衙段階で書いたが、郡より下の段階で郷長・村長・郡雑任が書いたものも含まれる。

五　荷札の書風の相違は必ずしも貢進物の調達ルートの違いを意味しない。国衙様書風とそうでないものの違いは、貢進物の調達ルートの違いではなく、書き手の意識の相違である。国衙様書風の荷札は正式の上申文書を書くのと同一の意識で書かれ、単に事務処理用ではなく、見せるために書かれたもので、正倉院などに現存する寺院の献物牌に似た性格のものである。

この論文で最も重要な指摘は二の複数の荷札に関する見解で、これについては私も賛成である。この論文は、調庸絁布墨書銘の書き込み、荷札の作成の段階については記載内容や原物の検討とともに、貢進物の生産・調達に関する文献史料の検討を大きな根拠にしており、荷札の作成段階については郷以下について指摘した。

なお東野氏は、私が国衙様書風とそれ以外の書風の荷札の違いを、国衙が調達する貢進物と郡衙が調達する貢進物という貢進物の調達ルートの違いと解釈しているとして批判されたが、私見は国衙様書風を国衙作成の荷札を検出する基準とし、書風の相違を作成段階の違いと考えていることをおことわりしておきたい。

今津勝紀「調庸墨書銘と荷札木簡」（『日本史研究』三二三、一九八九年）。

一　調庸絁布墨書銘の本質的機能は天皇に対して貢納を表示することである。荷札は貢納の過程で検収のために取られるものと消費段階まで残されるものの二類があり、前者は検収のため、後者は墨書銘と同じく天皇に対する貢納の表示である。令前において服属のための貢納儀礼において大王が貢納物を見て、貢納を視覚的に確認することが行われ、その貢納物には大王に対して貢納を表示する題記物が付けられていた。この題記物が令制における調庸墨書銘、荷札に引き継がれ、墨書銘と荷札の天皇に対する貢納の表示の機能はこの題記物の機能を継承し、荷札の検収の機能は律令制における官司機構の確立・帳簿の整備＝国家機構の成立によって題記物から新しく分化したものである。

二　調庸絁布の収取の過程は次の三段階である。A郡司による物実の収納。B専当国司が各郡を巡行して、貢納形態の調整、すなわち貢進主体の確認をし、計帳に基づき墨書銘を書き入れる。C国衙に調庸を集積し国印を押す。

この論文の特徴は、墨書銘・荷札の機能として検収よりも天皇に対する貢納の表示を強調する点である。

寺崎保広「木簡論の展望――文書木簡と荷札木簡――」（『新版古代の日本10　古代資料研究の方法』、一九九三）

「最近出土した平城京の荷札木簡――伊豆国を例として――」（『水茎』九、一九九〇）。

一　二条大路木簡の中の天平七年の伊豆国那賀郡の調荒堅魚の荷札の検討によれば、複数の荷札の間で、本文部分は同郷別里の間で同筆で、本文と異筆の「○連○丸」の追筆は同郡別郷の間で同筆であり、この荷札は郷段階で作成され、次に郡段階で「○連○丸」の追筆をした。同じく那賀郡入間郷の調荒堅魚の荷札に「伊豆国那賀郡入間」と郷名まで書いた下に異筆で「郷○○里貢進者―――」と追筆した二点があり、その二点の間で「伊豆国那賀郡入間」の部分が同筆であり、これらは入間郷でまとめて郷名まで記しそれに複数の手で貢進者名以下を記したと解釈できる。荷札は多くが郡衙段階で作成されたと思われるが、これらの例から郷段階で作成されたものもある。

二　荷札の作成段階が国、郡、郷と多様になったので、荷札の機能は国衙段階の勘検とするわけに行かず、中央政府段階での勘検である。そうすると荷札に貢進者名まで記載することの意味が問題になるが、それは個別人身支配を目指した律令制の理念に基づく。

山中章「考古資料としての古代木簡」(『木簡研究』一四、一九九二年。『日本古代都城の研究』に第Ⅲ部第一章「行政運営と木簡」として再収、一九九七年)、「考古学から見た古代木簡」(『しにか』二―五、一九九一年)。

この論文は木簡の料材の製作技法から作成段階について考察したものである。結論として、荷札の料材の製作技法の共通性がどの段階に見られるかを検討したところ、郷段階に共通性を指摘できることから、八世紀の荷札は原則的に郷段階で料材を製作し記載したと考える。

この論文によって初めて料材の製作技法が体系的に明らかにされ、また製作技法の検討の方法が確立され、その意味で大きな成果である。

作成段階　四論文に対する現在の私見を記しておく。先ず作成段階の問題については、荷札については東野・寺崎・山中三氏、特に新出土の二条大路木簡の検討による寺崎氏、製作技法による山中氏の見解に従い、郡より下の郷段階で作成したものがあることを認める。東野・寺崎氏が郷段階のほかに国、郡段階の作成を認めるのに対して、山中氏は荷札全体について原則として郷段階とするが、それはやはり無理であると考える。山中氏は料材の製作技法によってのみ論じているが、貢進物の種目・税目別に考えることが必要であるし、記載内容、特に貢進主体の書式については留意すべきである。貢進主体の記載は貢進に関する責任の所在を表示するものであるから、貢進主体がどの段階まで記載されているかは荷札の作成段階と関係が深いと考える。本論文で私が行ったように、作成段階の検討は種目・税目別に、貢進主体の書式別に行う必要がある。従って寺崎・山中氏の検討によれば、郷段階作成と考えられるのは、調・庸の書式A（国＋郡＋郷＋貢進者）の荷札ではなかろうか。

調庸絁布墨書銘の書き込みの段階について、東野氏の批判によって郡衙段階とするのは無理と考える。しかしこのことについては東野氏の国段階説と、検校のために巡行してきた専当国司と郡司の立ち会いの下に郡毎に墨書銘を書き込み、その後に国衙に物実を集めて国印を押したという今津説がある。東野説の根拠は、調庸の繊維製品の生産について『延喜式』では国が練・染の加工をすることになっていて墨書銘の書き込みはその後であることであり、今津説の根拠は正税帳から復原された調の検校過程などである。東野説の根拠については国段階で書き込むのは練・染の加工される繊維製品に限定する考え方もありえ、今津説については専当国司の巡行による調庸の検校が行われたのは確かであるが、その時に書き込みがなされたという証拠はなく、結局両説とも決め手がないように思われる。

機能と役割　荷札・墨書銘の機能と役割については、貢進物の勘検（検収）とする東野氏、寺崎氏、私見に対して、一部勘検を認めながら、第一義的には天皇に対する貢納の表示とする今津氏の見解が対立する。この今津氏の見解には賛成できない。その問題点を述べると、第一に律令制の時代には具体的に貢進物・荷札を天皇に見せる儀式はないのであるから、この考えは観念的なものに思われ、私はこのような観念的な考えに賛成できない。今津氏は、律令制下の調庸帳の天皇への奏上を令前の天皇の貢納物の視覚的確認を引き継ぐものと位置づけるが、寺崎氏がすでに指摘するように、天皇の御覧に擬するのは調庸帳だけでなく正税帳など地方行政の基本的な公文も同様であるから、調庸帳だけを特別視することはできない。

第二に勘検の機能を否定する論拠が十分でないことである。今津氏があげる否定の主な論拠は、(1)中央における貢進物の検収は門文によって貢進物の種類と数量について行われるが、調庸絁布墨書銘の法的根拠である賦役令調皆随近条は国郡里貢進者名を記すことを定めるだけで、貢進物の種類・数量について定めないから墨書銘は検収のためのものではない。(2)中央における検収には、A大蔵・民部省などの保管官司における検収、B物実納入を経てそこでその物実を消費する太政官厨家などにおける検収が想定できる。Aは物実の収納段階と消費段階が別であり、Bは両者が一致する。Bについては長岡京の太政官厨家から出土した荷札によって荷札を検収に用いたことが明らかであるが、AはBとは京進されてから廃棄されるまでの経緯、また荷札の書式の点で異なるから、Bと同じく検収に用いたとするわけにはいかない。

(1)については、貢進物の種類と数量については賦役令の条文には定めないが、実物の墨書銘には記されているのであるから、検収に用いられたと考えてなんら問題はない。まま貢進物の種類を記さないものがあるが、それは貢進物そのものを見れば分ることである。今津氏のこの点に関する考えはいささか形式論理的ではなかろうか。賦役令の条文に貢進物の種類と数量の記載を定めないのは、実物を見ればそれらのことは分かると考えたからであろう。(2)については、今津氏は前記のようにAの場合は検収の機能を否定するかのようにいいながら、後段では東野氏の貢進物に複数の荷札を付けるという考えを受け入れて、最後まで残される荷札は天皇に対する貢納の表示のため、途中で取られる荷札は検収のためとして、荷札の検収の機能を認めており、論旨に矛盾が見られる。今津氏はBの太政官厨家ではAとは異なり、物実の収納と消費段階が一致するとするが、太政官厨家でも時間的には収納と消費の間に保管が入ることがあり、空間的には太政官の中で収納の厨家と消費の他の部所、また厨家内部でも収納の場と消費の場は異なるから、京進から廃棄の経緯についてAとBを区別する必要はない。以上の二点から今津氏の見解に賛成できず、やはり荷札・墨書銘の機能・役割は勘検（検収）と考える。

荷札の勘検の機能について、国衙と中央の二段階の勘検を想定する私見に対して、寺崎氏は国衙の勘検を否定して中央における勘検のみを想定する。東野氏は中央における勘検を強調しているように見えるが、郡より下の段階で作成された調の書式Aの荷札については郡による勘検に備えたもので、国や中央の段階の勘検は二次的なものであるとし、必ずしも中央の勘検だけを想定しているのではない。ここで寺崎氏の見解を検討しておきたい。寺崎氏は、荷札の作成段階が郷段階も含め多様であるから国衙の勘検の考えを再検討する必要があるとして、私が国衙の勘検の根拠にした『令集解』賦役令調皆随近条の穴記の注釈によれば、調絁布の墨書銘の年月日が国印押印の日となるから墨書銘は事前に郡衙で記載したことにならず、墨書銘が国衙の勘検のためのものであるという史料的根拠がないとして、国衙の勘検を否定する。さらに中央の勘検だけでありながら荷札に貢進者名を記載することについては、「たとえ木簡によって個々の貢進物のチェックはできなくとも、そこにあえて個人名を書かせるというのが個別人身支配をめざした律令制の一つの「理念」なのではなかろうか」と考える。

貢進者名記載に関する理念説に対する疑問を述べると、調の荷札には銭や鍬などのように書式B（国＋郡＋郷）・C（国＋郡）のものがあるが、これらは律令制のどのような理念を表しているのだろうか。貢進主体の記載は貢進の責任の所在を表すもので、それはやはり勘検において意味があるものであろう。理念という説明はしばしば具体的な説明ができない時に陥る観念的な解釈のように思われ、あまり説得的でない。従ってやはり中央段階のほかに国段階の勘検があったと考えるべきである。その徴証をいくつか上げることができる。

まず穴記については確かに寺崎氏の指摘するような問題があるが、この明法家の説から読みとるべきことは、国勘すなわち国の勘検があり、国印押印がそれと結びつけられて認識されていることである。墨書銘の書き込み段階について東野氏または今津氏の説によれば、寺崎氏が指摘する私見の問題点は解消する。次に私が指摘し、今津氏も詳しく論じたように、国司が巡行して郡毎に調庸を検校することが行われている。さらに調庸の繊維製品に国印を押印することは国の勘検が行われていることを示す。

これらに加えて私が中央と国の二段階の勘検を想定し、書式Aの貢進者名まで記す荷札などを国の勘検のためと考えるのは、本文で記したように、西海道諸国の調綿に大宰府で書いた書式Cの国＋郡の荷札と書式Aの国＋郡＋郷＋貢進者の紙箋が二重に付けられ、前者は中央の勘検のためであるから、後者は国の勘検のためと考えられることである。

ただし西海道の調綿にこの両者が付けられることについては、東野氏が日向国の調綿紙箋を指摘し、西海道の諸国に両者が確認できたことによって主張されたことであった（「調庸墨書銘二題」『正倉院文書と木簡の研究』）。日向国の調綿紙箋と指摘したものはその後松嶋順正氏『正倉院宝物銘文集成』では越中国のものとして収められた（七一号）。松嶋氏の根拠は示されていず、写真版を見ても印文が明瞭でなく、結局この史料をいずれの国のものと決める根拠はない。このように同一地域で両者の存在を確認できなくなったのであるが、このように書式と荷札・紙箋という形態の違う両者がある点から見て、やはり西海道では両者が重複して付けられていたと考える。なぜなら荷札は大宰府で付けられたのであるから、それ以前大宰府に貢納されるまで当然何か付けられていたと推測され、それは他国に見られる紙箋あるいは包紙墨書と考えるべきであろう。そうであるならば、国＋郡の書式の荷札は大宰府で中央の勘検のために付けられたのであるから、書式Aの国＋郡＋郷＋貢進者の紙箋は大宰府あるいは国の勘検のためと考えるべきであろう。

このように国の勘検を考えた場合、郷で作成される調などの荷札と調庸絁布墨書銘とでは勘検の意味あいが異なる。前者の場合本文で述べたのとあまり変わらず、郷段階で付けられた荷札を国段階に計帳をもとに勘検すると考えられる。東野氏のように郡段階ではなく、国段階を想定するのは、前記の国司の検校の事実と国司の郡司に対する役割を重視するからである。後者の場合、書き込み段階に関する東野説にしろ今津説にしろ、国の勘検にともなって計帳をもとに墨書銘を書き込むことになるから、墨書銘と国印は国が勘検したことを中央政府に表示する意味を持つものと考える。

第三章　木簡と歴史考古学

はじめに

一九六一年平城宮跡の一土壙から木簡が出土してからすでに二〇年以上の歳月が経過した。これ以前、正倉院伝世の木簡の存在が知られ、また一九二八年に三重県柚井遺跡、一九三〇年に秋田県払田柵跡からの出土例があったが、平城宮跡出土の木簡は質量ともに豊富で、日本古代における木簡の広範な使用を明らかにした点で画期的な発見であった。これ以後、木簡は全国各地の諸遺跡から出土するようになり、文献史学において新しい古代史料として利用されるとともに、考古学においても活用されてきた。

歴史考古学は、方法論においてそれ以前の時代の考古学と異なって、文献史料を利用できる点に大きな特徴があるといわれる。木簡は、考古学にとってこれまで利用してきた典籍・古文書などの文献史料と異なる史料的特性をもっている。すなわちこれまでの文献史料が遺跡と無関係に伝世してきたものであるのに対して、木簡はその大部分が発掘調査によって出土する考古学な資料であり、いわば「発掘された文献史料」である点である。このゆえに木簡は考古学にとって、遺跡や遺物と直接関連させて考察できるという大きな利点をもち、これまでも遺跡・遺構の性格や年代、共伴遺物の年代の決定に活用されてきた。「発掘された文献史料」としては、このほかに墓誌銘など金石に刻したもの、漆紙文書、墨書やヘラ書きのある土器・瓦・木製品などがあるが、これらに比べて木簡は記載内容が豊富な点や出土例が多い点で、歴史考古学にとってより重要な資料であり、またこれらとは異なる史料的性格を有している。

これまで木簡についてはいくつかの優れた概説があるが、本論では視点を変え、考古学において木簡を活用するうえでの諸問題を中心に検討することにする。なお中・近世の遺跡からも墨書した木札が出土するが、本論では古代の木簡に限って論述することとする。

一　木簡とは何か

木簡出土の遺跡　現在までに木簡は、北は秋田城跡から西は大宰府跡までの全国七〇ヵ所以上の遺跡から三万点をこえる点数が出土し、年々点数が増加している。これらの出土遺跡は都城遺跡、地方官衙遺跡、寺院跡の三類に分類できる。都城遺跡では、もっとも出土点数の多い平城京跡をはじめとして、難波・飛鳥・藤原・長岡・平安などの諸宮・京跡から出土している。これらはいうまでもなく各時代の中央政府の所在地で、中央官衙の所在する宮からの出土点数が多いが、京内からも出土する。地方官衙遺跡は、西海道諸国を統轄する大宰府跡、多賀城、下野・出雲・因幡などの国府跡、御子ケ谷遺跡（静岡県藤枝市　駿河国志太郡家）・吉田南遺跡（神戸市　播磨国明石郡家か）などの郡家跡、秋田城跡・払田柵跡・胆沢城跡などの城柵跡、また遺跡の性格が定まらないが伊場遺跡などがある。寺院跡では飛鳥の坂田寺跡・山田寺跡、藤原京の紀寺跡、平城京の西隆寺・薬師寺跡など都の寺院とともに、地方の但馬国分寺跡（兵庫県日高町）、郡山廃寺（宮城県仙台市）からも出土している。このように木簡は主に官衙と寺院から出土するが、これは木簡が文書による事務処理に用いられたからである。文書による事務処理は、古代国家が支配技術の一つとして中国から継受し、木簡の使用もその一環として受容されたのである。

出土遺構についてみると、溝・土壙・井戸・河川・池・掘立柱柱穴・整地層・自然堆積層など種々の遺構から出土するが、特に溝やごみすてのための土壙からの出土点数が多い。

木簡の内容と特質　木簡は内容・用途によって、文書、付札、その他に大きく三分類される。さらに文書木簡は、差出者（発信者）と受取者（受信者）の間で授受される狭義の文書（文書簡）と伝票・帳簿などの記録（記録簡）に細分される。文書簡も記録簡も、その内容は、大部分物品の移動、人員の移動や労務管理に関するものである。文書簡では物品の請求・支給・進上、人員の召喚・派遣、また就労報告などがあり、記録簡では物品収納の記録、また人員については考課・選叙（官人の勤務評定）の事務に用いる整理カード、野外の儀式・祭祀の出仕者を記した歴名などがある。付札は調・白米・贄・庸・中男作物・地子など各種の貢進物を送るために付ける荷札と、物品の保管・整理に用いる物品付札がある。その他としては習書・落書や題籤軸などがある。題籤軸は巻子を巻く軸の上部に、見出しとして巻子の題などを記したものである。

木簡の形態は内容・用途と深い関わりをもつ。基本型は長方形の材で、文書は大部分この形態である。上端あるいは下端に材に垂直に孔をあけたもの、また上端に側面から材に平行に孔をあけたものもある。後者は考課・選叙に用いる木簡に多く例があるが、いずれも孔には紐を通して、複数の同類の文書を整理したり、保管したりするのに用いる。付札は紐を結びつけるために両端あるいは一端の左右にV字形の切込みを施したものや下端を尖らせたものが多く、紐を通すための孔をあけたものは少ない。

日本木簡の特質は、書写材料として紙とともに用いられた点にある。木簡は紙と異なる書写材料としての特性を有し、それにもとづき紙との間である程度の使いわけがされた。まず木簡は、紙にくらべて書き載せることができる文字数が少なく、文字数のわりに嵩ばるという大きな欠点を有した。このため、典籍はもちろん、長文で長期間の保管を要する文書や帳簿などを記すのには適さない。このような用途には、紙のない漢代以前の中国では多数の簡牘を紐で編綴した冊簡が用いられたが、紙木併用の日本では紙が使われた。この欠点のため、木簡は主に短文で長期間の保管を要しないものの書写に用いられた。文書木簡では主に日々の個別的な内容の文書・記録に用いられ、これらは紙の正式な文書に対して補助的な記録材としての役割をはたした。記録簡では日々の物品の収納などを木簡に記録し、一定期間ごとに（四季ごと、月ごとなど）その集積された記録簡を整理して紙の正式な文書が作成される。文書簡では、たとえば月ごとに紙の文書で物品の請求がなされ、それに基づいて実際の日々の請求には木簡を使うというような使い方がされた。また文書簡も差出者と受取者の間でかわされた後、どちらかに集積され、記録簡と同じく紙の正式な文書の作成のために用いられることもあった。

次に、木簡は堅牢であるという点で紙と異なる長所をもつ。付札はもちろん、過所（関の通行証）・門の通行証・召喚状など人や物品とともに野外を移動する文書簡や、野外で行う儀式・祭祀などに使う歴名簡などに用いるのは、堅牢性を活かした使い方である。さらに木簡は削れば墨書を消して再使用できる長所をもつ。削屑の存在からみて、木簡の再使用が行われていることはたしかで、習書・落書類が多いのはこの長所を活かした使い方である。

二　木簡と遺跡の性格

木簡の機能・移動・廃棄　木簡を遺跡の性格の決定に利用するうえでの問題点について実例に即して検討すること

にする。

平城宮跡では、木簡によって宮殿・官衙名の比定が行われ、これまで西宮、大膳職、造酒司、陰陽寮、式部省などが明らかになっている。これらの比定では、ある官衙に関係する木簡がまとまって出土していることが大きな根拠とされ、それに検出遺構の内容や共伴遺物（特に墨書土器）が検討され、さらに文献史料や平安宮の宮城図などが援用されている。遺跡・遺構の性格決定のためには、木簡ばかりでなく、遺構、共伴遺物、文献史料などを総合的に検討すべきことはいうまでもないが、木簡の活用を深めていくためには、木簡の出土状況を的確に把握したうえで、その機能・移動・廃棄について検討することが必要である。木簡はその記載内容にもとづき一定の機能をもち、文書簡や荷札は機能に関連して移動する。そして機能を果したところで廃棄されるのである。出土木簡の大部分はこのようにして廃棄されたものであり、出土状況は廃棄の状況、あるいはそれに近い状況を示す。出土木簡はこのようにして廃棄されたものであるから、木簡の記載内容を遺構・遺跡に結びつけるためには、出土状況・地点の意味を、その木簡の機能・移動・廃棄の検討から明らかにすることが不可欠なのである。このような観点を重視して明らかになった例として、ここでは文書簡による藤原宮・平城宮の宮城門号と、荷札による長岡京の太政官厨家の例についてみてみたい。

藤原宮・平城宮の宮城門号　宮城の外郭の垣を宮城垣、そこに開く門を宮城門（大宝令では外門）という[1]。藤原宮は方約九〇〇メートルの宮域をもち、掘立柱塀の宮城垣をめぐらす。宮城門は各面三門の計十二門が想定され、発掘調査によって四門が想定位置に確認された。平城宮は不整形で、方約一キロの東辺の一部が張りだす形で、築垣の宮城垣をめぐらす。宮城門は、南・西面は各三門が想定できるが、北・東面は地形の制約や東張出部の存在から各三門であったのかどうか決められない。発掘調査によって合計六門を確認している。宮城門号は、藤原宮以来、宮城門を守衛していた伝統的な氏族（門号氏族という）の名が付けられたが、平安宮にいたって弘仁九年（八一八）に従来の門号の音にもとづく中国風の門号にかえられた。長岡・平安宮の宮城門号とその配置は、弘仁・貞観・延喜式、拾芥抄、平安宮宮城図などのまとまった史料によって復原できるが、藤原・平城宮についてはそのような史料がなく、長岡・平安宮の例から遡及的に推定できるだけであった。しかし次の木簡の出土によって、一部の宮城門号の配置を確定できるにいたった。

(1)・□於市□〔沽カ〕遣糸九十斤　蝮王　猪使門
・□月三日大属従八位上津史岡万呂
（『藤原宮木簡一』二）

(2)・□□〔造東カ〕内司運蕩一百□　□出小子門
・　十月廿八日□□　□小野滋野
（『平城宮木簡三』三〇〇六）

(3)・□便従小子門出入之
・正六位上行大尉船連「船主」
（同前三〇〇七）

(1)は藤原宮北面中門ＳＢ一九〇〇の直ぐ外のごみすて用の土壙ＳＫ一九〇三から出土した。共伴木簡の年紀から八世紀初頭大宝年間のものである。(2)(3)は平城宮東張出部南面西端の門ＳＢ五〇〇〇の西側を南流する南北溝ＳＤ四九五一から出土した。出土地点は門から約四〇メートル下流の宮外の地点で、水流による堆積層に包含されていた。

これらの木簡は物資の宮城門の通行のための通行証と考えられる。宮城門と宮門（内裏とその周囲の内廷官衙を囲む宮垣に開く門）における物資の出入は、宮衛令に定める門牓制に規制され、一定の手続きを経たのちはじめて許される。まず門からの物資の出入を行おうとする官司は中務省に申請し、ついで中務省が物資の品目・数量などを記した門牓を宮門・宮城門を守衛する衛門府の門司に下す。そして物資の出入にあたって門司がこの門牓によって物資を検査し、相違なければ出入が許されるのである。門牓制は宮内の物資の盗難や反乱に用いられる兵器の搬入を防ぐ目的をもつ。前掲の木簡は、運搬する物品と数量、出入すべき門号を記している点から、門牓制に関わるものである。これらの木簡は、物資を運搬する官司が運搬にあたる官人に持たせたもので、門の通行にあたって官人の身分を証明するとともに、門牓との照合に用いられた門の通行証の機能をもつものと考えられる。これらの木簡の出土地点がいずれも門の外側の近辺であるのは、これらが通行証の機能を果たし不要になった地点で廃棄されたためである。(2)(3)の出土地点は門の遺構からやや離れているが、水量の多い溝では木簡がかなり流されることがあるから、これらは出土地点の上流の門付近で投棄され流されたのであろう。このような木簡の機能と移動・廃棄からみて、出土地点近辺の門ＳＢ一九〇〇・ＳＢ五〇〇〇はおのおの木簡に記された門号にあたると考えられる。藤原宮北面中門については、木簡(1)では蝮《たぢひ》王門・猪使門のいずれかの門の通行を指定するが、平安宮では北門中門が猪使門、東門が丹比《たぢひ》門であるから、藤原宮でも同様で中門ＳＢ一九〇〇が猪使門、未確認の東門が蝮王門であろう。木簡(2)(3)の小子《ちいさこべ》門は平城宮東張出部南面西端の門ＳＢ五〇〇〇の門号である。この門号はこれまでの宮城門の史料にみえず、新たに確認されたものである。近年藤原宮東面北門付近の外堀から「少子部門《ちいさこべ》」の木簡、また平城宮南面西門付近からも「小子部門司《ちいさこべ》」の木簡が出土したことによって（奈良国立文化財研究所「藤原宮出土木簡」四―四頁、一九八〇年、同「平城宮発掘調査出土木簡概報」一五―三二頁、一九八二年）、小子門の門号が小子部門の略記で、小子部（少子部）連氏に由来し、またこの門号が藤原宮からあったことが確定した。小子部連氏は軍事的性格をもつ天皇の近侍氏族で、他の門号氏族と同じ性格をもっている。

この文書簡の例ではその機能と移動・廃棄の検討を通して、出土地点の意味を明らかにすることによって、記載の門号を遺構に当てはめることができた。文書簡は移動するからこのような検討が不可欠である。文書簡の移動は単純でなく、横田拓実氏の研究(2)によれば、差出者から受取者へ移動して廃棄される場合と、さらに差出者へもどされて廃棄される場合があり、そのような移動が文書簡の機能に深く関わっていることを指摘している。

長岡京の太政官厨家　長岡京の推定左京三条二坊八町を南北に二等分する位置にある東西溝ＳＤ一三〇一から四九九点の木簡が出土した(3)。溝はＡ・Ｂの二時期があるが、ここで扱うのは上層のＢ溝出土の三二八点である。Ｂ溝は埋めたてられ、木簡は土器・木材片・石材片・木製品などとともに埋め土の中に同一時に投棄されていた。水流による堆積物でなく、一括廃棄されたものであるので、遺物は相互に関連しあうものとして考察できる。延暦八、九年（七八九、七九〇）の年紀をもつ木簡が集中的に出土していることから、溝の埋没年代は延暦九年をほど遠からぬ時期と思われる。木簡の内容には詳しくふれないが、太政官の修理にあたる造館舎所や右中弁・左右史生など太政官官人に関するものが含まれることから太政官に関する木簡群であることが明らかである。その太政官関係の一つとして地子の荷札二三点がある。地子はいうまでもなく、公田（乗田）を農民に借耕させ収穫の二割を貸料として徴収したもので、大宝令以来太政官に収納されてその財源として用いられた。これらの地子荷札のうち、紀伊・美濃・近江国のものには、地の文と筆跡の異なる署名がみられ、その検討によってこれらの荷札が太政官厨家における地子の収納に用いられたことが明らかになる。一例をあげる。

(4)・美濃国米綱丁勝栗万呂

・延暦九年五月十九日「〔異筆〕秦安万呂」

（向日市教育委員会『長岡京木簡一』六七、一九八四年）

異筆の署名は二名の人名がみえるが、この木簡の秦安万呂の署名は美濃国のほか近江・紀伊国の荷札にもみえ、さらに「四月八日安万呂」のような「某月某日安万呂」という簡単な書式の木簡八点や、（表）「十八日作箸八十三人料」、（裏）「『秦安麻呂』（表と異筆）」（四二）という箸の送り状にもみえ、いずれも同筆である。このように国を異にした荷札や、中央官衙で用いた文書にみえることから、荷札の安万呂の署名は、貢進側の諸国ではなく、中央政府における地子の収納の際に記されたものと思われる。荷札の機能について、貢進物の収納における勘検に用いることが考えられているが、これらの地子荷札はそのことを実証したのである。

文献史料の検討によれば中央政府における貢進物の収納は、貢進側（国司・郡司）と収納官司の立会の下に勘検を受けて行われ、その後、収納官司が受領書（収文・返抄）を作成して貢進側に交付する。これらの地子荷札は、収納・勘検の際に荷物からはずされ、収納官人（秦安万呂）の署名がされ、その後の受領書作成の際に収納物の集計などに利用されたと考えられる。収納官人の署名は、それらの一連の収納事務のなかで収納・勘検にあたった官人の責任を明らかにするために記されたのである。「某月某日安万呂」の木簡も、収納官人の安万呂が記していることから、収納事務に用いたもので、はずした荷札と一緒に紐などでくくっておき、収納月日・官人を明らかにするために用いたのであろう。

ところで九世紀の史料によれば、地子の収納にあたったのは太政官のなかでも太政官厨家であった。官厨家は本来太政官の厨房（台所）であるが、のち地子の収納と支出も担当するようになる。これらの地子荷札は、収納の際に官厨家ではずされ、その後「某月某日安万呂」の木簡とともに収納事務に用いられ廃棄されたのである。したがってこれらの木簡を含む出土木簡全体も、太政官のなかでも官厨家から廃棄されたものと思われる。詳細は省くが、その他の木簡や遺物も官厨家の任務に即して理解でき、ことに官厨家を示すと思われる「主厨」「厨」の墨書土器も共伴している。このような木簡・遺物の性格から、これらの出土地点付近に官厨家の所在が想定できる。平安京京城図によれば、平安京の官厨家は左京一条二坊五町に所在し、木簡の出土地点とは北へ四町隔てた町であり、傍証とすることができる。ただしまだ遺構が確認されていないので、この考えは現在推定にとどまる。

以上によって、木簡によって遺跡・遺構の性格を考えるためには、遺構・共伴遺物（特に墨書土器）・文献史料などを総合的に検討するとともに、木簡の機能・移動・廃棄についての検討が必要なことを強調しておきたい。

ところで前述の都城遺跡の二例にくらべて、地方の官衙や寺院跡では木簡の出土点数も関連する文献史料も乏しいこともあって、このような観点からの検討が十分できにくい面がある。これらの遺跡では何といっても年紀を記す木簡の出土が大きな意味をもっている。たとえば秋田城跡では、天平六年（七三四）の刻書の木簡の出土によって、天平五年に秋田城の前身の出羽柵が高清水岡へ移されたという『続日本紀』の記事との関係が考えられた(4)。但馬国分寺跡では神護景雲年間（七六七〜七六九）の木簡に国分寺内の倉や大衆院の施設が記されていることから、当時の国分寺の施設の存在状況がうかがわれ、さらに文献史料の検討を加え、発掘された塔・金堂の伽藍中枢部の完成時期を天平

勝宝八歳（七五六）頃と推定できた。(5)

三　木簡と遺跡・遺物の年代

年代の決定　遺構は層位や切り合い関係によって、遺物は様式や技法などによって、相互の前後関係を決め、相対的に編年することができるが、その実年代を決定することはむずかしい。その意味で年紀を記し、または内容によって年代の推定できる木簡が出土することの意味は大きく、これまでも遺跡・遺構、共伴遺物の年代決定に用いられてきたのである。平城宮跡出土の土器の編年を例にとると、第9表のように、平城宮I〜VIIに大別され、主に木簡によって各期の年代が考定されている。

ところで木簡に記された年紀はおおむね書写の年代を示すが、木簡を年代決定に用いるためには木簡の書写から廃棄までの時間的な隔たりがどの程度であるのかを検討しておくことが必要である。この問題でも木簡の機能と廃棄が問題となる。木簡の内容分類によって、廃棄までの期間は異なる。

文書木簡　まず文書木簡については前述した特質や用途から考えられる。すなわち木簡は紙にくらべて記載文字数のわりに嵩ばるため、長文で長期間保管を要するものの書写には適さない。このため文書木簡は日々の個別的な内容の文書・記録に用いられ、さらにこれらは一定期間ごとに作成される紙の正式な文書の材料に使われた。従って文書木簡は紙の正式な文書が作成されれば不要になるから、比較的短期間のうちに廃棄されたと考えられる。文書木簡の日付記載が多く年紀を省略して月日のみを記すのは、文書木簡が短期間のうちに不要になるからである。前述した長岡京のSD一三〇一Bから同類の太政官の書生（書記官）の請飯文書二九点が出土しているが、年紀を記すのは二点

第9表　平城宮土器の編年と木簡

	主要遺構	略年代の1点	年代推定の根拠
平城宮Ⅰ	SD1900下層 SD3765下層	710年	木簡　「過所」　大宝元年(701)～和銅3年(710) 木簡　和銅
平城宮Ⅱ	SD3035下層 SD4951 (SD485) SK2102	730年	木簡　霊亀2年(716)～神亀2年(725) 木簡　神亀5年(728)～天平元年(729)
平城宮Ⅲ	SK820 SK2101	750年	木簡　天平17年(745)～19年 木簡　天平18年～天平勝宝2年(750)
平城宮Ⅳ	SK219	765年	木簡　天平宝字6年(762)
平城宮Ⅴ	SK2113 SK870 SE6166	780年	木簡　「左衛士府」　天平宝字2年(758)以降 墨書土器　「主馬」　天応元年(781)～延暦3年(784)
平城宮Ⅵ	SB116	800年	長岡京土器と一致
平城宮Ⅶ	SE311－B SE715	825年	平城上皇没　天長元年(824)

＊奈良国立文化財研究所『平城宮発掘調査報告Ⅶ』による。

だけである。(6)

荷　札　荷札については、長岡京の地子荷札のように収納の際に荷物からはずされ収納事務に用いられるものと、収納後も荷物に残され、貢進物の消費段階に至ってはずされるものがあることに注意しなければならない。平城宮・京跡でこれまでに出土した荷札には一部を除いて収納・勘検の署名のあるものがなく、またその出土地点は特定の官衙に限らず、さらに京内の遺跡からも出土するから、これらの荷札は収納段階ではなく、物資の消費段階に廃棄されたものと思われる。このような両遺跡出土の荷札の相違について、東野治之氏は、貢進物には複数の荷札が付けられ、一つは収納段階に収納事務に用いるためにはずされ、他は収納後の保管のために荷物に残されたという示唆に富む見解を示している。(7)

さて廃棄までの期間については、収納時にはずされる荷札は収納事務が終われば不要になるから、短期間のうちに廃棄されると思われる。地方からの運送や収

第10表　平城宮 SK820 木簡の年紀分布

年紀＼内容分類	荷　　札	文　書	その他	計
神亀 4（727）	塩 1			1
天平 1（729）	塩 2			2
4（732）	塩 2			2
13（741）		1		1
15（743）			1	1
17（745）	鮑 5，堅魚 2，海松 1，腊 1，豉 1，波奈佐久 1，塩 3，鍬 1，不明 3		1	19
18（746）	堅魚 2，鯖 1，鮒 1，水母 1，若海藻 1，小擬 1，豉 1，鍬 2，不明 1	3	5	19
19（747）	海藻 2，白米 1		2	5
計	37	4	9	50

＊数字は点数，荷札は品目別に示す。

納事務に要する期間を見込めばよいであろう。前述の長岡京のＳＤ一三〇一Ｂ出土木簡は延暦九年（七九〇）をほど遠からぬ時期に廃棄されたと思われるが、荷札の年紀も特別なものを除き延暦八・九年である。

消費段階にはずされる荷札は物品によっては収納から消費まで長期間保管されることがあるから、廃棄までの期間が長期にわたることがある。この点を検討するための好例は、平城宮跡第二次内裏北外郭地区の土壙ＳＫ八二〇出土の年紀木簡である[8]（第10表）。ごみ捨て用の土壙で、出土状況からみて一時に投棄・埋没されている。木簡の出土総点数一八四三点のうち年紀をもつものは六五点（ほかに年号だけ判明するもの八点）の多数におよぶ。ただしこのうち養老二年〜天平三年（七一八〜七三二）の年紀をもつ西海道諸国の調綿の荷札一五点は、すでに論じたように京進にあたって大宰府で一括作成されたもので、その年紀は諸国から大宰府への貢進年次で[9]書写年代を示さないから、ここでの検討から除外する。それらを除き、年紀の分布を示したのが第10表である。天平十七〜十九年に四三点（八八％）が集中することから、廃棄年代は天平十九年よりほど遠からぬ時期と考えられている。荷札については品目別にみると、魚・貝・

海藻・水母などの海産物が天平十七年以後の新しい年紀にしかみられないのに対して、古い年紀のものはすべて塩である点が注目される。これは、海産物のように保存のききにくいものは収納後早い時期に消費されるのに対して、塩のように保存のきくものは長期間保管された後に消費されることがあったと解釈できる。もちろん、新しい年紀に塩・鍬などがみえるから、保存のきくものでも必要に応じて収納後すぐに使われることもある。もっとも古い神亀四年の塩は少なくとも二〇年間保管されて消費され、初めて荷札が廃棄されたのである。なお文書木簡は天平十八年に三点みえ、文書の廃棄までの期間を知りうる一例である（天平十三年の一例〈五七〉は、年月日の記し方が一般のものと異なり、年紀が書写年代を示すかは検討を要する）。

題籤軸と習書　題籤軸と習書、落書の年紀は、しばしば共伴木簡のそれより古いことがある。延暦八、九年の木簡が集中的に出土した長岡京のＳＤ一三〇一Ｂからは、延暦二、三年の周防国の文書を巻きつけていた（表）「周防国」、（裏）「延暦二三年」（『長岡京木簡一』**一三五**）の題籤軸が出土している。[10]また平城京西隆寺東門跡の土壙からは、天平神護三年＝神護景雲元年（七六七）の四点の年紀木簡とともに、勝宝元年（七四九）と記す習書木簡が出土している。[11]題籤軸は巻子の保管に用いるために、習書・落書は書写年代と関係なく年紀を記すことがあるために、このようなことが生じるのであろう。

木簡の年紀と廃棄の年代の関係は、以上のように木簡の内容によって異なる。木簡を遺跡・遺物の年代決定に用いるには、これらの点に留意するとともに、年紀木簡の出土がごく少数であったり、内容が不明の場合には慎重な扱いが必要である。

注

(1) この項は本書第一編第四章による。
(2) 横田拓実「文書様木簡の諸問題」(奈良国立文化財研究所『研究論集』Ⅳ、一九七八年)。
(3) 向日市教育委員会『長岡京木簡一』(一九八四年)。本書第二編第一章。
(4) 秋田市教育委員会・秋田城跡調査事務所『秋田城出土文字資料集』Ⅱ(秋田城跡調査事務所研究紀要Ⅱ、一九九二年)。
(5) 本書第二編第三章。
(6) 文書木簡の廃棄については本書第一編第五章で詳しく検討した。
(7) 東野治之「古代税制と荷札木簡」(『日本古代木簡の研究』、一九八三年。一九八〇年初出)。
(8) 『平城宮木簡一　解説』(一九六九年)。
(9) 本書第一編第二章。
(10) 本書第二編第一章。
(11) 本書第二編第二章釈文四九。

(付記) 初出稿は坂詰秀一・森郁夫編『日本歴史考古学を学ぶ(下)』に掲載(有斐閣選書、一九八六年三月)。論文を注に引用し、若干の内容的な補訂を施した。

第四章　門牓制・門籍制と木簡
——木簡のライフサイクル——

はじめに

発掘によって出土する木簡は、その出土遺構、それを含む遺跡の性格を解明するために重要な史料である。木簡に記された内容、そこから引き出される事実によって遺構・遺跡の性格を考察できるのである。しかし木簡によって遺構・遺跡の性格を決定することは容易なことではない。簡単な例をあげると、差出Aから充先Bへ発給された文書簡が遺構Cから出土したとする。普通にはこの文書簡は充先Bで廃棄されるから遺構Cの付近はBであると考えられるが、文書簡は必ずしも充先で廃棄されるとは限らず、差出に戻されて廃棄されることもあるから[1]、そのように単純には考えられない。遺構Cの付近は差出Aか、充先Bか、それとも別なものか、そのように木簡の記載内容を出土した遺構・遺跡に結びつけて考えるには、木簡のライフサイクルを明らかにし、その中で出土地点・遺構の意味を考える必要がある。

木簡は作成され機能し、不要になって廃棄される。これが木簡のライフサイクルである（第3図）。作成によって内容が記され、その内容に基づいて機能する。木簡の中にはその機能に応じて移動するものがある。文書木簡のうち記録簡は移動しないが、差出と充先の間で授受される文書簡は両者の間で移動する。付札のうち物品付札は移動しないが、荷札は貢進側・受納側・消費側の間で移動する。習書・落書などは移動しない。出土地点の意味を考えるために移動の問題は重要である。木簡は一定期間保管される場合もある。

木簡を発掘によって手にした時、われわれは文字によって記された内容と出土地点・遺構・状況を把握することができる。出土遺構・状況によって異なるが、出土地点・状況から廃棄の地点・状況を知ることができる。例えば、ごみ捨て穴などでは出土状況がそのまま廃棄の状況を示し、溝や川の流水による堆積土から出土した場合は廃棄状況は保存されていず、出土地点の上流で廃棄されたことなどが推測される。木簡の内容、および出土地点・状況から知られる廃棄地点・状況を手がかりにして、木簡が作成され、ある内容をもち、その内容に基づいて機能し、ある場合には機能に基づいて移動し、また保管される場合もあり、不要になって廃棄されるというライフサイクルを復原し、そのことによって廃棄地点≒出土地点・遺構の意味を解明し、木簡の内容と出土遺構・遺跡の関係を考察するのである。

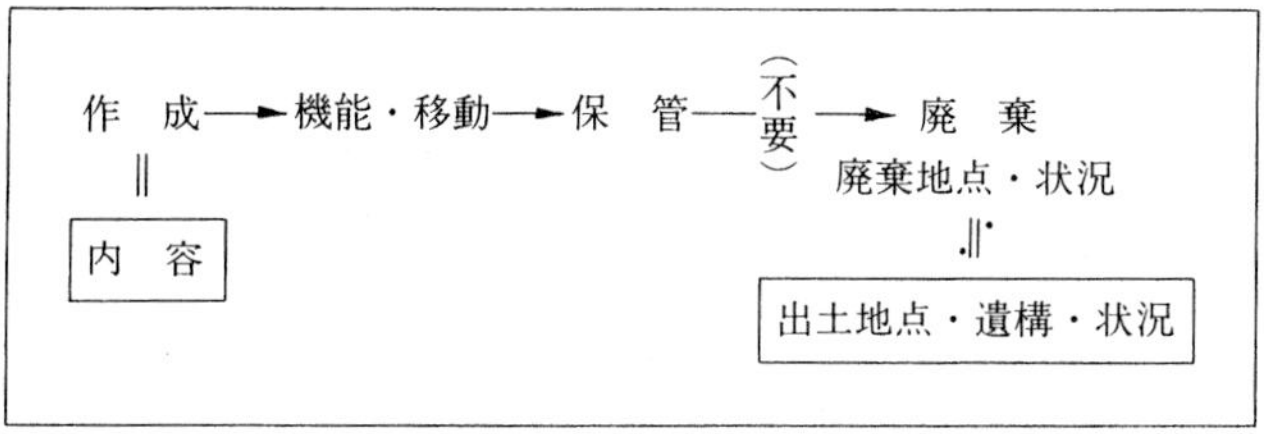

第3図　木簡のライフサイクル

しかし木簡のライフサイクルの復原は容易ではなく、複数の可能性が考えられる場合がある。このことを打開する方法として木簡がある制度に基づく場合、その制度とそれにおける木簡の役割を解明することが有効である。本稿はその一事例として、門牓制に基づく木簡について考察しようとするものである。このことについてはさきに「平城宮の小子門について」[2]で論じたことがあるが、そこでは門遺構の門号の解明に重点があったので、ここではそのことも含めながらも、前述の方法論的な問題に留意して考察することにしたい。[3]

一　門籍制と木簡

閤門・宮門・宮城門　律令によれば宮城においては内裏を中心にして三重の垣がめぐり、それぞれに対応して三種の門が設けられている。内裏をめぐるのが閤垣で、それに開くのが閤門、内裏の周囲の内廷官衙と大極殿院の区域をめぐるのが宮垣で、それに開くのが宮門、宮城の外郭が宮城垣で、それに開くのが宮城門である（第4図）。『令集解』宮衛令1宮閤門条の古記によれば（673/3）[4]、大宝令では閤門を内門、宮門を中門、宮城門を外門と称し、それぞれの門の守衛の担当は内門は兵衛府、中門は衛門府と衛士府の衛士、外門は衛門府の門部である。[5]これら宮城の諸門において人と物資の出入は一定の規制を受けた。人に関する制度が門籍制、物資に関する制度が門牓制であり、門牓制の理解のためには門籍制の理解が必要なので、まず門籍制について見てみたい。

門籍制　門籍制は宮衛令1宮閤門条に定められている。

(1)宮衛令1宮閤門条

凡応ㇾ入㆓宮閤門㆒者、×（皆）本司具注㆓官位姓名㆒、送㆓中務省㆒付㆓衛府㆒、各従㆓便門㆒著ㇾ籍、但五位以上著㆓籍×宮（中）門㆒、皆非㆓著ㇾ籍之門㆒者、並不ㇾ得ㇾ出、若改ㇾ任行ㇾ使之類者、本司当日牒ㇾ省除ㇾ籍、毎月一日、十六日、各一換ㇾ籍、宿衛人准ㇾ此、

（右傍に○を付した部分は大宝令の復元部分。大宝令文が異なる場合は×を付し、代わる文字を左傍に（　）を付して示した。令文については以下同じ。(補注)）

門籍制は在京官司の官人の宮門・閤門の出入を勘検する制度である。簡単にいえば、官人ごとに宮門・閤門について出入に便利な門（便門）をその官人の出入すべき門に指定し、門ごとに出入する官人の名前を記した門籍を着け、官人はその門からしか出入できず、衛府が門籍によって官人の出入を勘検するのである。注意すべき点を詳記しておく。

宮門・閤門と衛府　この制度は宮城の三種の門のうち宮門と閤門に適用され、宮城門は除かれる。勘検を担当する衛府は閤門が兵衛府、宮門が衛門府である。ただし宮門について大宝令ではやや問題がある。養老職員令では兵衛府の職掌に「門籍」、衛門府に「門籍・門牓」を定めるが、大宝官員令ではほかに衛士府にも「門籍牓」を定める（『令集解』職員令61左衛士府条古記、144/3、143/5）。これは宮門の守衛を衛門府と衛士府の衛士が担当したからであるが、しかし養老職員令では衛士府の職掌から「門籍牓」が削除され、古記によれば天平十年（七三八）ころに宮門の門籍・門牓の勘検を担当したのは衛門府であった（宮衛令1宮閤門条古記、673/5、職員令61左衛士府条古記、143/5）。

義解によれば、この制度が適用されるのは在京官司の主典以上の官人で、雑任にも准用される（673/4）。令文の「但五位以上著二籍宮門一」の部分の解釈について『令集解』の諸説は種々の議論をしているが、令文の論理によれば、これは六位以下が宮門・閤門の便門に門籍を着けるのに対して、五位以上は宮門のみに門籍を着けると解釈すべきである。すなわち六位以下は宮門・閤門で勘検を受けるが、五位以上は勘検が宮門だけで、優遇されているのである。

門籍の着け替え　門籍の着け替えは毎月二回、一日と十六日に行い、半月の間に門籍を着けうる官人に新任されたり、在京官司間で遷任されたりして門籍の着け替えが必要になった者について門籍を着け替える。ただし国司などの外官に任命されたり、使に派遣されたりして（「改任行使」）門籍の資格を失った場合は即日除籍される。

定期的な門籍着け替えの手続きは令文に「本司具注二官位姓名一、送二中務省一付二衛府一、各従二便門一著レ籍」と定め、或説は「上文、本司録二官位姓名一送二中務省一、謂此文、毎月一日十六日換レ籍是、言本司造二門籍一毎月送二中務之一、付二衛府一耳、」と注釈し（674｜9）、門籍は本司が作ることが明らかである。穴記所引の或説に「寮司門籍」とあり（673｜7・8）、後掲の(4)弘仁十一年（八二〇）四月二十一日官符、(5)『延喜式』中務式に「諸司門籍」を中務省に送ると定め、これらからもこのことが確認できる。令文の「本司具注二官位姓名一」が門籍に当たり、また門籍は通行を指定された便門に付けられるから、門籍は門号と、その門を通行する官人の官位姓名を記した名簿と考えられる。職員令59衛門府条の義解、令釈は門籍は名簿であると注する（141｜3）。或説によれば、本司が寮司の場合、寮司が作った門籍はまず寮司が作った解をそえて所管の省に送り、所管の省は移をそえて中務省に送り、さらに中務省が移を加えて衛府に送る。所管の省から中務省への移には「門籍若干」と記される（673｜7）。各門には衛府の詰め所である門司があるから、[6] さらに衛府の本府から便門の門司に伝えられ門籍が着けられるものと考えられる。

門籍は門に着けられるから木簡と考えられ、[7] 後にその実例を見たい。一方門籍を送る際にそえられる解・移は紙の文書と思われる。穴記所引或説ではこれらの文書への押署、すなわち押印と署名が問題になり（673｜8）、また中務省から衛府へ送る際について「於二諸司所レ進之籍後紙一、加二中務官人之署一而付歟」と注し（675｜1）、「籍後紙」とはそえられた文書であろう。

門籍に名がない門の通行はできず、唐律衛禁律4宮殿門無籍条によれば、宮門と殿門（太極殿の門）を門籍がない人が入ったり、他人の名を偽って入ったりしたならば、闌入罪を以て罰し、守衛の人も罰され、衛禁律2闌入宮門条に宮門・殿門・宮城門の闌入罪を定め、養老律衛禁律にも宮門・閤門または殿門について同様の内容の対応する条文を復原できる（『訳註日本律令』二）。門籍を着けた門を入る時には唐律衛禁律4条の疏議によれば、名を唱えて通ることになっている。そのほか内舎人、兵衛などの宿衛の人にも宮閤門条が適用されることに注意したい。

門籍のない人の出入

(2)宮衛令2応入禁中条

凡无レ籍応レ入二禁中一、及請迎輸送(丁)、丁匠入レ役者、中務省臨時録レ名付レ府、五十人以上、当衛録奏、其有レ所二輸送一未レ畢、欲二宿守レ物者、斟量聴レ留、

(2)応入禁中条は門籍制が適用されない人が臨時に宮門・閤門を出入する時の規定である。令文に「応レ入二禁中一」とあるが、義解、令釈は禁中は門籍以内とするから(675/6)宮門・閤門で勘検するのである。門籍のない人、禁中に物資を請求し搬出する人（請迎）、物資を搬入する人（輸送）、禁中の造営に従事する丁匠が臨時に禁中に出入する時には、中務省が衛府（衛門府・兵衛府）に名簿を付し、もし人数が五〇人以上ならば衛府から天皇に録奏して確認する。輸送が一日で終わらず物を警備するために禁中に宿する必要がある時は、事情をはかって聴す。(8) 令文にはないが、宮閤門条と同じく最初は本司から中務省に申請し、また出入には便門を指定し、最終的には衛府から便門の門司に伝えられ、門司が勘検に当たるのであろう。

門籍制の実施　門籍制がどのように実施されたかをみておこう。藤原宮の東面外堀ＳＤ一七〇の外郭東面北門の南の地点で次の木簡が出土した。

(3)・□〔牓〕□〔牓カ〕籍

・□　□　　〇八一　（『飛鳥藤原宮発掘調査出土木簡概報六』六頁下）

この木簡は習書で、牓・籍は門牓・門籍を指すと思われる。門牓・門籍は令文では「牓」「籍」とも記し、その関係深い二文字を記していること、宮城門の外から出土していること、「多治比山部門」と宮城門号を記した木簡と共伴していることからそのように考える。この外堀のこの調査区出土の木簡の年紀は戊戌年（文武二年、六九八）～和銅

二年（七〇九）の間で、大宝令の前後にわたるが、この木簡は遅くも和銅三年以前に藤原宮で、門牓制と門籍制が施行されていたことをかすかながらに示している。後述のように平城宮からこれまで門籍と記した木簡が八点出土していて、奈良時代に門籍制が行われていたことは明らかである。

(4)弘仁十一年（八二〇）四月二十一日官符（『類聚三代格』仁寿二年四月二十八日官符所引）

諸司門籍送レ省、々覆勘訖、丞一人加レ署、喚二左右衛門并左右兵衛等府一分付、前番門籍返二付本司一、

(5)『延喜式』中務式門籍条

凡応レ入二宮閤門一諸司門籍、毎月一日、正月用二三日一、但停二朝拝一年、元日送之、以下如レ此之類、皆放レ此、十六日送レ省、省覆勘訖、丞一人加レ署、即喚二左右衛門及左右兵衛等府一分付、但前番門籍返二付本司一、

宮閤門条を受けて(4)弘仁十一年官符によって門籍交付の手続きが定められ、両者をあわせて『弘仁式』中務式に定着し、(5)の『延喜式』の規定に引き継がれたと考えられる。この両規定では門籍に副えられる文書に関する記載がなく、諸司の門籍に中務丞が加署することになっており、文書を副えることは行われなくなったのであろう。九世紀には仁寿二年（八五二）四月二十八日官符、元慶六（八八二）年八月五日官符において、本司が門籍を進上しない問題が指摘されているが、門籍制は曲がりなりにも維持されていた。

平城宮の門籍木簡　平城宮の内外から門籍と記す木簡が八点出土している。門籍とはどういうものか、また門籍木簡の出土に関する問題についてみておきたい。

(6)　内隔南方西門籍　　〇八一（『平城宮発掘調査出土木簡概報十九』一五頁下）

(7)・□内門籍　少録正七位下　三野□□□　○八一（『平城宮発掘調査出土木簡概報十七』一八頁上）
・□□□□□　□□□□□□

(8)　門□〔籍カ〕　○八一（『平城宮木簡二』二七三）

(9)　□〔大カ〕伴門□〔籍カ〕　○八一（『平城宮発掘調査出土木簡概報十四』九頁下）

(10)　東方一門籍　○九一（『平城宮発掘調査出土木簡概報三十』十一頁中）

(11)　門籍　○九一（同）

(12)　□〔二カ〕門籍　○九一（同）

(13)　門籍　○九一（同）

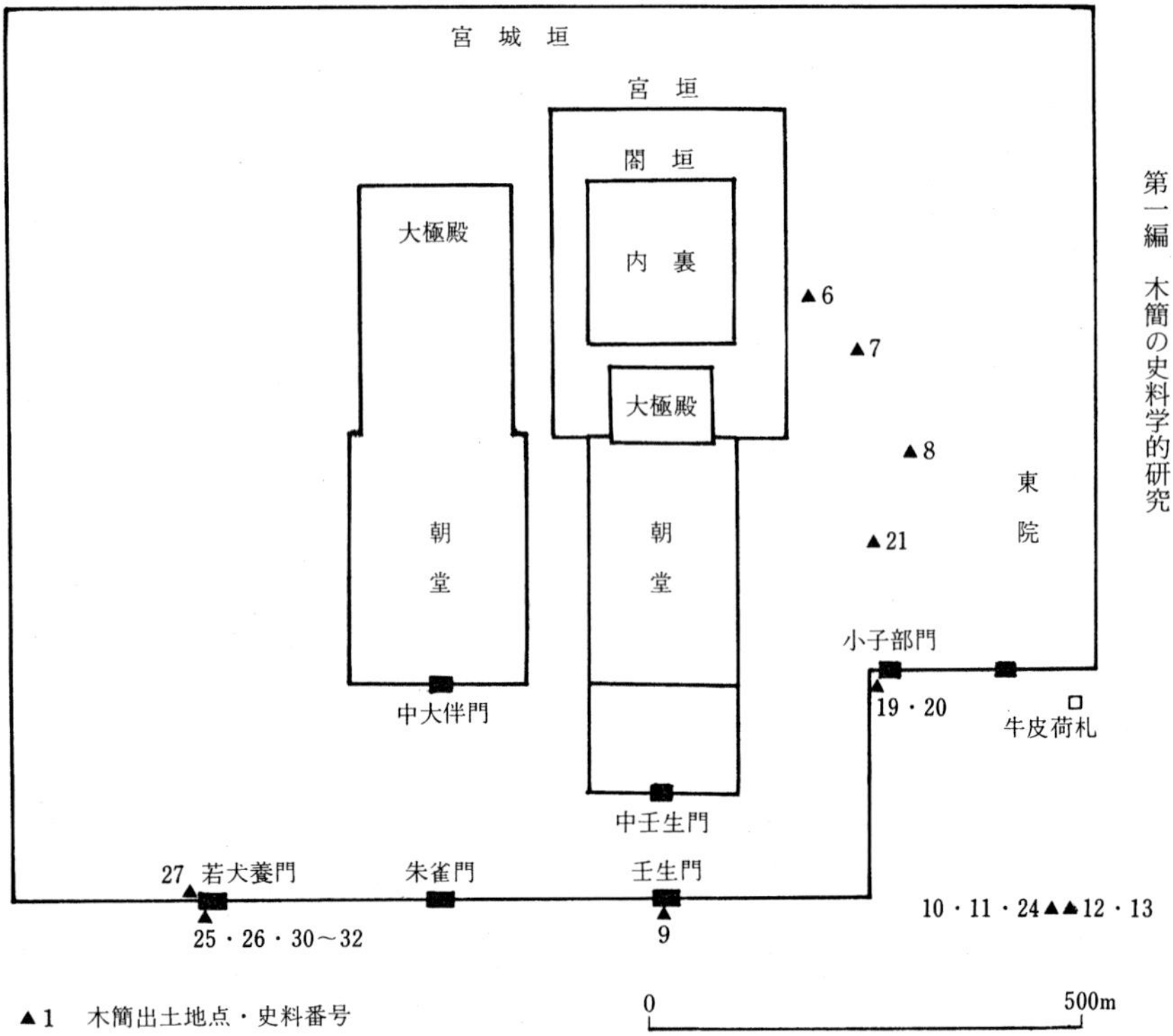

第4図　平城宮の木簡出土地点

(6)～(8)が宮城内、(9)～(13)が宮城外から出土した。第4図に本稿で取り上げる平城宮出土木簡の出土地点を示した。

内裏の門籍　(6)は内裏の東外郭、すなわち東面の宮垣の東外側にある宮城内の基幹排水路である南北溝ＳＤ二七〇〇から出土した。平安宮では内裏の承明門のある一郭を内隔・内重と呼ぶから、「内隔」は閤垣で、この木簡は閤門に当たる閤垣南面西門の門籍であろう。ＳＤ二七〇〇には閤垣にある井戸から流れ出る排水溝ＳＤ二三五〇が西から流入しているから、この木簡は閤門付近からその溝を通って流入した可能性がある。

(7)はＳＤ二七〇〇の東六〇メートルに位置する、やはり基幹排水路である南北溝ＳＤ三四一〇から出土した。天平十六年(七四四)の荷札が共伴している。「門籍」の下に官職・位階・人名を記し、(1)宮閤門条で門籍に「官位姓名」を記すと定めるのに合致する。少録は八省の主典であるが、この部分には官司名を記さず官職名だけであるから、前の欠損した部分に官司名を記し、官人名を列記しているのであろう。(6)(7)の出土地点は内裏の宮垣の外側で門籍が出土するのに相応しい地点である。

東張出部の門籍 (8)は東張出部の西辺の整地層の木炭層から出土した。「門籍」と記した下が余白になっている。厚さが一センチと普通の木簡より厚いのは門に着けるためであろう。天平宝字年間（七五七〜七六四）の荷札と共伴した。東張出部には東院（『続日本紀』天平勝宝六年正月癸卯条初見、神護景雲元年四月癸巳条東院玉殿完成）、東内（同元年十二月乙酉条造営）、楊梅宮（宝亀四年二月壬申条完成）が設けられ、[9]園池があって天皇が饗宴を催したりしており、門籍が出土したのはこの区域の施設が内裏に準ずる性格のものであることを示す。

中大伴門の門籍 (9)は宮城垣南面の外堀で二条大路北側溝に当たるSD一二五〇の宮城門の南面東門の前の地点から出土した。南面東門は壬生門と考定されている。上下が折損しており、木簡概報は「伴」字の上に一字をとらないが、写真によれば「伴」字の上に「大」字の第二画の下端と思われる墨痕がわずかに認められ、この「□伴門」は「大伴門」か、あるいは「中大伴門」のいずれかの可能性がある。大伴門は弘仁陰陽寮式に宮城門の一つとして見え、また『法曹類林』巻第二百公務八（国史大系本三五頁）の弘仁五年（八一四）六月三日の勘文所引の式部文にも、六月・十二月晦日の大祓に大蔵省・木工寮・掃部寮が大伴門と壬生門の間の大路において帳・幄を鋪設することを定め、宮城門の南面中央門すなわち朱雀門に当たると考えられている。中大伴門は近年平城京左京七条一坊十六坪の東辺の東一坊大路西側溝から出土した木簡に見え、[10]館野和己氏は、この中大伴門について「中」は内・中・外門の中門（宮門）の意味で、大伴門＝朱雀門の内側の朝堂の南門、具体的には平城宮の中央区朝堂の南門に当たると考えた。[11]妥当な見解である。(9)の「□〔大カ〕伴門」は門籍とあり、門籍は宮門・閤門に付けられ宮城門には付けられないから、宮城門である大伴門ではなく、中大伴門と考えられる。朝堂の南門は宮門扱いである。(9)の木簡は中大伴門＝朝堂南門説をいくらか支える根拠となろう。かって横田健一氏が平安宮の朝堂院の南門（朝集殿院南門）が応天門と命名されたのは大伴門から来たという正しい見通しを述べていたが[12]、現在では平城宮朝堂南門＝中大伴門から引き継いだと言える。(9)の木簡は、門籍制が内裏の宮門だけでなく、宮門扱いである朝堂の門にも適用されることを示している。

二条大路木簡の門籍　(10)〜(13)はすべて削屑で、いわゆる二条大路木簡のものである。二条大路木簡は左京二条二坊五坪と三条二坊八坪の間の二条大路の路面の北・南端に掘られた三つの溝状の土壙から出土した一連の木簡群で、多様な内容の木簡を含んでいるが、藤原麻呂に関わる木簡群と聖武天皇・光明皇后に関わる木簡群の二群に大別されることが指摘されている[13]。この四点は大路北端東側のSD五三〇〇から出土した。SD五三〇〇の木簡の最新の年紀は天平八年（七三六）で、この土壙は同九年の早い時期に埋められたと考えられている[14]。これら四点の門籍の木簡は二条大路木簡の多様な内容の中でも兵衛または中衛の門守衛の一連の木簡群と関係するものである。森公章氏は、三つの土壙から出土した門号の下に氏名を記した木簡群を検討して、これらの木簡が皇后宮を守衛した兵衛の食料の請求・支給に関するものと考えた。鬼頭清明氏も、同じ木簡群を検討して、これらの木簡が内裏に準ずる場所を守衛した兵衛または中衛の出勤の記録と食料支給の伝票の役割を果たす木簡であり、これらの木簡が関係するのは太上天皇の宮か臨時の行幸先で、その場所は木簡の出土地点の二坪北の東張出部の東院か、南に接する二条三坊一・二・七・八坪のいわゆる長屋王邸のII期の元正太上天皇の邸である可能性を指摘した[15]。その後渡辺晃宏氏は奈良国立文化財研究所『平城京左京二条二坊・三条二坊発掘調査報告――長屋王邸・藤原麻呂邸の調査――』において、前二論文をふまえながら二条大路木簡を全体的に検討し、この木簡群が光明皇后の皇后宮に関係するもので、その中の衛府関係木簡は皇后宮の守衛に関するものであること、この皇后宮は天平元年（七二九）の光明立皇の際に没収された長屋王邸に設置されたことを明らかにした[16]。これによれば、この門籍の木簡は皇后宮に関するものであり、門籍制が天皇の宮ばかりでなく皇后宮にも適用されることが明らかになった。

ところでこれらの門籍の木簡が削屑であることに注目したい。削屑の門籍木簡が出土していることはここで門籍の作成が行われたこと、それも前の門籍の再利用によって作成されたことを示すと考えられる。門籍は本司で作成されるが、この削屑が兵衛または中衛の門守衛の木簡と共伴していることから、この門籍は兵衛または中衛の門籍と考える。前述のように、内舎人、兵衛などの宿衛の人にも宮閤門条が適用され、或説・朱説によれば、これらの宿衛の人も毎月一日・十六日に門籍を中務省に送り、同じ手続きによって着け替える（674/8、675/5）。(4)(5)によれば、一般官司には門籍着け替えの際に前番の門籍を返すという定めであるが、宿衛の人の場合、前の門籍は手元に残しておいて、それを再利用して新しい門籍を作ったのであろう。

以上の門籍の木簡はいずれも断簡であるが、門籍の書式は、(6)などから「某門籍」と記し、その下に官司名と官職・位階・人名を列記する書式と推定できる。これは先に令文の解釈から推定したものと一致する。門籍の木簡は内裏以外の区域からも出土し、その近辺に内裏に準ずる性格の施設の存在が推測できる。東院や宮外の皇后宮がそのような性格の施設と考えられる。また宮門扱いの朝堂の門にも門籍制が適用されることが明らかになった。

二　門牓制

門牓制　門牓制は宮城門・宮門において物資の搬出・搬入を勘検する制度である。

(14)　宮衛令18儀仗軍器条

凡儀仗軍器、十事以上、出三入諸門一者、皆責レ牓、門司奏聞、勘聴二出入一、其宿衛人常服用者、不レ拘二此限一、

⒂　宮衛令25諸門出物条

凡諸門出レ物、无レ牓者、一事以上並不レ得レ出、其牓中務省付二衛府一、門司勘校、有二欠乗一者、随レ事推駮、別勅賜物、不レ在二此限一、

⒂諸門出物条が物資一般の搬出に関する規定、⒁儀仗軍器条が兵器の搬出と搬入に関する規定である。門牓制を適用する門について両条は「諸門」と記し、両条の跡記と穴記は宮城門以内の諸門とあいまいな解釈を施し（690|6、695|7）、また職員令62左兵衛府条義解・穴記は、兵衛府の職掌に門牓がないことについて文を略しているにすぎないと注して閤門にも適用されるかのように考えている（144|9）。しかし適用する門は宮門と宮城門で、閤門は含まれないと考えられる。前述のように門牓を職掌とするのは大宝官員令では衛門府と衛士府、養老職員令では衛門府であり、閤門を守衛する兵衛府は門牓の職掌を有さないからである。⒂の門司については、朱説は衛士が門牓の勘校に携わるかを問答しているが、門司が衛門府・衛士府であることを前提にしている（695|8）。

門牓の申請・交付　門牓申請・交付の手続きは⒁に「出三入諸門一、皆責レ牓、門司奏聞、勘聴二出入一」と定め、朱説が「朱云、責レ牓、謂中務付二衛府一、以二此牓一問会耳」（690|6）、⒂に「其牓中務省付二衛府一、門司勘校、有二欠乗一者、随レ事推駮」と定め、同じく朱説が「朱云、其牓中務省付二衛府一、謂中務録二物数一付二衛府一也、衛府以二此書一勘二出入一耳」（695|8）とそれぞれ注釈する。⒁の「皆責レ牓」は門籍制を参考にすると、先ず物資の運搬に当たる本司が中務省に門牓を請求するのであろう。次いで⒂の「其牓中務省付二衛府一」と朱説によると中務省が門牓を作って衛門府に付す。最終的に各門の門司が門牓によって勘校するから、門籍制と同じく通行する門が指定され、その門司に門牓が付される。指定される門は搬出・入に便利な門（便門）であろう。職員令59衛門府条の義解と令釈によれば、門牓は物

数を記したものと注するが（141｜3）、当然物の品目も記したであろう。公式令66公文条によれば門牓の数字は大字で記す定めである。また指定された門号も記す必要があろう。この門牓によって門司が物資の品目・数量を勘検して、誤りなければ通行が許可されるのである。

門牓の申請・交付の手続きをまとめると、物資の門の通行がある場合、先ずその官司が中務省に門牓を請求し、次いで中務省が門牓を作成して衛門府に発給し、さらに通行を指定された門の門司に付される（第5図）。門籍が定期的に着け替えられながら常に門に着けられているのに対して、門牓は必要があるたびに申請・交付されるのである。また特に後述との関係で重要なのは門牓が中務省によって発給されることである。

物資一般と兵器　物資一般が搬出に関して門牓による勘検をするだけであるのに対して、兵器は十事以上という数の限定を付してではあるが、搬出とともに搬入についても門牓を責うとともに、門司が奏聞して許可を得るというように手続きを厳しくしている。この相違は物資一般の門牓制の目的が「其盗詐を防ぐ」（諸門出物条義解、695｜3）ためであるから搬出だけを規制すればよいのに対して、兵器はその性格から宮内に持ち込まれると叛乱などに用いられる恐れがあるので、搬入も規制し取り扱いも厳しくしたと考えられる。なお兵器でも九事以下の場合は(15)の物資一般の規定が適用される。

門牓制の実施　門牓制は、前述したように藤原宮出土の(3)「牓籍」の習書木簡からおそくも和銅三年（七一〇）までに施行されたことが推測できる。その後大同三年（八〇八）七月の衛門府を廃して衛士府に併せるという官奏において、衛門府の職掌の門籍門牓等事を衛士府に掌さどらしめることが見え、この頃まで門牓制が行われていたことがうかがえる。しかしこの後の九世紀には門牓制は衰退したと思われる。なぜならば先に見たように、門牓制の適用される門について『令義解』、『令集解』の穴記・跡記があいまいな注釈を施し、すでに門牓制についての正しい理解が失われているからである。そして⒃貞観十二年（八七〇）に特定の四官司の物資の搬出入についてそれぞれ出入すべき宮城門の腋門が決められ、さらにこれに二官司を加えて⒄『延喜式』弾正台式に受け継がれている。

⒃『日本三代実録』貞観十二年十二月二十五日壬寅条

又運二廩院雑物一車馬。聴レ出三入自二美福門腋門一。大膳職自二郁芳門一。春宮坊自二待賢門一。中院木屋自二談天門一。

⒄『延喜式』弾正台式

凡運二民部廩院米一車馬自二美福門脇門一、運二大膳職雑物、大炊寮米幷雑穀一自二郁芳門一、運下在二中院西一木工寮木屋材瓦、造酒司米上自二談天門一、運二春宮坊雑物一自二待賢門一、並聴二出入一、

官司と宮城門はそれぞれ大体近い位置関係にあり（前稿B）、門は各官司の便門と考えられ、門牓制で出入に便門を指定したと推定したことを裏付ける。貞観十二年の法令は一般的な門牓制が衰退した中で、物資の運搬が特に多い官司について特にこのような変形した形で定めたものと考えられる。

三　門牓制と木簡

門牓制の木簡A類　門牓制に関する木簡が藤原宮から一点、平城宮から五点出土している。これらは⒅〜⒇のA類と、㉕〜㉗のB類の二類に分けられる。

⒅・□於市□〔沽カ〕遣糸九十斤　蝮王　猪使門

・⊔月三日大属従八位上津史岡万呂　○八一（『藤原宮木簡一』三）

(19)・□□〔造東カ〕内司運蓩一百⊓　⊔出小子門

・　十月廿八日□⊓　⊔小野滋野　○八一（『平城宮木簡三』三〇〇六）

(20)・□便従小子門出入之

・正六位上行大尉船連「船主」　○八一（同三〇〇七）

A類については、(18)は藤原宮宮城門の北面中門ＳＢ一九〇〇の外の土壙ＳＫ一九〇三から出土した。ＳＫ一九〇三は宮城北面の外堀ＳＤ一四五の南岸で門から東一五メートルに位置する。木簡は上を折損している。糸九十斤を売却するために市に派遣することを記し、その下に「蝮王・猪使門」の門号を記す。蝮王門は多治比門、丹比門で、猪使門とともに宮城門の氏族名門号であり、弘仁・貞観式によれば長岡宮・平安宮では丹比門が北面東門、猪使門が中央門である（前稿Ｂ）。(19)(20)のように「出入」と記さないが、出入する門を指定したものであろう。二門号を記したのはいずれかを通行すればよいことを示す。差出の大属は寮の主典で、糸の売却という点から内蔵寮または縫殿寮が考えられる。大宝三年（七〇三）の木簡と共伴している。

平城宮では東面が北から四分の三東へ張り出す形になっていて、ここを東張出部と称している。東張出部の宮城門は南面の西端にＳＢ五〇〇〇、中央にＳＢ一六〇〇〇の二門を確認し、東面の中央に一門の存在が推定されている。(19)

(19)(20)の木簡は平城宮のこの東張出部の南面西端にある門ＳＢ五〇〇〇の西側に位置する南北溝ＳＤ四九五一―Ⅲ区から出土した。ＳＤ四九五一は南流する溝で、東張出部の西辺の道路の西を流れ、ＳＢ五〇〇〇の西の宮城垣がＬ字状に曲がっている部分で宮外に出、そこから宮城東面の外堀で東一坊大路西側溝になる。ＳＤ四九五一はＳＢ五〇〇〇の西の部分で西に迂回する溝ＳＤ五一〇〇、さらにＳＤ五〇五〇と二回造り替えられている。ＳＤ四九五一の堆積土はＳＤ五一〇〇・五〇五〇との接続位置によって三区に分けられ、それぞれ堆積の時期が異なるが、ＳＤ四九五一―Ⅲ区は宮外の部分で、ＳＤ五一〇〇の水流を受けていた時期の堆積土であり、天平五年（七三三）、六年の年紀を記す木簡と神護景雲元～三年（七六七～七六九）と推定される木簡が出土している(19)。

木簡の出土地点は、(19)がＳＢ五〇〇〇から南へ四五メートルの地点、(20)が同じく四〇メートルの地点で、両簡とも水流による堆積土から出土しているから、それぞれの出土地点の上流部で投棄されたものであろう。

門ＳＢ五〇〇〇は宮城垣に開くから宮城門であり、その平面規模の復原についてはこれまで三案が示されている。『平城宮木簡三』ではＳＢ五〇〇〇は規模が大きくＳＤ四九五一とは共存できず、ＳＤ五一〇〇に改修された神亀年間に創建されたと推定していたが、一九九四年の小沢毅氏の復原によれば、ＳＤ四九五一と共存できるから平城宮の和銅遷都の時期に創建されたと考えられるに至った(20)。

(19)は中間を欠いているが、造東内司が蒭を小子門から搬出する内容である。造東内司は東内の造営に当たる官司である。東内は東張出部の南半の地区で、その中心を東院と称したと推定している。東内の造営は神護景雲元年（七六七）末から同三年初めにかけて行われたから（注9今泉論文）、この木簡の時期はその年代である。差出の署名の小野滋野は造東内司の官人で、『続日本紀』には宝亀八年（七七七）六月出発の遣唐使の判官として入唐して同九年十月に帰着したことが見える（宝亀九年十月乙未条）。

(20)は上半部を書くが、小子門からの出入に関する内容である。差出の大尉は衛門府・左右衛士府・左右兵衛府の判官である。

小子門と小子部門

(19)(20)に見える小子門については次の二つの史料に見える。

(21)・謹啓□□合□［　］□欲出入小子□〔門カ〕
・□［　］□
□［　］□□□□□　〇八一　（『平城宮発掘調査出土木簡概報十二』一四頁上、前稿A）

(22)『続日本紀』天平宝字八年十月壬申条
高野天皇遣㆓兵部卿和気王㆒（中略）、率㆓兵数百㆒囲㆓中宮院㆒、時帝遽而未㆑及㆓衣履㆒、使者促㆑之、数輩侍衛奔散、無㆓人可㆑従、僅与㆓母家三両人㆒、歩到㆓図書寮西北之地㆒、山村王宣㆑詔曰、（中略）事畢、将㆓公及其母㆒、到㆓小子門㆒、処㆓道路鞍馬㆒騎㆑之、右兵衛督藤原朝臣蔵下麻呂、衛㆓送配所㆒、幽㆓于一院㆒、（下略）

(21)は『平城宮発掘調査出土木簡概報十二』では二点の木簡として掲載しているが、前稿Aで指摘したように、直接接続せず中間部を欠くが、同一簡の上下にならぶ二断片である。習書で小子門の出入について記す。SD四九五一の上流に当たると推定される南北溝SD三二三六上層溝から出土した。出土地点はSB五〇〇〇の北一六〇メートルの地点である。共伴した木簡の年紀から宝亀年間（七七〇～七八〇）の時期に考定できる。(22)は天平宝字八年（七六四）の藤原仲麻呂の乱に際して淳仁天皇が中宮院で捕らえられ小子門から配所に送られたことを記す。前稿Aでは、これら四史料の小子門は宮城門の氏族名門号の一つで、小子部（少子部とも表記する）連氏の氏名に基づく小子部門の略記であると推定した。その段階には弘仁・貞観陰陽寮式の氏族名門号などの史料に小子部門の門号は見られなかったが、その後藤原宮・平城宮から小子部門に関する次の(23)(24)と後掲(27)の三点の木簡が出土し、両宮に小子部門という氏族名門号の宮城門が存し、小子門が小子部門の略記であることが確定した。

(23)・少子マ門衛士□
・送建部□〔門カ〕
○一九（『飛鳥藤原宮発掘調査出土木簡概報四』四頁）

(24)・□□□□□〔小子部門カ〕
・□　□　□　□
○八一（『平城宮発掘調査出土木簡概報二十九』一四頁）

門牓制の木簡B類

(25)・造西仏殿司□□〔移カ〕若犬養門　右為□泉□

・□□□□□□□□□□〔如件録状以移カ〕□□□□□□□□　○八一（『平城宮発掘調査出土木簡概報十五』一七頁上）

(26)
・□□□□□〔造西仏殿カ〕□□□□□□〔移若犬養門カ〕　右為買材木泉津
・□□□□□〔故移カ〕　天平□□□□□□□〔八年四カ〕　□□□□□□□〔従八位下カ〕　□　□　○八一（同一八頁上）

(27)
・内膳司牒　小子部門司　塩一古 堅魚三古　海藻一古 息□三古
・□□□□〔宮進カ〕〔如件カ〕　「　」
状故牒　正六位下行典膳雀□□□「□□〔真カ〕」　○八一（同三二頁上）

門牓制の木簡B類の(25)～(27)の三点は平城宮宮城門南面西門SB一〇二〇〇の付近で出土した。(25)(26)は宮城南面の外堀で二条大路北側溝である東西溝SD一二五〇から出土した。出土地点は西門西端の前面で、二点とも同じ小地区である。西門の西北方の宮内に池があり、その池の東南隅からSD一二五〇へ排水のための南北溝SD一〇二五〇が通じている。南面大垣と交差するが、その部分は時期によって開渠になったり暗渠になったりする。(27)はSD一〇二五

○から出土した。なお長岡宮・平安宮では南面西門の門号は若犬養門である。

(25)(26)は釈読できない部分があるが、[21]同内容の木簡で、造西仏殿司から若犬養門への移で、泉津に材木を買いに行くことを記した木簡と考える。同内容とみるのは、造西仏殿司の若犬養門への移であること、「右」以下の本文の「泉」字が共通すること、同一小地区から出土していることなどからである。造西仏殿司は[22](26)の天平八年（七三六）の年紀からみて興福寺の西金堂の造営を担当した官司と考える。興福寺西金堂については福山敏男氏の詳細な研究があり、[23]それによれば、光明皇后が天平五年（七三三）正月に亡くなった母県犬養宿禰三千代のために同五年正月から六年正月にかけて皇后宮職が担当して造営したものであるという。福山氏の研究はおもに天平六年五月一日造仏所作物帳の検討に基づき、造営期間は同文書の食米支給期間、さらに本尊の釈迦丈六仏をはじめ諸仏の開眼が天平六年正月であることなどを勘案したものであり、また担当は同文書の署名に皇后宮職大夫・大属が署名していることなどによる。これらの木簡からは西金堂造営のために造西仏殿司が組織されたこと、西金堂の造営は天平八年にも続行していたことなどが知られる。仏像は天平六年正月に開眼したが、建造物の造営は同八年にも続行していたのである。西金堂の造営は光明皇后の発願であったから、造西仏殿司は皇后宮職の中に組織されたもので、さきの造仏所などはその下に組織されたものであろう。充先の若犬養門は正しくは若犬養門司であろう。(27)の充先は「小子部門司」であるし、SD一二五〇のこの地区からは「御門司所謹解」や「門司」の木簡が出土している（『平城宮発掘調査出土木簡概報十五』一七頁）。

(27)は内膳司の小子部門司充ての牒である。この牒は俗官官司間の平行文書として用いられたものであろう。[24]表の下半に食品名とその数量を記し、裏に「宮進」と記すが、これは内膳司がこれらの食品を宮に進上するという意味であろう。この牒は内膳司がこれらの食品を小子部門から搬出するために、小子部門司に物品・数量、進上先などを報知したものである。差出の典膳は内膳司の判官で、正六位下雀□□□真□は天平十七年（七四五）四月十七日内膳司解に正八位上守典膳雀部朝臣真人（『大日本古文書』二－四〇五頁）、『続日本紀』天平勝宝三年（七五一）二月己卯条の典膳正六位下雀部朝臣真人に当たると考えられるから、この木簡の年代はほぼ天平勝宝年間（七四九～七五六）のものである（注24早川論文）。

木簡と門牓制　A類の⒅～⒇の三点の木簡は次の三点の特徴を持つ。（ア）⒇は不明であるが、物資の運搬に関するもので、物品名と数量を記していること。（イ）通行する宮城門号を記していること。（ウ）宮城門の近くから出土していること。⒅は門SB一九〇〇の近辺で不要になり土壙に廃棄されたものであろう。⒆⒇は水流によって移動しているが、上流にある門SB五〇〇〇で溝に投棄された可能性が考えられる。流れる溝から同一木簡の断片が三〇〇メートル離れて出土した例があるから、水量の多い溝では木簡が投棄地点からかなりの距離流されることがある（『平城宮木簡三』二四頁）。いずれの木簡も門のところで機能を果たし、不要になって廃棄されたものであろう。

B類の㉗もA類の三点の特徴を持つ。異なるのは差出と充先を記し、牒の文書様式を採り、通行する門をA類のように「出入」と記さず、充先として示す点である。

門牓制は宮城門・宮門において通行する門を指定し、物資の品目・数量を記した門牓によって勘検する制度であり、上記のA類とB類の㉗に共通する三点の特徴と合致するから、これら四点の木簡が門牓制に関するものであることは明らかである。

B類の㉕㉖の二点は㉗と同じく差出と充先を記し、移の文書様式を採り、宮城門を充先にし、また宮城門の前面の溝から出土している点で、やはり門牓制と関係するものと見るべきである(25)。搬出の物品と数量が明らかでないが、それは欠損の部分に記されていたと思われる。西金堂の造仏所作物帳によれば、泉津で材木を銭で買い車で運んでいるから、搬出の物品として銭または材木を載せてくる車が記されていたのではないか。いうまでもなく泉津は泉川すなわち木津川の木津付近にあった津で、川を筏で運んできた材木は泉津で上げられて平城京まで車で運ばれたのである。(26)このようにA・B類の六点は宮城門の物資の通行のための門牓制に関わる木簡であるが、門牓制のなかでどのような役割を果したのであろうか。

牓の語義は立て札、懸け札で、令文に見える「牓」には明らかに立て札と思われるものがあり（捕亡令6有死人条、獄令9囚死条）、門牓は木簡の可能性があるから、これらの木簡が門牓そのものであることも考えられないではない。しかし前述の通り、門牓は本司の請求を受けて中務省が衛門府に発給するのに対して、これら六点の木簡はすべて差出が中務省ではなく、また木簡の授受に中務省が関与した形跡もないこと、加えて大きな根拠にはならないが、公式令で門牓の数字に大字を用いる規定であるのに対して、これらの木簡が数字に大字を用いていないことの二点から、これら六点の木簡は門牓そのものでないと考える。

物品を運搬する官司を差出、門司を充先とする移または牒の様式のB類が正式であり、一方A類は略式であるが、やはり運搬の官司を差出、門司を充先とする文書と考えられる。これらの木簡は宮城門の近辺から出土することからみて、充先側（門司）で廃棄されたと考えられる。⑱が宮城門SB一九〇〇の外の土壙から出土し、㉕〜㉗も溝であるが宮城門SB一〇二〇〇の直近から出土していることはそのことを示す。⑲⑳は前述のように水流によって移動しているが、宮城門SB五〇〇〇の付近で廃棄されたと推定できる。これらの木簡は差出（運搬の官司）から充先（宮城門門司）に移動し、そこで不要になって廃棄されたのである。廃棄地点＝出土地点は充先である。これらの木簡は門司によって門牓制による門の通行の勘検に用いられたのである。これらをふまえて門牓と木簡の役割と動きを復原すると次の通りである。すなわち、第5図に示すように、各官司は物資の運搬に当たって、中務省に門牓を申請し、門牓が中務省から発給されて衛門府を経て門司へ付せられる。一方各官司は門司充ての木簡を作成し、運搬に当たる人は物資とともにこの木簡を携帯して指定された門に赴き、木簡を門司に渡す。門司は門牓とその人の携帯してきた木簡、物資を照合し、誤りなければ通行を許可する。これらの木簡は、運搬に当たる官司が門司に対して、運搬する物資の内容・数量を明示し、運搬に当たる人の身分を保障する、いわば通行証の機能を果たす木簡と考えられる。そして門司による勘検を受けたところで不要になり廃棄されたのである。

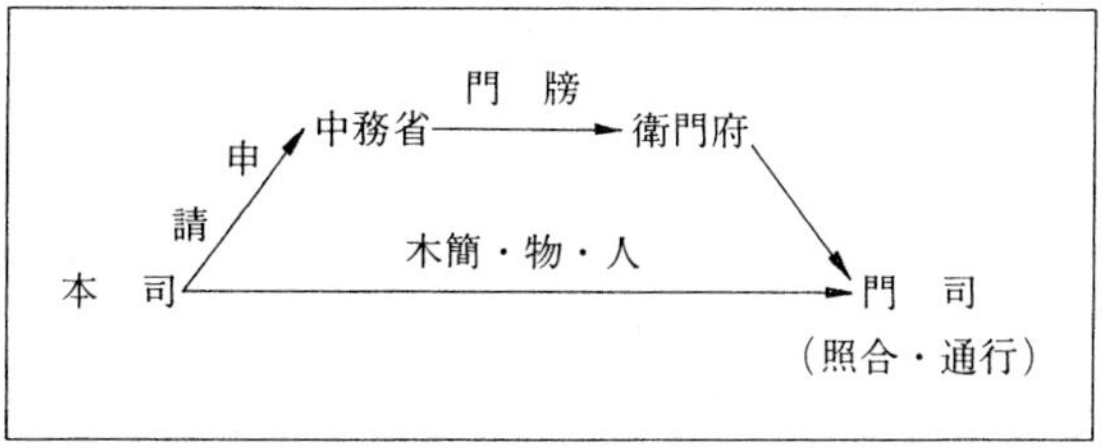

第5図　門牓制のしくみ

角筆による勘検　⑳は内容が不明の点があるが、宮城門の出入に関するものであること、差出が衛府の大尉であることから、⑭儀仗軍器条の適用例で、兵器の搬出・入に関するものであろう。この木簡で重要なのは、角筆で門司の勘検のメモが記されていることである。小林芳規氏は、この木簡の表に角筆によって線が引かれており、その線は物資の数量を勘検した折りの数をメモしたものであることを指摘した[27]。角筆研究の第一人者たる小林氏ならではの卓見である。小林氏によれば、角筆は象牙・木・竹などで作られ、一端を尖らせ、被写面を凹ませて文字などを書く筆記具であり、典籍などの紙にばかりでなく木簡にも用いられた。中国の居延漢簡・武威漢簡にすでに用いられた例があって、日本の木簡でも藤原宮木簡（『藤原宮木簡二』六七七）、平城宮木簡、長岡京木簡（『長岡京木簡二』二六五・二九八）、伊場木簡（『伊場木簡』六四）などに例があり、長岡京木簡二九八では現在と同じく「正」字を記して数を数えている。原物の観察によれば、⑳では表の「小」字から下端にかけて墨書の右の余白に角筆で左から右へ引いた四一条の線がある（第6図）。上から二〇条は上に曲がった弧線、下から三条は下に曲がった弧線である。墨書

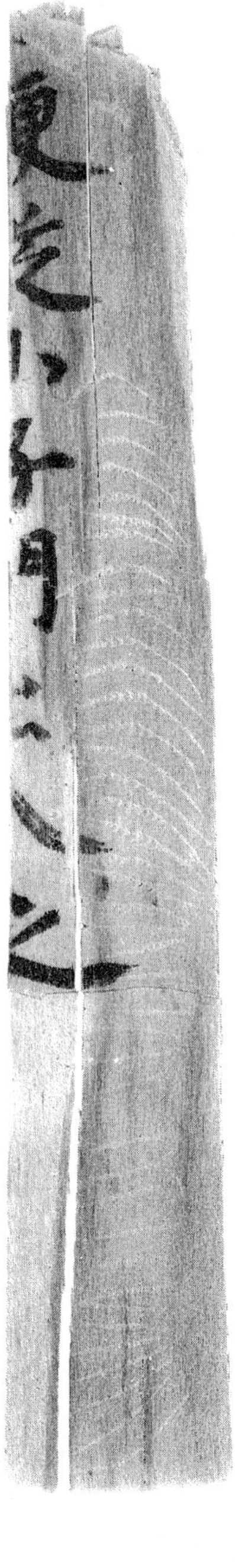

第6図　小子門木簡の角筆の線　平城宮

と線の関係は「入」字と線がわずかに重なり、線の中に墨書があるが、前後関係は確定できない。ただし線が墨書を避けて余白に引かれていることから墨書の後に引かれたものと考えられる。この角筆の線は、小林氏の指摘の通り、勘検に当たった門司が物資の数量を数えて確認するために記したものであろう。この線は、この木簡が門司に手渡されて勘検における物品の数量の照合に用いられたことを明確に示す。またこれによって差出・充先が不明確なA類も門司に渡されたことが明らかである。門司の官人が野外で勘検などに用いるのには墨筆よりも角筆の方が簡便で使いやすかったのであろう。なお物資一般に関する(18)(19)(25)～(27)の木簡は搬出の際のみに必要であったのに対して、この軍器に関する(20)の木簡は搬出のほかに搬入の際にも機能したと考えられる。

門号の比定　前述のようにこれらの木簡は充先の宮城門門司、あるいは通行を指定された宮城門で廃棄されたから、出土地点の近辺の宮城門に充先の宮城門、あるいは通行を指定された宮城門の門号を比定することができる。すなわち、(18)によって藤原宮の北面中門ＳＢ一九〇〇の門号は蝮王門または猪使門、(19)(20)によって平城宮の東張出部南面西端の門ＳＢ五〇〇〇の門号は小子門と比定できる。藤原宮の二門の配置は、弘仁・貞観式による長岡宮・平安宮の門号配置と同じく北面中門が猪使門、東門が丹比門と推定される（前稿Ｂ）。平城宮の小子門は、前述のように小子部門の略記で、小子部連氏に基づく氏族名門号である。

ところが南面西門ＳＢ一〇二〇〇については(25)(26)によれば若犬養門、(27)によればＳＢ五〇〇〇と同じく小子部門となるという矛盾に陥る。私は(27)がこの地点から出土する理由を現在説明できないが、[28]やはりＳＢ五〇〇〇が小子部門、ＳＢ一〇二〇〇が若犬養門と考定する。その理由は、ＳＢ一〇二〇〇については、長岡宮・平安宮では門号は東面では変化があるが他の三面は変わらず、南面西門は若犬養門であること、(25)(26)のほかにＳＤ一一二五〇のこの地区から「若犬甘門」の断簡が出土していること（『平城宮発掘調査出土木簡概報十五』一六頁下）、また一方ＳＢ五〇〇〇については、(19)(20)のほかに門の内側から(21)の小子門の習書が出土し、藤原宮でも(23)少子部門の木簡は宮城東面北門の前の東面の外堀ＳＤ一七〇から出土し、東面の宮城門と推定されるからである。[29]

(27)は問題があるが、これらの木簡は門の通行証という性格から、廃棄すなわち出土地点近辺の門の遺構に、木簡の記載のうち通行が指定された門または充先の門の門号を比定することができるのである。

小子門出入の習書　(21)の平城宮出土の小子門の習書木簡についてふれておきたい。これは出土地点から見て、小子部門の内側にあって常に同門を通行に使用している官司の官人が記した習書であろう。習書ではあるが、内容は「謹啓」とあるから官人から所属の官司に小子門の通行を申請する内容であろう。宮城門たる小子門の出入に関するものであるから、兵器の出入を申請したものと考えられる。官司が門の通行について中務省に申請する前に、官司内で官人からこのような申請文書が出されることがあることを、この木簡は示している。

おわりに

門牓制を一事例として、遺構・遺跡の性格を考える方法について考察した。ある制度とそれにおける木簡の役割の解明によって、木簡のライフサイクルを復原し、木簡の内容と出土地点・遺構の関係を明らかにし、それによって遺構の性格を考えるのである。内容をまとめ、残された問題について述べることにする。

(ア) 宮城の諸門の人の通行に関する門籍制と門籍木簡について考察した。門に着ける門籍の様式を推定した。門籍の性格から門籍の出土する地域に内裏、あるいはそれに準ずる施設が存することを指摘した。門籍を本司↓中務省↓衛府で授受するのにそえる文書が紙であるのに対して、門籍が木簡であるのはいうまでもなく門に着けて野外にさらすからであろう。

(イ) 宮城の諸門の物資の通行に関する門牓制においては、物資の運搬に当たる官司が中務省に申請し、中務省が発給した門牓が衛門府を経て各門の門司に付される。一方運搬の官司は門司充ての木簡を作成し、運搬に当たる人が物資とともに携行して門司にもたらす。木簡の様式は二類あるが、物品名・数量、通行する門の号が記され、この木簡は門司に対して、運搬した物資の内容・数量を明示し、運搬に当たる人の身分を証明する通行証の機能を有する。門司が門牓と木簡、物資を照合して誤りがなければ通行を許可する。

(ウ) この木簡のライフサイクルは、第5図のように、運搬に当たる官司が作成し、運搬に当たる人が物資とともに門司まで携行し、門司が受け取って勘検に用い、そこで不要になって廃棄される。廃棄地点⫲出土地点の近辺の門に、木簡に充先あるいは通行が指定された門の号を比定することができる。これが本稿が意図した制度に基づく木簡のライフサイクルの復原と、それによる遺構・遺跡の性格の解明の方法である。

（エ）門牓制全体のなかで、本司の申請に始まり、中務省→衛門府→門司という門牓の授受と、本司→門司という木簡の授受の二系列の文書の授受が行われた。官司間の文書授受において前者が正式なもの、後者が副次的で、物資の移動にともなうものと考えられる。この事例を紙と木簡という観点から見る場合、門牓というものがさきに可能性を指摘したように木簡なのか、紙なのかが問題になる。もし紙ならば、正式な文書としては紙を、副次的な文書として、また実際の物資の移動とともには木簡を使うといえる。しかし門牓が木簡か紙かを確認できないので、ここでは問題点を指摘するにとどめたい。

（オ）横田拓実氏、岸俊男氏は、文書簡が人や物とともに移動する性格をもつことから、文書簡一般が門籍・門牓制に関係して門の通行証の機能を持つことを指摘したが、[30] すでに指摘したように、門籍・門牓制では通行の門が指定され前述の門牓制の木簡には門号が記載されており、文書簡一般とは区別される。また門牓制では物資一般では搬出のみが規制されるから、宮外からの物の進上などの木簡は門牓制とは関係ない。従って門牓制に関わるのは前述の特別な木簡であって、文書簡一般が門籍・門牓制に関わる通行証の機能を持つとは考えられない（第一編第一章Ｉ）。

注

（1）横田拓実「文書様木簡の諸問題」（奈良国立文化財研究所『研究論集』Ⅳ、一九七八年）。

（2）今泉隆雄「平城宮の小子門について」（奈良国立文化財研究所『平城宮木簡三　解説』総説第三章、一九八一年。前稿Ａと略称する）。そのほか著者の関係する論文として次の二編がある。「長岡宮宮城門号考」、付論「藤原宮・平城宮の宮城門号」（今泉隆雄『古代宮都の研究』第三部第三章、一九九三年。前稿Ｂとする）。「一九八一年出土の木簡」の「平城宮跡・第一次朝堂院地区（第一三六次調査）」（『木簡研究』四、一九八二年。前稿Ｃとする）。

(3) 前稿A以後、関係する研究として、直木孝次郎「木簡と小子門」(『日本歴史』四一六、一九八三年)、渡辺晃宏「平城宮東面宮城門号考」(虎尾俊哉編『律令国家の政務と儀礼』、一九九五年)がある。

(4) 『令集解』(国史大系本)の諸説の所在を頁数(上段)・行数(下段)で示す。行数は大字の令文を一行(注釈の二行を一行)に数える。

(5) 奈良国立文化財研究所『平城宮発掘調査報告IX』九六〜九八頁。

(6) 令に門司は宮衛令15奉勅夜開門条、⒁18儀仗軍器条、⒂25諸門出物条の三条に見え(15条では大宝令で「門司」とするのを養老令で「衛府」と改める)、15条と25条では門司は衛府と区別され、25条では門司が各門で物資の搬出を勘校するから、門司は衛府本府とは別に各門において門の守衛に当たる衛府の詰め所と考えられる。㉗に「小子部門司」とあるから門毎に設けられた。『延喜式』にみえる宮城門の「守屋」(左衛門府式守屋条)、朱雀門の「東・西仗舎」(式部式下大祓条)などが門司の置かれる施設であろう(前稿C)。

(7) 東野治之「奈良平安時代の文献に現われた木簡」(『正倉院文書と木簡の研究』一九七七年)。

(8) 長岡京左京三条二坊一町出土の次の木簡は令文の物の守衛のための禁中宿衛の適用例である。

㉘・嶋院(線刻)≡物守斐太一人飯參升

・□□□□□　十月廿三日領

(『長岡京木簡二』五三七)

嶋院の物守の斐太への飯の支給の木簡である。嶋院は天皇が曲水の宴を催した園池をもつ離宮で(『続日本紀』延暦四年三月戊戌条)、内裏に準ずる施設であろう。斐太は飛驒匠で、造営のために嶋院に入り、物の守衛に当たっているのであろう。

(9) 今泉隆雄「八世紀造宮官司考」(『古代宮都の研究』第三部第二章、一九九三年)。

（10）　(29)　曽〔雅カ〕□門一　右四人嶋村列　中大伴門一　右四人三龍列　〇八一

『平城宮発掘調査出土木簡概報三十一』八頁下。

（11）　館野和己「奈良・平城京左京七条一坊十六坪」（『木簡研究』一七、一九九四年出土の木簡」一九九五年）。

（12）　横田健一「朱雀門、応天門と大伴氏」（『続日本紀研究』九―九、一九六二年）。

（13）　奈良国立文化財研究所『平城京長屋王邸宅と木簡』（一九九一年）。

（14）　寺崎保広「平城京『二条大路木簡』の年代」（『日本歴史』五三一、一九九二年）。

（15）　森公章「二条大路木簡と門の警備」（奈良国立文化財研究所創立四〇周年記念論文集刊行会『文化財論叢Ⅱ』、一九九五年）。鬼頭清明「二条大路出土の門号記載木簡について」（虎尾俊哉編『律令国家の政務と儀礼』一九九五年）。

（16）　奈良国立文化財研究所『平城京左京二条三坊・三条二坊発掘調査報告――長屋王邸・藤原麻呂邸の調査――』の第Ⅴ章１Ｂ「二条大路木簡と皇后宮」（渡辺晃宏執筆、一九九五年）

（17）　令義解、古記などは弓一張、箭五十隻を各々一事と数えるとする（689/9、690/2）。

（18）　『類聚三代格』大同三年七月十日官奏、『日本後紀』大同三年七月壬寅（二十二日）条、『令集解』大同三年七月二十日官奏。

（19）　注（3）渡辺晃宏論文。同論文では門号について、ＳＢ五〇〇〇は初め小子部門、のちに的門、ＳＢ一六〇〇〇は建部門、東面中央門は県犬養門と推定する。

（20）　三案とも桁行五間、梁行二間とするが、『平城宮木簡三』では桁行中央三間一五尺、両端間一二尺（全長六九尺）、梁行一六尺等間（全長三二尺）、『奈良国立文化財研究所年報一九七八』の「平城宮跡の整備（8）」では桁行中央三間一七尺、両端間一五尺（八一尺）、梁間一五尺等間（三〇尺）、小沢毅「平城宮小子門の再検討」（『奈良国立文化財研究所年報一九九四』）では桁行中央三間一五尺、両端間一〇尺（六五尺）、梁間一五尺等間（三〇尺）と復原し、現在は小沢案によるべきである。

（21）　平城宮木簡については写真の検討によって木簡概報の釈文を変えたものがある。前掲の(9)と(25)(26)(31)である。(26)では表の「移」字の下の「若犬養」の三字は概報では読んでいないが、わずかな残画から釈読した。

（22）　ＳＤ一二五〇のこの地区からはほかに「造西仏殿司解申」の木簡が出土し、「山作所」の断簡や次の杣山に関する記録簡なども関係するものであろう（『平城宮発掘調査土木簡概報十五』一七・一八頁）。

(30) 七月七日伊久理檜山廿六人　十五日入廿人　七月十九日入十人両檜山
七月十三日和束木運十人　〇一一

(23) 福山敏男「奈良時代に於ける興福寺西金堂の造営」（『日本建築史の研究』一九四三年）。

(24) 公式令には牒は主典以上の官人が諸司に上申する公文書、および僧綱・寺家三綱と俗官官司との間の報答に用いる移式転用の牒を定めるが、実際には俗官司間の下達・平行・上申文書として用いられた（早川庄八「公式様文書と文書木簡」『木簡研究』七、一九八五年）。

(25) 南面西門前のSD一二五〇出土の次の二点も同類である可能性がある。

(31)・典薬寮移　□〔門カ〕冂
右件表勿□冂
・八□□〔月廿カ〕冂　〇一九（『平城宮発掘調査出土木簡概報十五』一八頁上）

(32)・凵□〔養カ〕門司　米四石八斗□□〔醤カ〕五斗
右充□□〔日カ〕□□如前
・凵月廿四日主典従八位上□〔佐カ〕奈黒麻呂　〇一九（同一七頁上）

(26) (25)(26)をこのように解すると造西仏殿司は宮内に存することになる。同司の官人は皇后宮職の官人が兼任していたと思われ、当時皇后宮職大夫は大夫従四位下兼催造監小野朝臣牛養であり（『大日本古文書』一－五五二頁）、長官が皇后宮職大夫と宮内の改作に当たる催造司監を兼ねているから、造西仏殿司の事務部門の本司は宮内にあり、実際に造営に当たる現場の部所とは別だったのであろう。

(27) 小林芳規『角筆文献の国語学的研究　研究篇』第四章第一節（一九八七年）。『角筆のみちびく世界　日本古代・中世への照明』二六八頁（一九八九年、中公新書）。

(28) (25)(26)が出土したSD一二五〇からは同時に衛門府関係の木簡が多数出土していて、この二点も含めてそれらは、この門を守衛した衛門府の門司から廃棄されたものと考えられる（前稿C）。これに対して(27)が出土したSD一〇二五〇の木簡群には衛門府関係のものがないから、この木簡群は門司から廃棄されたものと考えられない。従って(27)によってSD一〇二五〇の門号を考定することはできない。

(29) 前稿Bでは藤原宮の東面門は、北から山部門、建部門、少子部門と推定した。

(30) 横田拓実注(1)論文、岸俊男「木簡研究の課題」（『宮都と木簡』一九七七年、一九七六年初出）。

(補注) 大宝令の宮閤門条の復原に関しては、瀧川政次郎氏（『律令の研究』一九三一年）、八木充氏（「律令制都宮の形成課程」『律令国家成立課程の研究』所収、一九六八年）、仁井田陞・池田温氏『唐令拾遺補』（一九九七年）などの諸説があって、門籍制を適用する門、門籍の作成主体について相違があり、いずれも養老令文と異なる。養老令文と異なる復原の根拠となるのは、『令集解』宮閤門条の次の古記である。

古記云、外門、謂最外四面十二大門也、主当門司、謂門部也、其中門、謂衛門与衛士共防守也、門始著籍此門也、内門、謂兵衛主当門之（司か）也、（673 3）

『唐令拾遺補』で瀧川・八木説に対する批判がなされているので、かりに同書の復原に従うとすると、門籍制は外・中・内門に適用され、門籍は外門は門司、中・内門は本司が作成するということになる。しかし外門の門籍について、本司ではなく、官人の異動を知らない門司が作成するのは困難であり、また門司が作成した門籍が中務省、衛府を経て便門の門司に着けられるというのは手続き上おかしいのではないか。また前引の古記は、門籍制は養老令と同じく中門（宮門）・内門（閤門）に適用されるとする。さらに『唐令拾遺』では宮衛令に京城門、皇城門、宮城門、宮門、殿門、閤門の門の種類に関する条文を復原する。これらの点から、大宝令には唐令に対応して外門、中門、内門の門の種類に関する条文があり、前引の古記はその条文に関する注釈で、宮閤門条は内容的に養老令と同じ規定であった可能性がある。養老令では門号の条文が削除され、その古記が門籍についてふれているので、宮閤門条に引用されたのであろう。この考えが認められないとしても古記によって少くとも天平十年前後以後門籍制は中門・内門に適用されたのは確かである。なお榎本淳一氏は大宝令には宮衛令はなくその条文が軍防令に含まれていた可能性を指摘する（「養老律令試論」『日本律令制論集』上、一九九三年）。

（付記）新稿。関係する論文は「平城宮の小子門について」（奈良国立文化財研究所『平城宮木簡三　解説』総説第三章、一九八一年三月）。原史料・写真の調査について奈良国立文化財研究所平城宮跡発掘調査部史料調査室にお世話になった。

第五章　文書木簡の廃棄と計会制度

はじめに

木簡は、正倉院などに伝世する一部を除き大部分が発掘によって出土するので、「発掘された文献史料」ということができる。従って木簡は文献史料としてだけではなく、発掘調査において考古学資料として活用できる。発掘調査において木簡が出土する利点は大きい。一つには木簡によって遺跡の性格について考察できることであり、二つには遺構や共伴遺物の年代を決定できることである。私は前稿「木簡と歴史考古学」(1)において、木簡をこの二つのことに活用する上での方法上の問題点を検討したことがある。本稿は前稿を受け、後者の問題に関連して文書木簡が廃棄される時期について考察しようとするものである。

木簡には年紀が記されることがあり、また内容から年代が推測されることがあって、一般的にその年紀・年代によって木簡が出土した遺構や共伴した遺物の年代を決定することが行われている。木簡を遺構・遺物の年代決定に利用するためには、厳密に考えると次のような問題がある。すなわち、木簡は作成され一定の機能を果たし、不要になって廃棄される。木簡に記載された年紀または内容から推測される年代は、別のこともあるが、大部分は木簡の作成時期を示す。これに対して遺構や共伴した遺物の年代は木簡の廃棄された時期による。従って厳密に言えば、木簡の年代によって遺構・遺物の年代を決定するためには、木簡の作成から廃棄までの期間を明らかにすることが必要である。一般的にこの期間は短いと思われているが、前稿で検討した結果、木簡の内容分類によって異なることが明らかになった。すなわち、作成から廃棄までの期間は、文書は比較的短い。荷札は貢進物に複数付けられ、貢進物の収納の際にはずされて検収事務に用いられるものと、収納後も荷物に残されて消費段階に至ってはずされるものがあり、前者は検収事務が終われば不要になるから短期間であり、後者は品目によって長短があり、魚・貝・海藻などの海産物のように保存しにくいものはすぐに消費されるから短期間であるが、塩のように保存のきくものは二十年以上も保管されて消費された例があって、長期間になることがある。題籤軸は文書を保存することがあるから、数年におよぶことがある。習書は記載された年次と関係なく古い年紀が記されることがある。

このうち文書木簡について短期間と考えた根拠は次の二点である。(1)文書木簡の日付は大部分が年紀を省略して月日のみを記載するが、これは文書木簡が短期間に不要になるからである。(2)木簡は紙に比べて記載文字数の割にかさばるために、長文のものと長期間保存を要するものの書写には適さず、日々の個別的な内容の文書・記録に用いられ、さらに文書木簡は一定期間ごとに作成される紙の正式な文書の材料に利用された。従って紙の正式な文書が作成されれば不要になるから、短期間のうちに廃棄されたと考えられる。これらの根拠は現在でも成立すると考えるが、さらに短期間のうちに廃棄されたと考えられる事例を提示し、また廃棄までの期間が具体的にどれぐらいなのかを明らかにしたいと思っていた。これらの問題の解決は困難なことであるが、かって作成を担当した『長岡京木簡一』の中にこれらの問題を考察できる材料を見出したので、ここで改めて考えてみることにしたい。

一　公文書の保存

文書木簡の作成から廃棄までの期間を考察する前提として、律令制における公文書の保存に関する法制について一瞥しておきたい。後述のようにこれらの法制は紙本の正式な文書に適用されるもので文書木簡には適用されないが、一つの目安として見ておくものである。

令の文書保存規定　令において公文書の保存については公式令の次の二条に規定されている。

(1)　公式令82案成条

凡案成者、具条二納目一。目皆案レ軸。書二其上端一云、某年某月某司納案目。毎二十五日一納レ庫使レ訖。其詔勅目、別所安置。

(2)　公式令83文案条

凡文案、詔勅奏案、及考案、補官解官案、祥瑞財物婚田良賤市估案、如レ此之類、常留。以外、年別検簡、三年一除之。具録二事目一為レ記。其須レ為二年限一者、量レ事留納。限満准除。

(1)によれば、各官司では半月毎に本司作成の文書の本案および他司から来た文書を成巻し、別にその文書の目録を作成・成巻し、両者を文書庫に保管する。[2] 成巻した本案と文書を「案成」と呼ぶ。目録には成巻文書の内容が一条毎に記され、軸の上端には「年月＋官司名＋納案目」のように記して見出しとする。この軸は正倉院に伝存し、また発掘調査によって出土する題籤軸と呼んでいる形態のものである。目録は成巻文書の索引の役割を果たす。こうして保管された公文書は、(2)によれば、特別に永久保存に指定されたもの以外は、年別に検簡して三年を経たものは除棄し、除棄した文書の目録を作成する。いいかえれば、一般的に公文書の保存期間は三年間である。この三年間保存は唐令の規定を踏襲したものである（『唐令拾遺』公式令43条）。次の『延喜式』も含めて、規定が保存期間でなく除棄年数を定める形になっているのは、公文書が一度文書庫に保管されるからである。永久保存と決められているのは、詔・勅・奏案、考案（考文）、補官・解官案（任官簿・解簿）、祥瑞（祥瑞の表奏と案）、財物（財物帳、財物の争訟の判決文）、婚（五位以上の妻妾の名帳）、田（田図・田籍）、良賤（良賤の争訟の判決文）、市估案（市の貨物の時価を調査した簿）のそれぞれに関する施行された文書と案である。周知のようにこのほか戸籍については、戸令22戸籍条に五比＝三十年間保存、庚午年籍は永久保存と規定されている。

延喜式の文書保存規定　『延喜式』では、個別の文書ごとに「〇年一除」と除棄すべき年数を定める形で、保存期間を定めた条文がある。管見では、A主計式下帳除条（新訂増補国史大系六二六頁）、B主税式上（六五四頁）、C宮内式（七五五頁）、D勘解由使式（九五〇頁）に規定する。それらを整理すると次の通りで、保存期間を年数によって四ランクに定める。

十年　官舎帳・池溝帳（B）

六年　大帳（A）、宮内省被管諸司考選文・親王家令以下考文（C）

三年　調庸帳・死亡帳・俘囚帳・隠首帳・（四）季帳・諸司返上帳（A）、正税倉付帳・租目録帳・租損益帳（B）、年終帳（D）

一年　雑任帳（A）

これらの規定と(2)文案条の関係は明確でない点があるが、もし文案条の一般的な公文書の三年保存の規定が実効性を有していれば、『延喜式』で個別文書について三年保存を規定する必要がないから、これらの条文の基が定められた時期には文案条は形骸化していたのであろう。『延喜式』A～Dの条文のうち制定時期が明らかなのはDだけで、貞観十三年（八七一）十二月に年終帳は弘仁十三（八二二）年と天長四年（八二七）帳を證帳として永久保存し、それ以外は三年除棄とすることが定められ（『日本三代実録』貞観十三年十二月五日丙午条）、これが同内容でDに継承されている。従っておそくとも九世紀後半までには文案条は形骸化していたと考えられる。

延喜式制で注目すべきは、公文書の個別的な保存期間のなかではやはり三年の例が一〇例と最も多いことである。これは公式令の一般的な公文書の保存期間を踏襲したものであり、従って律令制の公文書の保存期間の基本は三年間と考えられる。これらの令制、延喜式制がどのように実施されたかについては、正倉院文書をはじめとする古文書の表裏の第一次・二次文書の年代を調査する必要があるが、ここでは目安として法制についてのみふれることにする。

公式令と『延喜式』の条文が保存の対象にしている公文書は紙本の文書と考えられる。(1)案成条は文書の成巻を前提にしているし、(2)文案条の永久保存として挙げられているのも紙本の文書であり、三年保存の例として『令義解』と令釈は国の税簿すなわち正税帳を挙げている。『延喜式』の条文の挙げている文書も紙本の文書である。従ってこれらの規定は文書木簡には適用されない。しかし前述したように、木簡は紙に比べて記載できる文字数の割にかさばり、長期保存に適さないから、その保存期間は紙本の文書より短いと考えられる。従って文書木簡の保存期間は紙本の文書のそれの三年より短いと考えてよいであろう。

二　長岡京太政官厨家の請飯文書

長岡京左京三条二坊八町は、宮城東南隅から二条大路沿いに東に進んで二町目の南に位置する町である。この町は、出土木簡から太政官厨家の所在地と推定されている。この町のほぼ南北二等分線上に東西溝SD一三〇一が位置する。古い溝Aと新しい溝Bが重複している。ここで文書木簡の保存期間の問題の検討の素材とするのは、溝SD一三〇一―Bから出土した一群の請飯文書である。SD一三〇一―Bから出土する木簡およびその他の遺物は、太政官厨家から一括廃棄されたもので、木簡の年代は延暦八・九年（七八九・九〇）を中心とする。その中の一群の請飯文書は太政官の各部署から太政官厨家に常食の飯を請求したものと考えられている。これらの木簡はすでに『長岡京木簡一』(3)に報告されているが、同書の刊行以後、研究・調査の進展によって訂正すべき点も出てきており、それらは『長岡京木簡二』(4)にまとめられているので、同書を参照しながら遺構などについて述べる。

左京三条二坊八町とSD一三〇一　長岡京左京三条二坊八町(5)に関しては、これまで左京第一三、二二一―一・二、五一、九五、二〇八次、第八五六六・八九一三七次立会調査の七回の調査が行われ、町西南隅で町西辺大垣の東側溝SD五二〇二を（左京第八五六六次立会調査）、SD一三〇一の位置する町東辺の中央部で、八町と東隣する九町の間の坊間小路の西側溝SD二二一一・二二一二（第二二一―一次調査）、東側溝SD五一〇一・五一〇二・五一〇四・五一〇五を検出し（第五一次調査）、町の東西辺が明らかになった（第7図、一九九頁）。

SD一三〇一―A・Bはこれまで右記の調査のうち第八五六六次調査を除く六回の調査で検出した。現在検出しているSD一三〇一は西端が八町中央部西寄りの地点から始まり、東に伸びて坊間小路を横断し九町に至り、総延長が約一〇〇メートルに及ぶ。前記の坊間小路東・西側溝はいずれもSD一三〇一に合流する。『長岡京木簡一』ではSD一三〇一―A・Bは同位置で重複する人工的な溝と考えていたが、左京第二〇八次調査によってBが町の南北二等分線上の真東西方向の人工的な溝であるのに対して、Aは西南西から東北東に斜行する自然の流路であることが明らかになった。(6)AもBも水は西から東に流れる。

ここで取り上げる請飯文書は第一三次、第二二一一次調査で出土しているので、両調査のSD一三〇一について述べる（第8図、二〇一頁）。第一三次調査区は八町のほぼ中央部に位置し、第二二一一次調査区はそれから東に約三〇メートルの間をあけて設けられ、SD一三〇一は前者で二一区〜二八区にわたって約二三メートル、後者で三五区〜四五区にわたって約三〇メートルを検出した。後者の調査区の東端で坊間小路の西側溝SD二二一一・二二一二がSD一三〇一に合流し、SD一三〇一はその合流点の西（四四区以西）が八町の中で、その東は坊間小路路面になる。両調査区ではAとBがほぼ重複し、第一三次調査区では、Aは幅三・二〜三・九メートル、深さ約六〇センチメートルの素掘溝である。Bは両岸を杭と側板で護岸した溝で、Aの両岸の内側で、Aの水流による自然堆積層の上から杭を打ちその外側に側板を当てその外側を埋めている。幅一・五メートル、深さ三〇センチメートル。第二二一一次調査区では状況が異なり、AもBも素掘り溝である。両調査区ともSD一三〇一の堆積層は、Aは水流による自然堆積、Bは一時期に埋め立てた土で、その中に木簡をはじめとする多くの遺物が包含されていた。Bのこのような出土状況は重要で、木簡をはじめとする遺物は一括廃棄され、相互に関係するものとして把握できる。木簡の出土点数は第一三次調査区でSD一三〇一―Aから九点、Bから二〇六点、第二二一一次調査区でAから二八点、Bから六五点である。これらSD一三〇一―Bおよび八町西南隅のSD五二〇二の出土木簡は、内容的にみて太政官厨家から廃棄されたものので、そのことから八町が太政官厨家の所在地と推定された。(8)

請飯文書の出土状況　問題の一群の請飯文書が延暦八年（七八九）八月から九年（七九〇）六月までの十一ヵ月分のものであることが本論の基礎になるので、まずこのことを、出土状況、書式・記載内容の共通性などから論証することにする。第一三次・二二一一次調査のSD一三〇一―Bから、断簡も含めて同類の請飯文書が二九点出土している（第11表）。(9) 第一三次調査区から二八点、第二二一一次調査区から一点である。小地区毎の出土分布をみると第12表の

第11表　請飯文書木簡

分類	番号	支給対象	請求品目	年月日	署名者	形態	材	法量	出土地区	備考
a類	九	考所	飯参升	延暦八年八月十日	左船人吉 右葛井千縄	〇一一	檜・板	二七〇×三〇×四	23	上端穿孔
	一二	写手	飯肆升	九月廿三日	八雲	〇一一	檜・柾	二四一×一八×四	23	下端穿孔
	一〇	考所	飯肆升	十月一日	雅万呂	〇一一	檜・板	二一〇×三〇×三	23	
	一三	書工	食四升	十月二日	八雲	〇一一	檜・板	二三四×二六×二	23	同材
	一四	書手	飯四升	十月三日	輕間嶋枌	〇一一	檜・板	一七九×二五×二	23	同材
	一一	書手	飯肆升	延暦八年十月十日	臺八雲	〇一一	檜・板	二五一×二一×五	23	裏に習書
	一五	書手	飯四升	十月十二日	輕間嶋枌	〇一一	檜・板	二〇二×二七×四	23	
	一六	書手	飯四升	十月十三日	輕間嶋枌	〇一一	檜・板	二四八×二八×三	23	
	三四	書生料	飯肆升	十月十五日	安都笠主	〇一一	檜・板	二〇八×二四×四	23	
	一七	書手	飯四升	十月十七日	輕間嶋枌	〇一一	檜・板	二〇三×二三×四	23	上端穿孔
	一八	書手	飯四升	十月廿六日	輕間嶋枌	〇一一	杉・板	二八四×三一×八	23	
	一九	書手	飯四升	十一月九日	輕間嶋枌	〇一一	檜・板	二七八×三二×四	23	
	二〇	書手	飯四升	十一月九日	輕間嶋枌	〇一一	檜・板	一九七×二四×四	23	左辺中央穿孔 同材
	二一	書手	飯四升	十一月十日	輕間嶋枌	〇一九	檜・板	(一七六)×二五×四	23	同材
	二二	書手	飯四升	十一月十二日	輕間嶋枌	〇一九	檜・板	二五二×(一〇)×四	40	第二二―一次
b類	二三		飯四升	十二月廿三日	輕間嶋枌	〇一一	檜・板	二〇四×二二×三	23	
	三三		飯四升	二月廿三日	輕間嶋枌	〇一一	檜・板	一七六×二三×三	23	
	二四		飯四升	三月八日	輕間嶋枌	〇一一	檜・板	一八二×二一×三	23	
	二五		飯四升	三月十一日	輕間嶋枌	〇一一	檜・板	一六六×二六×二	23	
	三六		飯四升	三月廿⌈		〇八一	檜・板	(七五)×(八)×二	23	
	三五		飯四升	四月六日		〇一一	檜・柾	一九四×一九×三	23	
	二六		⌊四升	五月五日	輕間嶋枌	〇五一	檜・板	一五四×一四×四	25	二次的整形

二七	飯四升	五月十七日	軽間嶋枌	〇一一	檜・板	二〇九×二八×五	23	下端穿孔
二二	飯四升	五月廿二日	嶋次	〇一一	檜・板	一五一×二五×四	23	
二九	飯□□	六月廿一日	軽間嶋枌	〇一九	檜・板	一七二×(二二)×三	25	
二八	飯肆升	六月廿五日	軽間嶋枌	〇一一	檜・板	一六四×二九×四	23	表裏に習書
三〇	飯四升	六月廿九日	軽間嶋枌	〇一一	檜・板	一八四×一八×四	24	
三一	飯四升	□月廿三日	軽間嶋枌	〇一一	檜・板	一六四×一九×五	22	
三三	飯弐斗			〇一九	檜・板	(二〇九)×二〇×六	23	

通りで、前者では二三区が二四点(八三%)で集中し、そのほかにその東西の二二区、二四・二五区から出土する。この出土状況からこの二八点はきわめて一括性の強いもので、一括して廃棄されたもので本来一括して保管されていたものと考えられる。後者では前者の出土地点から約四二メートル離れた四〇区から一点が出土しており、前者と一括できるものとは言いにくいが、もともとSD一三〇一－Bの出土遺物は同時期の太政官厨家から廃棄されたものであり、また書式からみても後者の一点も前者の二八点と元来一括されていたものと考える。

請飯文書の書式　これらの請飯文書は、延暦八・九年(七八九・七九〇)に太政官の史生が太政官厨家へ常食の飯を請求したものと考えられている。これら二九点の請飯文書は、書式・記載内容において共通性を有し、その上で書式、日付の月の相違によってa類一五点、b類一四点の二類に分類できる。

a類　「請」＋支給対象者＋「飯」＋升量＋日付＋署名

八・九・十・十一月

一四　請書手飯四升十月三日軽間嶋枌

一〇　考所飯肆升「十」〔×九〕月「一」日雅万呂

三四・請飯肆升書生料

・　十月十「五」日安都笠主

b類　「請飯」＋升量＋日付＋署名

十二・二・三・四・五・六月

三三　請飯四升二月廿三日軽間嶋枌

a類・b類の記載内容の相違は、a類が飯の支給対象を記載するのに対して、b類がしないことである。a類に関して、支給対象は書手一〇点、写手・書工・書生各一点、考所二点

第12表　請飯文書木簡の出土分布

小地区	22	23	24	25………40
点　数	1	24	1	2　　　1
%	*3*	*83*	*3*	*7*　　　*3*

である。書手・写手・書工・書生は表記こそ異なるが、臺八雲署名の三点に書手・書工・写手とあることや（一一～一三）、同一材から作られた(10)二箇で、書手・書工とあることから（一四・一三）、すべて同一職で、正史に書生と見える下級の書記官に当たると思われる。考所は太政官における考課事務のために置かれた所と考えられている。日付の中で十一月九日の同日のが二点、また十月一・二・三日、十月十二・十三日、十一月九・十日の連続するものがあることから、これらは書生・考所の日々の常食の飯の請求文書であると考えられる。a類の書式は軽間嶋枌の署名の九点と臺八雲の署名の三点のあわせて一二点は、右記に掲げた書式であるが、支給対象が考所で執筆者が葛井千縄と雅万呂の九・一〇の二点は「請」字を省き、安都笠主の署名の三四は支給対象を「書生料」として升量の下に記し、また他の請飯文書が後に書かれた習書を除いて一面に記すのに対して、表裏二面に記載するなどの点で異なり、全体としてバラエティがある。しかし基本的にはa類は記載内容が右記に掲げたもので共通する。

b類は破損して不明のものを除く一一点が、すべて右記の書式できわめて画一的である。署名者は軽間嶋枌が一〇点、嶋次が一点である。嶋枌は古代人名として見なれないが、枌はスキと訓じ、嶋次と同名の可能性もある。ただし嶋次の三三は軽間嶋枌の木簡と同筆ではない（『長岡京木簡一』一四の補注）。b類の支給対象はa類で書生の飯の請求者の軽間嶋枌が同じく請求者であるから、やはり書生であろう。署名者はa・b類を通じて七人見えるが、彼らは狭義の太政官と左・右弁官局の史生と考えられている。

日付の月の連続性　日付に眼を向けると、a類は八・九・十・十一月、b類は十二・二・三・四・五・六月で、b類で正月が欠けるがそれぞれで月が連続するように見える。厳密に言えば、年紀が記されているのはa類の延暦八年の二点だけだから、それぞれの月が連続するかはわからない。しかしやはり書式・記載内容に関してa類・b類がそれぞれ共通性あるいは画一性を有していることからみて、a・b類の月はそれぞれ連続するものとみるべきであろう。

さらに細かくみると、a類で日付が十月一・二・三日、十月十二・十三日、十一月九・十日と連続するものがあり、さらにその中に二組の同一材から作られた木簡があることも（三・一四、二〇・二一）日付の連続性の根拠になる。従って延暦八年の二点を含むa類は、延暦八年八月～十一月のものということになる。

次にa・b類の関係については、次の五点からやはり連続するものと考えられる。すなわち⑴a・bの月の連続は、a－bの順序ならば連続し、b－aの順序でも七月を欠くが一応連続すること、⑵前述のように両者は一括廃棄されたものであること、⑶書式・記載内容は支給対象を別にすれば、基本的に「請・飯＋升量＋日付＋署名」という点で共通すること、⑷さらに升量が九の参升、三三の弍斗の二点を除き、二六点が四（肆）升であり、また三四の表裏記載の一点を除き一面記載であるなど細かな点でも共通性がみられること、⑸署名者に両者にわたって軽間嶋枌がみられることの五点である。

その場合a・b類の順序として、第11表のようにa－bの順序とする(イ)案と、b－aの順序とする(ロ)案が考えられる。a・b類の期間は(イ)によれば延暦八年八月～九年六月、(ロ)によれば七月を欠くが延暦七年十二月～八年十一月となるが、(イ)が妥当と思われる。その根拠は、一つには溝Bの出土木簡の年紀が延暦八・九年を中心とするもので(イ)の期間に一致すること、二つには両類に見える軽間嶋枌が(イ)ならば連続するが、(ロ)では連続しなくなることである。

前者について詳しくみてみよう。第一三次調査区のSD一三〇一－Bから出土した年紀のある木簡、推定できる木簡は次の通りである（第二二一次調査では年紀のある木簡は出土していない）。全二二点あり、そのうち延暦八年が一四点（六四％）、同九年が七点（三二％）で、期間は延暦八年三月から九年五月二十一日までで、ほかに延暦二・三年（七八三・七八四）の題籤軸が一点（四％）ある。題籤軸は文書の保存に用いられ他に比べて年紀が古くなることがあるから除外して考えてよい。従ってSB一三〇一－Bの出土の木簡は延暦八・九年のもので、同九年五月以後に廃棄されたものと考えられる。このことによればａ・ｂ類の順序は(イ)案が妥当である。

以上によって、それぞれが日付の月が連続するａ・ｂ類の請飯文書は、ａ－ｂの順序に連続し、延暦八年八月から九年六月までの十一ヵ月間の木簡群と言うことになる。ただし九年正月・閏三月分がみえない。

ａ・ｂ類の時期が以上の通りであることによれば、両類の書式・記載内容の相違、すなわち支給対象記載の有無については、ａ類の時期には飯の支給対象が考所と書生の複数であり、それらを区別する必要があり、その上執筆者も五人と多かったのに対して、ｂ類の時期には支給対象が単一で、その上執筆者が二人あるいは一人であったので、支給対象を省略できたと考えられる。また書式がａ類はバラエティがあり、ｂ類が画一的なのは執筆者がａ類は多いのに対して、ｂ類は少ないからである。

保管された木簡と出土した木簡　現在出土している木簡が、もともと保管され廃棄された木簡のすべてに当たるとは考えられない。日付では欠けている月があり、出土した木簡の日付に何らの規則性もみられないから、これらは本来保管・廃棄されたものの一部が出土したと考えるべきであろう。前述のように連続する日付のものがあり、日々の常食の請求とすればほとんど毎日請求されたのであろう。

十一ヵ月間というのも中途半端で、本来は一年間分が保管され廃棄されたと考えるべきであろう。その一年間については、Ｉ案＝延暦八年八月～九年七月と、II案＝延暦八年七月～九年六月の二案が想定できる。いずれにしろ七月分が欠けていると考えるのであるが、それを最後にするか最初にするかの違いである。

小　結　ここで請飯文書についてまとめておきたい。(1)長岡京左京三条二坊八町は太政官厨家の所在地と推定され、そこの東西溝ＳＤ一三〇一－Ｂから出土した木簡をはじめとする遺物は、官厨家から一括して廃棄され埋めたてられたものである。(2)その中の二九点の請飯文書木簡は、同一地区から集中して出土すること、書式がａ・ｂ二類に分けられるが、共通した書式・記載内容を有することなどから同類の一括できる木簡である。それらは狭義の太政官または弁官局の史生が、書生・考所の日々の常食の飯を太政官厨家に請求したものと考えられる。(3)請飯文書の日付の月はほぼ連続し、これらの文書は延暦八年八月から九年六月までの十一ヵ月のものであると推定される。ただし九年正月、閏三月の分は欠けている。(4)現在出土している木簡は本来保管・廃棄されたものの一部であり、本来保管され廃棄されたのは七月分を補った一年間分であろう。その一年間は、Ⅰ案＝延暦八年八月～九年七月と、Ⅱ案＝延暦八年七月～九年六月の二案が想定できる。

ここに同類の文書簡の一年間分が一括して廃棄されたと推定される実例が明らかになった。これによれば、文書木簡は一年間分が集積されて廃棄されると考えられ、これは文書木簡の保存期間を考える材料として興味深いものである。しかしそのように考えるためには次の二点の問題がある。一つは一年間分が集積・保管されたものはすぐに廃棄されたのであろうか、それともそれからさらに数年保管されることはなかったであろうかという問題である。二つはこの個別的事例がどの程度一般化できるかという問題である。ここで集積された一年間分が、何故八月～七月あるいは七月～六月なのかについて律令制における年度の点から考え、一年間分が一括廃棄された意味を明らかにし、これらの問題に考察を進める。

三　律令制における年度

律令制の政務運営上の単位となる一年間、すなわち年度には、暦年どおり正月一日～十二月末日を一年度とするものと、前年八月一日～当年七月末日を一年度とするものがある。前記の請飯文書の一年間は後者に関係すると考えられる。後者の年度として定められているのは、(1)考課、(2)季禄、(3)公文書の計会の三つである。

考課と季禄　官人の考課については、勤務評定の対象とされ、考第を得るための前提となる上日数を計える期間がこの前年八月一日~当年七月末日の一年間である。考課令1内外官条によれば、毎年各官司では長官が記録された「一年功過行能」によってその属官の考第を八月三十日以前に校定し、それらを記した考文を京官・畿内国司は十月一日に、外国国司は十一月一日に太政官に申送すると定め、『令集解』同条の讃記によれば「一年」とは去年八月一日から今年七月三十日までであるとする。考課令59内外初位条には考課を受けるために必要な上日数を、長上官は二百四十日、分番官は百四十日、帳内・資人は二百日とそれぞれ定めるが、これらの上日を計えるのはこの期間の一年である。

季禄は、禄令1給季禄条によれば、在京職事官、大宰府官、壱岐・対馬島司に年二回半年毎に二月に春夏禄、八月に秋冬禄を支給する。支給されるためには官人はそれぞれ半年に百二十日以上の上日が必要であり、その上日計算の期間が、春夏禄は八月から正月、秋冬禄は二月から七月までの間である。季禄は半年毎になっているが、通年でみればやはり八月一日~七月末日が一年の単位になっている。季禄は上日が支給の条件であるので、考課の一年度にあわせて、半年に区切ったのである。

計会制度　公文書の計会制度とは、在京諸官司・諸国が毎年一年間に授受した公文書を記録した計会帳を太政官に申送し、太政官も自ら計会帳を作成し、在京諸司・諸国の計会帳を対勘することによって、各官司相互に授受された公文書が確実に伝達されたか否かを確認する制度であり、計会帳に登載される公文書の一年間が前年八月一日~当年七月末日である。この制度については、早川庄八氏、瀧川政次郎氏の先駆的な研究をはじめとしていくつかの研究があり(11)、計会帳に登載する文書の内容や制度の目的などの問題について見解が対立しているが、近年山下有美氏が、早川氏の律令制文書主義の観点を継承して、令条に定める計会帳の構造、計会制度の目的、唐制との比較による文書処理システムにおける日本計会制度の特質などについて明らかにした（注2論文）。ここでは主に山下論文によりながら少し詳しく計会制度について整理しておく。

計会制度は公式令19計会式条、20諸国会式条、21諸司会式条、および13符式条に定められている。早川・山下両氏によれば、計会制度は各官司相互に授受された公文書が確実に伝達されたか否かを確認することを目的とする制度で、日常の文書行政を把握し徹底させる装置である。太政官、在京諸司、諸国が毎年計会帳を作成し、計会帳にそれぞれの官司が一年間に授受した公文書を記載する。計会帳に記載する公文書については、瀧川氏、寒川照雄氏は限定された内容の文書とするが、山下氏の説くように官司間に授受されたあらゆる内容の公文書とするのが妥当である。諸国、在京諸官司の計会帳は太政官に進上され、太政官が勘会することによって、公文書の伝達が行われたか否かが確認される。

計会作業の詳細は21諸司会式条に定められ、養老令と大宝令で違いがあるが、先ず養老令の規定は次の通りである。(1)計会の対象となる一年間は前年の八月一日から当年の七月末日までと定められ、この一年を計会年度と呼んでいる。天平六年（七三四）出雲国計会帳の移部には同五年七月付けの文書四通が記載され、令の規定と矛盾するかに見えるが、これについて早川氏は、これらの文書の日付は出雲国に到着した日付ではなく発送した日付であり、これらの文書は八月一日以降に出雲国に到着したのであり、令の規定は遵守されていると考えた。(2)各官司で計会帳の作成を行い、諸国は朝集使に付して太政官に提出する。提出期限は在京諸司と畿内諸国が十月一日、外国が十一月一日である。(3)弁官の少弁と史が在京諸司の主典と朝集使を惣集して、太政官の計会帳と諸司・諸国の計会帳の照合すなわち「対勘」を行う。勘了の期限は十二月上旬である。対勘の結果「詐偽ノ隠漏」（計会帳に故意に記し漏らしたこと）が明らかになった場合は事情を追求して罰し、「脱漏」があった場合は全体の二割毎に考第一等を降す。大宝令で異なるのは次の点である。(2)について、諸国は計会帳を計帳使に付して太政官に提出し、提出期限はすべて八月末日である。(3)について、対勘に出てくるのは諸国は朝集使ではなく計帳使で、勘了期限は十月末日である。脱漏は一割毎に考第一等を降す。

計会年度が考課の年度と同じなのは、計会制度が考課と関係づけて位置づけられているからである。大宝令では計会の結果が考課に取り入れられることになっている。養老令ではそれに加えて、計会帳の太政官への提出期限が考文と同じで、諸国は朝集使が考文とともに太政官にもたらし、太政官の対勘を受けるのである。こうして考課の年度を中心にして季禄支給、公文書の計会が同じ年度によって行われるのである。

なお正月一日から十二月末日までを一年度とするのは正税帳である。正税帳はこの期間を一年度として記載されており、これが諸国の会計年度と考えられる[12]。

文書木簡の廃棄と計会制度　太政官厨家の請飯文書の木簡の保管・廃棄について考えるに当たって、それが延暦八年八月から九年六月までの十一ヵ月間分のものであり、考課・季禄・計会の年度の八月一日から七月末日までと、始めの月について一致し、終わりの月について近似することを重視したい。始終の月の一致と近似からみて、請飯文書がこのように廃棄されたのはこの年度によって、その一年度分が集積・保管されたからと考えるべきである。先に請飯文書は本来一年間分が集積・保管されたとして二案を想定したが、このように考えられるとすれば、その一年はⅠ案＝延暦八年八月〜九年七月ということになる。文書木簡のこのような一年度単位の集積・保管は、考課・季禄・計会の三つのいずれと関係するのであろうか。考課は律令官人にとって重要なことであるから、その年度が官人社会の時間を規制し、文書木簡の保管にも関係しているとも考えられるが、やはり文書木簡の保管は文書管理という点で計会制度とより直接的に関係していると考えるべきであろう。

しかしながら計会制度が請飯文書の木簡に適用され、計会帳にこれらの木簡が登載されると考えているのではない。計会制度は官司間で授受される文書に適用されるのであって、出雲国・伊勢国計会帳に登載されている文書をみても明らかなように、太政官内部において考所などの部局から太政官厨家に当てられた、日々の常食の請求文書の木簡は計会帳に登載される対象ではないと考えられる。それでは計会年度と文書木簡の保管はどのように関係するのであろうか。文書の計会制度の年度は単に計会ということだけの年度ではなく、文書行政全体の年度となり、それ故に請飯文書の木簡はその一年度分が集積・保管されたと考える。一年度分が保管される理由については、紙本の文書との関係が考えられるのではないか。

文書木簡と紙の文書　文書木簡と紙本の文書は密接に関連して用いられている。一つは、日々の個別的なことに用いられる木簡を整理して紙本の帳簿が作成されるあり方である。東野治之氏は、正倉院文書にある写経所の食口帳（食口案）は食口木簡を基に作成されたものであることを指摘している。[13]食口木簡は「食口」として一日の食米支給を記録した木簡であり、食口帳は日々の食米支給を記録した帳簿であるが、その一日分の記載様式が食口木簡と類似する。

同様の関係は天平宝字六年（七六二）造石山寺所鉄用帳・造石山寺所鉄充并作上帳[14]と、平城宮跡出土の鉄製品進上の文書木簡[15]との間にも指摘できる。前者の二帳簿は日々の材料の鉄の下充と鉄製品の製作・進上を記録した帳簿で、前記鉄用帳が草案、作上帳がその正文に当たる。木簡は製作した鉄製品の進上に関するものである。鉄用帳の一日分と木簡を掲げる。

(3)造石山寺所鉄用帳正月十六日分（『大日本古文書』五－六〇）

（前略）

正月十六日下充鉄三廷重九斤十二両作得九斤 付沸真時 損十二両五　主典安都宿祢　領下道主

作上斧四口重五斤八両　手斧四口重三斤八両　又手斧一口重十両

（後略）

(4)・北□所進挙鎹十六隻長三寸半 凵尻塞卅四枚　鐷□六隻長四寸 鐶二隻

・位并尻塞四枚 合卅二斤　本受鉄卅三斤十両損十一斤十両 「了」　神亀六年三月十三日足嶋

（奈良国立文化財研究所『平城宮木簡二』二〇八三）

両者は、本受鉄量（下充された材料の鉄量）、製品となった実量（作得量）、製造の過程で減じた損料などを記載する点で一致し、この種の帳簿はこのような木簡の集積を基に作成されたと考えられる。請飯文書の木簡がどのような紙本の文書にまとめられるか明らかでないが、これらの例は、木簡が紙本の文書作成の原資料になり、木簡は紙本の文書の原資料という意味で保存されたと考えられる。

二つは、紙本の文書の授受を前提に木簡が授受されるあり方である。『延喜式』民部式・太政官式（五七二・三三九頁）によると、公粮あるいは大粮は各官司が翌月分をまとめて毎月十一日に民部省に請求し、十六日に民部省がまとめて太政官に申上し、二十日に官符が民部省に下り二十二日に各官司に出給される。正倉院文書に七十六通残る天平十七年（七四五）の大粮申請文書は、各官司が民部省に請求する最初の段階の文書に当たる。[16]こうして翌月分の公粮が民部省から各官司にまとめて支給され、当月に各官司において各人に支給されるが、食料請求の木簡の多くはこの官司内での日々の請求に用いられたと考えられる。太政官厨家の請飯文書の木簡は太政官内部における常食の請求であるが、太政官の各部局から官厨家に前月に翌月分全体の請求が紙本の文書で行われ、それを前提に当月に日々の請求が木簡で個別的に行われたのではなかろうか。このように考えられるとすれば、木簡は紙本の文書が個別に実行された証拠として保存する意味があったと考えられる。請飯文書の木簡が一年度分集積・保管された理由が、これら二つのあり方のいずれであったかを決めることはできない。いずれのあり方でも文書木簡が紙本の文書に対して従属的な位置づけにあって、紙本の文書の存在を保証する意味で保存されたと考えられるのである。

太政官厨家の請飯文書の木簡が、文書の計会年度、さらにそれに基づく文書行政全体の年度による一年分が集積・保管され、一括して廃棄されたことは、かなり確かなことである。このように考えられるのであれば、前記の二つの問題について次のように考えられよう。一つは、このように集積・保管された一年分が文書行政の年度に基づくという必然性があるのであるから、やはりそれから数年間保管されるということはなく、一年度分が集積されると短時日のうちに一括廃棄されたと考えるべきである。もし数年間保管されたならば、請飯文書以外の木簡に、より新しい年紀の木簡が含まれそうなものであるが、そのようなことはない。二つは、この一年分が文書行政の年度という制度によることからいえば、このようなあり方はかなり一般化してよいのではないかと考えられる。

以上によってこの請飯文書の事例によれば、文書木簡が作成されて廃棄されるまでの期間は、長くても一年間という短期間と考えられる。

おわりに

迂遠な考察を要約して、むすびとしたい。

(1)公式令と『延喜式』によれば、律令制における一般的な紙本の公文書の保存期間は三年間である。文書木簡の保存期間は紙本の文書より短いと考えられるから、三年より短い。

(2)長岡京左京三条二坊八町の太政官厨家推定地の東西溝ＳＤ一三〇一－Ｂから出土した二九点の請飯文書の木簡は、太政官内の部局から太政官厨家へ常食の飯を請求した文書である。これらは延暦八年八月から九年六月までの十一ヵ月間のもので、本来一年間分が集積・保管され、一括して廃棄されたものの一部である。

(3)律令制の政務運営における年度の一つに、前年八月一日から当年七月末日までを一年度とするものがあり、考課、季禄の支給、公文書の計会がこの年度による。公文書の計会制度は、在京諸司、諸国が毎年一年間に授受した公文書を記録した計会帳を太政官に申送し、太政官も自ら計会帳を作成し、在京諸司、諸国の計会帳を勘会することによって、各官司相互に授受された公文書が確実に伝達されたか否かを確認する制度である。

(4)延暦八年八月～九年六月の請飯文書の木簡は、その始終の月が計会の年度のそれらに一致あるいは近似することなどから、計会年度との関係から一年度分が集積・保管され、短時日のうちに一括して廃棄されたものと考えられる。ただし計会制度が請飯文書の木簡に適用され、それらが計会帳に登載されたのではなく、計会制度の年度は単にそれだけではなく文書行政全体の年度となっていたので、請飯文書の木簡はその一年度分が集積・保管されたと考えられる。請飯文書の木簡が本来保管されていたのは延暦八年八月～九年七月の一年度分と推測される。

(5)この請飯文書の集積・保管・廃棄と計会年度すなわち文書行政の年度との関係のあり方は、文書木簡について一般化できると思われる。これによれば、文書木簡の作成から廃棄までの期間は長くても一年間という短期間であることになる。

太政官厨家の請飯文書の木簡は、連続する十一ヵ月の同類の木簡であることが論証できる珍しい例である。本論はその十一ヵ月の始終の月と計会年度の一致・近似を根拠に論を展開しているから、それが偶然の一致・近似であるならば崩れる。同類の事例の検出が望まれる。

木簡は作成され機能し、不要になって廃棄される。私たちは木簡を考古学的に検討する場合、出土遺構・出土状況の検討から出発する。出土状況に廃棄の状況がそのまま残る場合と廃棄の状況が改変されている場合があるが、出土状況から廃棄の状況を把握・推定する。そしてさらに廃棄の状況から、木簡が機能している状況を推定・復原する。木簡研究においてはこのような方法が採られる。従って木簡研究において、木簡がどのように廃棄されるのか、すなわち廃棄論は軽視できない問題である。本論はそのような問題意識に基づくささやかな試みである。

注

(1) 今泉隆雄「木簡と歴史考古学」(『日本歴史考古学を学ぶ(下)』所収、一九八六年)。本書第一編第三章。

(2) 案成条の理解については山下有美「計会制度と律令文書行政」(『日本史研究』三三七、一九九〇年)参照。公文書の保管についてはほかに倉庫令8置公文庫鎖鑰条に公文書庫の鎖鑰の管理について、同令11倉蔵文案孔目条に官人交替における文案・目録の引継について規定する。

(3) 『長岡京木簡一』(向日市教育委員会、一九八四年)。遺構や木簡の出土状況、概要については、第二章「木簡の出土遺構」の一「左京第一三次、同二二一一・二次、同第五一次調査区」、請飯文書の概要については第三章「溝SD一三〇一出土木簡の諸問題」

の一「請飯文書」を参照。本書第二編第一章第一節。
(4)『長岡京木簡二』(財団法人向日市埋蔵文化財センター・向日市教育委員会、一九九三年)。
(5)『長岡京木簡一』では左京三条二坊八町は左京二条二坊六町に当てられていたが、これまでの条坊呼称を二町北に移動させる、山中章氏の長岡京の新しい条坊復原案によって左京三条二坊八町に当てられることになった(「古代条坊制論」『考古学研究』三八―四、一九九二年。『日本古代都城の研究』に第I部第二章「条坊制の変遷」として再収、一九九七年)。
(6)「長岡京跡左京第二〇八次(7ANES―7地区)~左京二条二坊六町―太政官厨家跡―~発掘調査概報」(財団法人向日市埋蔵文化財センター・向日市教育委員会『向日市埋蔵文化財調査報告書』第二八集、一九九〇年。『長岡京木簡二』第二章の二「左京三条二坊八町(旧二条二坊六町)の調査」。
(7)二三区などの小地区は三メートル方眼に区画したものである。
(8)『長岡京木簡一』第三章の一「太政官厨家と木簡」、本書第二編第一章第六節。『長岡京木簡二』序言、第二章の二「左京三条二坊八町(旧二条二坊六町)の調査」。
(9)『長岡京木簡一』付表九による。同表では㆔を請飯文書に入れているが、断簡で内容が不明確なので省く。
(10)同一材から作成された木簡については、『長岡京木簡一』第三章の六「木簡料材の製作方法」参照。本書第二編第一章第七節。
(11)早川庄八「天平六年出雲国計会帳の研究」(坂本太郎博士還暦記念会編『日本古代史論集』下巻、一九六二年。『日本古代の文書と典籍』再収、一九九七年)。瀧川政次郎「律令の計会制度と計会帳」(『法制史論叢』第四冊『律令諸制及び令外官の研究』一九六七年)。寒川照雄「計会制度に関する一考察」(森克己博士古稀記念会編『史学論集　対外関係と政治文化　第二　政治と文化古代・中世編』一九七四年)。
(12)山里純一「地方財政の予算編成と運営単位」(『律令地方財政史の研究』第二編第一章、一九九一年)。
(13)東野治之「正倉院伝世木簡の筆者」(『正倉院文書と木簡の研究』一九七七年)。
(14)鉄用帳は『大日本古文書』五―六〇~六四、作上帳は同一五―二九二~三〇六。両帳については、福山敏男「奈良時代における石山寺の造営」(『日本建築史の研究』一九四三年)、岡藤良敬『日本古代造営史料の復原研究』第一〇章鉄充并作上帳(鉄帳)(一九八五年)参照。

(15)　『平城宮木簡二』二〇八三。同補注参照（奈良国立文化財研究所、一九七五年）。

(16)　山田英雄「天平十七年の文書をめぐって」（『日本歴史』三四一、一九七六年。『日本古代史攷』再収、一九八七年）。

（付記）　初出稿「文書木簡はいつ廃棄されるか」。『木簡研究』一六に掲載（一九九四年一一月）。改題した。

第二編　木簡群と遺跡

第一章　長岡京太政官厨家の木簡

はじめに

本論は長岡京左京三条二坊八町に検出した東西溝ＳＤ一三〇一－Ａ・Ｂから出土した木簡群についての諸問題を考察しようとするものである。同町は太政官厨家の所在地で、この木簡群は太政官厨家から廃棄されたものと推定され、豊かな内容を有している。第一節は八町と出土遺構、木簡の年代などについて記し、第二・三節は文書木簡、第四・五節は地子と白米の荷札について考察し、第六節は第二～四節をふまえてＳＤ一三〇一の木簡が太政官厨家から廃棄されたものであることを論証する。第七・八節は記載内容から離れ、第七節では木簡料材の製作方法について、第八節では珍しい料紙の界線引きの定木について考察する。

一　遺構と木簡の年代

まず木簡の出土した八町と遺構について述べる。この部分は旧稿を所載した『長岡京木簡一』(1)では第二章「木簡出

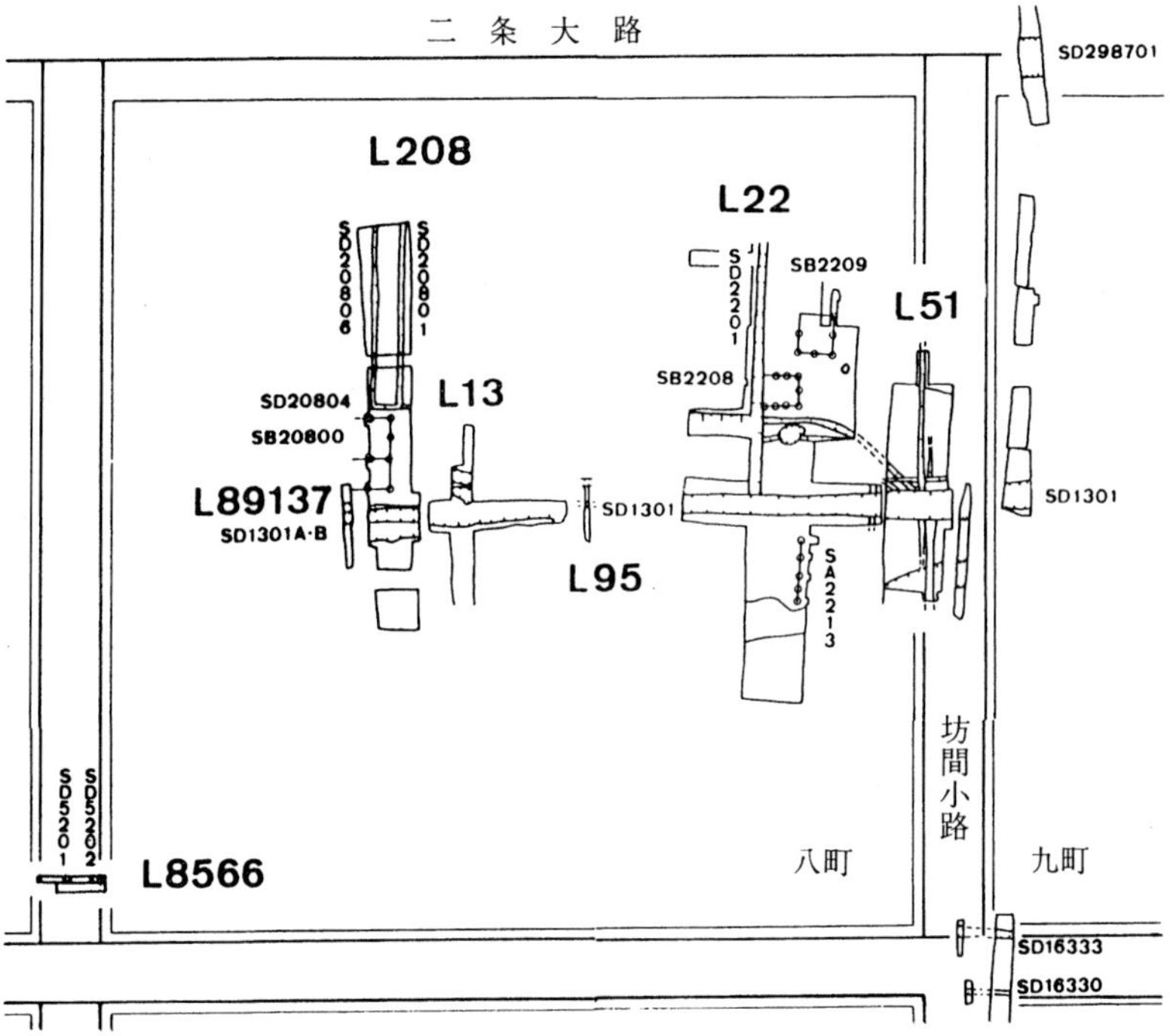

第7図　左京三条二坊八町遺構略図（『長岡京木簡二』より）

土の遺構」に当たるが、旧稿執筆以降調査・研究の進展によって、長岡京条坊制、八町の復原、遺構について大きく変わり、それらは『長岡京木簡二』[2]にまとめられたので、その成果によって第一節を新しく書き加えた。

八町の復原　左京三条二坊八町[3]は宮城の東南隅から東へ二町目の二条大路に南接する町である。西隣が一町、東隣が九町に当たる。八町では一九九三年三月までに、左京第一三次、第二二一—一・二次、第五一次、第九五次、第二〇八次、第八五六六次・第八九一三七次立会調査の七次の調査を行い[4]、町の東西辺を確認した。すなわち第7図にみるように、町の西南隅で検出した南北溝SD五二〇二が町の西辺の築垣の東雨落溝、その西の南北溝SD五二〇一が八町と一町の間の坊間小路の東側溝である（左京第八五六六次立会調査）。SD一三〇一の位置する町の東辺で検出した南北溝SD二二一一、二二一二が、八町と九町の間の小路の西側溝（左京第二三一一次調査）、その東の南北溝五一〇五・五一〇一、五一〇二・五一〇四が東側溝である（第8図）。SD五一〇五・五一〇一が古く、SD五一〇二・五一〇四がそれらの作り替えである（左京五一次調査）。すなわちSD二二一一・二二一二と五一〇五・五一〇一、SD五一〇二・五一〇四の間が八町と九町の間の坊間小路、SD二二一二の西が八町、SD五一〇五・五一〇一、五一〇二・五一〇四の東が九町ということになる。(5) SD一三〇一の出土木簡もこれらの溝との交差点を境に、性格に相違があることが予想される。

SD一三〇一の調査と木簡　本稿で問題とするSD一三〇一は八町のほぼ南北二等分線上に位置する東西溝である。SD一三〇一はこれまで右記の七次の調査のうち第八五六六次調査を除く六次の調査で検出した。現在検出しているのは西端が八町中央部西寄りから始まり、東に伸びて小路を横断して九町内に至り、総延長約一〇〇メートルに及ぶ。前記の東辺の小路の側溝六条はいずれもSD一三〇一に合流する。SD一三〇一は二時期あり、下層溝のAと上層溝のBがやや位置をずらして重複している。

本稿で取り上げる木簡は、第一三次、五一次、二二一一・二次調査区のSD一三〇一―A・B出土木簡で、Aから一六四点、Bから三二七点のあわせて四九一点が出土している。SD一三〇一は、第一三次調査区では八町のほぼ中央部で21区(6)から28区にわたって約二三メートル、第二二一一次調査区では第一三次調査区から東へ約一九メートル離れた地点から八町東辺にかけて35区から45区にかけて約三〇メートル、第五一次調査区では第二二一一次調査区の東に接して小路から九町にかけて45区から48区にかけて約一〇メートルをそれぞれ検出した（第8図）。SD一三〇一の第一三次調査区の部分を西区、第二二一一・五一次調査区の部分を東区と呼ぶことにする。『長岡京木簡一』の刊行以降の調査区で検出したSD一三〇一からも木簡七点が、また八町西南部のSD五二〇二から五二一点、SD五二〇一から一三点が出土し、それらは『長岡京木簡一』のＳＤ一三〇一の木簡と内容的に関係しているが、本稿ではこれらを対象にしない。

ＳＤ一三〇一－Ａ　ＳＤ一三〇一－Ａは西南西から東北東へ斜行して流れる素掘りの自然流路である。[7] 幅四メートル前後、深さが約六〇センチメートルである。堆積層は水流によって堆積した土層である。東区の九町内に橋ＳＸ五一〇六を設ける。Ａの出土遺物で特徴的なのは和同開珎・万年通宝・神功開宝の銭貨と一三七点におよぶ墨書土器である。墨書土器は一三六点が東区で出土し、主なものに「官」「厨」「侍従□」「大」「坊」「春」「多比」「伊与」「調」「秦」「勝」「中」「凡□」「大成」「村」「大畠」「福」「渾」「岡」「謹解」などがある。

ＳＤ一三〇一－Ｂ　Ｂは西から東に流れる真東西方向の人工の溝で、第一三次調査区以東ではＡと重複している。西区と東区で状況が異なる。西区では両岸を杭と側板で護岸した溝で、Ａの両岸の内側で堆積土の上から杭を打ち込み、その外側に側板をあて側板の外側を埋める。杭はＡの両岸から八〇センチメートル内側の位置に三〇～四〇セン

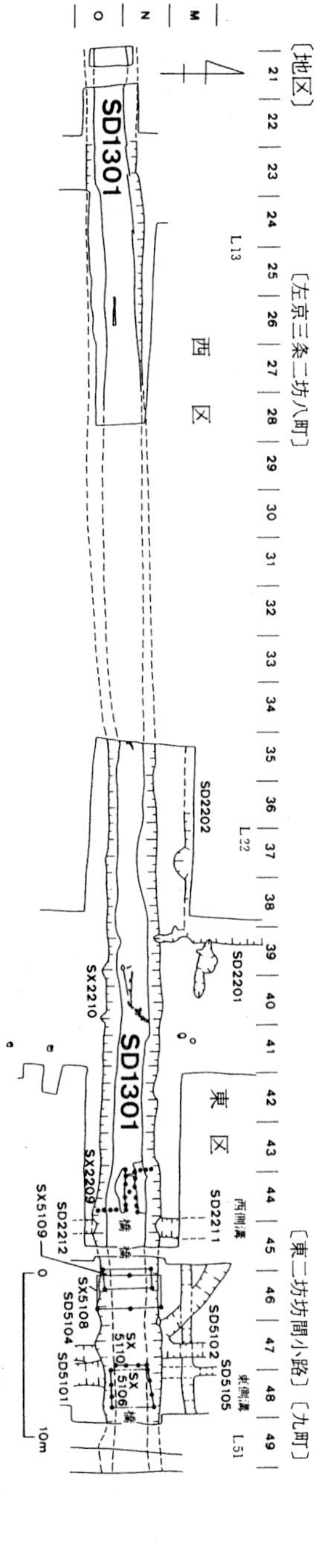

第８図　ＳＤ1301遺構図（『長岡京木簡二』より）

チメートル間隔で打ち込み、側板は高さ三〇センチメートル、長さ一・五メートルである。幅一・五メートル、深さ三〇センチメートルで、Aにくらべて規模を縮小する。東区では素掘り溝のままで、SX二二〇九、二二一〇、五一〇八、五一〇九の四つの橋を設ける。西・東区ともに堆積土は一度に埋め立てた土層で多くの遺物を包含し、溝を埋め立てながら大量の不要物を廃棄したと考えられる。これらの遺物が木簡も含めて同時に廃棄されたもので、一括遺物として取り扱うことができる点は重要である。

出土遺物はきわめて多くかつ多種多様である。その中でも特徴的なものは西区で出土した食器と東区で出土した人形である。西区の遺物には土師器・須恵器、木器、瓦、金属器、獣骨、種子がある。木器は皿、曲物、折敷、箸、杓子など食膳に関するものが圧倒的に多く、そのほかに小型家具の部材もある。東区の人形は一六点あり、そのうち六種が各一対になって出土し、祭祀に使用されたものが一括して投棄されたと思われる。

墨書土器は一八二点出土した。「□《造》大臣曹□《司》」「主厨」「厨」「外記」「□《少》史」（第12図）、「侍従所」「政所」「弁」「案」「下」「夫」「右」「右三」「三」「二」「秦道万□」「秦」「富当猪」「家」「大膳」「大」「□次官」「左士」「□薬」「前」「浄」「麦□」「皮万□」「丹波」「守」「国」「縄」「川原」「南」「毛」「天」「右卅九」「七」「一」などがある。西区と東区では「弁」「外記」「史」「厨」など太政官に関係する共通したものもあるが、東区には「大膳」「左士」など固有のものもある。遺物また墨書土器からみて西区と東区では遺物の投棄主体に相違があると考えられる。

八町の遺構　八町内のSD一三〇一のほかの遺構としては、西北部の大型の東西棟掘立柱建物SB二〇八〇〇が注目される（第7図）。梁行が身舎二間に南廂が付き、桁行は一間分を確認しているだけであるが、五間以上と推測され、長岡京内でこれまで検出した中で最大級の建物で、八町内の中心的な建物と考えられる。建物の南側柱がSD一三〇一の北岸から二・五メートルに位置するので、SD一三〇一とは併存せずBの溝が埋められてから建造されたと推測される。建物の北東部から北へ両側溝をもつ南北道路が伸びている（幅四メートル）。東北部にはSD一三〇一に合流する南北溝SD二二〇一、その東に掘立柱建物SB二二〇八・二二〇九、井戸SE二二〇六などがある。

なお八町の西辺築垣東雨落溝SD五二〇二出土木簡は、SD一三〇一の木簡と関係が深いので説明しておく。この溝は八町西南隅で第八〇一八次・八五六六次の立会調査で長さ二・三メートルを検出したに過ぎない。溝は幅二・三メートル、深さ六〇センチメートルで、一括投棄された木簡が五一七点出土した。内容的にはSD一三〇一と同じく

第13表　溝SD一三〇一の年紀木簡

	左京第一三次調査区				左京第五一次調査区	
	年月日	番号	年月日	番号・備考	年月日	番号
B層	延暦二、三	一三五	延暦八・一一・四	八〇	六・四	二二七
	延暦八・三	八一	八・一一・一一	一〇三	八・正・一七	二一六
	八・七・一四	一〇〇	延暦八・一一・一八	七六	延暦八・一〇・二八	二三〇
	八・七・一五	八二	延暦八	七一　去(宝亀)十一年	延暦□	二三四
	八・七・一六	八五	延暦九・三・七	五五		
	八・七・一九	五	延暦九・三・九	五三		
	延暦八・八・一〇	九	(延暦九)・閏三・二四	四四　閏月により推定		
	八・八・三〇	八	延暦九・五・一九	六七		
	延暦八・一〇・一〇	一一	九・五・二一	六八・六九・七〇		
	延暦八・一〇・一一	八三				
	延暦八・一一・三	八六	延暦□・七・六	七五		
A層	六・一一・六	二〇七			延暦六・七・三	三七六
	延暦六・一一・二七	二〇八				

（　）は推定によるもの。

太政官厨家関係のもので、ＳＤ一三〇一と同類のものがある。木簡の年紀は延暦七年～十二年十月であるが、大半は同九年～十一年で、ＳＤ一三〇一の同八～九年より新しいものを含み、八町がＳＤ一三〇一－Ｂ埋め立て以降も太政官厨家であったことが明らかになった。

出土木簡の年代　溝ＳＤ一三〇一－Ａ・Ｂの埋没年代と出土木簡の年代についてまとめて論じておく。出土木簡のうち年紀を記すもの、あるいは推定できるものは第13表の通りで、第一三次・第五一次調査区をあわせてＢ二七点、Ａ三点の計三〇点が出土している。年号を記さず年月日のみのものが一一点あるが、すべて延暦と推定され、また**四四**「閏三月廿四日」は閏月から延暦九年と考えられる。このうち年次の不明な二点を除き、Ａ・Ｂごとに整理すると第14表の通りである。

第14表　溝ＳＤ一三〇一年紀木簡の比率

年紀＼層位	Ｂ層	Ａ層
延暦二、三	一　四％	
延暦六	一　四％	三
八	一六　六四％	
九	七　二八％	
計	二五点　一〇〇％	三点

Ａ出土のものは三点とも延暦六年（七八七）で、最も古い月日は七月三日、新しいのは十一月二十七日である。年紀のある木簡が少ないうえ、Ａの土層は水流による堆積で木簡は一括して廃棄されたものとは限らないので確言しがたいが、三点とも延暦六年であることを重視すれば、出土木簡の年代は延暦六年前後で、堆積時期は同年を含む時期と考えることができる。

Ｂからは延暦二・三年（七八三・七八四）、同六年各一点、同八年一六点、同九年七点が出土している（第14表）。最も新しい日付けは延暦九年五月二十一日であるが、第二節で述べるように、**三〇**請飯文書の日付けの六月二十九日は延暦九年六月二十九日と推定できるから、これが最も新しいものとなる。Ｂは埋めたてた土で、木簡を含む遺物は同一時期に一括して廃棄されたと考えられ、その埋没時期は一応最も新しい日付けの延暦九年六月二十九日以降と考えられるが、年紀の分布が延暦八年六四%、同九年二八%と両年に集中していることからみて、九年六月二十九日からそう遠くない時期に考定できる。出土木簡の年代については延暦二・三年の年紀が一つ離れているが、この木簡は延暦二・三年の周防国の文書を巻きつけた題籤軸で、題籤軸は文書の保存に用い（公式令案成条）、作成時期から遠く隔って廃棄される可能性があるから、木簡の年代の考定からは除外した方がよい。そのほか延暦六年が一点あるが、延暦八・九年の年紀の集中度からみて出土木簡の大部分はこの両年のものと推定できる。

二　請飯文書

概　要　SD一三〇一－Bから同類の飯の請求文書が断簡も含めて三〇点出土している(8)（第15表・第9図）。第一三次調査区から二八点、第二二次調査区から二点である。第一三次調査区では23区から二四点が集中して出土した。請求品目は「食」とあるもの一点（一三）(9)のほか二七点は「飯」で、請求量も二六点が「四（肆）升」で、「参升」（九）、「弐斗」（二三）の例が各一点ある。「食」とあるものも「飯」のことと思われる。

飯の被給者は、記載されていないものもあるが、書手一〇点、写手・書工・書生各一点、考所二点である。書手・写手・書工・書生は表記こそ異なるが、臺八雲署名の三点に書手・書工・写手がみえることや（一一～一三）、後にもふれるように同一材から作られた二簡で、一方で「書手」（一四）、他方で「書工」（一三）と記していることなどからみて同一職で、正史などに「書生」とみえる下級の書記官と思われる。考所は、後述のように太政官所管の考課のための所と考えられる。日付は延暦八年の二点のほかはすべて月日を記すのみで、正月・七月を除く月のものがあり、十一月九日の同日のものや、十月一・二・三日、十月十二・十三日、十一月九・十日など日の連続するものがあるので、これ

第15表　溝ＳＤ一三〇一の請飯文書

分類	番号	被給者	請求品目	年月日	署名者	形態	材	法量	出土地点	備考
a類	九	考所	飯参升	延暦八年八月十日	左船人吉 右葛井千縄	〇一一	檜・板	二七〇×三〇×四	23	上端穿孔 ＊
	一二	写手	飯肆升	九月廿三日	八雲	〇一一	檜・柾	二四一×一八×四	23	下端穿孔
	一〇	考所	飯肆升	十月一日	雅万呂	〇一一	檜・板	二一〇×三〇×三	23	
	一三	書工	食四升	十月二日	八雲	〇一一	檜・板	二三四×二六×二	23	同材 ＊
	一四	書手	飯四升	十月三日	輕間嶋枌	〇一一	檜・板	一七九×二五×二	23	同材 ＊
	一一	書手	飯肆升	延暦八年十月十日	臺八雲	〇一一	檜・板	二五一×二一×五	23	裏に習書
	一五	書手	飯四升	十月十二日	輕間嶋枌	〇一一	檜・板	二〇二×二七×四	23	
	一六	書手	飯四升	十月十三日	輕間嶋枌	〇一一	檜・板	二四八×二八×三	23	
	二四	書生料	飯肆升	十月十五日	安都笠主	〇一一	檜・板	二〇八×二四×四	23	
	一七	書手	飯四升	十月十七日	輕間嶋枌	〇一一	檜・板	二〇三×二二×四	23	上端穿孔
	一八	書手	飯四升	十月廿六日	輕間嶋枌	〇一一	杉・板	二八四×三一×八	23	
	一九	書手	飯四升	十一月九日	輕間嶋枌	〇一一	檜・板	二七八×三二×四	23	
	二〇	書手	飯四升	十一月九日	輕間嶋枌	〇一一	檜・板	一九七×二四×四	23	左辺中央穿孔 同材
	二一	書手	飯四升	十一月十日	輕間嶋枌	〇一九	檜・板	(一七六)×二五×四	23	同材
	三三	書手	飯四升	十一月十二日	輕間嶋枌	〇一九	檜・板	二五二×(二〇)×四	40	第二二－一次
b類	二二		飯四升	十二月廿三日	輕間嶋枌	〇一一	檜・板	二〇四×二二×三	23	
	二三		飯四升	二月廿三日	輕間嶋枌	〇一一	檜・板	一七六×二三×三	23	＊
	二四		飯四升	三月八日	輕間嶋枌	〇一一	檜・板	一八二×二一×三	23	
	二五		飯四升	三月十一日	輕間嶋枌	〇一一	檜・板	一六六×二六×二	23	
	三六		飯四升	三月廿冂		〇八一	檜・板	(七五)×(八)×二	23	
	三五		飯四升	四月六日		〇一一	檜・柾	一九四×一九×三	23	
	二六		凵四升	五月五日	輕間嶋枌	〇五一	檜・板	一五四×一四×四	25	二次的整形

二七		飯四升	五月十七日	輕間嶋粉	○一一	檜・板	二〇九×二八×五	23	下端穿孔
二三		飯四升	五月廿二日	嶋次	○一一	檜・板	一五一×二五×四	23	
二九		飯□□	六月廿一日	輕間嶋粉	○一九	檜・板	一七二×(二二)×三	25	
二八		飯肆升	六月廿五日	輕間嶋粉	○一一	檜・板	一六四×二九×四	23	表裏に習書
三〇		飯四升	六月廿九日	輕間嶋粉	○一一	檜・板	一八四×一八×四	24	
三一		飯四升	□月廿三日	輕間嶋粉	○一一	檜・板	一六四×一九×五	22	
三二		飯弐斗			○一九	檜・板	(二〇九)×二〇×六	23	
不明									
三三			□月　八日	輕間嶋粉	○八一	檜・板	(一五六)×(一一)×二		第二二次

備考欄に＊を付したものは第9図に写真を掲載。第11表は本表を一部改めたものである。

らは考所・書生などの日々の常食の請求の文書とみられる。署名者は、軽間嶋粉二〇点、臺八雲三点（「八雲」とだけあるもの二点を含む）、嶋次、雅万呂、安都笠主、左・船人吉／右・葛井千縄が各一点あり、軽間嶋粉署名のものが群をぬいて多い。

日付と書式　これら請飯文書は日付の月によってa・b類の二類に分けられ、両者の間には書式・長さに相違がみられる。

a類　八・九・十・十一月

一四　請書手飯四升十月三日軽間嶋粉　（第9図）　一七九×二五×二　○一一　23〇　檜・板目

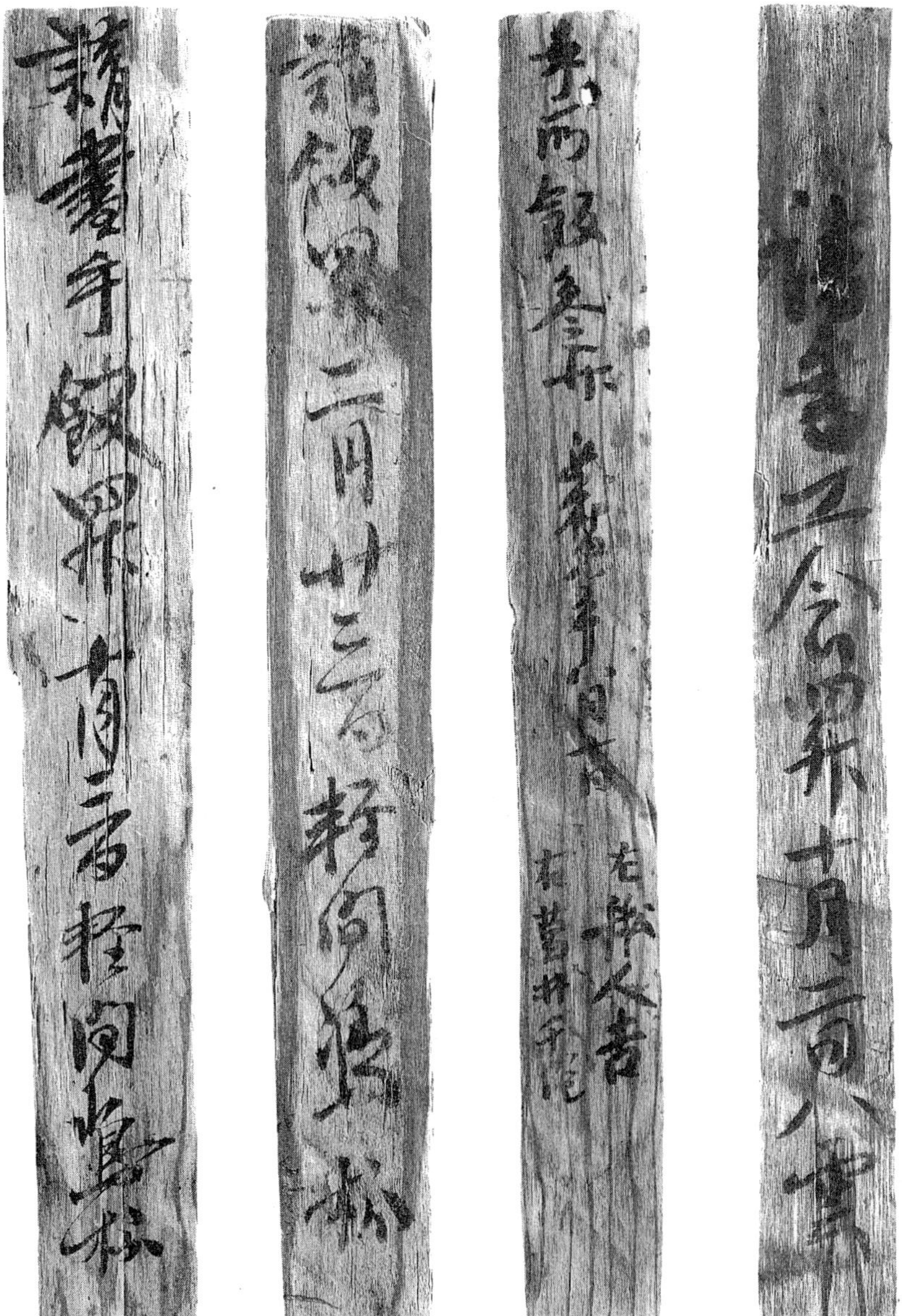

14　23　9　13

第9図　請飯文書　長岡京

一一・請書手飯肆升　延暦八年十月十日臺八雲
・「肆四合四合欲欲解謹状状謹状状以状」
二五一×二一×五　〇一一　230　檜・板目

一二　請写手飯肆升　九月廿三日八雲
二四一×一八×四　〇一一　230　檜・柾目

一三　請書工食四升十月二日八雲
（第9図）
二三四×二六×二　〇一一　230　檜・板目

九　考所飯参升　延暦八年八月十日　左「船人吉」
右葛井千縄
（第9図）
二七〇×三〇×四　〇一一　230　檜・板目

一〇　考所飯肆升「十〔×九〕」・月「二」日雅万呂
二一〇×三〇×三　〇一一　230　檜・板目

一四・請飯肆升書生料
・　十月十「五」日安都笠主
二〇八×二四×四　〇一一　230　檜・板目

b類　十二・二・三・四・五・六月

亖　請飯四升二月廿三日軽間嶋枌　（第9図）　一七六×二三×三　〇一一　檜・板目　23〇

三　請飯四升　十二月廿三日軽間嶋枌　二〇四×二二×三　〇一一　檜・板目　23〇

三　請飯四升五月廿二日嶋次　一五一×二五×四　〇一一　檜・板目　23〇

a類の署名者は軽間嶋枌九点、臺八雲三点、左船人吉／右葛井千縄、雅万呂、安都笠主各一点で、署名者が多様で、書式も軽間嶋枌、臺八雲署名のものが「請＋被給者＋飯（食）四升＋日付＋署名」の書式、考所の二点が「考所＋飯〇升＋日付＋署名」、安都笠主署名のものが「飯飯肆升書生料」の書式で、署名者によって少し異なるが、いずれも飯の被給者を記す点が共通した特徴である。これに対して、b類は嶋次署名の一点のほかは九点が軽間嶋枌署名のもので、すべて「請飯四升＋日付＋署名」の書式で、被給者を記さないのが特徴である。長さは両類ともばらばらで統一性がないが、その中でもa類が一七九〜二八四㎜、b類が一五一〜二〇九㎜で、一部重なる範囲もあるが相対的にa類がb類よりも長い傾向がみられる。

a・b両類の書式の相違すなわち被給者記載の有無については、a類の時期には飯の被給者と請求者が複数であったのでそれらを区別する必要があったのに対して、b類の時期には被給者が単一であったので記載を省略できたと考えられる。a類では請求者（署名者）が六名もみられ支給対象も考所と書生であるのに対して、b類では請求者が嶋次の一点以外はすべて軽間嶋枌で両人は同一人の可能性もあり[10]、被給者は記載がないがa類の軽間嶋枌の例からみると書手の飯と考えられる。

a類は延暦八年八月、同年十月の二例の年紀を記すものがあることから、延暦八年八月〜十一月のものとみられるが、b類のものには年紀を記したものがない。しかしb類は月の連続性からみて、正月を欠くが某年十二月から次年の六月までのものとみられ、さらにSD一三〇一―Bの年紀が延暦八・九年であることからみて、b類は延暦八年十二月から九年六月までのものとみることができよう[補二]。

考所の請飯文書　第六節にのべるように、溝SD一三〇一―B出土の木簡は太政官関係のものであるが、この請飯文書も太政官関係のものとみてよく、太政官の考所と書生の請飯文書である。

まず考所は太政官の考課事務のためにおかれた所と考えられる。第一に**九**・**一〇**の考所木簡の署名者がいずれも左・右弁官局の左・右史生と考えられることである。**一〇**の雅万呂は左京第八九次調査の溝SD八九〇一出土の**一三五**の「右史生宮雅万呂」と同人で右弁官局の右史生であり、**九**の「左船人吉／右葛井千縄」の「左」「右」は左・右史生の略記であろう。第二に考所木簡二点の日付に注意したい。『延喜式』などによれば、考課・選叙は十月初めからの諸司による考選文の提出とその審査という順序で行われる[11]。その審査は考問・引唱とよばれ、官人一般については式部・兵部二省が当るが、太政官官人については太政官が行い定考とよばれる。諸司の長上官考選文はまず左弁官に進上され、弁官で惣計して目録が作られ、次いで太政官に申上されるとともに式部・兵部二省に下される。長上官考選文の弁官への進上の期日は在京諸司と畿内国司が十月一日、畿外国司が十一月一日である（式部式下考問条、太政官式諸司畿内考文・諸国考文条)。ただし太政官人の考選文については、諸司に先だって八月一日から少納言・弁・外記・史らが別当して勘抄して案となし、長上官については八月十一日、番上官については同十二日に定考の儀が行なわれる(太政官式考定条)。以上のような太政官の考課とのかかわりの中で、考所の木簡の九の八月十日、一〇の十月一日の日付けは興味深い。八月十日は太政官官人の定考のための考選文作成の期間八月一日～十日に該当し、十月一日は在京諸司・畿内国司の長上官の弁官への考選文提出の期日に一致する。この月日の一致は単なる偶然とは思われない。定考では考文のほか「短策・札籍・紙文」など木簡・紙の文書が用いられたから(注11東野論文)、定考の前の八月一日～十日の間にはそのような文書の作成も行われ、十月一日には考選文進上ののち弁官が目録作成を行い、二日には考選文を式部・兵部二省に送るのである。以上、署名者が左・右弁官の左・右史生であることと日付けの問題の二点から、この木簡の考所は太政官における考課事務を処理するためにおかれた所で、両簡は前述したような考課に関する作業に従事した官人の常食を請求したものと思われる。『延喜式』には「考所」はみえないが、造東大寺司や写経所に考文作成のため「考文所」が設けられていたことが参考になろう。[12] その仕事には太政官式考定条にみえるように、少納言・弁・外記・史や史生などの太政官官人が別当して当ったものであろう。

書生の請飯文書　書生の請飯文書に関しては軽間嶋枌から考えられる。署名者の一人軽間嶋枌の木簡はこれら請飯文書のほか五一「廿五日軽間嶋枌」がある。第四節でのべるように、同類の木簡として「日付＋安万呂」の木簡が八点あり(第19表)、この木簡群は太政官厨家で地子物を収納する際に用いた検収整理札というべきもので、安万呂(秦安万呂)は太政官の史生で太政官厨家の預を兼ねた人物と推定できる。従って一例だけであるが検収整理札に筆跡をのこしている軽間嶋枌も安万呂と同じく太政官史生兼官厨家預と推定することはあながち無理ではあるまい。史生がその配下の書生の常食を請求するのは自然なことでもある。以上から書生の請飯文書も太政官に関するものと考えられる。

なお書生は文書の書写に当る下級の書記官で、令には規定をみないが、八世紀においては文部省（式部省）、内史局（図書寮）書生があり、また写経所の経師を書生とも称した。九世紀に入ると文書作成量の多い式部・兵部・治部・民部省、勘解由使などの中央官司、大宰府や諸国に史生の職務を代替・補助するために設置されているが(13)、太政官書生の存在は文献史料に確認できない。

太政官の史生　これら請飯文書の署名者は太政官の史生と考えられる。職員令によれば、太政官には、狭義の太政官に史生一〇人、左・右弁官に左・右史生各一〇人の合計三〇人が定められている。太政官史生は天長八年（八三一）五月五日官宣でも一〇人で（『類聚符宣抄』）、さらに『延喜式』でも正員一〇人、権任一人であるから（式部式上）権任を除くと令制の一〇人が維持されていた。一方左・右弁官の左・右史生は、和銅五年（七一二）に各一六員に増員され（『続日本紀』和銅五年十一月辛巳条）、さらに大同四年（八〇九）に各四員が加えられるが（『日本後紀』大同四年三月己未条）、これは後にもどされたらしく、『延喜式』では各正員一六人、権任二人になっている（式部式上）。延暦八・九年段階では、太政官史生一〇人、左・右弁官の左・右史生各一六人の合計四二人がいたと考えられる。すでにのべたように、**九**考所木簡の船人吉、葛井千縄は各々左・右史生、**一〇**雅万呂は右史生であり、軽間嶋枌は太政官か弁官かいずれの所属か明らかでないが史生と推定され、**一四**の嶋枌の木簡と同材の**一三**の臺八雲、また**三四**書生料を請求している安都笠主も広義の太政官の史生と推定してよいであろう。これらの請飯文書以外でも、**一**造大臣曹司所の宇努韓国・茨田清成は太政官史生、次に掲げる**五**・**八**の上毛野三影麻呂は右弁官右史生であり、**四**左右史生の糟請求文書の三嶋嶋道も左・右史生の一人と推定され、秦安万呂については前述の通りである。またSD一三〇一－Aの出土の**二〇七**荒炭請求文書の「史生英保臣□」も太政官史生の可能性が高い。

五・請中板屋東隔鏁一具在打立者
右依右中弁宣為収納作物所請如件
事了者返上　八年七月十九日上毛野三影麻呂
・「又大斤一□〔具カ〕□□請如件」
二五三×（三二）×四　〇一九　檜・板目　230

八　請用代荒炭参籠
八年八月卅日右史生上毛野三影麻呂
二〇二×三五×六　〇一一　檜・板目　230

四　糟参升左右史生等所請十月十七日三嶋〻道
三七〇×四七×六　〇一一　檜・板目　230

二〇七　請荒炭壹古　為摩薬所請如件　六年十一月六日史生英保□□〔臣カ〕
「附古万呂」
三九五×四〇×五　〇一一　檜・板目　220

こうしてこれまで文献史料に明らかでなかった延暦八・九年、あるいは同六年ごろの太政官の史生一二人の史料を新たに得ることができた。これらのうち前歴の知られるのが茨田清成と三嶋嶋道の二人で、清成は天平宝字年間（七五七〜七六四）に造東大寺司写経所の経師と推定され、[14] 嶋道は天平宝字八年（七六四）に内竪で使者になっており、[15] いずれも写経所の下級官人から太政官の史生へ至ったことが跡づけられる。

書道史上の意義　これら史生関係史料は書道史の資料としても興味深い。一体、長岡京木簡は書道史的にみて奈良時代から平安時代への転換点に位置している点に意義があり、とりわけこの時期の肉筆資料がこれまで少なかったので一層その意義が高いのである。そしてこれら史生の木簡はほぼ延暦八・九年あるいは同六年に年代を限定でき、その上その筆者が太政官の史生であることが判明している点で、その書道史上における価値は高いのである。今ここでこれらの書道史上の意義を詳論できないが、大雑把にいえば正倉院文書、平城宮木簡の書蹟との比較によると、これら太政官の史生らの書蹟は未だ奈良朝の書風の延長線上にあるといえよう。

三　長岡京造営と木簡

ＳＤ一三〇一からは造営関係木簡がまとまって出土している。第一三次、二二一一・二次調査ではＳＤ一三〇一－Ｂから、第五一次調査ではＳＤ一三〇一－Ａ・Ｂから出土している。第一三次調査区の木簡は太政官の曹司の修営に当る造館舎所に関するもの、第五一次のＳＤ一三〇一－Ｂ出土のものは東宮造営、ＳＤ一三〇一－Ａのものは山桃院造営に関するものと考えられる。長岡京造営の全体の中に各木簡群を位置づけながらその意義について考察することとする。

長岡宮・京の造営　長岡京と宮の造営のおおよそについて文献史料からまずまとめておく（第16表）。長岡京の造営は延暦三年五月十六日遷都のために中納言藤原朝臣小黒麻呂、同藤原朝臣種継らを乙訓郡長岡村に派遣することがみえ、同年六月十日造長岡宮使が任命され造営が開始される。『日本後紀』延暦十八年（七九九）二月乙未条の和気朝臣

第16表　長岡京造営年表

年号	西暦	事項	宮・京の施設
延暦元	七八二	四・一一 造宮省を廃す。	
三	七八四	五・一六 乙訓郡長岡村を視察する。六・一〇 造長岡宮使任命。六・一三 賀茂大神社に遷都のことを奉告。調庸・造宮工夫用度物を長岡宮に進上せしむ。六・二三 公卿らに新宅造営料の正税を賜う。六・二八 新宮敷地内の百姓に正税を賜う。七・四 諸国に山埼橋造営料材を進上せしむ。一〇・五 長岡宮移幸の準備開始。一一・一一 長岡宮移幸(長岡京遷都)。一一・二〇 賀茂上・下二社、松尾・乙訓神に遷都のために叙位。一二・二 造長岡宮使など造宮有労者に叙位・褒賞す。役夫進上国の田租免除。一二・一八 宮城垣築造・役夫飼養・私物進上の功あるものに叙位・褒賞。一二・二九 造宮関係官人の叙位・褒賞。	
四	七八五	五・一九 山背国の田租免除。七・二〇 造宮のため諸国百姓三一万四千人を和雇す。八・二三 太政官院垣完成。九・二三 造長岡宮使藤原種継暗殺さる。九・二四 この頃、諸官衙完成せず、工事続行。一二・一〇 役夫・私粮進上の功によって叙位・褒賞。	一・一 大極殿・内裏。三・三 嶋院。五・一九 皇后宮。六・一八 朝堂。
五	七八六	七・一九 太政官院完成。	五・三 左右京・東西市。
六	七八七	この頃、山桃院造営(三三七)。一〇・八 乙訓郡の延暦三年出挙未納を免除し郡司に叙位。	
七	七八八	九・二六 役夫進上国の出挙利稲減免。この頃、宮室完成せず、興作ようやく多くなる。	一・一五 前殿(内裏)・中宮。
八	七八九	二・二七 西宮より東宮へ遷御す。三・一 造宮使、酒食などを献ず。八・一 造宮使叙位・褒賞。一一・九 造宮省大	一・六 南院。一一・一七 造東大宮所(三一六)。九・一九 太政官曹司。一二・二九 正殿・西廂。

		工叙位・褒賞。	
九	七九〇	八〜九年頃、造右大臣曹司所、作官曹司所あり（**一・二・三・一三六**）。	閏三・一一 近衛府。六・一三 神祇官曹司。
一〇	七九一	九・一六 平城宮諸門を移建する。	
一一	七九二		一・九 諸院・猪隈院。三・三 南園。六・二二 式部省南門。
一二	七九三	一・一五 遷都のため葛野郡宇太村視察。一・二一 宮を壊すために東院に遷御。	一・一七 射場。一・二一 東院。七・七 馬埒殿。八・二四 西門。
一三	七九四	一〇・二二 平安京遷都。	一・九 主鷹司垣。一・二一 東埒殿。五・二七 木蓮子院。

(1)事項、宮・京の施設の項の数字は月日を示す。
(2)宮・京の施設の項は、造営状況を明らかにするため、宮・京内の諸施設の初見史料を掲げた。
(3)**三七**などの数字は木簡番号。

清麻呂薨伝によれば、平安京造営開始の延暦十二年ごろまで造営が続行されたように記すが、造営の具体的な史料は延暦十年九月十六日の平城宮諸門の移建までであり、造長岡宮使も延暦八年十一月九日を最後にみえず、四人の造宮使も延暦十一年四月二日紀船守が薨するまでに（『日本紀略』）、次々に死没あるいは致仕して後任が補充されていないから、本格的な造営工事の実施は延暦十年後半ごろまでであろう。

延暦三年中に京・宮で急速に工事が進められ、十一月十一日には早くも遷都する。京では宅地班給が行われ貴族らの邸宅が造営され、宮では四年正月一日に大極殿・内裏が使用されているから遷都までには内裏・大極殿などの中枢部が完成していたのであろう。四年に入って嶋院・皇后宮・朝堂などの存在が知られ、(16)八月には太政官院垣が完成するが、官衙の造営は昼夜兼行で続行し、(17)そのような中で九月二十三日に造営事業の中心人物である造宮使藤原種継が暗殺される。五年には七月に太政官院が完成し、六・七年には具体的な施設の造営は知られないが、遷都造営のために延暦六年十月には乙訓郡の同三年の出挙未納を免じ、同七年九月には役夫進上の国の出挙息利の一部を減免しているからなお造営は続行していた。八年に入って二月二十七日東宮が完成して天皇が西宮から遷御する。西宮は前述した三年末までに完成した第一次内裏であり、東宮は新造された第二次内裏で、発掘調査によって大極殿東方に検出している遺構に当るものであろう。わずか五年ほどの間に二度にわたって内裏が造営されていることは、遷都における造営のあり方を考える上で興味深い事実である。八年八月一日、十一月九日には造宮使官人らの叙位褒賞があり、工事が一段落したことをうかがわせ、八年から九年にかけて太政官曹司、近衛府、神祇官曹司などの官衙の史料が散見するようになる。そして十年九月の平城宮諸門の移建が具体的な造営の最後の史料となる。

各調査区出土の造営木簡はA・Bによって年代も異なり、関連する造営の内容も異なっている。各々の造営木簡について以上の造営経過の中に位置づけることとする。

東宮造営

〈第五一次調査区　SD一三〇一－B〉

二六・造東大宮所□□〔解申カ〕　□

・　八年正月十七日□□□□〔附近衛カ〕　(二三九)×(一〇)×五　〇八一
檜・板目
48N－一

二八・□□　□□六升寮工一人寺工二人料

・　□　□　□

（一六九）×（一四）×三　〇八一　49N　檜・板目

第五一次調査区のSD一三〇一－Bの木簡は、延暦八年二月に天皇が遷御した東宮の造営に関するものである。二六造東大宮所解は延暦八年正月十七日の日付で、東宮遷御の八年二月二十七日のちょうど四〇日前であり、『続日本紀』の東宮造営を裏づける貴重な木簡である。東宮を東大宮と称することについては、平城宮で内裏である西宮を西大宮と記した木簡が出土していることが注意される。(18) 造東大宮所は、東宮造営のために臨時に設けられた所と考えられる。長岡京の造営のために設けられた造長岡宮使は、長官である使四員を含めて四等官一〇員の大規模な臨時の造営官司で、宮および京の造営に当った。造東大宮所は造長岡宮使の所管の所で、東宮造営を担当したものであろう。(19)

二八寮工・寺工と記す文書も出土地点からみてこの造営関係の木簡である。

山桃院造営

〈第五一次調査区　SD一三〇一－A〉

三七・山桃院□〔東カ〕屋□ ⊔□〔合カ〕釘廿九隻　棉□〔梠カ〕⊓　⊔□〔隻カ〕長押雨壺五十隻
博風釘四隻　扌□⊓　⊔二扌□在釘十

・　三月五日石作五百千

（一八五＋一四六）×三五×四　〇三二　46N－1、48N－2　杉・板目

三三八　□遺採椐但馬國六十二番夫卅一人□〔新カ〕　(三二八)×(一二)×四　〇八一
46N－1　檜・板目

第五一次調査区のSD一三〇一－Aでは、**三三七**山桃院の建築部材の送り状、**三三八**但馬国番夫の断簡が造営関係の木簡である。**三三七**は、「山桃院東屋」の下に釘・雨壺などの金属製品とその数を記し、上端左右にV字形切り込みをいれる付札の形態で、山桃院で用いる金属製品の送り状であり、山桃院は長岡宮の院の一つと考えられる。この木簡によって延暦六年前後山桃院の造営が遂行されていたことが知られ、文献史料では空白である延暦六・七年ごろの長岡宮造営の一端が具体的に明らかになった。長岡京には嶋院（『続日本紀』延暦四年三月戊戌条）、猪熊院（『類聚国史』同十一年正月甲子条）、東院（同・同十二年正月庚子条）、木蓮子院（『日本紀略』同十三年五月己亥条）などの諸院が見えるが、山桃院は初見である。平城宮楊梅宮の「楊梅」は『倭名類聚抄』によれば「夜末毛々」と訓ずるから、山桃院はこの宮号を襲ったもので、同様の性格と考えられる。楊梅宮は平城宮東張出部に所在し、称徳朝の東内、その中枢部の東院を継承して造営され、宝亀四年（七七三）二月に完成して天皇が遷居した（『続日本紀』宝亀四年二月壬申条）。楊梅宮には南池があり（同宝亀八年六月戊戌条）、その池は東張出部東南隅に検出した玉石組の園池に当ると思われる。[20] このような園池を伴なう宮殿は離宮的な性格の宮殿と考えられ、[21] その呼称をうけついだ長岡宮山桃院も同様の性格の宮殿ではなかろうか。物資の送り状は受取り側で廃棄される例が多いから、[22] 山桃院が木簡出土地近辺の宮の東部あるいは東外側に所在した可能性があり、平城宮楊梅宮が東張出部に所在したこととの関連が考えられる。[補二]

太政官の造館舎所

〈第一三次調査区　SD一三〇一－B〉

一三六・大臣曹司作所
・大臣曹司作所
(二一二)×一五×九　〇六一　檜・板目　23O

二・「醬横　左左左太政官□□□　弟」
・右依造□〔右カ〕大臣曹司所□□〔給カ〕□□壹斗□マ□人□
三五八×二三・五×四　〇六一　杉・板目　25N

一・造大臣曹司所 史生新飯□〔陸カ〕升 倉長□□〔貳升カ〕／息人貳升 合壹斗
・　十月廿三日 史生宇努「韓国」／茨田清成
三七五×三六×六　〇一一　檜・板目　25N・O

三・作官曹司所十五人半了六十六夫
・　七月廿一日
三九四×三〇×五　〇一一　杉・柾目　23O

七　請夫二人　工息人九月五日松□
右以明日可給遣
二一二×三五×一　檜・板目　〇一一　23O

六　鐵壺廷附此使欲請九月七日松足
二四七×四二×五　檜・板目　〇一一　23O

一七七　□□□□□□□〔木工鍛冶カ〕□
（一〇〇）×（一三）　杉・柾目　〇九一　25N・O

一八二　□□〔隻カ〕　□〔柱カ〕卅□〔枝カ〕
（三二）×（一一）　檜・柾目　〇九一　25N

第一三次調査区のSD一三〇一―B出土の造営木簡は、全体の太政官関係木簡の一部で太政官修営に当った造館舎所に関するものである。**一三六**大臣曹司作所の題籤軸、**二**造右大臣曹司所と墨書する定木、**一**造大臣曹司所の飯の請求文書、**三**作官曹司所の夫に関する文書、墨書土器「造大臣曹司」（第12図2）など直接造館舎所に関わるもののほか、**七**夫・工の申請文書、**七**と同筆で松足の手になる**六**の鉄の請求文書、また**一七七**木工・鍛冶と記す断簡、**一八二**柱に関する断簡、**一七五**板の売買に関する断簡、**一**の署名者茨田清成と同人と思われる清成の名のみえる**一五八**の断簡なども造館舎所関係木簡の一群としてよいであろう。

造館舎所については『延喜式』太政官式に次のように定める。

凡造ニ館舎一所者、太政官曹司、弁外記候所、大臣曹司及厨等類、別当少納言弁外記史、及預太政官弁官史生各一人、二年為レ限、二月相替、

別当先検二破損一、随行二料物一、其所二修繕一、且加二勘定一、若有二臨レ事不了之輩一、不三必待二レ限、将レ従二改替一、

すなわち造館舎所は太政官所属の所で、太政官曹司、弁外記候所、大臣曹司、官厨家などの諸曹司の修繕を職務とし、その職員は別当・預があって、別当は少納言・弁・外記・史、預は太政官と弁官の史生各一人が二年交替で兼帯するのである。天長八年（八三一）五月五日の官宣によれば、太政官史生一〇人のうち一人が造曹司所にあてられている（『類聚符宣抄』）。造曹司所は造館舎所の前身と思われ、この史料によってすでに天長八年にその前身が存在し、史生があてられていたことが知られる。[23]

さて木簡の大臣曹司作所、造大臣曹司所、造右大臣曹司所はすべて同じもので、式文の造館舎所の大臣曹司を修営する所に当り、作官曹司所は太政官曹司を修営する所に相当する。また**1**の署名者の二人の史生は、式文に太政官と弁官の史生各一人を造館舎所預に任ずると定めるのに相当し、太政官史生で預を兼ねた者であろう。これらの史料からすでに延暦八・九年段階に延喜式制の太政官の曹司の修営に当る造館舎所の前身が存在し、史生がそれに当っていたことが確認できる。ただし『延喜式』では造館舎所という一組織が太政官曹司以下の四曹司の修繕に当ることになっているのに対して、長岡京の段階では太政官曹司、大臣曹司それぞれに所が組織され、さらに同一組織に関して大臣曹司作所、造大臣曹司所、造右大臣曹司所など呼称が一定していない。この相違を時代的な差による実質的な相違とみることも一案であるが、第一次史料たる木簡と、整えられた法制史料たる『延喜式』との史料的性格の相違に由来するものと考えるのが妥当であろう。

ところで前述のように延暦四年（七八五）八月に太政官院垣、同五年七月に太政官院全体が完成したが、これらの木簡はその年代からみてこれらの造営に直接関係するものではないし、さらに造館舎所は式文にもある通り本来小規模な修繕を任務とし、大規模な造営に当るものではないと考えられるから、それらの造営を担当したとは考えがたい。

貞観十五年（八七三）十一月三日太政官候庁（外記候所）の修理が完成するが、式文によれば造館舎所が担当するはずであるのに、大規模な改作であったためか木工寮が当っている（『三代実録』）。延暦四年の太政官院垣築造は大秦公忌寸宅守が私力を以て当り、同五年太政官院の造営は造宮使が当ったものであろう。延暦八・九年前後の作官曹司所・造大臣曹司所の活動は、太政官曹司・右大臣曹司の部分的な手直しあるいは修繕に当ったものであろう。当時大臣は右大臣が任ぜられているだけで、延暦八年九月十九日右大臣藤原是公が薨じ、同九年二月二十七日藤原継縄が後任に任じられるから（『続日本紀』）、木簡の造大臣曹司所の活動はこの右大臣の交替に関係する大臣曹司の修営かもしれない。

太政官が他の官司にみられない造館舎所という独自の修繕の組織を設けることができたのは、官厨家が管理する公田地子という独自の財源をもっていたからと考えられる。そして造館舎所設置の直接の契機は、宮内諸施設の修営に当っていたと考えられる修理司が宝亀末年に、同じく造宮省が延暦元年（七八二）に廃止されたからと思われる。従って造館舎所の設置の年代は延暦元年以降、さらに降って太政官院の完成した同五年以降ではないかと推測される。

第二二一一次調査区のSD一三〇一－Bから出土の三〇「給人四夫」の断簡は出土地点からみて、造館舎所に関するものであろう。このほか二七「椋古榑・下桁」などの材木に関するもの、二九の「夫」に関するものなども造営関係のものであるが、出土地点からみて前記の東宮造営に関するものか、造館舎所に関するものか決めがたい。

四　地子物荷札と検収

SD一三〇一－Bから二三点の地子荷札が出土している（第17表）。このほか立会調査第八〇一一八次において、八町

第17表　地子荷札

口絵図版	木簡番号	国	郡	郷	人	税・品目	日付	検収署名	形態	材・木取	出土地区	備考
15	五四	紀伊	—	—	—	地子塩三斗	—	「安万呂」	〇三二	檜・板目	23O	
15	五三	紀伊	—	—	—	地子塩「三斗」	延暦九年三月　九日	「安万呂」	〇三二	檜・板目	24O	
15	五五	⌴伊	—	—	—	地子塩三斗	延暦九年三月　七日	「安万呂」	〇一九	檜・板目	25N	
	五六	紀伊							〇三九	檜・板目	25O	
16	五九	近江	—	—	網丁大友醜麻呂	米	五月十三日	秦「安麻呂」	〇一一 ⬡	檜・板目	25N	A類
16	六〇	近江	—	—	網丁大友醜麻呂	米	五月十三日	秦「安万呂」	〇一一 ⬡	檜・板目	23O	A類（六〇・六一同材）
17	六一	近江	—	—	網丁大友醜麻呂	米	五月十三日	秦「安麻呂」	〇一一 ⬡	檜・板目	25N	A類（六〇・六一同材）
17	六二	近江	—	—	網丁大友醜麻[]	米	五月十三日	秦「安麻[]」	〇一九 ∩	檜・板目	25N	A類
18	六三	近江	—	—	網丁大友醜麻呂	米	五月　七日	「肋万呂」	〇一一	檜・板目	25O	B類
	六四	(近江)	—	—	網丁大友醜麻呂		五月　七日	「肋万呂」	〇八一	檜・板目	24O	B類
	六五	近江	—	—	網丁大友醜麻呂	米	五月　七日	「肋万呂」	〇一一	檜・板目	25N	B類
	六六	近江	—	—	網丁大友醜麻呂	米	五月　七日	「肋万呂」	〇一一	檜・板目	23O	B類
18	六七	美濃	—	—	網丁勝栗万呂	米	延暦九年五月十九日	「秦安万呂」	〇五一 ∩	檜・板目	23O	a類（六七・六八同筆）
19	六八	美濃	—	—	網丁勝栗万呂	—	九年五月廿一日	—	〇一一	檜・板目	23O	b類（六七・六八同筆）
	六九	美濃	—	—	網丁勝栗万呂	—	九年五月廿一日	—	〇一一 ∩	檜・柾目	23O	b類（六九・七〇同材）
	七〇	美濃	—	—	網丁勝栗万呂	—	九年五月廿一日	—	〇一一	檜・柾目	23O	b類（六九・七〇同材）
	五七	信濃	更級	—	—	地子交易雉腊拾斤	—	—	〇三三	檜・柾目	24O	
	五八	播磨				地[]			〇八一	檜・板目	25N	
	二四一				⌴取広岡	⌴子米五斗	—	—	〇一九	檜・柾目	40O	
	七三	越前	大野	—	網丁丈部広公			—	〇三二	檜・板目	23O	
	七四	越前	大野	⌴後郷	網丁丈[]	銭一貫文		—	〇三九	檜・板目	26N	
	九八	播磨	美(嚢)		網丁現[]				〇一九	檜・柾目	23N	
	八六八	伊与	越智	橘子	—	地子白米伍斗	—	—	〇三一			SD五二〇二出土
	八四一	(長門)	豊浦	—	豊浦郡人散仕 長門凡	地子米五斗	四月十	—	〇三九			SD五二〇二出土
	八四三	(長門)	大津	—	—	地子米五斗		—	〇八一			SD五二〇二出土

——は該当項目の無記載を示す。

西辺築垣の東側溝SD五二〇二から三点が出土している（『長岡京木簡二』）。このうち美濃国四点、近江国八点、越前国二点、播磨国一点は地子と明記しないが、後述のように美濃・近江国のは検収署名から、越前・播磨国のは綱丁名を記す書式から、いずれも地子と推定できるものである。地子荷札は、これまで平城宮跡から近江国の乗田価銭の荷札一点が出土しているだけで[24]、きわめて珍しく、そのうえ本木簡群は種々の興味深い問題を含んでいる。

官厨家と公田地子　地子は公田を賃租してその収穫稲の五分の一を徴収したものである。その貢進先と使途については『養老令』田令公田条に太政官に送ってその雑用に充てることを定めているが、天平八年（七三六）三月庚子官奏（『続日本紀』）に関連して大宝令公田条の復原の問題をめぐって長く論争があったが、現在では大宝令の段階から養老令と同じく太政官に送ってその雑用に充てたと考えられている[25]。『弘仁式』・『延喜式』主税式では五畿内、伊賀、陸奥、出羽、大宰府所管国の地子は現地で用いられたが、それ以外の諸国は軽貨に交易するか、あるいは舂米として太政官に送ることになっている[26]。地子の交易京進はすでに大宝令段階から行われ、天平六年（七三四）出雲国計会帳に「主当地子交易国司」がみえている（『寧楽遺文』上巻三二八頁）。延喜主税・太政官式によれば（注26b・d）、地子は太政官厨家に送られ、官厨家別当の外記と史が監物と主計寮官人の立会の下に収納した。後述のように官厨家が地子収納を担当したのがいつからなのか問題があるが、弘仁三年（八一二）には官厨家の地子物の管掌が確認できる。

地子の貢進品目　まず地子物の貢進国と品目の問題について考察する。諸国の地子物の貢進品目について知られるのは次の三史料である。

A　延喜十年（九一〇）十二月廿七日官符　（『別聚符宣抄』、『政事要略』）
B　同　十四年（九一四）八月八日官符　（同右）
C　同　十四年（九一四）八月十五日官符　（同右）

諸国の貢進品目と数量について全体にわたって知られるのはCだけである。Cによればこれ以前に天安二年（八五八）正月二十九日、元慶三年（八七九）十月十七日の両度の官符によって地子の品目と数量を定めたが、その後時々改定を加えたため、それらを基にしてこの時新たに定めたという。Bは絹、綿、調布、商布、鉄、鍬などの交易の価数を定めたもので、Cより七日前の日付けであるから、Cで定められる前に行われていた、前記の限定された品目の数量と貢進国に関して明らかにできる。Cにくらべて山城、伊豆、出雲国、大宰府について品目あるいは数量に相違がある。Aは例進内の塩を米に改め、また例進外の稲を例進内の米に改定した官符で、この官符以後とそれ以前の塩・米の貢進国が知られる。ところで地子物荷札で貢進国あるいは品目が明らかなのは八例で、このうち国と品目が知られるのは七例であり、これらを先述のA・Cの官符の品目と比較して第18表に示した。B官符はこれら八国と関係ないので省いた。

第18表　地子物の品目

国	荷札	A延喜十年官符 以前	A延喜十年官符 以後	C延喜十四年官符
近江	米			米
美濃	米	米	米	米
長門	米			米・綿
伊予	米	米	米	油・絹・米
信濃	雉腊			商布・細貫莚
紀伊	塩	塩	米	油・米
越前	銭			米
播磨	不明	米	米	米・油・上紙

荷札とC官符は一二〇年余の年代の隔たりがあるが、両者を比較すると、近江、美濃、長門、伊予国の米はC官符にひきつがれていて変更がないが、信濃国の雉腊と紀伊国の塩、越前国の銭はC官符に見いだせず、品目が改変されている。このうち紀伊国の塩はA官符によって塩が米に改変されたことが確認できる。ところで荷札の米と雉腊・塩は、それぞれ『弘仁式』・『延喜式』主税下に定める地子貢進における二つの形態の舂米と「軽貨」である交易物に当る。越前の地子銭については、官符A〜Cによって諸国にわたってみても地子銭はみられないが、平城宮跡から天平年間の近江国乗田価銭の荷札が出土しているから（注24）、地子の

銭納も一部で行われたと思われ(27)、地子銭も交易物の同類として扱うことにする。荷札とC官符の比較によれば米は貢進国と品目に改変がなかったが、交易物は品目が変更されたことになる。わずか七例だけであるから軽々しく断言できないが、重貨たる米と軽貨たる交易物とを対比させ運送の問題を介在させれば、この事実を敷衍して考察できよう。

すでに指摘されているが(28)、『弘仁式』民部式（『類聚三代格』貞観四年九月二十二日官符所引）と『延喜式』民部式にみられる、年料舂米貢進国は、重貨たる米の運送の便を考え、近国と水運の利用できる沿海国に指定されている。そしてこのような運送面での制限があったため、年料舂米貢進国は固定されていた。すなわち、『延喜式』の貢進国二二国は『弘仁式』の一六国に新たに六国を加えただけで、両式の間で大きな変更はないのである。地子米も『弘仁式』『延喜式』主税式上に「随近及縁海国舂レ米運漕」とあり（注26a・b）、またC官符によると地子米貢進国は一二国で、そのうち九国は近国、一二国は沿海国であり(29)、やはり年料舂米貢進国と同じく運送の便を考慮してその貢進国を指定している。従って地子米貢進国も年料舂米貢進国と同様に運送の面から固定される傾向にあったと思われ、わずか四例であるが、荷札はこのことを裏づけるものと思われる。

一方軽貨たる交易物は米のような輸貢面における制約はなく、どちらかといえば太政官の雑用の必要に応じて品目を指定する面が強かったと考えられる。弘仁三年（八一二）十二月二十八日官符によって、それまで厨家雑用のために官物を請うていた細布を交易物で調達させたのはそのような例であり（『類聚符宣抄』）、これを受けてC官符の段階では上総国から細布を貢進していた。C官符で天安二年（八五八）、元慶三年（八七九）官符によって貢進物の品目・数量を定めながら、「其後時々下レ符、頗有二改定一」というのは、そのような必要に応じた部分的な品目・数量の改定に当り、そのためにC官符によって全体的な貢進物の品目と数量の調節・改定が図られなければならなかったのであろう。わずかに三例であるが、荷札によって知られる品目の改定から、地子交易物は品目が固定しにくかったのではないかと考える。

貢進主体の書式　次に地子荷札の書式について整理しておく。貢進主体の書式について整理すると次の四類に分けられる。

(A)　国名

五四　紀伊國進地子塩三斗「安万呂」　（口絵15）　一九五×三〇×五　〇三二　23O　檜・柾目

(B)　国名＋綱丁名

六一・近江國米綱丁大友醜麻呂
・　五月十三日秦「安麻呂」　（口絵17）　一七四×二一×三　〇一一　25N　檜・板目

六七・美濃國米綱丁勝栗万呂
・延暦九年五月十九日「秦安万呂」　（口絵18）　（二六五）×二四×二　〇五一　23O　檜・板目

(C)　国名＋郡名

五七　信濃國更級郡地子交易雉腊拾斤太　一六五×一四×五　〇三三　24O　檜・柾目

八四三　大津郡地子米五斗　(一二三)×(六)×三　〇八一　SD五二〇二　檜・板目

(D)　国名＋郡名＋郷名

八六八　伊予國越智郡橘子地子白米伍斗　二二二×二二×二　〇三一　SD五二〇二　檜・板目

地子物の荷札の書式は、(A)〜(D)の四型式があって一定していないが、調庸などとは異なり、貢進者名を記さないこと、また(B)型式の綱丁名を記したものがあるのが特徴である。綱丁名記載の荷札はこの長岡京木簡が初出で、近江国の地子米八点、美濃国地子米四点と次の三点がある。

七三　越前國大野綱丁丈マ廣公　一三九×一三×三　〇三二　23O　檜・板目

七四・越前國大野綱丁丈冂 （八一）×一六×四 〇三九

・凵後郷銭□〔一カ〕貫文 26N 檜・板目

九八・播磨國□〔美カ〕冂 （四一）×一五×二 〇一九

・綱丁現□冂 23N 檜・柾目

綱丁名記載の荷札は、貢進物の種類の明らかなのは地子物に限られるから、右の三点も地子物の可能性が高い。ここでは書式に四型式のあることを確認し、その各々の意味や綱丁名記載についてはのちに考察することとする。（補三）

紀伊・美濃・近江の地子荷札 紀伊国地子塩、美濃国・近江国地子米の荷札は各々同筆や同材のものを含み、さらに地子物の収納の際の検収の署名を有し、貢進物収納における荷札の機能を考察できる史料であるうえに、本木簡群の性格、官司の比定の重要な論拠となる。以下国ごとに整理しておく。

〈紀伊国地子塩〉**五三**〜**五六**の四点である（口絵15）。**五六**は断簡。

五三・紀伊國進地子塩「三斗安万呂」

・　延暦九年三月九日　　二六四×二八×三　〇三二　檜・板目　24O

五四　紀伊國進地子塩三斗「安万呂」　　一九五×三〇×五　〇三二　檜・柾目　23O

五五・□□〔伊カ〕國地子塩三斗「安万呂」　　(一七六)×二七×三　〇一九　檜・板目　25N

・　延暦九年三月七日

五三・五五の二点には裏に日付があり、五六は断簡であるので確かめられないが、五四にはなく、また五三・五四は「進」字があり五五はないなど、記載について若干の相違が認められる。五六を除き三点に本文と異筆の「安万呂」の署名があり、五三だけは「三斗安万呂」が異筆である。四点とも異筆の署名の部分を除く本文は同筆と判断される。形態は完形の五三・五四は左右辺上端にV字形切りこみを施す〇三二型式で、欠損の二点も同型式の可能性がある。

〈美濃国地子米〉六七〜七〇の四点があり、日付・書式・異筆の署名の相違によってa・b類の二類に分けられる（口絵18・19）

a類　延暦九年五月十九日（六七）

六七・美濃國米綱丁勝栗万呂
・延暦九年五月十九日「秦安万呂」
(一六五)×二四×二　〇五一
230　檜・板目

b類　九年五月廿一日(六八〜七〇)

六八・美濃國綱丁勝栗万呂
・九年五月廿一日
一二四×一三×二　〇一一
230　檜・板目

a類は一点だけで、「延暦九年五月十九日」の日付けを有し、書式は「美濃国米綱丁…」で「米」字を記し、日付の下に異筆の「秦安万呂」の署名がある。b類は三点あり、「九年五月廿一日」の日付けを有し、「米」字を記さず、異筆の署名もない。形態はa類の六七が下端を尖らせる〇五一型式で、頭部を山形に整形する。b類の三点は一応短冊形の〇一一型式に分類したが、形態が不揃いで粗雑な整形である。ことに六九と七〇は同一の材料から作られた荷札で、六九の下端と七〇の上端の折れ口が接合し、木簡の料材の製作方法が知られる稀有な例であるが(第七節)、六九は上端を山形に尖らせるのに対して七〇は上・下端とも水平に切りこみを入れて折っているだけで、料材の製作において形を同じくするという意識が認められない。a・b類は以上のような相違をもつが、いずれも「綱丁勝栗万呂」のもので、a類六七とb類六八は署名部分を除いて同筆と判断される。従ってb類は「米」の記載がないが、a類と同じく米の荷札とみられる。

〈近江国地子米〉断簡を含めて八点あり、日付と署名の相違によってA・B類の二類に分類できる（口絵16〜18）。

A類　五月十三日　秦安万呂（五九〜六三）

六〇・近江國米綱丁大友醜麻呂
・　五月十三日秦「安万呂」　一七八×二〇×三　〇一一　檜・板目　23-O

六一・近江國米綱丁大友醜麻呂
・　五月十三日秦「安麻呂」　一七四×二一×三　〇一一　檜・板目　25-N

B類　五月七日　肋万呂（六三〜六六）

六三・近江國米綱丁大友醜麻呂

・　五月七日「肋万呂」

一六一×一七×二〇一一　檜・板目
250

A類は五月十三日の日付で、裏の署名が「安麻（万）呂」、B類は五月七日の日付で、署名は「肋万呂」である。形態は完形のものについてはA・B類とも短冊形の〇一一型式であるが、細かな整形方法については相違が認められる。A類は上・下両端を山形に削り、B類は上・下端は切りこみを入れて折るか、水平に削るかである。A・B類それぞれに裏に本文とは異筆の「安麻（万）呂」「肋万呂」の署名がある。本文の筆蹟はA・B類それぞれに特徴もあるが、両者を通じてすべて同筆と判断した。全体として右肩上りの筆法で、「近江国」「大友醜麻呂」はA・B類を通じて共通の特徴がある。「米」「丁」字はA・B類で少し相違があるが、「米」字はいずれも特徴的な増画の字体である。なおA類の本文と「安万呂」の署名の筆蹟の同・異筆の判別については簡単ではないので、後に他の木簡の安万呂の筆蹟と比較して検討することとする。

以上のように、これら紀伊・美濃・近江三国の荷札については国ごとに同筆のものがある点、本文とは異筆の署名が認められ、ことに安万呂の署名が三国の荷札を通じて認められることははなはだ注目される。(補四)

秦安万呂の筆蹟　安万呂の筆蹟はこのほか次のものにもみられる。

四三・十八日作箸八十三人□〔料カ〕

・「秦安麻呂」　（口絵19）　一五九×二〇×五　〇三二
26N　檜・板目

上端の左右にV字形切り込みを入れる〇三二型式で、箸に付けられた送り状であろう。裏の「秦安万呂」は表の本文の筆蹟にくらべて肉太で異筆で受領を示す署名であろう。さらに次のような「其月其日安万呂」という書式の小型矩型の木簡が断簡を含めて八点ある（第19表・口絵19・20）。

四六　四月八日安万呂　（口絵20）　六六×二九×二　〇一一
24O　檜・柾目

以上のように秦安万呂の関係史料は、紀伊・美濃・近江国荷札の署名八点、箸の送り状一点、「其月其日安万呂」の木簡八点の計一七点がある。署名は「秦安万呂」と氏姓から記すものは二点と少く（**四二**・**六七**）、名前のみ記すものが多い。また「安麻呂」は三点で少く（**四二**・**六一**・**六三**）、「安万呂」が多い。これらの「秦安万（麻）呂」あるいは「安万（麻）呂」の筆蹟はすべて同筆と判断した（第10図・口絵15～20）。

近江国A類荷札の筆蹟　ここで近江国のA類の荷札の筆蹟の同・異筆についてみておきたい（第10図）。A類の荷札は筆蹟の明瞭な**六〇**・**六一**を史料とする。**六一**では「安麻呂」が「秦」字の上の文字より肥筆で墨色濃く、**六〇**では逆に「安万呂」が「秦」字の上の文字より墨色がうすく、いずれも「秦」字と「安」字の間で筆が変っているようにみうけられる。これに対して**六七**「秦安万呂」、**四二**送り状の「秦安麻呂」はいずれも一筆で、安万呂の自筆と認められる。**六〇**・

六二と四三・六七の「秦」の字を比較すると、前者と後者それぞれに共通性があるとともに、両者相互の相違が看取できる。従って六〇・六一の「秦」の字は安万呂自筆の四三・六七のそれとは異筆と判断できる。また近江国の五九・六三の「秦」字は六〇・六一と同筆で、四三・六七とは異筆である。次に六〇・六一の「五月十三日」の日付については、「某月某日安万呂」の四六・四八の日付と比較すると異筆と判断できる。四六・四八は一筆で、その日付は安万呂の自筆であるから、「五月十三日」は安万呂の筆蹟ではなく、「五」字にみられる右肩上りの筆法は表の「近江」字と共通性があるから、表の本文と一筆で記されたものである。また近江国A類の日付はB類のそれと同筆である。以上から、A類は表の「近江国…」から裏の「秦」字まで一筆で、「安万呂」のみが異筆と判断できる。このような署名の仕方は文書の自署と類似するが、荷札としてはすこぶる奇妙なものであり、その意味については後論しよう。

官厨家の検収署名　近江・美濃・紀伊国の荷札にみられる異筆の安万呂・肋万呂の署名の意味については、荷札の機能の面から考察できる。すでに荷札の機能については、貢進物の収納の際の検収に用いるもので、調庸荷札を例として、荷札が郡衙段階で付けられ国衙・中央政府段階の検収をうけることを考察した[30]。安万呂の署名は紀伊・近江・美濃の三国の荷札にみられ、また箸の送り状や「某月某日安万呂」の木簡など中央政府で用いた木簡にもみられるから、秦安万呂は中央政府の官人であり、その荷札の署名は中央政府段階の収納の際の担当官人の検収の署名とみられる。肋万呂の署名も同じ意味のものであろう。『延喜式』主税式下・太政官式によれば（注26b・d）、地子は太政官厨家に収納し、官厨家別当の外記・史が監物と主計寮官人の立会の下に収納することになっている。従って秦安万呂・肋万呂は官厨家の官人であろう。また近江、美濃国米荷札についても地子とは記さないが、官厨家官人の安万呂の検収署名があることから地子米の荷札と推定できる。これまで検収署名の確かな実例は平城宮跡出土の続労銭付札があるだけであったが[31]、ここに多くの実例が出土することによって荷札が貢進物の検収に用いられることが一層確かにな

62

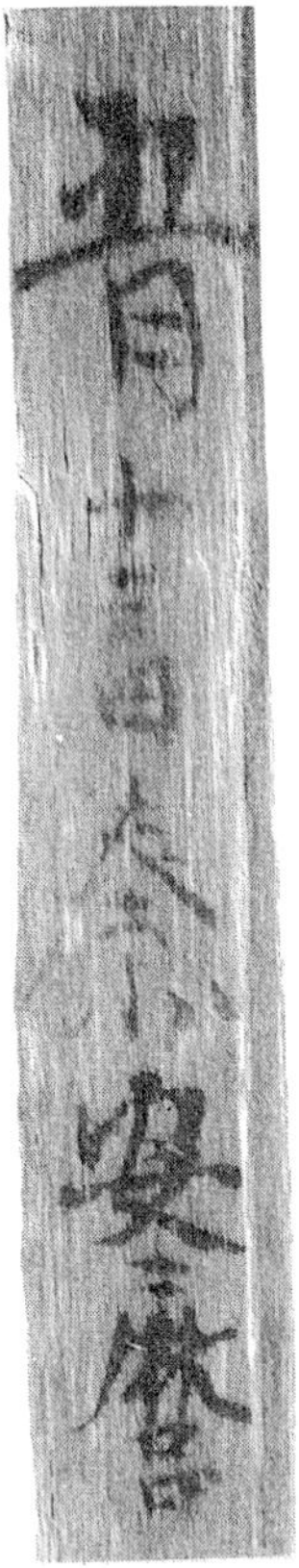
61

60

59

46

48

46・48検収整理札
59〜62近江国荷札

第10図　秦安万呂の筆蹟　長岡京跡

42　67

67美濃国荷札

42作箸文書

った。

収納手続と検収署名の意味　検収署名の意味については、さらに貢進物収納の手続きに即して具体的に考察する必要がある。この点についてはすでに北条秀樹氏が考察しているので、[32]その見解を参照しながら考えることとする。北条氏によれば、中央政府段階における調庸雑物などの収納は次の三段階を経て行われた。第一段階は国の綱丁と収納官衙との間に行われる物実の送付受納である。第二段階は収納官衙・封主からの綱領郡司への返抄・収文の授受で、第三段階は国の雑掌が主計寮に赴き、第二段階で得た返抄・収文と抄帳の勘会が行われ、最終的な一国全体の調庸返抄の拘放が決定される。このような手続は主に承和十年（八四三）三月十五日官符（『類聚三代格』）など九世紀の史料に基づいて復原されたものであるが、すでに八世紀においても第二段階の見納分に対する収文の交付が行われていた。この収納手続は調庸雑物ばかりでなく、官厨家の地子物収納にもあてはまるものと考える。

この三段階の収納手続において、荷札は第一段階で荷からはずされて検収の署名がなされ、はずされた荷札は収納物実の集計と見納分に対する収文（日収）の作成の資料とされたと考えられる。貢進物の収納は長期間を要し毎日少量ずつ行われた。『三代実録』元慶七年（八八三）十一月二日乙丑条によれば、『貞観式』民部式に調庸雑物は期日の後二十日以前に収納することが定められているにもかかわらず、当時民部省は綱領郡司の見参ののち月を踰えても貢進物を勘会せず、また勘会以降、旬日を経ても大蔵省へ移文を送らないために、綱領郡司が困苦するという状況が指摘されている。従って収文作成のために日々の収納物を惣計して、進・未進を明らかにするために、はずされた荷札が集積されてその資料になされたものと考えられる。その際収納に当った官人の責任を明らかにするために、荷札に検収官人の署名がなされたと思われる。木簡から知られる限りでも秦安万呂、肋万呂、また後述のように軽間嶋枌の三人の収納官人がいて、複数の官人が収納事務に当っているから、収文作成の段階で問題が生じた場合、各人の責任が明らかになるように署名が必要だったのであろう。延暦十六年（七九七）四月十六日官符は調庸の粗悪化を問題とし、その一因は収納官人が検校しないためであるとして、検納の際の貢進物の品質検査を命じており（『類聚三代格』）、延暦年間は収納官人の責任が追求された時期でもあった。

検収整理札　前述した「日付＋人名」の書式の木簡は、安万呂に関する八点に軽間嶋枌の一点（五一）を加えて合計九点があり、次に二点の釈文を掲げ第19表に整理する（口絵19・20）。

四九　四月十五日安万呂　一三六×一九×二　〇一一　25N　檜・板目

五一　廿五日軽間嶋枌　一三三×二二×四　〇一一　23O　檜・板目

これらの木簡は「日付＋人名」の簡単な書式で、その人自身の上日や常食支給などに関する伝票かとも思われたが、安万呂に関して同日の四月八日のものが三点あるのでそのようなものとは考えにくい。安万呂が地子物検収担当官人であること、さらに安万呂署名の荷札の日付とこの類の安万呂の木簡の日付をくらべると（第20表）、両者は三月、閏三月、四月、五月と連続することから、やはり地子物の収納事務に用いた木簡と考える。後述のように、地子物荷札の日付は地子物が諸国を出発した日時でなく、収納の日時あるいはそれに近い日時を示すから、両者の日付を比較することは意味があるのである。「日付＋人名」木簡は検収の署名と同じ働きをもつものと考えられる。おそらく署名をする代りに、荷からはずした単数あるいは複数の荷札とともに紐などで縛りつけておき、その荷札に関わる地子物の検収月日と官人を明らかにする役割を果すのであろう。この類の木簡を検収整理札とよぶことにしたい。署名の代りに検収整理札を用いるのは、あるいは荷札の署名をする余白の問題があるかもしれないが、第20表の通り署名荷札

第19表　検収整理札

木簡番号	日付	人名	形態	材	法量	出土地区	備考
四三	三月九日	安万呂	〇一一	杉・板	一〇六×一四×五	25N	
*四四	閏三月廿四日	安万呂	〇一一	檜・板	一一六×一九×六	不明	
四五	四月五日	安万□	〇八一	檜・柾	(六〇)×(二五)×三	23O	下端折損
*四六	四月八日	安万呂	〇一一	檜・柾	六六×二九×二	24O	
四七	四月八日	安万呂	〇一一	檜・柾	一一六×(一四)×三	25N	
*四八	四月八日	安万呂	〇一一	檜・板	一一六×二〇×五	25N	
*四九	四月十五日	安万呂	〇一一	檜・板	一三六×一九×二	25N	
五〇	□〔廿カ〕六日	安万呂	〇一九	杉・板	(七九)×一八×三	23O	上端折損
*五一	廿五日	軽間嶋枌	〇一一	檜・板	一三三×二二×四	23O	

木簡番号欄の＊は口絵19・20に写真掲載。

と検収整理札の日付が三月九日が重なるほか月によって分れるから、安万呂は時に応じて両方法を使いわけていたのかもしれない。軽間嶋枌は一点だけであるが、検収整理札を残すので、安万呂と同じく官厨家の検収担当官人であろう。(補五)

第20表　荷札と検収整理札の日付

荷札		検収整理札
紀伊	延暦九年三月七日	三月　九日
紀伊	延暦九年三月九日	閏三月廿四日*
近江	五月十三日	四月　五日
美濃	五月十九日	四月　八日
		四月十五日

*閏三月は延暦九年。

官厨家の官人　地子物の検収事務に当っている秦安万呂、肋万呂、さらに軽間嶋枌は前述のように太政官厨家の官人である。太政官式によれば(注26c)官厨家には別当と預がおかれ、別当には少納言・弁・外記・史が、預には太政官の史生と左・右弁官の左・右史生が一年を任期として当ることになっていた。三人は収納の実務に当っているから下級官人で、史生が兼任した官厨家預と考えられる。前述のように嶋枌は書生の常食を請求しているが、それは書生を管轄する史生として自然なことであろう。

荷札の作成段階　前に問題として残した近江国A類荷札の「秦『安万呂』」という奇妙な署名の仕方について考察しよう。公文書においては書記官が本文と署名の氏姓までを記し、名前だけ自署するのは普通にみられ、この荷札の署名の仕方はこれに類似する。しかし書式からみてこれらの木簡は荷札とみるほかないから、「近江国……秦」を貢進側が、「安万呂」の署名を収納側が記したと解すべきである。さすれば貢進側は、収納官人の氏姓を記している点からみてその地子物の収納担当官人を知っていたことになる。前記のように収納官人は複数で一人に固定していたわけではないから、貢進側が国から地子物を送り出す時に収納官人を知るはずもない。従ってこれらの荷札は京において検収をうける直前に付けられたものと解するほかない。前記の如く貢進物の収納は少量ずつ行われ長期間要したから、そのような状況において、貢進側は京に至ってから日々に貢納する地子物の荷の分に荷札を付けることをしたのではなかろうか。荷札の日付は一般に国から輸貢する時点を示すとみられているが、これらの荷札の日付は貢進側が記したものではあるが、京における貢納の、あるいはその直前の日時を示すものとみられる。近江国のA・B類の荷札は綱丁名が大友醜麻呂と同人でありながら日付が六日異なるが、そのこともこのような収納のやり方を考えれば理解しやすい。美濃国・紀伊国の荷札については、日付が美濃国は五月十九日と同二十一日、紀伊国は三月七日と同九日と近接し、さらに美濃国のは日付が異なっても綱丁は同じ勝栗万呂で、また同筆のものがあることが注意される。両国の荷札は、近江国荷札のように署名からはいえないが、これらの点からやはり同じように京において収納に当って付けられたものであろう。

荷札の形態は荷の形態に規制される面があるが、近江・美濃国の俵づめの米の荷札が、いずれも荷札としては例数の少ない、紐でしばりつけるためのV字形の切りこみのない〇一一型式であることは、このような荷札の付け方と関係するものであろう。(33) すなわち長い輸貢の道中付けられてくるわけではないから、しっかり俵に結びつける必要はなく、あるいは簡単に俵の縄の間にでもさしこんでいたのではないだろうか。(補六)

綱丁の役割　綱丁名記載の荷札について、以上の収納のやり方、検収署名の意味をふまえて考えてみたい。綱丁については、やはり北条秀樹氏の八・九世紀における調庸・封物運京における綱丁に関する秀れた研究があるので参照する。(34) すなわち北条氏によれば、綱丁とは貢進物の輸貢に当って、「郡司の下に運脚を指揮して物実を宰領する、いわば輸送小頭的な存在」である。八世紀においては調庸輸納において貢調使―調綱郡司―運脚の構成によって行われ、綱丁は格などにはほとんどみえず未だ明確な位置を与えられていなかったが、九世紀後半に至ると、実質的に郡司に替って、物実の輸納や公文の伝達を行う主体的な存在に成長してくると。荷札の綱丁名記載の意味を考える上で注目すべきは、綱丁が物実輸貢とともに公文の伝達に当っている点である。九世紀後半になるとそのような位置付けが法的にも明確になってくるが、北条氏が明らかにしたように、すでに八世紀後半において実質的にそのような役割を果していた。すなわち天平宝字五・六年（七六一・七六二）において、近江国愛智郡が造石山院所に対して未納の同四年分の封租米の輸貢を断続的に行ったが、その中で綱丁（＝送使）は物実を宰領するとともに、愛智郡司の封租米進上解を帯びて造石山院所へ赴き、現納分の造石山院所の返抄を与えられてもどるということをしている。ここでは綱丁は物実宰領とともに進上解・返抄の伝達者の役割を果すが、さらに天平勝宝七歳（七五五）の播磨国飾磨郡から造東大寺司への封庸米の進上に当っては、造東大寺司の現納分の返抄は綱丁充てに発給されている（『大日本古文書』二五―一五八頁）。荷札に綱丁名が記載されるのは、このように綱丁が現納分の返抄の受納者となっていることから理解できる。荷札は収納の際とりはずされ、返抄作成の資料とされるが、その際返抄の受領者となる綱丁名を知る必要があり、また輸貢に関する綱丁の責任が問われることがあったのではなかろうか。愛智郡封租米の収納と九世紀における調庸雑物の収納の手続きとを同じものとみることができるかは問題があるので、綱丁の返抄受領が前述した調庸雑物収納手続きの第二段階の綱領郡司の返抄受領と代替すべきものなのか、あるいはその前段階に想定されるものなのかなどの問題は残るが、荷札に綱丁名が記されるのは、綱丁が収納における一定の責任を果したからと考えられる。[35]

北条氏は、八世紀後半における愛智郡封租米輸貢における綱丁のあり方を特殊なものとみられているが、ここに八世紀末の綱丁名記載の荷札を位置づけてみると決して特殊なものではない。九世紀前半以前においては綱丁は格文などにあまりみえないから、法的な位置づけは十分でなかったのであるが、実質的には八世紀後半から貢進物輸貢において重要な役割を果していたと考えられる。また北条氏によれば、綱丁には在地の有力層があてられたというが、荷札の綱丁にみられる近江国の大友氏は滋賀郡を中心として広く分布する渡来系の有力氏族であり、[36]美濃国の勝氏も各牟郡主帳に任ぜられ、同国内に広く分布する同じく渡来系の有力氏族であって[37]、輸貢における一定の責任を果しうる有力階層だったと思われる。

貢進主体の書式の違い　前述のように地子荷札の書式はA～D型式の四型式がある。この書式の相違については、一案として荷札の付けられる段階や検収を受ける段階が異なるのではないかと考える。A・Bは前述のように京において官厨家の検収のために付けられたものであり、その段階の検収では国あるいは国の綱丁の輸貢の責任が問われるものと思われる。C・Dの荷札は郡衙段階で付けられ国衙の検収に備えられたもので、そこでは郡あるいは郷の輸貢の責任が問われたものと思われる。地子は舂米とするか、あるいは交易して必要な物品として貢進するが、天平二年（七三〇）大倭国正税帳では地子稲は各郡の正倉に領置され、また天平二年紀伊国正税帳では正倉に借納されていた[38]。地子稲の舂成は、地子から功賃を出して人を雇って行い[39]、また地子の交易は国司が専当したが、各郡の正倉に収納されている点からみて舂成・交易には郡衙の関与があるのではないかと思われる。従って国衙の検収のための郡衙で付ける荷札もあり、C・Dの荷札がそれに当ると考える。すでに明らかにしたように、西海道諸国の調綿は、郡衙段階で国衙・大宰府の検収のために貢納者ごとの荷の包紙に「国名＋郡名＋郷名＋貢進者名」が墨書され、さらに大宰府段階で百屯ごとにまとめた荷に中央政府の検収のために「国名＋郡名」の荷札が付けられた[40]。地子物の輸貢では、この調綿の場合のようにA・B型式とC・D型式の荷札が重ねて付けられたのか、あるいはA・B型式、C・D型式の荷札が付けられることが別個にあったのかは確認できない。

五　越前国の米荷札

SD一三〇一－Bからは米の荷札が二八点出土している。第一三次調査区から二四点、第二二－一次調査区から三点、第五一次調査区から一点で、第一三次調査区に集中している。これを貢進国別にみると越前国一三点、讃岐国二点、伊予国二点、美濃国一点で越前国の荷札が一三点と多いのが注目される[41]。これら越前国の荷札は出土地点や書式と形態の共通性から一括できる同類の荷札と考えられ、さらに興味深い問題を含むのでまとめて論じておきたい。釈文を掲げ第21表に整理する。

八三・江沼郡額田郷戸主山千山戸米五斗
・延暦八年十月十一日上□
（一八〇）×一五×六　〇五九　檜・板目　26N

八七・安宅驛戸主財豊成戸五斗
・　十一日嶋成
一六五×一三×四　〇五一　檜・板目　24O

八六・忌浪郷戸主□〔山カ〕下豊成戸米五斗
・　　延暦八年十一月三日
一五四×一五×五　〇五一　杉・板目　240

八二・山上郷戸主山□□〔足米カ〕戸米五斗
・「八年七月十五日」
（一八七）×二〇×五　〇五九　檜・柾目　240

八四　「□□〔山下カ〕」戸主阿刀祖万呂戸□□□□人安古万呂米五斗
（一四五）×一四×五　〇五九　杉・柾目　250

八五・山下郷戸主財益國戸米五戸上戸主
・　　八年七月十六日
一四二×一八×四　〇五一　檜・板目　240

七六・袋郷戸主笠取千國戸口同大唐□〔糯カ〕五斗

・延暦八年十一月十八日　一九五×二二×四　〇五一　杉・柾目　24O

七九　川口郷三國真人佐弥□［　　（九二）×二一×四　〇一九　檜・板目　24O

七八・川口郷民得名米五斗

・十一月廿三日　一八〇×二三×四　〇五一　檜・柾目　24O

八〇・高向郷戸主□［　］□戸口山富万呂□□〔米カ〕［

・上人即富万呂延暦八年十一月四日　（一二三）×一五×二　〇五九　檜・柾目　24O

七七・「海」戸主秦小田比戸同吉万呂

・□□米五斗上人吉万呂　一八七×一九×五　〇五一　檜・板目　24O

八一・富樫郷戸主丸部諸上戸□□〔川内カ〕［　］□□□白□〔米カ〕□〔斗カ〕□

・延暦八年□□〔三月カ〕□□〔日カ〕□□〔小カ〕□□〔次カ〕女

（二〇一）×二九×五　〇五九　檜・板目　230

八六・□□郷戸主阿刀家□白米五斗

・□

一七一×一七×四　〇五一　檜・柾目　240

荷札の共通性　まずこれらが同類の荷札であることについては、第一に出土状況に関してはすべて第一三次調査区のSD一三〇一－Bから出土し、さらに出土地区をこまかくみると、第21表の通り集中する24区を中心に隣接する23・25区からまとまって出土している。第二に貢進主体の書式については、一二点が郷名＋人名、一点が郡名＋郷名＋人名で、国・郡名あるいは国名を省略する特徴をもつ。第三に形態については、若干欠損したものも含めて一二点が下端を尖らした〇五一型式と推定され、さらに整形方法についても六点が上端を山形に尖らせるという特徴的な整形の仕方をしている。240区からの集中的な出土状況、書式と形態の共通性からみて、これら一三点の米荷札は一括できる同類のものと考えられる。

ところでこの一群の荷札に関して論ずる前に、これらが越前国の荷札であること、またこの白米が年料舂米であるのか、地子米であるのかという貢進物の種類について検討しておかねばならない。

第21表　越前国の米荷札

番号	郡	郷	貢進者	上人記載	品目	年月日	形態	材	備考	出土地区
八三	江沼郡	額田郷	山千山	上□	米五斗	延暦八年　十月十一日	〇五九	檜・板		26N
八七		安宅駅	財豊成		五斗	十一日	〇五一⌒	檜・板	江沼郡(↑能美郡)	24O
八六		忌浪郷	山下豊成		米五斗	延暦八年十一月　三日	〇五一	杉・板	江沼郡	24O
八二		山上郷	山足米		米五斗	「八年　七月十五日」	〇五九	檜・柾	江沼郡(↑能美郡)	25O
*八四		「山下」	阿刀祖万呂		米五斗		〇五九⌒	杉・柾	江沼郡(↑能美郡)	25O
八五		山下郷	財益国	上戸主	米五斗	八年　七月十六日	〇五一	檜・板	江沼郡(↑能美郡)	24O
七六		袋　郷	笠取千国		糯五斗	延暦八年十一月十八日	〇五一	杉・柾	坂井郡福留郷	24O
七九		川口郷	三国真人佐弥□				〇一九⌒	檜・板	坂井郡	24O
七八		川口郷	民得名		米五斗	十一月廿三日	〇五一⌒	檜・柾	坂井郡	25O
八〇		高向郷	山富万呂	上人	米	延暦八年十一月　四日	〇五九⌒	檜・柾	坂井郡	24O
*七七		「海」	秦小田比	上人	米五斗		〇五一⌒	檜・板	坂井郡	24O
八一		富樫郷	丸部諸上		白米	延暦八年　三月　□日	〇五九	檜・板	加賀郡(↑石川郡)	23O
八八		(不明)	阿刀家□		白米五斗		〇五一	檜・柾		24O

(1)番号欄に*を付したものは第11図に写真掲載。
(2)郷の「　」は追筆。
(3)備考には推定所管郡を記した。
(4)形態の⌒は上端を山形に整形。

国・郡名の比定　これらの荷札は国・郡名を省略しているので、越前国のものであることは直接明らかでないわけである。このことについては、これらが一括できる同類の荷札であることが一つの前提となるが、その前に記載内容の検討が必要である。その方法として、まず『和名抄』の郷名との照合、次に荷札に記載の氏姓名と氏族分布の照合によって、記載の郷の所管国郡の比定を行うこととする。まず『和名抄』の郷名と照合するが、その際注意しなければばならないのは弘仁十四年（八二三）二月越前国の江沼・加賀二郡を割いて加賀国を建て（『類聚三代格』弘仁十四年二月三日官奏）、さらに同年六月江沼郡から能美郡を、加賀郡から石川郡を分郡していることである（『日本紀略』弘仁十四年六月丁亥条）。従って荷札の郷の国郡比定に当っては、『和名抄』の加賀国江沼・能美郡、加賀・石川郡の所管郷はそれぞれ越前国江沼郡、加賀郡所管として扱わなければならない。

『和名抄』との照合で、八三江沼郡額田郷は加賀国江沼郡額田郷、七六袋郷は坂井郡福留郷、八一富樫郷は加賀国石川郡（→加賀郡）富樫郷のほかに該当郷がみられないので、それぞれの郡所管である。安宅駅も『延喜式』兵部省式によれば加賀国所管で所在地が能美郡内に比定されているから（吉田東伍『大日本地名辞書』第三巻一九〇八頁）、越前国江沼郡所管と考えられる。その他の郷は第22表のように『和名抄』に複数の郷がみえるので、さらに氏族分布から国郡を限定していく。氏族分布については主に太田亮氏『姓氏家系大辞典』を参照することとする。

山氏　八二山上郷・八〇高向郷

山上郷については『和名抄』による該当国のうち、山・山部氏の所在が知られるのは越前国のみである。すなわち天平三年（七三一）越前国正税帳に某郡（大野郡か）主帳山公氏があり（『大日本古文書』一－四三三頁）、八三に江沼郡に山氏がみえる。従ってこの山上郷は越前国江沼郡所管であろう。なお米の荷札とは確認できないが、二三六国・郡名不明の山下郷山長万呂の荷札も越前国江沼郡であろう。高向郷については越前国のほかに伊勢国にも山氏の所在が推定できる。すなわち員辨郡に野磨郷があり、天平宝字二年（七五八）伊勢神宮寺奉納の沙弥道行発願の大般若経巻百八十七奥書に山氏がみえる（『寧楽遺文』下巻九八四頁）。従って高向郷については記載内容の検討からは所管国郡を決められないが、前述の書式と形態、頭部の山形整形の特徴、さらに後述する越前国の荷札に特徴的にみえる「上人」記載をもつことから越前国坂井郡所管とみることができる。

第22表　越前国荷札の郡名比定

木簡番号	郷名	氏姓	和名抄の該当国郡
七六	袋郷	笠取	越前国坂井郡福留郷
八一	富樫郷	丸部	加賀国石川郡(→越前国加賀郡)
八七	安宅駅	財	加賀国能美郡＊(→越前国江沼郡)
八六	忌浪郷	山下	加賀国江沼郡(→越前国江沼郡)
八二	山上郷	山	下総国匝瑳郡　下野国塩屋郡　加賀国能美郡(→越前国江沼郡)
八〇	高向郷	山	伊勢国度会郡　越前国坂井郡
八四	山下郷	阿刀	下野国塩屋郡　加賀国能美郡(→越前国江沼郡)　阿波国板屋郡
八五	山下郷	財	下野国塩屋郡　加賀国能美郡(→越前国江沼郡)　阿波国板屋郡
七九	川口郷	三国真人	武蔵国多磨郡　下野国芳賀郡　越前国坂井郡　越中国射水郡　丹波国天田郡　筑後国御原郡
七八	川口郷	民	武蔵国多磨郡　下野国芳賀郡　越前国坂井郡　越中国射水郡　丹波国天田郡　筑後国御原郡
七七	海郷	秦	伊勢国川曲郡　尾張国海部郡　上総国市原郡　信濃国小県郡　越前国坂井郡　丹波国熊野郡　隠岐国海部郡　安芸国佐伯郡　阿波国那賀郡　讃岐国山田郡＊＊　土佐国高岡郡　筑前国怡土・那賀・宗像郡

(1)　――は荷札に記す氏姓の所在する国・郡を示す。
(2)　＊は延喜兵部式、＊＊は平城宮木簡に駅・郷名の見えることを示す。

阿刀氏　八四山下郷

『和名抄』の該当国のうち阿刀（迹・跡・阿都）氏の所在が知られるのは越前国のみである。すなわち天平神護二年（七六六）越前国司解によれば坂井郡に阿刀氏が所在する（『大日本古文書』五―五九三頁）。従って八四山下郷は越前国江沼郡所管とみることができる。なお八八の郷名不明の荷札は書式、形態から越前国のものとしたが、人名がやはり阿刀氏であることが注意される。

財氏　八五山下郷

『和名抄』の該当国のうち財氏・財部氏の存在がみられるのは越前国のみである。すなわち天平三年（七三一）越前国正税帳に江沼郡主帳に財造氏がみえ（『大日本古文書』一―四三七頁）、**八七**に江沼郡安宅駅の財氏がみえる。従って**八五**山下郷は越前国江沼郡所管とすることができる。

三国真人氏　**七九**川口郷

三国真人氏は坂井郡の郡領氏族で同郡に広くその分布が知られるので（『大日本古文書』一―四三五頁、六―六〇三頁、五―五九二・六〇七頁など）、川口郷は坂井郡所管。なお**七八**川口郷は民氏の所在が越前に確認できないが、材の整形法が**七九**と同一なのでやはり同郡所管とみることができる。

秦氏　**七七**海郷

秦氏の分布は諸国にみられるが、『和名抄』の該当国のうち秦氏の分布がみられるのは伊勢国朝明・飯野郡、讃岐国香川・多度郡、越前国坂井郡である。このうち越前国は敦賀郡に秦曰佐氏、江沼・足羽・坂井郡に秦氏が所在し（天平神護二年越前国司解『大日本古文書』五―五五四～六一六頁、『類聚国史』天長九年六月己丑条）、他の二国とちがって海部郷所管郡の坂井郡に秦氏の分布がみられるので**七七**海郷は越前国坂井郡所管の可能性が最も高い。

以上の記載内容の検討によってほぼ所管国郡を決めることができた。内容の検討によっては不確実なものもこれらが同類の荷札であることを考えあわせることによって越前国のものと考定できる。(補七)

年料舂米か地子米か　この荷札の米の貢進物の種類について検討する。京進の米としては年料舂米、庸米、地子米などが考えられ、平城宮跡の米の荷札では庸米については「庸米」と記し、単に「白米」「米」と記しているものは年料舂米と考えている。しかし、後述のようにSD一三〇一―B出土木簡は太政官厨家関係のもので、一二点の地子米を初め地子物の荷札が含まれ、また地子米の荷札も単に「米」と記しているものがあるので、これらの米荷札は年

第23表　溝ＳＤ一三〇一米荷札の書式

分類番号	書式	点数	木簡番号
1	国	一	七一
2	国＋郡	一	九五
3—a	国＋郡＋郷	一	九三
b	郷（里）	二	一〇一、二三九
4—a	国＋郡＋郷＋人	一	九〇
b	国＋郡＋人	一	二四二
c	郡＋郷＋人	一	八三（越前国）
d	郷＋人	一三	八八（越前国ほか）
e	戸主名（人名）	四	一〇三、二三〇、二二一、一〇四
		二五	

料春米とともに地子米である可能性もある。この問題はただに越前国の荷札だけでなく、ＳＤ一三〇一—Ｂ出土の米荷札全体に関わる問題でもあるので全体に関してみておこう。年料春米か地子米かを判別する方法として、貢進国と貢進月からの検討がまず考えられるが、それによって分別することはむずかしく[42]、貢進主体の書式と出土地点から考えることとする。

まず貢進主体の書式からみると、前述の如く長岡京出土の地子物荷札は(A)国名、(B)国名＋綱丁名、(C)国名＋郡名、(D)国名＋郡名＋郷名の四型式がある。平城宮跡出土の年料春米の荷札は、(a)国名＋郡名＋郷名、(b)国名＋郡名＋郷名＋人名の二型式があり、(a)が三割、(b)が七割を占める[43]。地子米荷札が記載する最下級段階が郷名までであるのに対して、年料春米が人名まで記すものがあるのが、両者の大きな相違点である。ＳＤ一三〇一出土の米荷札の書式を整理すると第23表の通りで、すべてで九型式がある。国名、郡名など上級段階を記さないのは省略と考えられるから、記載する最下級段階を基準として整理すると、1、2、3—a・b、4—a〜eの四型式に整理できる。書式が多様でこれらの米荷札がすべて同種のものであるとは考えにくい。一応前記の地子物、年料春米の書式との比較によれば、1・2型式は地子米、4—a〜eは年料春米、3—a〜bは両者の可能性があることになる。越前国の米荷札は4—c・d型式であるから年料春米の可能性がある。

次に出土地区についてみると、地子物の荷札は第17表の通り23・25区に集中する。白米の荷札については越前国のものとそれ以外のものに分けてみると、越前国のものは24区に集中するが、それ以外のものは24区が多いが集中するとはいいがたい。これらの出土状況によれば越前国の米荷札は地子物荷札と区別できるように思われる。

以上書式と出土状況の検討によれば、SD一三〇一出土の米荷札は年料舂米・地子米のいずれも含まれている可能性があるが、越前国の米荷札は地子米であるよりも年料舂米である可能性が高いようにみえる。しかしこの二点の検討によって越前国米荷札を年料舂米と断定するのにはいささか躊躇をおぼえる。第一三次調査区のSD一三〇一―Bの木簡は太政官厨家関係のものであるが、官厨家において年料舂米が使途されることは考えにくい。なぜならば一般に年料舂米は官人の常食に充てられるが、太政官の官人常食には地子米が充てられるからである。(44)このような点から越前国米荷札は年料舂米の可能性が高いが、地子米である可能性もすてきれないので、ここではいずれか一方に決めないで、以下三つの問題について考察していくこととする。(補八)

国・郡名省略の書式　第一は貢進主体の書式における、国・郡名（一二点）あるいは国名（二点）の無記載についてである。これは越前国ばかりでなく、SD一三〇一出土の他の米荷札にもみられる傾向である。第23表の通り越前国以外の荷札でも国名から記すもの五点に対して、国・郡名無記載のもの七点で、その中には郷名も記さず人名のみ記すもの四点が含まれる。このような書式が長岡京の米荷札の特徴といえるが、その中で越前国の米荷札のすべてがそうである点はとりわけ注目される。このような国・郡名の無記載は本来記載すべきものを省略したものと考える。問題はこのような省略が何故可能で、どのような意味があるのかである。

ところでこのような国・郡名省略の書式は、地方の官衙と寺院遺跡出土の荷札にみられる特徴である。例えば地方官衙遺跡の静岡県浜松市伊場遺跡、同磐田市二之宮遺跡出土の荷札はすべて国・郡名を省略し、兵庫県日高町但馬国分寺跡のものは、国名あるいは国・郡名を省略している。(45)これらの荷札は一国内あるいは一郡内での輸貢に用いたので、国・郡名を省略できたと考えられる。これらの例を参考にすれば、越前国の米荷札は地方官衙における検収に用いられたので、国・郡名を省略できたと考えるのも一案であろう。すなわち貢進物の検収には郡衙・国衙の地方官衙段階と中央政府段階が想定されるが、主に前者に関わる荷札と考えるのである。しかしこれらの荷札は京進されているから、一概にこのように考えることができるか問題があるので、ここでは問題点を指摘するにとどめたい。

郷名の追筆　第二の問題はこれらの荷札の中に郷名を追筆しているものがあることである。[46] **七七**坂井郡海郷、**八四**江沼郡山下郷と、左京第八〇一八次立会調査の溝ＳＤ五二〇二出土の次の例の計三点である（第11図）。

八〇一・「井出」郷戸主別宇治万呂　　九四×二三×三　〇一一
・　九年十月廿二門　　杉・板目

八〇一も『和名抄』の郷名との照合や別氏の氏族分布の検討から越前国足羽郡井手郷のものとみられる。**七七**・**八四**は「郷」字がなく「戸主某」の上に、**八〇一**は「郷戸主某」の上に郷名を追筆する。いずれも初めから郷名記載のために上部を余白にして追筆している。この郷名追筆の意味については検収事務と関わるものとする考えもあるかと思うが、地子米荷札のように検収のしるしに人名を署名することは行われているが、郷名を追筆することは考えにくい。何よりもこの郷名追筆が越前国の米荷札の全点にわたるのではなく、一部にしかみられない点に注目すべきで、この点からみて全体に関わる検収事務との関係は一層考えにくい。

801

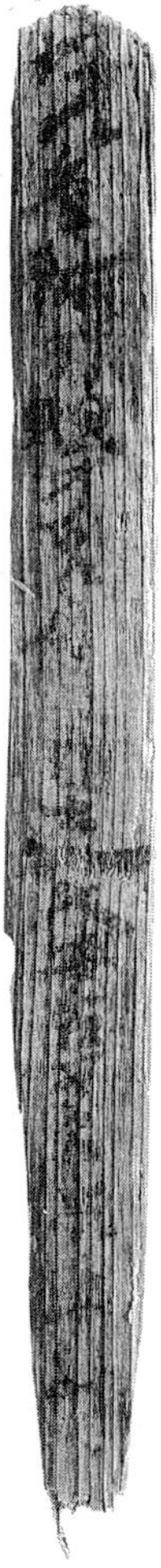
84

77

第11図　越前国米荷札　長岡京

郷名追筆の荷札は、荷札作成の際に何らかの事情でたまたま貢進者の所管郷が明らかでなかったので余白にしておき、のちに書き入れたものと考えることができる。さすればこれらの荷札の作成は郷段階ではなく、郡衙段階で行なわれたと考えざるを得ない。(補九)この種の荷札は坂井・江沼・足羽郡の三郡にみられるから、各郡でこのようなことがあったのであろう。

上人記載　これらの荷札の中には人名記載に関連して上人記載とでもいうべきものがある。越前国の米荷札の人名記載を整理すると次の四類となる。

(1)戸主某戸（口）某

(2)戸主某戸

(3)戸主某

(4)人名

(1)が最も整った書式で、戸主名と担税責任者である戸口名を記す。(2)〜(4)は、(1)の省略した書式か、あるいは戸主が担税責任者であるために採られた書式であろう。これらの人名記載の書式は平城宮の荷札にもみられる一般的なものであるが、**七七・八〇・八三・八五**とSD五二〇二出土の次の**七八九**のあわせて五点にはさらに「上人」記載がある。

七八九・大山郷戸主石木部廣國戸米五斗上千縄　　二一二×二一×六　〇五一

・延暦九年四月二日　　杉・柾目

『和名抄』によれば七八九の大山郷は越前国大野郡をはじめ九郡にみられるが、この荷札は前述した越前国の米荷札の特徴である郷名＋人名の書式、頭部を山形に整形する〇五一型式であるなどの特徴を備え、そのうえ上人記載はこれまで平城宮跡をはじめとする他遺跡出土の荷札にはみられず、長岡京跡のものでも越前国の米荷札のみにみえるものであるから、この荷札は越前国大野郡のものと決められる。

さて七七・八〇は書式(1)で裏に「上人（即）某」と記し、戸口名と上人名は同じである。八五・八三・七八九の荷札は書式(2)である。八五は表の末尾に注記的に「上戸主」と記し、戸主が上人であることを示すものであろう。七八九の「上千縄」の「上」は氏姓名とも考えられるが、越前国には上氏の所在は確かめられないから「上人千縄」の略記とみるべきであろう。戸主名と上人名は異なる。八三は「上□」としかよめないがやはり上人記載の一例である。

一般に貢進主体の書式の人名はその貢進物の負担者と考えられている。「上人」記載はそれと同人であることもあるとはいえ、別に記されているから、貢進におけるそれとは別の責任を負うものと考えられる。「上」は奈良時代にはノボル、アグ、アゲル、アゲルと訓じられ[47]、ノボルには宮や京に上るという用法があるから[48]、「上人」とは京への輸貢に当るものではなかろうか。米の貢進に関しては米を出すことの負担はもとより、そのほかに春成と輸貢の負担が想定されるが、貢進主体の人名は春成した米を出す負担者、上人は輸貢者と考えられないだろうか。

地子米と年料春米について春成・輸貢についてみておこう。地子は賃租した耕作者が個人単位で負担し、春成と輸貢には地子負担者が当り、地子から功を支給するのが原則である[49]。年料春米は、田令田租条によれば本来田租を春成して京進するもので、同条の古記・義解によれば輸租の戸が春成はもちろん脚力を出して輸貢に当るのが原則で、『弘仁式』主税式でも春成の功を充当しない規定である。しかし年料春米は八世紀初めから正税稲を春成して京進し、神護景雲二年（七六八）三月乙巳の格によれば春米の輸貢には雑徭を充てて給粮し（『続日本紀』）、また田租条の穴記は今行事として舂成と輸貢に功を支給すると説く。すなわち功食を支給しないのが法の原則であったが、実際には功を支給したのである。年料舂米は正税稲の舂成・京進という方式を採ったので、[50]貢進主体としての個人の負担が明確でない面があり、平城宮跡の舂米荷札でも人名を記すものと記さないものがあり、[51]その意味の相違など明らかでない点がある。しかし貢進主体として記された個人は正税出挙をうけて本利を返納する者で、さらに舂成の負担も負ったのであろう。地子米と年料舂米のいずれにしろ舂成と輸貢の負担が存したことは明らかである。しかし舂米の負担者と輸貢の負担が別個のものであることは文献史料の上では必ずしも明らかでなく、「上人」記載の意味についてはなお検討すべき課題としてのこる。

六　太政官厨家と木簡

前節までの考察をふまえて、SD一三〇一出土の木簡や墨書土器の性格についてまとめて論じておく。すなわちこれらの遺物がどの官衙に関するものなのかという問題である。この問題は当然出土地点付近に所在する官衙について論及することになろう。

太政官関係の木簡と墨書土器　しばしばのべてきたように、溝SD一三〇一出土の木簡や墨書土器においては内容的に太政官関係のものが顕著である。三つの調査区とも出土しているが、とりわけ第一三次調査区のSD一三〇一－Bにおいてこの傾向が強い。調査区ごとに関連する内容のものをまず整理しておく。第一三次調査区のSD一三〇一－Bからは次のような関連するものが多数出土している。

(1)造館舎所関係。第三節にのべた太政官の諸曹司の修営に当る造館舎所関係の一群の木簡である。━造大臣曹司作所、一三六大臣曹司作所、二造右大臣曹司所、三作官曹司所など直接造館舎所に関係するものを中心として、造営関係木簡が一〇点ある。

(2)太政官の官職を記すもの。左に掲げるように、五「右中弁」の宣によって鎌などを請求した文書、また四「左右史生」の糟請求文書、八「右史生」署名の荒炭請求文書、さらに一七〇「右史生国□」の断簡などで、また、二定木には「太政官」の習書もみられる。

五・請中板屋東隔鎌一具在打立者
　右依右中弁宣為収納作物所請如件
　事了者返上　八年七月十九日上毛野三影麻呂
・「又大斤一□《〔具カ〕》□□請如件」
二五三×（三二）×四　〇一九　檜・板目　230

四　糟参升左右史生等所請十月十七日三嶋〻道
三七〇×四七×六　〇一一　檜・板目　230

八　請用代荒炭参籠
　八年八月卅日右史生上毛野三影麻呂
二〇二×三五×六　〇一一　檜・板目　230

(3)地子荷札と検収整理札。第四節でのべたように地子荷札二三点とその収納事務に用いた検収整理札九点が出土している。地子は官厨家に収納され太政官の財源として用いられたから、これも太政官関係のものである。

(4)請飯文書。第二節でのべたように書生・考所に関する請飯文書二八点は太政官の書生・考所に関するものである。

(5)墨書土器（第12図）。ＳＤ一三〇一－Ｂからは九一点の墨書土器が出土しており、官司・官職名とそれに関係するものを整理すると第24表の通りである。この中の「外記」二点、「弁」三点、「史」三点、「少史」一点は太政官の官職を記したものである。職員令によれば史は神祇官に大史・少史各一員、太政官に左・右大史、左・右少史各二員がおかれているが、この墨書土器の「史」「少史」は太政官のものであろう。「□〔造カ〕大臣曹□〔司カ〕」は前述の造館舎所に関するものである。また折敷側板に「弁官一」と記すものもある（**二二四**）。

第二二一次調査区では、ＳＤ一三〇一－Ｂから、**二六二**「官掌」とある断簡、また左に掲げるように、**二二四**の太政官所属の史生と思われる茨田清成がみえる文書断簡、**二二二**・**二二三**の軽間嶋枌署名の文書、**二四一**の地子米の荷札と思われる断簡、ＳＤ一三〇一－Ａからは**三七八**「□政官掌」の断簡がある。

二二四・□　□　□□□〔飯陸升カ〕□□□　茨田清成

・「□
□「□□□□□□□□□□□□□」

二一〇×（一五）×五　〇一九
38P　檜・板目

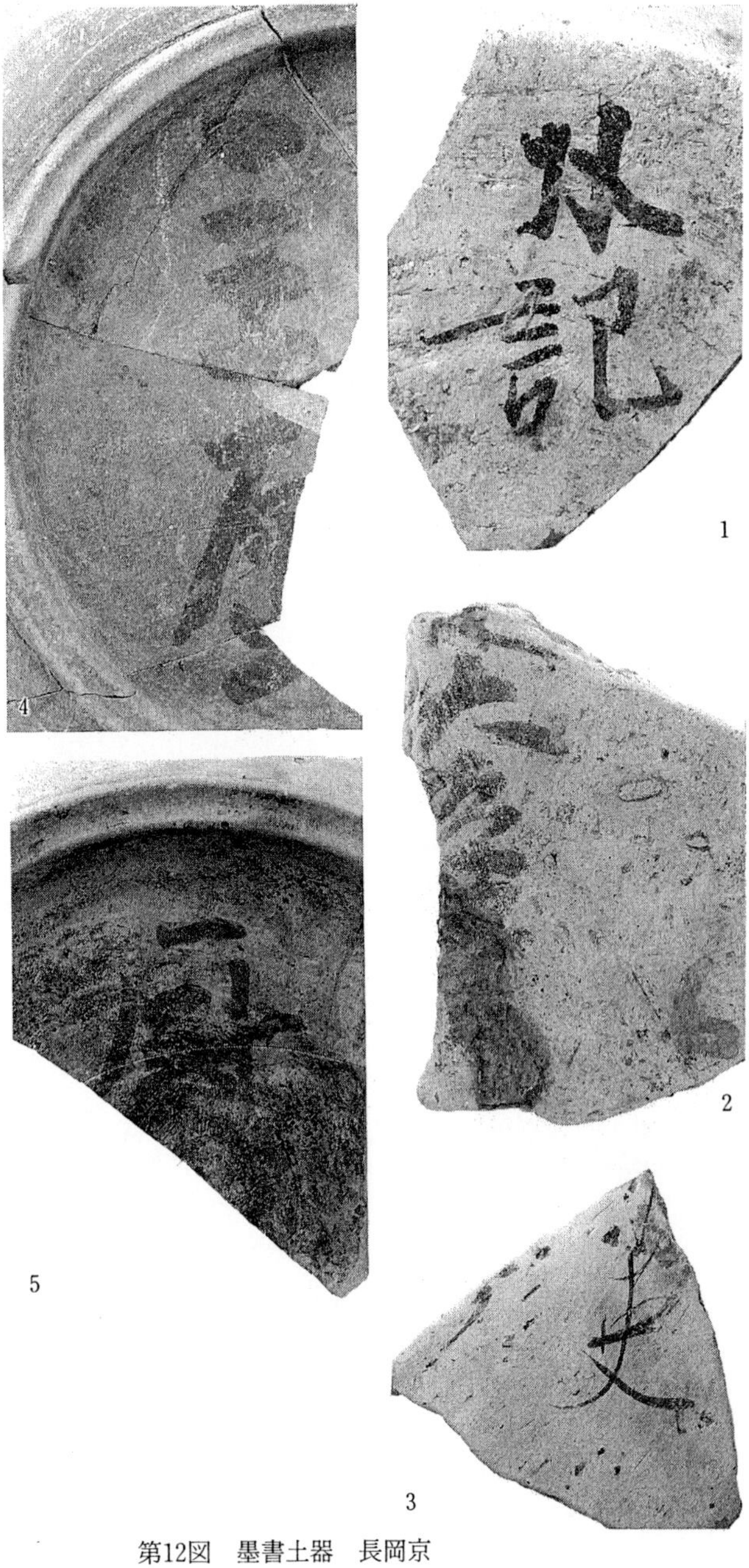

1「外記」
2「□〔造〕大臣曹□〔司〕」
3「□〔少〕史」
4「主厨」
5「厨」

第12図　墨書土器　長岡京

二二一　請書□□〔手飯ヵ〕四升十一月十二日軽間嶋枌　　二五二×（二〇）×四　〇一九　檜・板目　40〇―2

二三　□□〔月八日軽間嶋枌ヵ〕□□□□□□　　（一五六）×（一一）×二　〇八一　檜・板目　42N―1

二四一・□子米五斗
・□取廣岡　　（六七）×二九×六　〇一九　檜・柾目　40〇―2

墨書土器は第二二・五一次調査区の両地区から出土し、第二二次調査区SD一三〇一―Bから「外記」「史」各二点、「弁」一点、SD一三〇一―Aから「官」二点、第五一次調査区ではSD一三〇一―Bから「外記」三点が出土している。第二二・五一次調査区では墨書土器については第一三次調査区と同じく太政官関係のものが多いが、木簡は少く、第一三次調査区とは少し異なっている。また本報告書未収載であるが、前述のように、左京三条二坊八町の西南隅の八町西辺築垣の東側溝SD五二〇二から地子物荷札一点(補三)とSD一三〇一出土と同じ特徴をもつ越前国の荷札が出土しているのも(補七)注意される。

以上のように太政官関係のものは、第一三次調査区のSD一三〇一―Bに集中しているのでこれらを中心にみていくが、同調査区を中心としながら東区の第二二・五一次調査区の同溝、また八町西南隅のSD五二〇二からも太政官関係のものが出土していることは注意を要しよう。

太政官の諸曹司　第一三次調査区の多数の太政官関係の木簡・墨書土器は近辺に所在したと思われる太政官関係の曹司から廃棄されたものと考えられる。橋本義則氏によれば、太政官関係の曹司について平城宮では朝堂の太政官庁と弁官庁のほかに(イ)太政官の本庁に当る太政官院（太政官曹司）と(ロ)弁官曹司があり、長岡宮では(イ)(ロ)が統合されたらしく、平安宮では当初長岡宮と同じでのちに太政官院から太政官候庁（外記候庁）が分離・独立したという[52]（補一〇）。また

第24表　溝ＳＤ一三〇一墨書土器（官司・官職）

釈文	層位	一三次	二三次	五一次	計	第12図
外記	B	二	二	三	七	1
弁	B	三	一		四	
史	B	三	二		五	
少史		一			一	3
造大臣曹司	B	一			一	2
厨	B	二		二	四	5
厨	A		一		一	
主厨	B	一			一	4
官	A		二		二	
侍従所	B	一			一	
侍従□	A		一		一	
大膳	B		二	一	三	
大	B		六	一	七	
大	A		三	三	六	
左士	B			一	一	
次官	B		一		一	

『延喜式』太政官式によれば平安宮ではこのほかに大臣曹司、官厨家、造館舎所が所在し、大臣曹司と造館舎所については長岡京におけるその存在あるいは前身の存在が長岡京木簡によって確認できた。これら諸曹司の所在地について、平安京においては太政官曹司・太政官候庁は宮内に、官厨家は宮外の左京一条二坊五坪に所在した。大臣曹司は大臣の宿所で宮内あるいは宮外に賜わったらしく[53]、また造館舎所（＝造曹司）は太政官曹司の西北方、東の朝所に相対して西に所在した[54]。溝ＳＤ一三〇一の木簡出土地点は、左京三条二坊八町で宮外に当るから、太政官曹司や太政官候庁、造館舎所と関係するものとは考えがたく、官厨家、大臣曹司などが関係する曹司の候補としてあげられよう。木簡の内容からみれば、造館舎所関係の一群の木簡やその

中に含まれる造右大臣曹司所・大臣曹司作所の木簡などから、造館舎所あるいは大臣曹司との関係がまず考えられる。造館舎所については、伴出遺物に多量の角材・板材片や手斧の削り屑、木材片などの建築部材が出土していることなどもあわせて、すでにそれとの関係が指摘されているが、[55]太政官関係の木簡すべてを造館舎所あるいは大臣曹司との関係で理解することは困難であろう。木簡全体の性格を考え、またそれによって官衙を推定するためには、木簡の機能とそれに伴なう移動、さらに廃棄の問題をぬきにしては考察できず、単に木簡にその官司名がみえるというだけで決めるわけにはいかない。ＳＤ一三〇一－Ｂの太政官関係木簡は太政官厨家の職掌に即して理解でき、官厨家関係の木簡とするのが最も妥当と考える。その論証に入る前に橋本義彦氏の優れた論考[56]に基づいて官厨家について整理しておく。

官厨家の職員と職掌　官厨家は、弘仁三年（八一二）十二月十五日、同二十八日の官宣旨に初見する（『類聚符宣抄』）。前述のようにその職員は、『延喜式』太政官式によれば（注26ｃ）別当四人と預三人があり、別当には少納言・弁・外記・史の各一人が、預には太政官の史生と左右弁官の左右史生の各一人が一年交替で当ることになっていた。すなわち官厨家は造館舎所と同様に太政官内の三局の官人によって運営されたわけである。永観三年（九八五）正月十三日の宣旨によれば、このほかに案主がみえる（『類聚符宣抄』）。その職掌は次の四つに類別できる。

(1)地子物の収納。前述のように『延喜式』によれば一部の国を除く地子物は軽貨に交易するか、春米として「太政官厨」に送られ、またその厨家雑物は別当の外記・史が監物と主計寮の立会の下に収納することになっている。ただ橋本氏の論考によれば、官厨家が地子の収納を管掌するに至ったのは九世紀半ば天安・元慶の交り頃からとする。すなわちその論拠は地子の貢納先について『延喜式』主税式上は「太政官厨」とするのに対して『弘仁式』主税式では単に「太政官」とすること（注26ａｂ）、また官厨家の初見史料の弘仁三年（八一二）十二月十五日、同二十八日の宣旨によれば、この段階ではまだ官厨家が地子を管掌するに至らず、その一部を厨家料として割きあてられていたようにみえることなどである。しかし弘仁三年（八一二）の二つの宣旨は官厨家の地子管掌を否定するものではなく、かえってそれを証するものと思われる。十二月十五日宣旨は「厨家物」を以て召使の冬夏時服を支給するというのであるから、この時点で厨家が管理する厨家物が存在したことが明らかで、それは恐らく地子交易物であろう。十二月二十八日宣旨は、これまで厨家雑用の細布として官物を請求していたのを改め、細布を地子交易して進上せしめようとしたもので、橋本氏は厨家がその雑用に官物を請うているから地子を管掌していなかったと考えるが、しかし官厨家が細布を官物に請うたのは地子を管掌していなかったからでなく、単に地子交易物の品目に細布が含まれていなかったからである。宣旨の中で「而至二于件布一、更請二官物一、於レ事論レ之、甚非二道理一」というのは、厨家で用い地子交易で調達できるはずの細布を官物として請うていることを非難しているわけで、そのために細布を交易物の品目に入れることにしたのである。この史料も厨家の地子管掌を否定するというよりは肯定する内容である。さらに『弘仁式』と『延喜式』主税式の地子送付先に関する規定の相違は、『延喜式』に至って送付先を詳しく規定したと解することができる。以上から官厨家の地子管掌が天安・元慶の頃に始まるのではなく、遅くとも弘仁三年（八一二）まで溯る可能性が指摘できる。

(2)厨家本来の職掌である厨房として酒饌を弁備することである。この中には太政官の沙汰する列見・定考、式部・兵部二省の成選位記請印などの恒例行事、また臨時の行事などに備進する場合と、太政官の官人に供進する場合とがあり、後者には太政官官人の常食の例などがある。

(3)地子米や絹・綿などの交易物を頒給・使用することである。これについても太政官の沙汰する行事に用いる場合（例えば列見・定考、外記政などの禄を支給する例）、太政官官人に支給する場合（例えば月俸、冬夏時服）、さらにその他に流用する場合などがある。

(4)倉をもち地子物をはじめ臨時に諸司の器物を保管することである。

これらの職掌によれば、官厨家は太政官の厨房で、かつその独自の財源である地子物の収納・保管・支出を掌る財務部局といえよう。恐らく官厨家は本来太政官の厨房として出発し、それに用いる地子米や地子交易の食料品の収納に当るようになり、さらに進んで地子物一般の収納・保管・支出へと職掌を拡大していったものであろう。

官厨家と木簡・遺物　官厨家の初見の弘仁三年（八一二）は、ＳＤ一三〇一－Ｂの年代の延暦八・九年（七八九・七九〇）と二二、二三年の懸隔があり、右記の概要は九世紀以降の史料によっているから、このような官厨家が延暦八・九年まで溯り得るという確証はない。しかしもしこの木簡群の内容が右記の官厨家の職掌に即応して理解できるならば、かえってそのような官厨家の存在を延暦八・九年段階まで溯らせることができるのではなかろうか。

本木簡を官厨家のものと考え得る何よりの根拠は、官厨家で収納する地子の荷札二三点や地子の検収整理札九点があることである。前述のように荷札には収納の際の検収の署名を記すものがある。これらの荷札は収納の際に荷物からはずされ、収納した地子物の集計や返抄作成の資料として利用されたわけである。検収整理札も収納事務の中で収納月日やその責任者を明示するために、はずされた荷札とともにくくられるなどして用いられたものである。この収納事務に当ったのが官厨家であるから、これらの木簡によって本木簡群が太政官のなかでも官厨家に関するものであると考えられる。これらは地子物の収納側で廃棄されたものである。

一群の太政官の書生・考所の請飯文書二九点、また〓造大臣曹司所の請飯文書、〓史生の糟請求文書などは官厨家の厨房としての職掌に関わるものである。太政官の各部局から官厨家に請求したもので、請飯文書は常食の請求と思われ、官厨家の太政官官人の常食弁備の職掌と合致する。これらは請求先＝充先で廃棄されたものである。

左に掲げるように、三九・四一酒や食料品の使用に関する伝票、また四二箸の送り状も厨房に関するものである。六・八鉄や荒炭などの請求文書は官厨家へ請求したものであろう。地子交易物の中に鉄も含まれている。(57) 五中板屋への作物収納のための鑵などの請求文書、三八東板殿・倉代への塩・鍬などの収納の記録は、官厨家の倉の存在との関係が考えられる。塩・鍬とも地子交易物の品目に含まれ、紀伊国からは地子塩が貢進されている。物品付札で一三〇鹿宍、一二九猪宍煮宍、一三七鮨鮑、一二六・一二八鯛腊などの食料品の付札は、厨房で消費する食品につけたものであろう。鮑は地子交易物の中にみえる。一一五油、一一三布、一一六破塩の付札も、それらの品目が地子交易物にみえることが注目される。これらのうち文書簡は充先で、記録簡は作成した部所で、物品付札は物品を消費した部所で廃棄された。

三九　廿五日残二斗七升　「□□」
　　八月廿二日知事黄文浄人「□　□」
　　三七〇×三〇×五　〇一一　檜・板目　23O

四一　七月廿四日用酒「里人用六升」
　　二〇〇×(一八)×五　〇一九　檜・板目　25N

三八・六月八日納東板殿□〔塩廿カ〕□五籠□〔一斗カ〕□　▯▯　□
・　倉代下収　鍬二百卅四口　釒□〔九カ〕□□口□　釒□□□〔口カ〕
　　鍬□〔柄百カ〕□□□
　　(五六三)×(四六)×一五　〇八一　檜・柾目　26N・O

一三〇　鹿宍
四二×一七×四　〇三二
24O　檜・板目

一二九　猪宍煮宍
四六×一三×二　〇三二
24N・O　檜・板目

一二七　鮨鮑三斗□冂
(九一)×一八×五　〇三九
24O　檜・板目

一二六　鯛腊五斤
八九×一八×三　〇三二
25N　檜・板目

一二八　鯛腊五斤
九三×二〇×四　〇三二
25N　檜・板目

一二五　油「五升」
(一三一)×一九×三　〇三三
25N　檜・板目

一二三・布九百卌四段　「□」
・「六百廿六段」
二〇五×一八×四　〇一一
23O　杉・板目

二六　破□〔塩カ〕二斗□〔六カ〕升（補一一）　　一二六×二五×二　〇三二
25N　檜・柾目

伴出遺物に関して、土師器・須恵器・木製皿などの食器類、曲物の容器、しゃもじ・箸などの厨房具、桃・梅などの各種の種子と動物の骨などの食料品が出土しているのは厨房に関わるものである。特に「外記」「弁」「史」「弁官」「□〔造カ〕大臣曹□〔司カ〕」などの太政官の官職・官司を記した墨書土器・折敷などは太政官官人の供膳用のもので、使用する官人・官司名を記し、「厨」二点、「主厨」一点などの墨書土器は官厨家そのものを示し、所属を記したものであろう。

以上のように、第一三次調査区SD一三〇一－B出土の木簡と遺物は、官厨家の地子物の収納に関わる荷札や検収整理札、厨房にかかわる請飯文書をはじめとする木簡や伴出遺物、倉への収納に関わる文書など、官厨家の職掌に即応して理解でき、また廃棄場所について、文書簡は充先、記録簡は作成部所、物品付札は物品を消費した部所、墨書土器などは使用した部所で廃棄されたと統一的に解釈できる。従って、SD一三〇一－B出土の木簡と遺物には、官厨家で保管され一括して廃棄されたものが包含されると考えられる。もちろん、SD一三〇一－B出土の全てを官厨家関係のものとするには問題があるかもしれないが、右にみたようにその多くの部分を占めることは確かであろう。

このような官厨家関係の遺物の出土からみて、出土地点の左京三条二坊八町に太政官厨家の所在が推定できる。関連する遺物は第一三次調査区に集中するが、八町東辺付近の第二二－一、五一次調査区、さらに八町西南隅付近のSD五二〇二でも出土しているから、官厨家の所在地は八町全域に及ぶものと考えられる（補一二）。

平城京・平安京の官厨家　この長岡京太政官厨家の推定位置は平城京における推定位置、さらには平安京における所在地との関係で注目される（第13図）。一二世紀に成立した平安京図（九条家本・陽明文庫本）によれば、平安京では宮

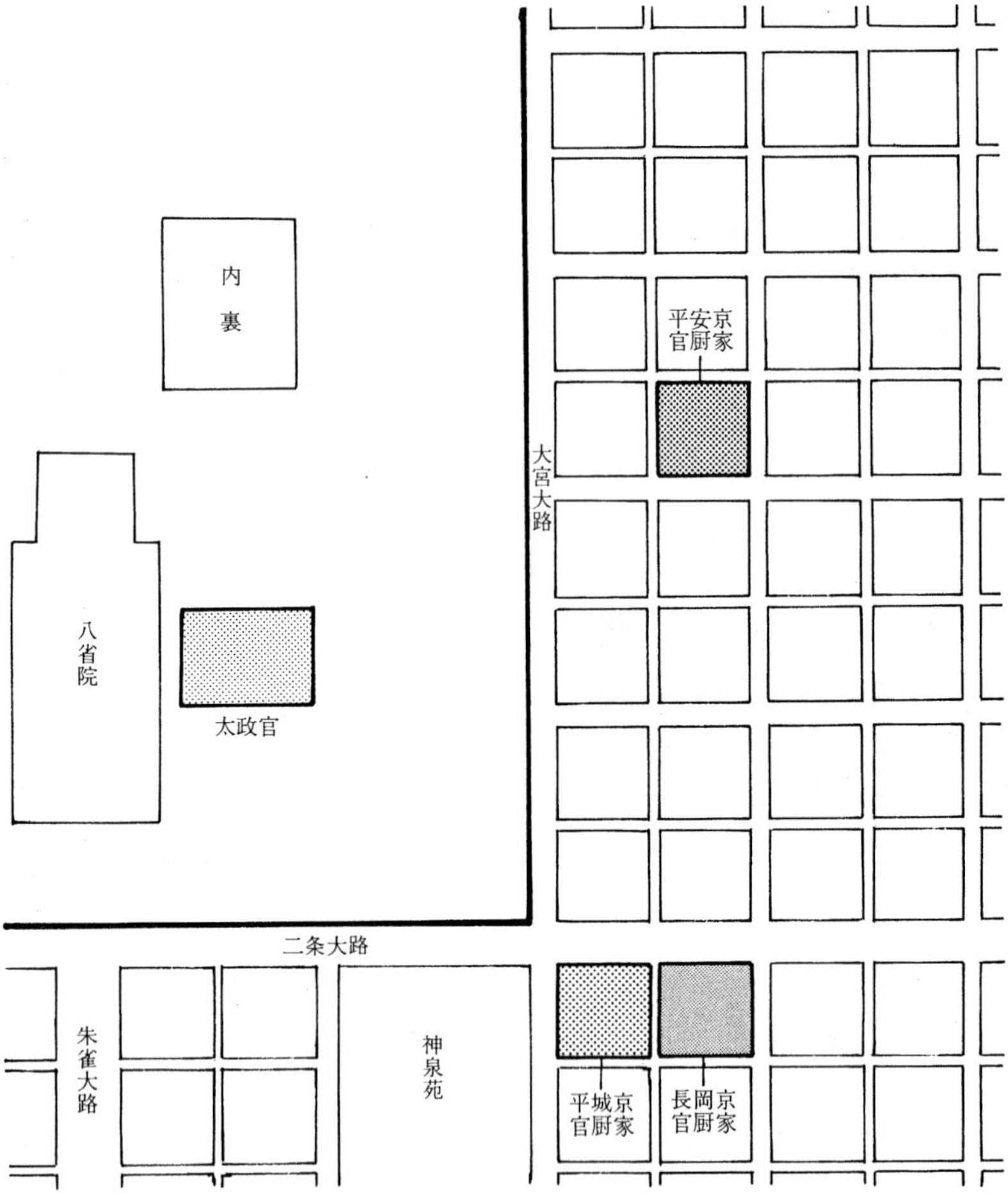

（平安京の条坊に平城京・長岡京官厨家の推定地を記入）

第13図　太政官厨家の所在地

城の隣接地に官衙町が設けられ、その中で官厨家は左京一条二坊五町に所在した。長岡京の推定地から北へ四町隔てた町である。近年鬼頭清明氏は平城京官厨家の所在地を左京三条二坊一坪に推定している。(58) この坪はいわゆる長屋王邸推定地（二・二・七・八坪）の西北角である。この四坪はA～F期の六期の変遷をたどり、長屋王邸はA・B期で、官厨家はF期に比定されている。F期には四坪が一坪単位に分割される。官厨家推定の根拠は一坪から地子米の荷札一点、墨書土器「官厨」三点、「官」一点が出土していることである。この平城京官厨家推定坪は長岡京推定坪の西隣に当たる。官厨家の位置は長岡京では平城京の坪の東隣に移動してほぼ踏襲し、平安京では長岡京から北へ五町移動したことになる。いずれにしろ宮城の東南から東外側に所在したのである。平安京においては宮城内の本司と宮城外の官衙町の間には一定の位置関係があるように見える。宮城内の東部・西部にある本司の官衙町はそれぞれ宮城外の東辺・西辺に所在し、本司と官衙町は行政実務の便宜を考慮して近い位置に置くのを原則としたと思われる。平安宮では太政官は八省院の東隣、宮城全体のなかでは東南部に所在し、平城京・長岡京・平安京の官厨家の位置はこの太政官の位置と関係するのであろう。(補一三)

七　木簡料材の製作方法

ＳＤ一三〇一出土木簡の中には料材の製作方法を明らかにできるものがあるので、料材製作の問題についてまとめて論ずることにする。この問題についてはこれまで十分考察されたことがなく、ただ奈良県教育委員会『藤原宮』(59)の中で木簡と同じ長さで幅の狭い木簡状加工木片との関係で論及されたことがあった。(補一四)

ＳＤ一三〇一出土の木簡の中には、同材から製作された木簡が五例一二点あり（第25表）、これらから料材製作の方

第25表　同材の木簡

分類記号	内容	木簡番号	樹種	木取り	法量
A	美濃国米荷札	六九 七〇	檜	柾目	一二五×一八×三 一一三×一八×二
B	近江国米荷札	六〇 六一	檜	板目	一七八×二〇×三 一七四×二一×三
C	請飯文書	一三 一四	檜	板目	二三四×二六×二 一七九×二五×二
D	請飯文書	二〇 二一	檜	板目	一九七×二四×四 （一七六）×二五×四
E	付札（無記載）	四四八 四四九 四五〇 四五一	檜	板目	一〇六×四〇×五 一〇七×四一×五 一〇六×四〇×五 一〇八×四二×五
F	参河国米荷札（平城宮木簡）	1 2	檜	柾目	一三五×一五×四 （七五）×一五×三

法量は長さ・幅・厚さの順に記す。（ ）を付したものは折損したものの現存長。

法が知られる。このうちA～Dの四例とE例とは一応区別される方法で製作しているので、別個に記述しておく。

(イ) A～D例　長い長方形の原材を作り、それを横に切断して作ったものである。この方法が確認できるのはA例の**六九・七〇**の美濃国地子米荷札である。**六九・七〇**は檜の柾目板である。その整形方法は、**六九**は左・右辺を削り、上端は山形に削り、下端は裏面から切りこみを入れて折る。**七〇**は左・右辺を削り、上端は裏面から切りこみを入れて折る。下端は一部欠損しまた下端へ向って薄くなるように削っているので、整形方法を判断しにくいが切断したものであろう。いずれも表面の削りは粗く、裏面は割ったままで調整していない。そして二点は六九の下端と七〇の上端が接合する。墨書の表裏の関係はそれぞれの表と裏が連続する関係である（『長岡京木簡一』図版PL一四参照）。この接合は折れ口の合致と木理が通ることから確認できる。また補説で論ずるように年輪幅測定によっても同材であることが確認できる。接合部における両簡の幅・厚さは同じであるから、左右辺の削りと表面の整形が両簡の切り離しより先行する。おそらくこの柾目板は、後述するF例と同じく、表裏面を調整した厚さ一八㎜の板目板を原材として、小口から側面に平行に薄く割って作ったものであろう。接合した両簡の観察によれば、両簡の切り離しは裏から一個所切りこみを入れて折っている。この両簡の接合によって長い長方形の材を横に切って作る製作手法が確認できる。

B～D例はA例のように接合しないが、同材質で幅・厚さがほぼ同じであることから、A例と同じ方法で作られたと考えられるものである。この方法によれば幅・厚さがほぼ同じ木簡ができるわけである。B～D例はA例より整形が丁寧で、切り離した各簡の上・下端が整形されている。B例は上・下端を山形に削り、C・D例は水平に削っている。このためA例のように接合は確認できない。しかし樹種、木取り、側面の木理の観察によって、それぞれ同一材から取材されたことが推定でき、幅がほぼ同じで長さが異なることから、A例と同じ製作方法が想定できる。

これと同様の方法で作られたものが、平城宮跡第一三九次調査（内裏東北方官衙）のSD二七〇〇から出土したF例である[60]（第14図）。

(1)・参河國播豆郡大御米五斗

・「□□部□〔小ヵ〕ム□　□□□」（右側面）　一三五×一五×四　〇三一

(2)・□米五斗

・「□　□□□」（左側面）　（七五）×一五×三　〇三九

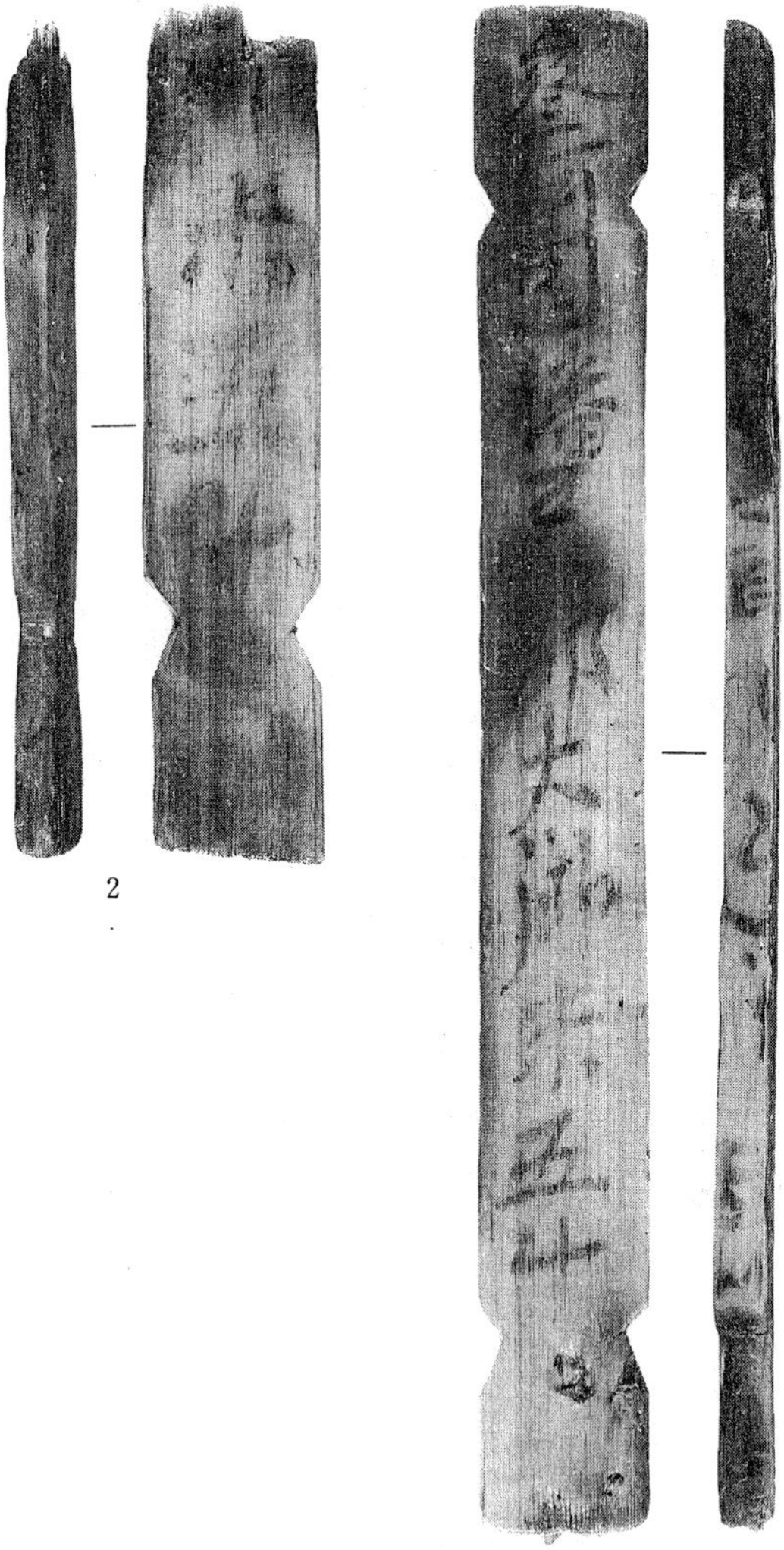

2　1

第14図　F例　同一材の木簡　平城宮

いずれも檜の柾目板で木理は密である。(1)は左右辺を削り、上端は裏から斜めに切断し、下端は表裏面から切りこみを入れて折る。(2)は左右辺を削り、上端は折損しているが、下端は裏から切断する。いずれも表面は削るが、裏面は割ったままで調整しない。直接接合はしないが、補説で論ずるように両簡の年輪幅測定の年輪グラフが一致することから同材から取材されたことが明らかである。そして年輪グラフの一致と、厚さがほぼ同じで表・裏の整形が同じ点からみて、両材の取材位置は、上下の位置関係とみられ、この両簡もA例と同じく長い材を横に切って製作したものと考えられる。F例で注目すべきは、(1)の右側面、(2)の左側面に表裏面の整形によって切られた墨書が残ることである。すなわち、(1)(2)の木簡は一度木簡として使用された材を二次的に利用しているのである。第一次の木簡は板目板で、その小口から側面に平行に第二次木簡の厚さに割って第二次木簡の柾目板が作られたと考えられる。第一次木簡は、その厚さが第二次木簡の幅になるから一五㎜の厚い材である。また(1)の側面の文字の左右が表裏の整形で切られているから、第二次木簡製作の際には(1)(2)の分の原材だけでなく同じ手法で複数の原材が取材されたと思われる。F例はたまたま二次的に利用されているのでこの手法を確認できたが、このような厚い板目板の小口からを側面に平行に薄く割って柾目板を作る手法は合理的な方法であるから、柾目板製作の一般的な方法として行われたものと思われる。柾目板のA例もこの手法によると思われ、木簡だけでなく人形や斎串にも用いられたと考えられる。

(ロ) E例 四四八〜四五一の四点は接合しすべて同材から作られている。割りと切断の手法によって製作され、(イ)よりも作り方が複雑なのでまず整形法について共通する点を記しておく（第15・16図参照）。

(1)料材はすべて檜の板目板である。

(2)四点とも左右辺の一端にV字形切りこみをもつ〇三二型式である。ここでは便宜上切りこみのある方を上とよび、切り込みのそれぞれにA〜H、A′〜H′の番号をつける。

450　448

裏　451　表　裏　449　表

第15図　E例　4点の荷札の接合　長岡京

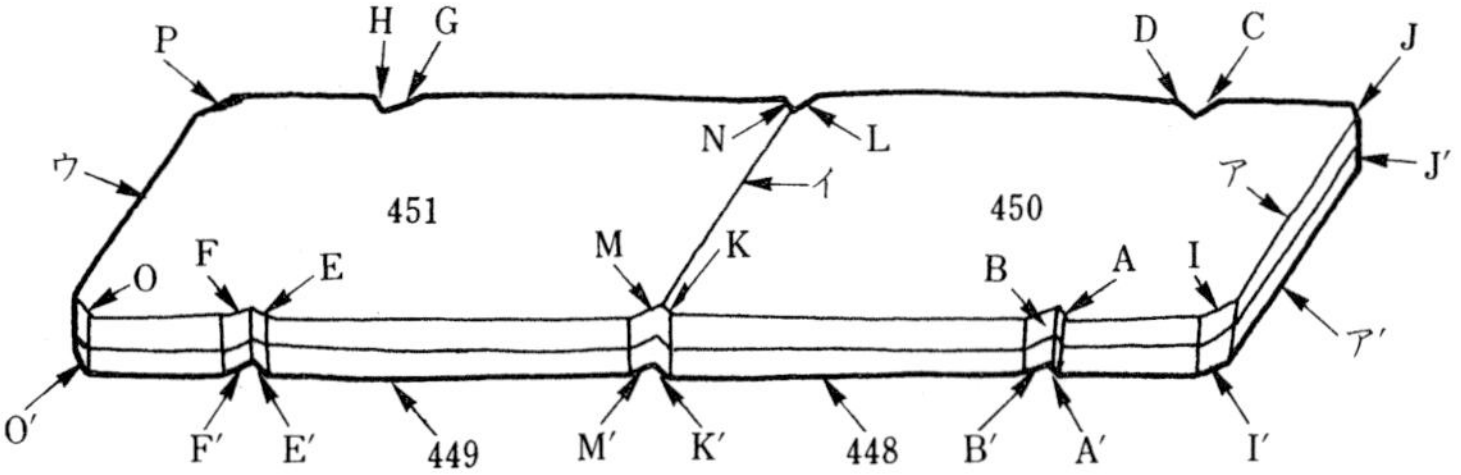

切りこみなどにつけた符号は図の都合で448・449について表示できないものがある。例えばC，Dに対応するC′，D′など。

第16図　E例の接合状況と符号

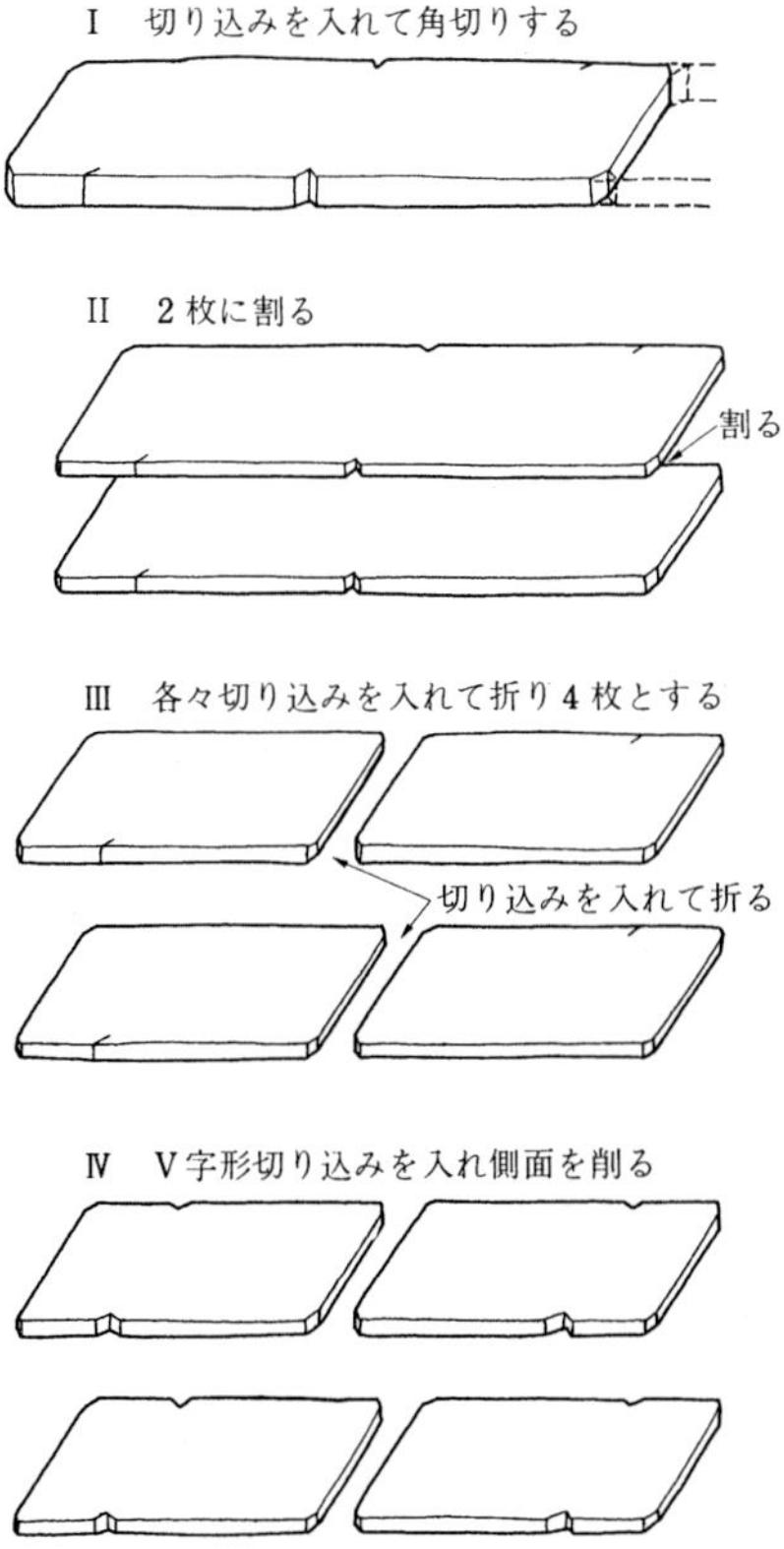

第17図　E例木簡の製作過程

(3)四点とも一面は削られ平滑となっているが、一面は割ったままで木理にそって縦方向に溝状に凹んでいる。便宜上、平滑な面を表面、凹凸のある面を裏面とよぶ。

(4)上端の整形は四四八・四五〇は裏面から切りこみを入れて折り、四四九・四五一は削る。下端は四点とも裏面から切りこみを入れて折る。

(5)四点とも上・下端の左・右は斜めに角切りしている。この角切りの切り口にI～P、I′～P′の番号を付す。

(6)四点とも左右辺は削っている。

(7)四点とも墨書がなく未使用である。同材で接合する四点の木簡が出土したのは、使用されずにまとめて廃棄されたからであろう。

さてこの四点は第16図のように、四四八と四四九、四五〇と四五一がそれぞれの下端において接合し、さらに四四八と四五〇、四四九と四五一がそれぞれ裏面において接合し、四点すべてが接合する。下端の接合は折れ口の合致、裏面の接合は割れ面の合致と、後述する整形の部分的な合致、またいずれも木理の通り方によってこれらの接合が確認できる。ただし、裏面の接合は、割った後のささくれのはがれのため、接合面に少しの間隙がある。

整形法の観察から、この四点の木簡の製作過程が明らかになるが、注目すべきは次の点である。

(1)V字形の切りこみの切り口のうち対応するC・FとC′・F′、角切りのI～PとI′～P′の切り口が、それぞれ四五〇・四四八、四五一・四四九の間で上下にそろう。すなわち、これらの切り口は、四五〇・四五一と四四八・四四九を割り離す前に施されたものであり、また逆に、切り口の上下にそろわない切りこみのA・B・D・E・G・H、A′・B′・D′・E′・G′・H′は、割り離された後に施されたものである。

(2)四五〇と四五一、四四八と四四九のそれぞれを切り離すための切りこみは、各簡の裏面から入れられている。従ってこれら切りこみは、四五〇・四五一と四四八・四四九を割り離した後に施されたものである。

(3)四四八のK′、四四九のM′の切り口と両簡の折れ口のイ′との関係をみると、両者の合う部分で折れ口のでっぱりがでており、切り口が折れ口を切っていない。従って当然のことながら、K′・M′の切りこみがイ′の折りよりも先行する。

E例の製作方法　以上の観察結果により、これらの木簡の製作過程は次のようになる（第17図）

I　長方形の材にC・F（C′・F′）の切りこみ、I～N（I′～N′）の切りこみ、O・P（O′・P′）の角切りを施す。K～N（K′～N′）の切りこみは浅く、第III段階で四四八と四四九、四五〇と四五一を折り離すための折りこみを入れる位置の目印となるとともに、角が角切りになるように施したものである。C・F（C′・F′）は深く、第Ⅳ段階でV字形切りこみを施す位置を示したものと考えられる。ウ・ウ′面は削っているのに対して、ア・ア′面はイ・イ′面と同じく切りこみを入れて折り、調整を施していない。またI・J（I′・J′）の切りこみは、O・P（O′・P′）が深いのに対して、K〜N（K′〜N′）と同じく浅い。これらの点からみて、ウ（ウ′）面は原材の先端で、O・P（O′・P′）はその両角の角切りであるが、原材は現存の四点分より長く、本来はア・ア′面につながる木簡があって、I・J（I′・J′）の切りこみはK〜N（K′〜N′）と同じくそれを折り離すための目印として施されたものと思う。ただし、繁雑になるので、以下の叙述ではア・ア′面につながる木簡に関する記述は省略することとする。第Ⅱ段階で二枚に割る前に角切りや切りこみを施したのは、手間を省くためと、同じ長さの木簡を作るためであろう。C・F（C′・F′）の切りこみが片側でかつV字形の一方だけを入れているのは、この切りこみが深くて、材が厚いと切りこみがしにくかったためであろう。事実C（C′）の切りこみは直線にならず、段々になっている。また逆にO・P（O′・P′）の角切りがI〜N（I′〜N′）より深いのは、原材の先端で切り易かったからであろう。

Ⅱ　小口から刃物を入れて割り、**四四八**＝**四四九**と**四五〇**＝**四五一**の二枚の材にする。

Ⅲ　二枚の材のK〜N（K′〜N′）の切りこみに合わせて、それぞれの材の裏面からV字形の切りこみを入れて、それぞれ折り、**四四八**〜**四五一**の四枚の材とする。

Ⅳ　**四五〇**・**四四八**はC・C′を目印として、A・B・D、A′・B′・D′の切りこみを入れ、**四五一**・**四四九**はF・F′を目印としてE・G・H、E′・G′・H′の切りこみを入れる。それぞれ左・右辺を削る。左右辺の削りの整形は、**四五〇**と**四五一**、**四四八**と**四四九**の下端の幅が異なるから、第Ⅲ段階の後と思われる。

このE例は(イ)の例にくらべると製作方法が複雑にみえるが、基本的には長い原材を横に切るという点で同じである。

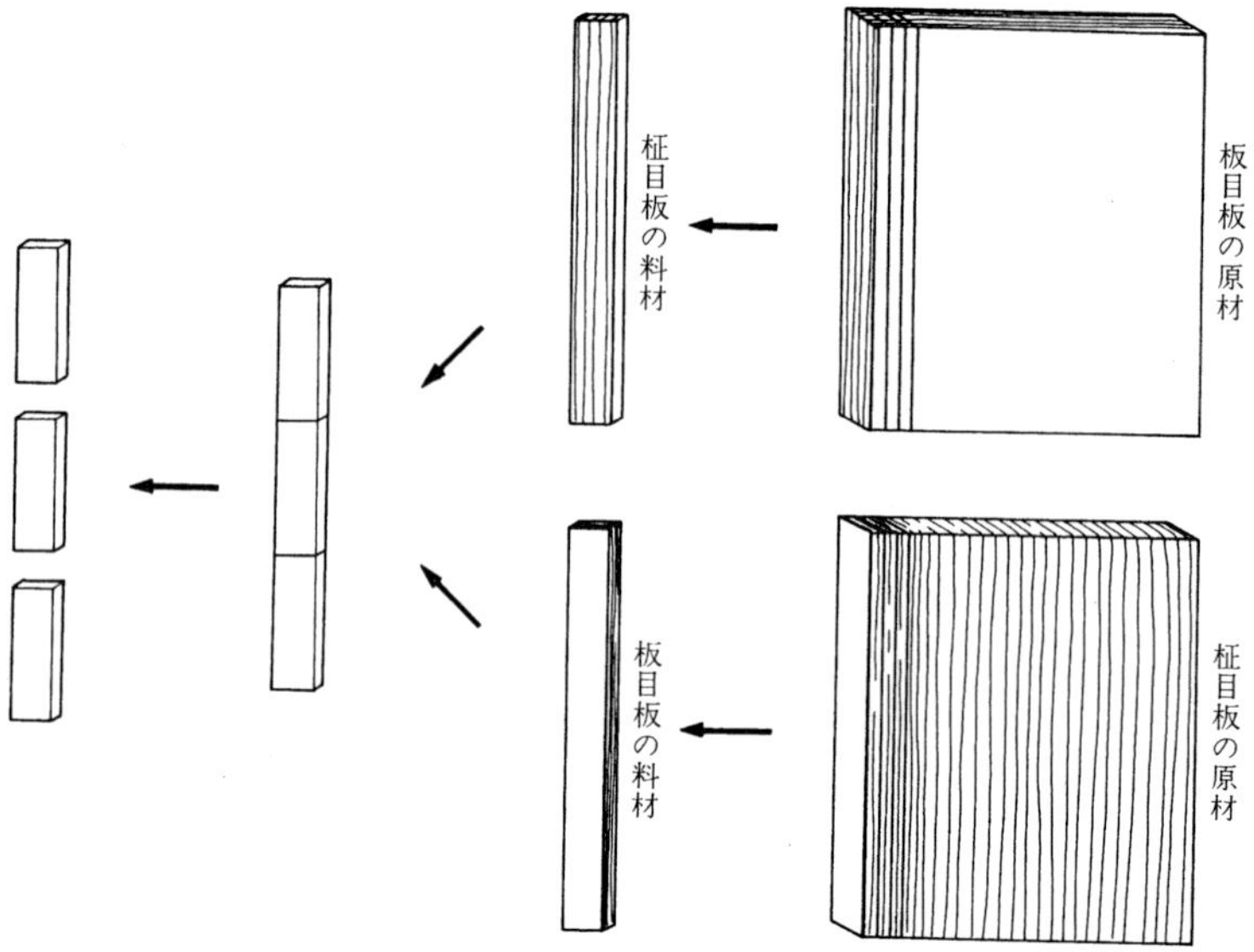

第18図　料材の製作方法

ただE例では、長方形の原材製作の段階まで知ることができ、それに関連して切りこみを入れるという方法がなされているので複雑にみえるだけである。このE例から板目板の原材の製作方法を知ることができる。

料材の製作方法　以上によって(イ)(ロ)の二つの料材製作の方法が明らかになったが、論じ残した問題も含めて料材製作についてまとめておく（第18図）。

(1)(イ)(ロ)から想定される料材製作の方法は次の通りである。すなわちその製作方法は、製作しようとする木簡の幅をもち、長めの原材を用意し、これをいくつかに横に切断するのを基本とする。まずその原材の作り方は、柾目板・板目板のいずれの料材を得るかで異なるが、前者なら板目板、後者なら柾目板で、製作しようとする木簡の幅の厚さの材を用意し、いずれの場合もこれを小口から側面に平行に木簡の厚さの幅に割って作る。柾目板の原材の作り方はF例によって実証され、板目板についでは、E例が二枚分の厚さのものをさらに割るという作り方をしているが、これは基本的には右に想定した方法に属する作り方である。このほか、柾目板の料材なら柾目板、板目板の料材なら板目板の、製作する木簡の厚さと同じ厚さの材を用意し、これを木簡の幅に割って作るという方法も想定できるが、この方法に基づく実例はまだみられない。(補一五)

原材の長さは二点分の接合が確認できるだけであるが、それよりも長かったと思われる。しかし柾目、板目板のいずれも割りによって作るからあまり長すぎると作りにくかったであろう。この長い原材を横に切断して木簡とするのである。

(イ)(ロ)によって明らかになった料材製作方法が唯一のものではないかもしれない。例えば木簡の長さの原材を作って木簡の幅に割って作る方法も可能であろう。これによれば、幅が異なり長さと厚さの同じ木簡ができることになるが、現在の所そのような方法によるものは確認できない。

(2)料材製作の基本的な技法は、割り・切り・削りの三つである。割りと切りによって料材のおおよその形が作られ、削りによって調整する。いうまでもなく割りは木理に平行に、切りは木理に直行する方向に施す。薄材ならば刃物で切断しきってしまうが、刃物で切りこみをいれて折るのがふつうである。また側面に斜めに切り込みを入れてV字形切り込みを作る。削りは表裏面、左・右辺、また上・下端を整形・調整するための技法であるが、左右辺は割ったまま、上下端は切りこみを入れて折ったままで、削って調整しないものもある。木簡の料材として檜、杉の針葉樹が大部分を占めるのは割りが製作における重要な技法であることと関係しよう。針葉樹は闊葉樹にくらべて木理の通りがよく、割りやすく加工しやすい材である。

(3)同材の木簡の墨書内容についてみると、A・Bは同一記載でDは日付が一日異なり、Cは日付けが一日異なるとともに筆者も異なる。C・Dの例は木簡の作成における料材製作と墨書との関係について考える手掛りとなる。この問題については、料材製作と墨書が同一人の手で一連のものとして行なわれる場合と、まず料材をまとめて製作し、次いで一括して墨書する場合が想定される。前者の例としては完形の木簡でありながら、上・下端の切断や左・右辺のV字形切りこみによって墨書が切られているものがあげられる。これらは長い料材の原材に墨書したのち、墨書の長さを勘案して上下端を切断したり整形を施したものと思われる。後者の例としては、平城宮第四四次調査で出土した日向国の牛皮荷札二点が同筆、同文と思われるのに、料材の樹種、整形法、大きさに相違がみられる例があげられる。(61) C・Dの例も同材と推定されながら、日付あるいは筆者が異なるのはこの後者のやり方で作成された可能性がある。

補説　年輪グラフによる木簡料材の同定

木簡料材の製作方法を明らかにするためには同一材から取材した木簡の検出が必要である。同一材の決定についてはは切断面や折れ口などでの接合が確認できれば簡単に決めることができるが、そうでない場合はこれまで樹種と木取り、さらに肉眼による年輪幅の広狭の観察によって行ってきた。これに関するより正確な方法について古年輪学の光谷拓実氏（奈良国立文化財研究所）に援助を求めたところ、古年輪学で行っている実体顕微鏡による年輪幅の測定と年輪グラフの作成が有効であるという助言を得た。以下は同氏の調査の成果である。

試料としてA例の美濃国の米荷札二点（六九・七〇）とF例の平城宮跡出土の参河国の米荷札二点（⑴・⑵）を用いる。A例は切り口の接合によって同一材であることが確認されたもの、F例は未確認のものである。年輪は春から夏にかけて形成される早材部（春材部）と夏から秋にかけて形成される晩材部（秋材部）によって構成され、晩材部は早材部より濃色で堅緻であり年輪界として確認できる。試料は四点ともヒノキ材の柾目板であり、年輪幅の測定は実体顕微

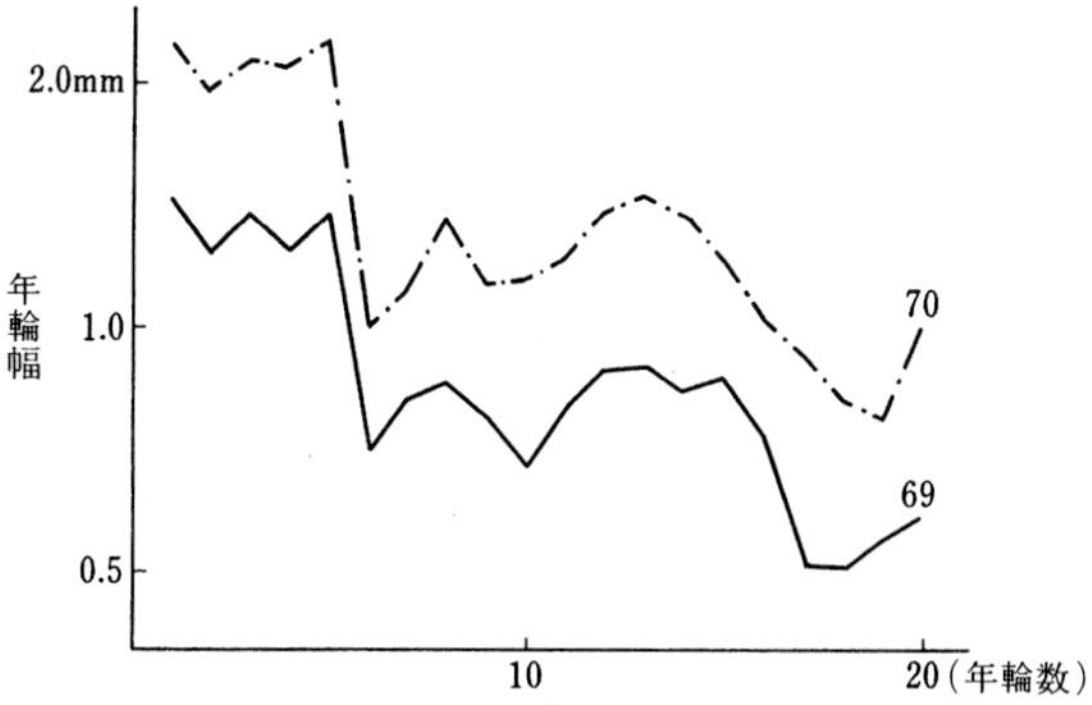

第19図　A例年輪グラフ

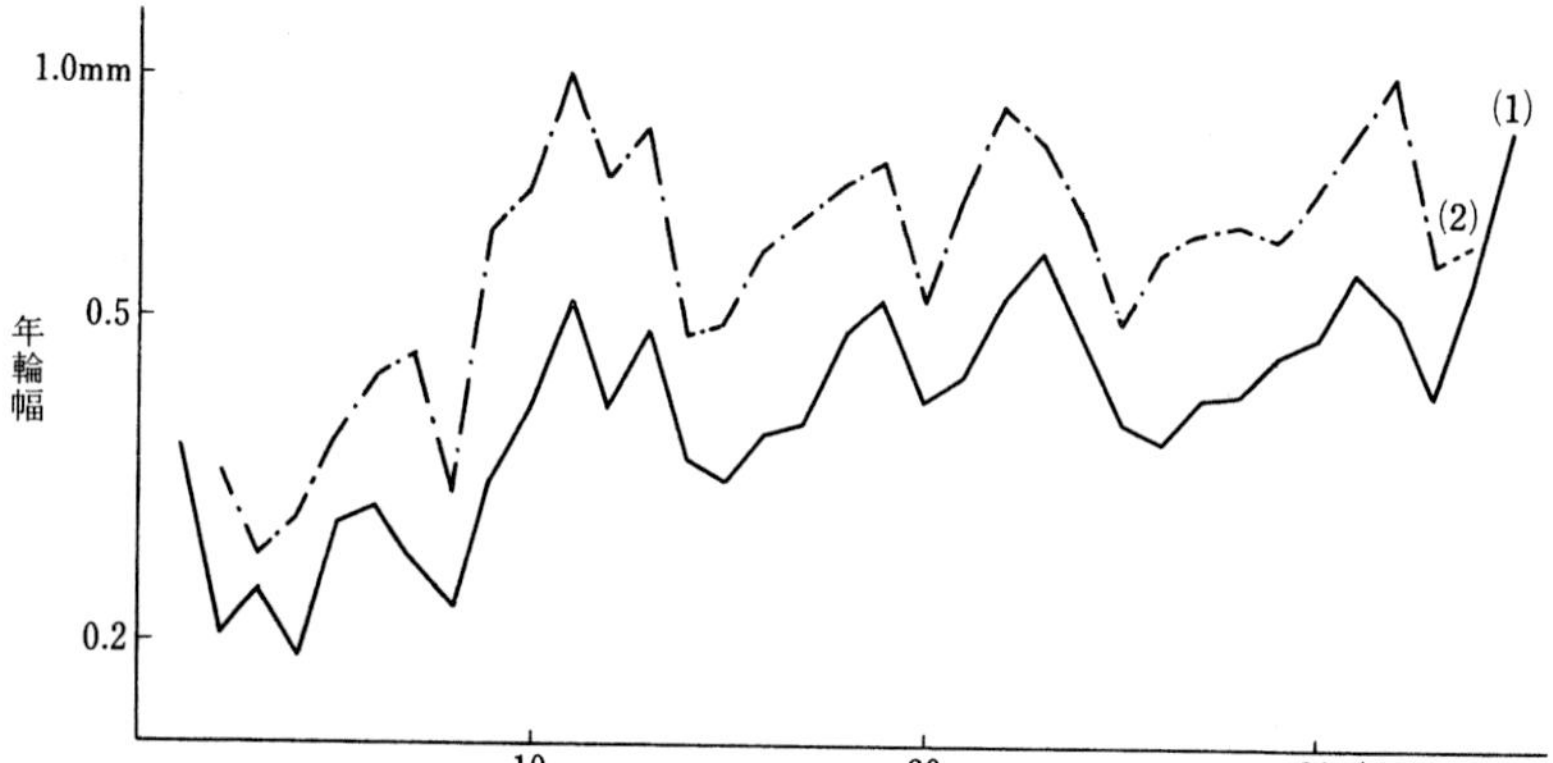

第20図　F例年輪グラフ

鏡を用いて、年輪界を構成する晩材部仮導管と早材部仮導管を確認しながら行った。次に年輪幅について片対数グラフを用いて年輪成長曲線を作成した（第19・20図）。このグラフは横軸に年数、縦軸に各年の年輪幅を対数値で表したもので、年輪の成長曲線を示す。各木簡の年輪数は、A例の**六九**－20、**七〇**－20、F例の(1)－35、(2)－33である。A・F例それぞれに二点の成長曲線を並べてみるとよく一致しており、同一材であることが明らかであるA例はもちろん、F例も同一材であることが確認できた。古年輪学は木材遺物の年代決定、古気候の復原などに活用され、木材の同定などはその初歩的な応用に過ぎないが、このためにきわめて有効な方法であることを強調しておきたい。[補一六]

八　文書の界線引きの定木

二の木製品は文書の料紙の界線引きの定木と考えられるもので、きわめて珍しいものである。旧稿公表後、杉本一樹氏「律令制公文書の基礎的観察」[62]によって律令制公文書について原物の観察に基づく作成手順の研究は大きく進展し、この定木に関する旧稿の誤りが明らかになったので、本節は杉本論文によって大幅に補訂することにした。

形態の特徴　この木製品は次のような形態上の特徴を持つ。（1）右辺下部を欠損し表裏面が腐蝕しているが、幅が一定で上・下端、左・右辺は削って丁寧に調整する。（2）長さ三五八ミリメートル、幅二三・五ミリメートルで、古代の尺度で完数に当たるとすればそれぞれ一尺二寸、八分に当たる。長さによる単位尺は一尺＝二九八ミリメートルで、天平尺（令小尺）の数値と考えて良い。（3）右辺に浅いV字形の刻み目を六ヵ所に施す（第21・22図参照。V_1〜V_6）。この刻み目はまず辺に直交する切り込みを入れ、それらを目印にV字形の刻み目を施したものである。V_1〜V_5についてV字形刻み目の先端に辺に直交する切り込みが見えるが、それらは目印の切り込みの残ったものである。

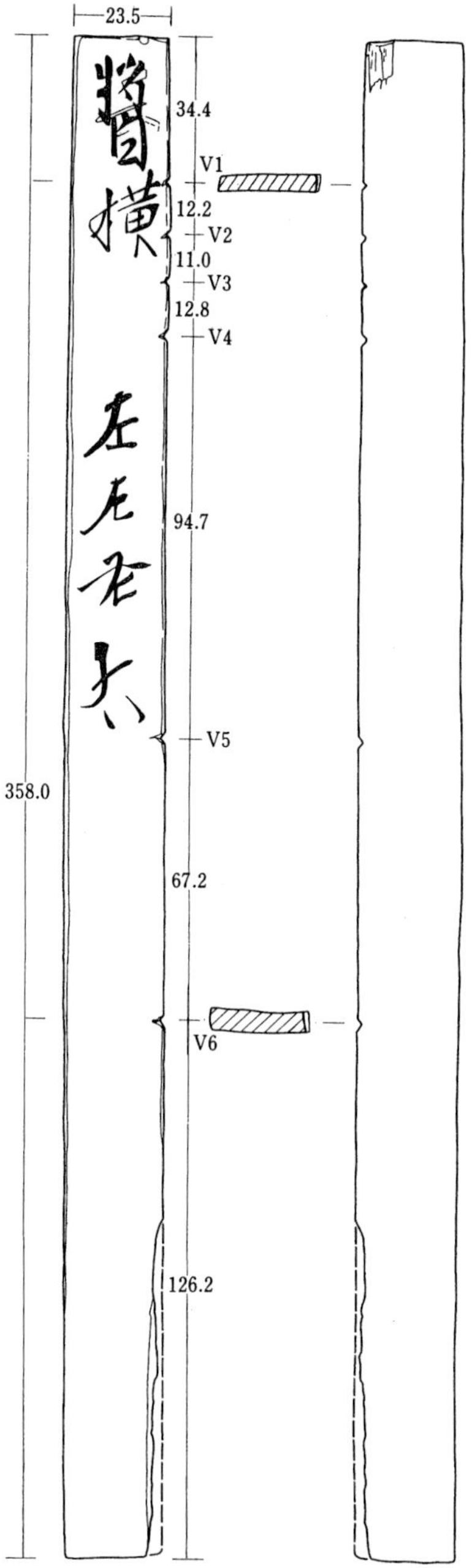

第21図　界線引きの定木（実測図）　長岡京

第22図　界線引きの定木（写真）　長岡京

第26表　定木のV字形刻み目の間隔
（V_1を起点とした間隔）

	a 実測値	b 換算寸	c 想定値
V_1－V_4	36　mm	1.2 寸	35.76mm
V_1－V_5	130.7	4.4	131.12
V_1－V_6	197.9	6.6	196.68
V_1－右辺欠損部上端	244.7		

（4）第26表はV字形刻み目の間隔の実測値（a）を寸に換算したもの（b）である。b換算寸の当否を確認するために、（2）で求めた一尺＝二九八ミリメートルによって換算寸をミリメートルに直した。これが想定値（c）である。aとcに大きな差がないからbの妥当性が確かめられ、これらの刻み目がV_1を起点に寸分の完数値に決められていることがわかる。（5）さらに詳しく見ると次の二点が指摘できる。（ア）V_1－V_2－V_3－V_4の間隔は若干数値のばらつきがあるが、V_2・V_3はV_1－V_4（＝一・二寸）を三等分して四分間隔にうたれたものである。（イ）V_1－V_6が六・六寸、V_1－V_5が四・四寸であるから、V_5はV_1－V_6の三分の二の位置にうたれている。

　以上のようにこの木製品は作り方が丁寧で、大きさも古代尺の完数値で、側面のV字形刻み目も完数値間隔であるうえに一定の規格性をもってうたれており、これらからこれは一種の定木と考えられる。

　この定木には次のような墨書がある。

二・「醤横　　左左左太政官□□□　　弟」

・右依造□〔右カ〕大臣曹司所□□〔給カ〕□□壹斗□マ□人［　　］

三五八×二三・五×四　〇六一
二五N　杉・板目

表は習書で、裏は一応文書の文言となっており、文書木簡を定木に転用したとも考えられるが、墨書が定木の形の中におさまっているからやはり定木に書かれた習書であろう。この定木は「太政官」「造大臣曹司所」などの習書があり、また太政官厨家から廃棄された一括遺物の一つであるから、官厨家あるいは少なくとも太政官の曹司において用いられたものと考える。裏の文書の文言はこの官司で作られた紙本の文書の文言を習書したものかもしれない。

杉本氏の見解　ここで前述した杉本氏の律令制公文書の作成手順についての見解を界線引きを中心に整理しておきたい。（1）料紙の作成は継紙、打紙、界線引きの順に行われ、継紙をしてから界線を引く。界線は天地の横界、縦界の順で引く。（2）定木で線を引く場合、墨を含んだ筆の穂先が定木に接すると紙と定木の狭い隙間に墨が引き込まれて紙面を汚すことがあるので、筆の穂先を定木から離すように工夫をした。この点は旧稿で指摘した。（3）縦界線は縦線として引くか、または料紙を九〇度回転させて横線として引くかの二つの方法が想定できるが、前者の場合右利きの人ならば定木は右から左へ移動させて引く。いずれにしろ定木は引き終わった線からまだ引いていない紙面の方に動かして引く。旧稿で想定したように引いた線に定木の一辺を揃えて他辺に次の線を引く、すなわち定木幅を利用して界幅を測って引くというやり方は行われていず、界幅は目分量で測って引いた。（4）横界線を引くために目安のアタリをつける方法として一般的なのは刀子痕で、そのほか刀子痕に墨点を加える、針孔様、小さい圧痕、短い横の箆押痕などがある。刀子によるアタリを打つ位置は紙の継目またはその付近と、それ以外の位置があり、打ち方は一ヵ所ずつ打つのと、継紙を畳んで上からまとめて打つという二方法があり、旧稿で述べた定木からアタリを移すやり方は前者に当たる。

杉本氏は旧稿に対して、（3）定木幅によって界幅を測りながら縦界線を引くやり方には反対したが、横界線を引くためのアタリをつけるのに定木を用いることは肯定した。本稿ではこの杉本説に従い、この定木は主に横界線の位

第27表　公文書の界線　　　　　　　　　　　　　　　　　　（単位：mm）

番号	文書名	横界線の間隔						界高	界幅
		1～2	2～3	3～4	4～5	5～6	6～7		
1	左京職正税帳	22	19	18	20	21	114	214	23
2	右京計帳手実（三上部麻呂）	17	19	18	92.5	66		212.5	18
3	大倭国正税帳	20	22	179				221	24
4	山背国愛宕郡出雲郷雲上里計帳	21	26	19	148			214	15
5	山背国愛宕郡出雲郷雲下里計帳	21	26	18	149			214	15
6	山背国愛宕郡某郷計帳	22	23	22	151			218	18
7	山背国綴喜郡大住郷？隼人計帳	20	20	20	152			212	16
8	河内国大税負死亡人帳	13	124	67				204	14
9	和泉監正税帳	13	9	9	10	12	178	231	22.5
10	摂津国正税帳	16	13	12	15	181		237	23
11	伊勢国計会帳（当初の墨界）	15	14	14	165			208	23
12	伊賀国正税帳	12	14	197				223	20
13	志摩国輸庸帳	16	19	187				222	20
14	尾張国正税帳（天平２）	14	15	14.5	13.5	170		227	24
15	尾張国正税帳（天平６）	12	11	11	11	176		221	20.5
16	遠江国浜名郡輸租帳	13	12	12	12	187		236	19
17	駿河国正税帳（天平９）	9.5	10	9	9	196		233.5	20
18	駿河国正税帳（天平10）	11	10	9	10	185		225	21
19	伊豆国正税帳	9.5	8	9	11	174		211.5	24
20	相模国封戸租交易帳	18	15	16	166			215	20
21	安房国義倉帳	16	16	15	16.5	16	149.5	229	21
22	下総国葛飾郡大嶋郷戸籍	13	58	61	33	29	(50)	244	11
23	下総国釬托郡山幡郷戸籍	15	58	60	37	27.5	48	245.5	11
24	下総国倉麻郡意布郷戸籍	14	64	57	31	26.5	50	242.5	10
25	常陸国戸籍	15	16	120	23	19	35	228	縦界ナシ
26	近江国志何郡計帳（天平３）	15	13	100	25	26	42	221	19
27	近江国志何郡計帳（天平４）	15	14	102	24	26	45	226	18
28	近江国志何郡計帳（天平５）	13	13	100	24	26	40	216	21
29	御野国味蜂間郡春部里戸籍	85	81	81				247	24

30	御野国本簀郡栗栖太里戸籍	86	84	82				252	24
31	御野国肩県郡肩々里戸籍	81	86.5	82				249.5	25
32	御野国各牟郡中里戸籍	79	83	85				247	25
33	御野国山方郡三井田里戸籍	81	81.5	88				250.5	25
34	御野国加毛郡半布里戸籍	85	83	79.5				247.5	25
35	陸奥国戸口損益帳	76	18.5	160				254.5	16
36	越前国義倉帳	12.5	14	12	18.6			224.5	22
37	越前国大税帳	12	13	11.5	14	175		225.5	22
38	越前国郡稲帳	13	13	13.5	13.5	168		221	23
39	越前国江沼郡山背郷計帳	14	12	9	12	108	69	224	18
40	佐渡国正税帳（天平４）	12	13	13.5	167.5			219.5	24
41	佐渡国正税帳（天平７以降）	9	12	10	10.5	170.5		212	26
42	但馬国正税帳	13.5	13.5	13	12	13	153	218	25
43	因幡国戸籍	16	108	20	16	?			23
44	出雲国計会帳	19	18	185				222	22
45	出雲国大税賑給歴名帳	11.5	11	14.5	166			203	19
46	隠岐国郡稲帳	17	19	201.5				237.5	24
47	隠岐国正税帳	16	16	16.5	17	159		224.5	24
48	播磨国正税帳	10	12	10.5	193.5			226	23
49	備中国大税負死亡人帳	10	10.5	220				240.5	17
50	周防国正税帳（天平６）	13.5	13.5	14	13.5	170.5		225	21
51	周防国正税帳（天平10）	11	13	11	13	164.5		212.5	23
52	長門国正税帳	12	12.5	9.5	11	154.5		199.5	24
53	紀伊国正税帳	14	13.5	11.5	191.5			230.5	26
54	淡路国正税帳	16.5	17.5	16	17.5	16	135	218.5	21
55	阿波国大帳	19	18	18	17.5	17.5	131.5	221.5	18
56	讃岐国戸籍	14	12	13	117	59		215	15
57	伊予国正税出挙帳	17	19	47	128			211	24
58	筑前国嶋郡川辺里戸籍	88	26	118				232	14
59	豊前国仲津郡丁里戸籍	88	28	118				234	13
60	豊前国上三毛郡塔里戸籍	87	26.5	118				231.5	13
61	豊前国上三毛郡加自久也里戸籍	87.5	27	120				234.5	13

62	豊後国戸籍	90	26	122.5				238.5	14
63	筑後国正税帳	12	12	11.5	178.5			214	24
64	豊後国正税帳	11	10	10	175			206	20
65	薩摩国正税帳	13	15	12.5	193			233.5	23
66	秦太草啓紙背文書	15	12	12	13	15	143	210	23

(1)杉本一樹氏「律令制公文書の基礎的観察」表9に基づき一部省略しまた加筆した。
(2)「横界線の間隔」は天の横界を1とし、順番に番号を付した相互の間隔。

置を決めるアタリをつけるために用いられたものと考える。杉本論文所掲の表9の公文書の界線の数値の表と比較してあらためてこの点を考えてみたい（第27表）。

界線引きの定木　（1）公文書の横界線は天と地のほかにその間にも引かれ、それらは内容によって行頭の高さを変えるためのものである。この定木ではV_1が天の横界線で、その下に四分刻みで近接してV_2・V_3・V_4がある。これに近いのが第27表の36・40・45・56・63・64・65である。間隔は異なるが、天も含めて近接して四本の横界線を引くのが2・4・5・6・7であり、五本になるが間隔が四分に近いのが15・16・37・38・50・51である。[63]（2）地の横界線については二案が考えられる。（ア）V_6を地の横界線と考える。これによれば界高はV_1－V_6の間隔＝一九七・九ミリメートルとなる。第27表によればこれに近似する界高のものは、8・11・45・52・64などがある。また前述のようにV_6はV_1－V_5の長さの半分をV_5から測った位置にある。（イ）旧稿で主張したようにV_6の下の欠損部に地の界線としてV_7を想定する考えである。この場合V_1から欠損部の上端まで二四四・七ミリメートルあるから、V_1－V_7の界高はこれ以上になる。さらにV_5はV_1－V_6の三等分点にあるから、V_7も同様のことがあるものとしてV_6－V_7をV_5－V_6と同長にとるとV_1－V_7は二六五・一ミリメートルとなる。この界高に近似するのは29・30・31・33・35で、これらは第27表の界高の最大値の一群である。この二案のうち（ア）が可能性が高いと考える。その考えの根拠は界高が二六〇ミリメートルに近い五例のうち四例は御野国戸籍で、横界線を四本にしてその間隔が広い特別の形式であり、本定木の形式と異なること、上部に四ないし五本の横界線を近接して引く形式では、その下に間隔を広くして界線を引く場合地の界線一本を引くのが普通で、（ア）のように二本引くのは56の一例があるが、（イ）のように三本引く例はないことなどである。（ア）であるとすると56が本定木と比較的近似する横界線の引き方である。

アタリのうち方　この定木の使い方は、定木の上端を紙の上端にあわせてアタリをつけたと考える。旧稿では定木の上端とV_1の間隔＝三四・四ミリメートルと料紙の天の界線の上の空きとの近似を問題としたが、杉本氏によれば巻子本は書写ののち巻子の天地の小口を揃えるために裁ち落とすというから（化粧断ち・端切）、この近似は問題とならない。ただし旧稿で『正倉院の書蹟』の図版から計測した天の空きは定木の三四・四ミリメートルより長いものは三五ミリメートルの一例だけで、他の一五例は一二〜三二ミリメートルの間におさまった。(64) また『延喜式』図書寮式によれば、界高七寸二分に対して天の空き一寸一分、地の空き一寸二分で紙高が九寸五分になるように紙の天地を裁断することが定められているが、天の空き一寸一分＝三三ミリメートルは定木の三四・四ミリメートルより短い。これ

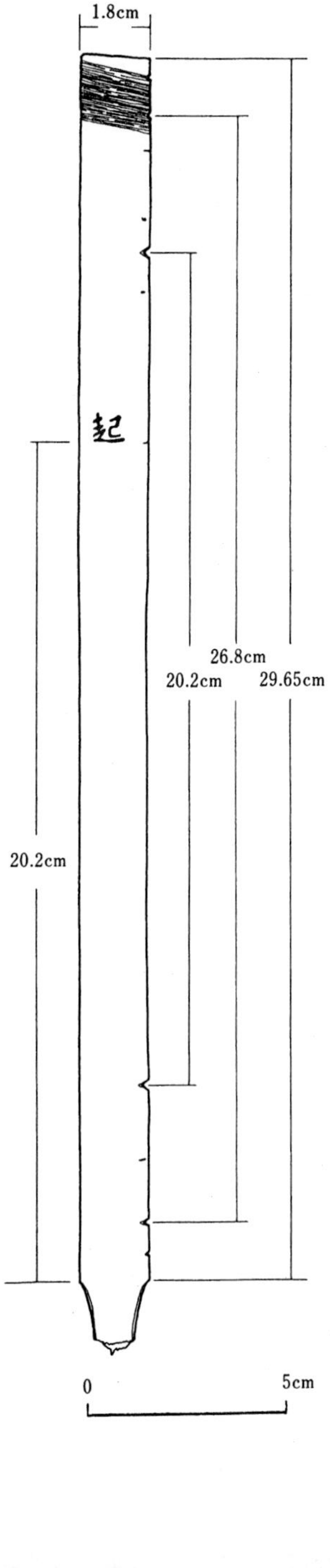

第23図　郡山廃寺の定木

らの点からこの定木の上端とV_1の間隔は意味のあるものと思う。

杉本氏はアタリをうつ方法として、料紙を広げて一ヵ所ずつうつやり方と、継紙を畳んで上からまとめてうつやり方をあげているが、この定木は両方のやり方に使うことができると考える。この両者の方法で料紙の複数の箇所にアタリをうち、それらをつないで横界線を引くのである。この定木は融通がきかず、一部の横界線を省略する以外、決まった間隔の横界線しか引けないから、同種の文書の料紙の作成に用いられたのであろう。

郡山廃寺の定木　これと同類の木製品はすでに仙台市郡山廃寺から出土し、寺院で写経料紙の界線を引くための定木と考えられている(65)（第23図）。郡山廃寺は隣接する地方官衙である郡山遺跡の第2期官衙の付属寺院で、七世紀末〜八世紀初めの年代で、この定木も同時期のものである。この定木は長岡京のものと比べると共通点とともに相違点もある。（1）郡山廃寺の定木は下端が折れているが、下部の左右から削り、羽子板状の形態である。上端からその下部削りの上端までが二九六・五ミリメートル＝一尺、幅が一八ミリメートル＝六分で、やはり完数値に作るが、本定木より小さい。（2）V字形刻み目は六ヵ所あり（上からV_1〜V_6とする）、V_1〜V_3とV_6〜V_4が中心点からそれぞれ上下対称の位置にあり、刻み目のほかに墨線も付けられている。平川南氏はこの定木が寺院遺跡から出土し、優婆塞を意味する習書があること、またV字形刻み目の間隔と定木の幅が奈良時代の写経の紙高・界高、界幅に近似することから、寺院で写経料紙の界線を引くために用いた定木で、底本から同じ界高を料紙に移すためにV字形刻み目・墨線を含めて複雑な使い方を想定している。この定木の場合もおもに横界線の位置の決定に用いられ、定木幅を利用して界幅を測るという使い方については再検討が必要かと思う。

郡山廃寺のものとともにこの界線引きの定木の発見は文書・典籍などの料紙の製作方法を考察するために重要である。

注

（1）向日市教育委員会『長岡京木簡一　解説』（一九八四年）。なお本稿の各節については、それぞれ著者の次の論考で論じたことがあるので参照されたい。第三節「八世紀造宮官司考」（『古代宮都の研究』第三部第二章、一九九三年）。第三・四・六節「長岡京木簡と太政官厨家」（『木簡研究』創刊号、一九七九年）。

（2）財団法人向日市埋蔵文化財センター・向日市教育委員会『長岡京木簡二　解説』総論第二章（一九九三年）。

（3）左京三条二坊八町は『長岡京木簡一』では左京二条二坊六町に当てられていたが、長岡京条坊制、宮域の復原は、山中章氏「古代条坊制論」（『考古学研究』三八－四、一九九二年。『日本古代都城の研究』に第Ⅰ部第二章「条坊制の変遷」として再収、一九九七年）によって大きく変わり、これまでの復原の条坊呼称を全体に二町北に移動させることになり、この新復原案によって上記のようになった。

（4）遺構については『長岡京木簡一』『長岡京木簡二』のそれぞれ総論の第二章を参照。発掘調査の報告は各々次のものに掲載されている。「長岡京跡左京第一三次（7ANESH地区）発掘調査報告」（向日市教育委員会『向日市埋蔵文化財調査報告集』第四集、一九七八年）。「長岡京跡左京第五一次（7ANESH－4地区）――左京二条二坊六町――発掘調査概要」（同前第七集、一九八一年）。「長岡京跡左京第二〇八次（7ANESH――7地区）――左京二条二坊六町・太政官厨家――発掘調査概要」（財団法人向日市埋蔵文化財センター・向日市教育委員会　同前第二十五集、一九八九年）。同前（同前第二八集、一九九〇年）。丸嘉樹・山中章「長岡京跡左京第二二次（7ANESH－Ⅱ地区）発掘調査概要――左京二条二坊五・六町の調査――」（長岡京跡発掘調査研究所『長岡京』一六、一九八〇年）。

（5）『長岡京木簡一』ではSD五一〇五・五一〇一、五一〇二・五一〇四を坊間小路の西側溝とし、町の東限にはこの西側溝を当てる案、SD二二一一・二二一二を当てる案を上げ、後者が妥当であると考えていた。

（6）木簡をはじめ遺物の取り上げは三メートル方眼の小地区によって行い、小地区名はアルファベットと数字の組み合わせで表す。SD一三〇一はほぼ東西の溝なので小地区を数字だけで示した。第8図参照。

(7)　『長岡京木簡一』ではSD一三〇一－Aも真東西方向の人工の溝と考えていたが、第二〇八次調査によってAは斜行する自然流路で、Bとずれることが明らかになった。

(8)　これら請飯文書については第一編第五章でも検討を加えている。

(9)　『長岡京木簡一・二』所収の木簡は木簡番号のみを記す。一には五三六まで、二には五三七以降を収める。

(10)　軽間嶋枌は請飯文書二〇点、検収整理札一点に見え、後述のように太政官史生で官厨家預と考えられる。嶋枌は古代の人名としてはみなれないが、「枌」は「スキ」と訓ずると推測され、古代によくみられる人名「嶋次」と通じ、それならばb類に一例みられる「嶋次」と同人である可能性もある。ただし嶋枌と嶋次の請飯文書の筆跡は同じとはいいがたい（『長岡京木簡二』一四補註）。

(11)　東野治之「奈良平安時代の文献に現われた木簡」（『正倉院文書と木簡の研究』所収、一九七七年）に考選の手続きについて整理されている。

(12)　『大日本古文書』一一－二三一～二三三・五一二頁、一五－三〇九頁。

(13)　波々伯部守「九世紀における地方行政上の一問題」（『史泉』五〇、一九五七年）。

(14)　茨田清成は一五八・三三四・七六〇に見え、また造東大寺司写経所の召文に見える茨田浄成と同人であろう（『大日本古文書』一三－四八〇頁）。同召文は年紀がないが天平宝字年間（七五七～七六四）のものと推測される。

(15)　三嶋嶋道は天平宝字八年（七六四）八月に内豎で奉写一切経御執経所の使者になっている（『大日本古文書』一六－四六〇頁）。

(16)　『続日本紀』延暦四年三月戊戌、五月癸丑、六月辛巳条。

(17)　『続日本紀』延暦四年九月丙辰条の種継薨伝に「初首建レ議、遷二都長岡一、宮室草創、百官未レ就、匠手役夫、日夜兼作」とある。

(18)　『平城宮発掘調査出土木簡概報十六』一〇頁。第一四〇次調査、SD一〇三二五出土。

(19)　注(1)「八世紀造宮官司考」参照。

(20)　平城宮第四四・九九・一一〇・一二〇次調査。『奈良国立文化財研究所年報』一九六八・一九七七・一九七九・一九八〇。

(21)　注(1)「八世紀造宮官司考」参照。

(22)　横田拓実「文書様木簡の諸問題」（奈良国立文化財研究所『研究論集』Ⅳ）、本書第一編第一章。

(23)　『撰集秘記』所引の弘仁式逸文に「弘仁式、館舎及公文厨者云々、毎年八月一日相代、別二当造曹司所一者、正月相代」とある

（和田英松『式逸』）。省略文で文意が十分明らかでないが、「造曹司所」が造館舎所とすれば、その存在は弘仁式までさかのぼることになる。なお虎尾俊哉編『弘仁式貞観式逸文集成』（一九九二年）では、この逸文について延喜式条文との比較が困難であるとして、関連の深い延喜式太政官式の三条文をあげる。また平城宮跡第一四〇次調査でSD一〇三二五から「造曹司所請」と記す削屑が出土した（『平城宮発掘調査出土木簡概報十六』一一頁）。この造曹司所が天長八年官宣のそれと同じものとすれば、その存在が平城宮時代にまでさかのぼることになるが、共伴の木簡からみて、この造曹司所が太政官所管のものかは確定できず、一般的な曹司造営のための所である可能性がある。

(24) 平城宮跡第三五次調査で、SK四四五三から出土した（『平城宮発掘調査出土木簡概報七』五頁）。共伴した木簡によって、天平年間のものと推定される。また陰陽寮関係の木簡が共伴している。

・近江国乗田価銭□〔壹カ〕□

・□〔天カ〕□□□

(25) 鎌田元一「公田賃租制の成立」（『日本史研究』一三〇、一九七三年）参照。

(26) 公田地子制に関する式文を掲げておく。

a 〈弘仁主税式〉 凡五畿内伊賀等国地子、混二合正税一、其陸奥充二儲糒并鎮兵粮一、出羽狄禄、大宰所レ管諸国、充二対馬多褹二嶋公廨一、餘国交二易軽貨一、送二太政官一、但随近及縁レ海国春レ米運漕、其功賃便用二数内一、

b 〈延喜主税式上〉 凡五畿内伊賀等国地子、混二合正税一、其陸奥充二儲糒并鎮兵粮一、出羽狄禄、太宰所レ管諸国、充二対馬嶋司公廨一之外、交二易軽貨一、送二太政官厨一、自餘諸国交易送亦同、但随近及縁レ海国、春レ米運漕、其功賃便用二数内一、

c 〈同太政官式〉 凡厨家別当、少納言弁外記史各一人、及預太政官并左右史生各一人、並一年為レ限、二月列見之後相替、

d 〈同式〉 凡厨家雑物、別当外記史与二諸司一諸司謂二監物、主計一共出納之、

(27) 越前・近江国はいずれも調銭輸納国であるから（『続日本紀』養老六年九月庚寅条、『平城宮木簡二』二〇七九）、地子の銭納も行われたのであろう。
(28) 早川庄八「律令財政の構造とその特質」（『日本経済史大系1　古代』所収、一九六五年）。
(29) 地子米貢進国は、伊勢・尾張・参河・近江・美濃・丹波・播磨・備前・紀伊（以上近国）、遠江・越前・加賀・能登・越中・備中・備後・安芸・長門・周防・讃岐・伊予・土佐（以上縁海国）の二二国である。
(30) 本書第一編第二章。
(31) 『平城宮発掘調査出土木簡概報四』九頁。本書第一編第二章参照。
(32) 北条秀樹「文書行政より見たる国司受領化——調庸輸納をめぐって——」（『史学雑誌』八四—六、一九七五年）、同「平安前期徴税機構の一考察」（『古代史論叢』下巻所収、一九七八年）。
(33) 平城宮跡出土の荷札の形態は、〇三一・〇三二・〇三三型式などV字形切りこみをもつものが七割以上を占め、〇一一型式は一割弱である。荷札の形態は貢進品目によって一定しているわけではないが、荷造りの違う俵詰めと籠入りの間で、一端を尖らせた〇五一・〇三三型式が前者で多く、後者で少いというような傾向がみられ、荷造りの方法と荷札の形態との間にある程度の関連があった（本書第一編第二章参照）。紀伊国塩荷札が京で付けられながら、〇三二型式であるのは、土器入であったからであろうか。紀伊国産の製塩土器が木簡と共伴している。
(34) 北条秀樹「愛智郡封租米輸納をめぐる社会構成」（『日本歴史』三三一、一九七五年）。
(35) 綱丁は貢納物の輸貢と収納ばかりでなく、公民からの貢納物の徴収にも当っている。『日本霊異記』には、奈良時代末期の光仁天皇代に遠江国榛原郡人物部古丸が白米綱丁として数年の間百姓の物を非理に徴収した罪によって地獄におちた説話がのせられている（下巻第三十五縁）。説話であるからすべてを信ずることはできないが、奈良時代末期、あるいは平安時代初頭ごろの綱丁の役割をこの説話からよみとることはできよう。
(36) 大友氏は倭漢氏系渡来氏族で近江国滋賀郡を中心として近江国諸郡に広く分布する。滋賀郡に大友村主（『大日本古文書』一—三八八頁）、大友漢人（同一—三三一頁）、大友曰佐（同一三—二二〇頁）、大友但波史族（同一—三三一頁）がおり、また大友郷がある。栗太・蒲生両郡に大友曰佐（『寧楽遺文』下巻五二一・五二三頁）、野洲郡に大友民曰佐（『続日本紀』延暦六年七月戊辰条)、神崎郡に大友桑原史がいる(同天平宝字二年六月乙丑条)。神護景雲元年(七六七)近江国人大友村主人主が西大寺に稲一万束・墾田十町を貢献しているように(『続日本紀』神護景雲元年五月戊辰条)大友村主氏は在地の有力層であり、また一方大友曰佐広国が写経所経師(『大日本古文書』三—七九頁)、大友村主弟継が太政官史生になるなど(『続日本後紀』承和四年十二月癸巳条)、下級官人として政府に出仕していた。天平宝字六年(七六二)造石山院所への愛智郡の封租米輸貢の綱丁に大友夜須万呂が当てられているのはことに注目される(『大日本古文書』十六—三九四頁、注34北条論文参照)。『長岡京木簡一』**五九**補註参照。

(37) 勝氏は百済系渡来氏族で、美濃国各牟郡主帳勝枚夫をはじめとして各牟・加毛郡(大宝二年美濃国戸籍、『大日本古文書』一—四六・九〇頁)、不破郡(同四—二二八頁、一三—二二〇頁)に広く分布がみられる。『長岡京木簡一』**六七**補註参照。

(38) 注(25)鎌田論文。

(39) 『令集解』田令公田条穴記は「送、謂官雇レ人送耳、舂米亦給レ功也」と説き、『弘仁式』『延喜式』主税式(注26a・b)は、舂成・運漕には地子から功賃を支給することを定め、また『延喜式』主税式下舂功条には、乗田の耕作の家が白米なら五斗に三束、黒米なら二束の功をうけて舂成に当ることを定める。

(40) 本書第一編第二章。

(41) 越前国の荷札は米のほか**七三**~**七五**、**二三六**の四点があり、第四節でみたように**七三**・**七四**は地子銭か。

(42) 年料舂米の貢進国と貢進月については『弘仁式』『延喜式』主税式から知られ(注28早川論文参照)、地子米については貢進国は注(29)で記したが、貢進月については明らかでない。SD一三〇一—B出土の米荷札の貢進国は越前・讃岐・美濃・伊予国の四国であるが、いずれも年料舂米と地子米の貢進国である。荷札で貢進月を記すのは越前国のものだけで、三月一点、七月二点、十月一点、十一月四点がある。『弘仁式』『延喜式』主税式によれば、越前国年料舂米の貢進月は正月~四月三十日で、荷札の七月、十月、十一月のものは一応規定と合致しない。しかし地子米の貢進月がわからない上に、天平勝宝七歳(七五五)越前国加賀郡では年料舂米と地子米を一緒に船載している例があるから(浅香年木『古代地域史の研究』第一編第三章、第三編第五章)、両者の貢進月が同じである可能性もある。従って貢進国と月の点からは両者を判別することは困難である。

(43) 本書第一編第二章。

(44) 橋本義彦「太政官厨家について」(『平安貴族社会の研究』所収、一九七六年)。

(45)　浜松市教育委員会『伊場木簡』（一九七六年）、磐田市教育委員会『御殿・二之宮遺跡発掘調査報告I』（一九八一年）、日高町教育委員会『但馬国分寺木簡』（一九八一年）、本書第二編第三章。
(46)　同様の例は平城宮跡SK二一九出土の甲斐国山梨郡の雑役胡桃子の荷札で、国名を追筆した例がある（『平城宮木簡一』一四・一九・二〇）。
(47)　『万葉集』『古事記』における訓。小林芳規「古事記音訓表（上）（下）」（『文学』四七巻八・一一号、一九七九年）。
(48)　『万葉集』巻五－八八六、巻六－九四四。『古事記』清寧記。
(49)　注(39)参照。なお天平勝宝九歳（七五七）ごろの讃岐国の法隆寺庄園の賃租関係文書では、地子は耕作者が個人単位で負担している。岸俊男「賃租の実態――賃租に関する一史料――」（『日本古代籍帳の研究』所収、一九七三年）。
(50)　年料春米の舂成の方法については、櫛木謙周「律令制下における米の貢進について」（『続日本紀研究』二〇五号、一九七九年）、東野治之「古代税制の荷札木簡」（『日本古代木簡の研究』所収、一九八三年）などを参照。
(51)　本書第一編第二章。
(52)　橋本義則「『外記政』の成立」（『史林』六四－四、一九八一年、『平安宮成立史の研究』再収、一九九五年）。
(53)　大臣、大納言には宮内または宮外に宿所を賜わった。宮内では『西宮記』巻八に大臣納言宿廬は職曹司に、また大臣宿所は内裏の宜陽殿東庇にありと記し、また太政大臣藤原良房の直廬が内裏に（『三代実録』貞観十二年二月七日己丑条）、同藤原基経の直廬が職院に（同元慶五年二月二十一日己亥条）、右大臣源多の曹司が侍従局の南にあった例などが知られる（同元慶六年八月二十三日戊辰条）。宮外の例では、「右大臣外曹司町」の北に「大納言休息局」を設けたことがあり（『日本紀略』天長二年二月己丑条）、また平城宮で『続日本紀』宝亀八年三月戊辰条に「幸〻大納言藤原朝臣魚名曹司〻」とあるのは、「幸」が宮外への出幸を意味するから宮外の大納言曹司の例である。
(54)　新訂増補故実叢書　裏松固禅『大内裏図考證』第三、一二二頁（一九五二年）。同『中古京師内外地図・中昔京師地図・大内裏図』（一九五五年）のうち太政官図。
(55)　高橋美久二「長岡京第十三次調査出土の木簡」（奈良国立文化財研究所『第三回木簡研究集会記録』一九七九年）。
(56)　注(44)所掲論文。

(57) 地子貢進物の品目については二二六頁の史料A～C。
(58) 鬼頭清明「太政官厨家跡と地子の荷札」(中山修一先生喜寿記念事業会編『長岡京古文化論叢II』一九九二年)。
(59) 奈良県教育委員会『藤原宮――国道一六五号線バイパスに伴う宮域調査――』(奈良県史跡名勝天然記念物調査報告第二五冊)第V章七。なお本書第一編第一章I・IIに料材製作の問題を整理してある。
(60) 『平城宮発掘調査出土木簡概報十六』五頁。
(61) 『平城宮発掘調査出土木簡概報六』六頁。本書第三編第二章。
(62) 杉本一樹「律令制公文書の基礎的観察」(笹山晴生先生還暦記念会編『日本律令制論集 下巻』一九九三年)。旧稿では主に栗原治夫「奈良朝写経の製作手順」を参照した。杉本論文は栗原論文をもとにしてさらに進展させ、また栗原論文が写経を対象にするのに対して公文書を対象とするので本節にとって有益であった。
(63) 『延喜式』図書寮式長案紙条によれば、弁官長案料紙の横界線は上四条、下一条と見え、上部に四条の横界線を引く料紙が弁官で使用されていたことが知られる。
(64) 『長岡京木簡一』付表二〇。
(65) 仙台市教育委員会『郡山遺跡II』(仙台市文化財調査報告書第三八集、一九八二年)。平川南「写経用定木の発見――仙台市郡山遺跡第三号木簡――」(『漆紙文書の研究』補論第一章、一九八九年)。

(付記) 初出稿「溝SD一三〇一出土木簡の諸問題」(向日市教育委員会『長岡京木簡一 解説』総論第三章、一九八四年)。改題し、木簡の出土遺構に関する第一節「遺構と木簡の年代」を書き加え、第七節の補説と第八節を書き改めた。上記以外の第二～七節は誤りを正し、木簡個別の補註を本文に取り込むなどの改訂を加えたが、基本的に初出稿に依った。初出稿公表後、本章と関係深い調査・研究として次の二つがあるのでそれらについては補注でふれた。図版・写真について向日市埋蔵文化財センター山中章氏にお世話になった。あつく感謝したい。

財団法人向日市埋蔵文化財センター・向日市教育委員会『長岡京木簡二』(一九九三年)。そのうち特に八町西辺築垣東雨落溝SD五二〇二出土木簡。

山中章A「考古資料としての古代木簡」(『木簡研究』一四、一九九二年。『日本古代都城の研究』に第三部第一章「行政運営と木簡」として再収、一九九七年)。B「太政官厨家出土荷札・検収整理札の製作技法について」(『長岡京木簡二』第三章第一節)。C「考古学からみた古代木簡」(『しにか』二一五、一九九一年)。

(補一)　山中章氏は請飯文書の料材の製作技法の検討から、製作技法の相違はa・b類には対応せず、ほぼ署名者の軽間嶋枌(a・b類にまたがる)とそれ以外に対応し、請飯文書の木簡の料材は署名者すなわち記載者が製作したとする(付記山中A論文)。

(補二)　『長岡京木簡二』第三章第二節「長岡京造営組織と左京三条二坊一・八・九町」(堀裕氏執筆)ではSD一三〇一の造営関係木簡を再検討し、第一節で述べた八町東辺を坊間小路西側溝SD二二一一・二二一二とする考えにより、両溝の西の八町(第一三、二二一ー一次調査区)と、東の坊間小路と九町(第五一次、二二一ー二次調査区)出土の木簡・墨書土器の相違に注意して、八町を太政官厨家とする説を認めた上で、九町を造長岡宮使あるいは山桃院造営専当官司の所在地に考定し、九町出土の**二六**造東大宮所解、**三三七**の山桃院の木簡はそれらの官司に関わるものとした。造東大宮所、山桃院をはじめ五一次調査区の造営関係の木簡の位置づけが一層明確になった。

(補三)　SD五二〇二から本文でふれたものを含めて地子物荷札と思われるものが一一点出土している。いずれも「地子」と明記するものである。伊与国＝**八六八・八七〇・八八五**、讃岐国＝**八四五**、長門国＝**八四三**、国名不明＝**九一四**、断簡＝**八二七・九四六～九四九**。品目はいずれも米で、貢進主体の書式はC・Dである。左京三条二坊三・六町の間の坊間西小路の東側溝SD一二〇三一から讃岐国阿野郡山本郷の官厨米の荷札が出土している(**一五五九**、左京第一二〇次調査)。官厨米の表記は初めてで地子米を指すものであろう。SD五二〇二からは綱丁記載の荷札**七七七**が出土している。書式はSD一三〇一出土の「国名＋綱丁」と異なり「郡名＋綱丁」で、国郡名不明である。裏に検収の異筆の署名がある。

(補四)　SD五二〇二から異筆の検収の署名をもつ荷札と思われる木簡が出土している。**七七七**「某郡綱丁」の記載のある木簡で裏の日付の下に本文と異筆の「秦猪万呂」の署名がある。欠損のため原型が不明であるが荷札であろう。**七七八**も問題があるが同類か。**七九〇**の越前国大山郷(郡名未記載であるが大野郡)の荷札の裏の日付の下に「福万呂」の異筆の署名がある。

(補五)　SD五二〇二から検収整理札が七点出土している(**七六九～七七六**)。検収の官人は大伴部福主で、六点では福主の名だけを記す。

山中章氏は秦安万呂と福主の検収整理札の製作技法を検討して、検収者によって製作技法が異なり、整理札は検収者本人が製作したとする。なおＳＤ一三〇一－Ｂから三五三「□□〔三福〕 □〔主〕」が出土している。検収官人の大伴部福主と同人か（付記山中Ａ論文）。

（補六）　山中章氏は、検収署名のある近江・美濃・紀伊の荷札の料材の製作技法を検討し、製作技法において近江の荷札は検収署名者の安万呂と肋万呂ごとに、美濃の荷札は安万呂と無署名のものごとに共通性があるとともに相互間で相違があり、また近江と美濃の安万呂のものに共通性があることから、両国の荷札の材は検収者が製作したとし、荷札の製作から検収の過程を、受納側の検収者が木簡の料材を製作して貢進側の国に渡し、国が必要なことを記載して受納側に返し、これに検収者が署名したと復原し、これらの木簡は荷札ではなくいわゆる検収整理札と同じものと考えた（付記山中Ａ論文）。このように復原されると貢進側の国が記載したと考えてきた木簡の本文部分（例えば「近江国米綱丁大友醜麻呂－」）を、検収署名者の下の書生などが書いた可能性も考えられるが、本文部分は国ごとに同筆であり国相互に異なり、また検収署名者ごとに同筆ではないから、その可能性はないと考えていいだろう。山中氏が明らかにした荷札の製作によって、私が主張したこれらの荷札が京で収納直前に作成されたということが一層明瞭になり、また近江国の荷札で貢進側が検収者のウジ名「秦」までを記載していたことの事情がよく了解できることになった。

しかしこれらの木簡を荷札ではなく検収整理札とすることには賛成できず、やはり荷札とすべきである。それについては古代の貢進物荷札についての理解が問題となるであろう。貢進物荷札は、現在の荷札が差出と充先を記し運送のためのものであるのと異なって、貢進物の収納において受納側が貢進物を勘検するためのものである。貢進物荷札には完全な形では、貢進主体・税目・品目・数量・日付などが記載され、これらの項目は一部省略されることがあるが、最も重要で省略されないのが貢進主体の記載である。この記載は受納側に貢進の責任を有する人または機構を示すものである。これらの木簡は「日付＋人名」の書式の検収整理札と記載内容が異なって貢進主体を記載し、貢進側が作成しているから、やはり荷札とすべきであろう。収納の勘検は地方官衙での実施も想定されるが、地子物の場合中央の太政官厨家での勘検だけであるからそれに備えればいいのであり、国から付けてくる必要はないのであって、国からの運送にともなって付けられていないからといって荷札でないということにはならない。京で荷札が付けられていることは収納において果たされる荷札の役割が最も単純化されて示されているとも言えるし、本来貢進側が用意すべき荷札の材を受納側が用意しているのは、あるいは受納側が収納事務の遂行のために同大・同形の荷札の方が便宜であるといった理由があるのかもしれないが、そこには荷札の形式化、または貢進側と受納側の慣れ合いの関係を読みとることができる。本文で

第28表　SD五二〇二の越前国荷札

番号	国	郡	郷	人	品目・斗量	上人記載	日付	型式	書式	備考
七八九	―	(大野)	大山	戸主石木部広国戸	米五斗	上千縄	延暦九年 四月 二日	〇五一	4d	
七九〇	越前	(大野)	大山	戸主秦豊足	―	―	十年 四月 二日	〇五一	4f	「福万呂」異筆署名
七九一	越前	大野	大山	物部万呂	五斗	―	四月 七日	〇五一	4a	
七九二	越前	大野	大沼	秦奥万呂	米五斗	―	十年四月 十日	〇五一	4a	
七九三	越前	大野	大沼				十年四月 □冂	〇一九	?	
七九四	越前	大野	毛冂(屋)				十年四月十五日	〇一九	?	
七九六	―	(加賀)	田上	戸主道公足			延暦九年三月 八日	〇五一	4d	
七九八	越前	江沼	―	―	米五斗	―	―	〇一一	2	
七九九	―	(足羽)	足羽			―	延暦九年十月 七日	〇五一	?	
八〇〇	越前	足羽	曰理	石上□□	白米五斗	―	九年十月 八日	〇五一	4a	
八〇一	―	(足羽)	「井出」	戸主別宇治万呂	―	―	九年十月廿二冂	〇一一	4d	
八〇二	―	(足羽)	江下	戸主生江乙甘	米五斗	―	十一月 四日	〇五一	4d	
八〇三	―	(足羽)	江下	別□冂		―	―	〇一九	4d	
八〇四	越前							〇一九	?	
八〇五				道公家主戸品治部冂			「閏三月十四日」	〇八一	?	

(1)――は記載のないことを示す。郡の（　）は推定郡名。
(2)「　」は追筆。
(3)書式の記号は第29表参照。

第29表　越前国荷札の貢進主体の書式（SD五二〇二）

分類番号	書式	点数 米	点数 不明	木簡番号
2	国＋郡	1	0	**七九八**
4－a	国＋郡＋郷＋人	3	0	**七九一**、**七九二**、**八〇〇**
d	郷＋人	2	3	**七八九**、七九六、八〇一、**八〇二**、八〇三
f	国＋郷＋人	0	1	七九〇

(1)分類番号は第23表と同じ。ただし4－fは新しく設ける。
(2)点数は、米の荷札と品目不明・無記載の荷札を分ける。
(3)木簡番号のうちゴチックは米の荷札。

述べたように、検収整理札は荷物からはずされた荷札と縛りつけておき、その荷札の検収日と官人を明らかにするためのもので、荷札の検収署名と同じ役割を果たすものである。検収整理札は荷札と同じなのではなく、荷札の検収署名と等値であるに過ぎない。

（補七）　SD五二〇二から越前国の同類の荷札が出土している。推定も含めて越前国のものが一五点、そのうち白米・米が六点ある（第28表）。これを貢進主体の書式によって分類すると第29表の通りである。このうち品目を記載しない、または欠損のため不明のもの四点も、頭部を山形に作る形態の共通性から米の荷札と推定される。これによると貢進主体の書式は、SD一三〇一と同様に4－d＝郷＋人が五点で多いが、SD一三〇一では確認できなかった4－a＝国＋郡＋郷＋人も三点ある。後述の本文でふれたように、郷名の追記のものとして**八〇一**の井出郷のもの、上人記載のあるものとして**七八九**の大山郷のものがあり、また**七九〇**には検収の異筆の署名がある。

（補八）　鬼頭清明氏「太政官厨家跡と地子の荷札」（中山修一先生喜寿記念事業会編『長岡京古文化論叢II』所収、一九九二年）は越前国米荷札を地子の荷札と考える。

（補九）　山中章氏は製作技法から、SD一三〇一・五二〇二出土の越前国の米荷札の作成段階を郷と考えた。ここで指標とした頭部を山形に作る圭頭はたしかに同一郡内のすべての郷にみられるわけではないが、坂井・大野・足羽郡においては別郷にわたってみられるから郡段階作成と考える余地はあるものと考える（山中章「考古資料としての古代木簡」表一六参照）。この事例は、郡段階で製作したが一郡がすべて同じ特徴を持たないのは複数の製作者がいたと解するか、郷段階で製作したが同郡別郷で共通の特徴があるのは同じ特徴の製作者が複数いて別郷に配されたと解するかである。

（補一〇）「『外記政』の成立」は『平安宮成立史の研究』第五章（一九九五年）に収められたが、橋本義則氏はその（補註1）で次のように考えを改めた。すなわち、平城宮・長岡宮では太政官院は太政官曹司と同じなのではなく、朝堂院と同一であるので、太政官関係の官衙としては平城宮では、太政官院＝朝堂院のほかに、（イ）太政官曹司、（ロ）弁官曹司があり、平安宮では（イ）（ロ）を統合した太政官曹司庁があったと。

（補一一）『長岡京木簡一』では一六の第一・二字を釈読していないが、写真によって「破塩」と釈読した。破塩は『延喜式』主計式上によれば肥後国から中男作物として貢進され、同書の古訓によれば「ワリシホ」。堅塩を割り砕いたものか。

（補一二）第一節に記したように、ＳＤ五二〇二出土木簡は太政官厨家の木簡で、その年代は大半が延暦九年〜十一年でＳＤ一三〇一の木簡より新しく、ＳＤ一三〇一－Ｂ埋め立て以降も八町が太政官厨家であったことが明らかになった。また太政官厨家の施設を考える上で八町西北部にある大型の掘立柱建物ＳＢ二〇八〇〇が注目される。なお（補二）に記したように『長岡京木簡二』第三章第二節「長岡京造営組織と左京三条二坊一・八・九町」は、八町の東隣の九町を造長岡宮使または山桃院造営専当官司、西隣の一町を嶋院または造長岡宮使関係施設と推定する。

（補一三）長岡京官厨家の所在地の条坊坪付けが変わったのでこの段落を書き変えた。

（補一四）木簡料材の製作技法については山中章氏「考古資料としての古代木簡」（付記論文）によって面目を一新した。『長岡京木簡二』は製作技法について論ずるとともに木簡個々の補註において製作技法について記述している。

（補一五）多賀城跡出土の荷札木簡に木簡の幅に割って作る例があり、第三編第三章で検討した。

（補一六）初出稿では補説は光谷拓実氏の執筆である。本稿では光谷氏の補説によって著者が簡略に書き改めた。年輪グラフも同氏による。光谷氏に感謝したい。

第二章　平城京西隆寺の木簡とその創建

はじめに

西隆寺は神護景雲年間に称徳天皇によって平城京に建立された官の尼寺である。現在その遺跡は奈良市西大寺東町のビルの建ち並ぶ街なかに埋もれている。一九七一年以来これまで一五次にわたる発掘調査が行われ伽藍の大要が明らかになり、それらは二冊の報告書にまとめられて刊行されている。(1) 西隆寺跡の調査でこれまで二次の調査で合計八〇点の木簡が出土している。ここではそのうち第一次の東門地区の調査で出土した木簡が西隆寺の創建に関するものであるので、木簡によって創建について具体的に明らかにしたい。(2)

一　文献史料からみた西隆寺の創建

西大寺創建　はじめに文献史料によって分かる範囲で、西隆寺の創建について述べておく。西隆寺は称徳天皇の発願によって僧寺である西大寺と対をなして建立された尼寺である。西大寺・西隆寺建立の契機になったのは恵美押勝の乱であった。天平宝字八年（七六四）九月恵美押勝が反乱を起こすと、孝謙上皇（称徳天皇）はその平定を祈願して四天王像の造立を発願し、この発願が西大寺、さらに西隆寺の造営に発展していった。天平神護元年（七六五）四天王像を創鋳し同二年十二月称徳天皇が西大寺に行幸したが（『続日本紀』天平神護二年十二月癸巳条）、この時までに四王堂が完成したらしい。その二ヵ月後の神護景雲元年（七六六）二月造西大寺司長官に佐伯宿禰今毛人、次官に大伴宿禰伯麻呂が任ぜられ（同神護景雲元年二月戊申条）、本格的な西大寺の大伽藍の造営が開始された。

造西隆寺司　一方西隆寺の造営はその六ヵ月後の同年八月造西隆寺司長官に伊勢朝臣老人が、翌月次官に池原公禾守が任ぜられて開始された（同神護景雲元年八月丙午・同年九月辛亥条）。造西隆寺司が同寺の造営を担当した。伊勢朝臣老人の経歴を第30表にまとめた。老人は伊勢国の伊勢国造の伊勢直氏の出身で、天平十九年（七四七）十月に中臣伊勢連を賜姓されたらしく、天平勝宝四年（七五二）六月右大舎人大初位下として初見し、天平宝字八年（七六四）九月の恵美押勝の乱の勃発に当たって従六位下から従四位下に特叙され中臣伊勢朝臣に改姓された。地方豪族の出身でありながらこの乱によって中央貴族に成り上がったのである。称徳朝以後中衛中将・外衛中将・中衛員外中将などの衛府、造西隆寺司長官・修理司長官・木工頭などの造営官司、参河守・遠江守などの国守を歴任し、延暦八年（七八九）四月に正四位下を極位として卒した。彼の経歴で注目すべきは、地方豪族の出身でありながら、恵美押勝の乱で殊功を挙げて抜擢を蒙り、中央貴族になった点である。称徳天皇の寵遇を蒙り引き上げられた人物であったので、天皇への忠誠が期待されたであろう。称徳朝には地方豪族が中央貴族化する例が多く見られ(3)、その中でも陸奥国牡鹿郡出身の牡鹿連嶋足（道嶋宿禰嶋足）は押勝の乱の殊功によって出世し、老人と同様の経歴を持っている(4)。

池原公禾守ははじめ上毛野君姓で天平勝宝七歳（七五五）二月～三月の間に池原君に改姓した。同氏は摂津国住吉郡を本貫地とする中小豪族である（『続日本紀』延暦十年四月乙未条）。その経歴を第31表にまとめた。天平勝宝六年二月

第30表　伊勢朝臣老人の経歴

＊747	天　平一九・一〇・丙辰	伊勢国人伊勢直大津ら七人に中臣伊勢連を賜姓。
752	天平勝宝四・六・一五	右大舎人大初位上、中臣伊勢連老人。（二五45）
764	天平宝字八・九・乙巳	恵美押勝の乱勃発により、従六位下から従四位下へ叙し、中臣伊勢連から中臣伊勢朝臣に改姓。
	八・一〇・癸未	参河守任。
＊766	天平神護二・一二・癸卯	中臣伊勢連大津に伊勢朝臣賜姓。
767	神護景雲元・八・癸巳	従四位下から従四位上叙。
	元・八・丙午	造西隆寺長官任、中衛中将参河守故の如し。
768	二・六・戊寅	伊勢国造任、時に外衛中将兼造西隆寺長官参河守勲四等。
	二・七・戊子	修理長官任、造西隆寺長官中衛員外中将故の如し。
771	宝　亀二・正・辛巳	皇后宮亮兼任、時に中衛員外中将。
774	五・三・甲辰	遠江守兼任、時に中衛員外中将。
778	九・三・丙辰	中衛中将任、修理長官遠江守故の如し。
781	天　応元・五・乙丑	主馬頭任。
	元・九・甲申	従四位上から正四位下叙。
782	延　暦元・閏正・壬寅	氷上川継の乱に坐して京外に移される。時に散位正四位下。
786	五・五・庚子	縫殿頭任。
788	七・二・甲申	遠江守任。
	七・六・壬寅	木工頭任。
789	八・四・庚辰	卒。時に木工頭正四位下。

(1)天平勝宝四年のみ正倉院文書。（二五45）＝『大日本古文書』二五巻四五頁。
その他は『続日本紀』による。

(2)＊は老人自身のことではないが、関連事項。

に遠江員外少目で外嶋院に出仕し天平宝字二年（七五八）ころまで写経所で活動し、一方天平勝宝九歳六月に紫微少疏、次いで官名改変により天平宝字二年八月〜同五年正月ころ坤宮少疏、さらに同年正月ころ、神護景雲元年（七六七）九月〜同三年六月ころ、宝亀八年正月の三度にわたり大外記となり、同七年三月には主計頭に任ぜられた。(5) 禾守は大外記・主計頭の経歴からみて能吏であったと思われ、押勝の権力基盤であった紫微中台・坤宮官の少疏の経歴を有しながら、称徳朝において造西隆寺司次官に起用されたのは能吏のゆえであろう。造西隆寺司は称徳天皇の寵遇を蒙り忠誠が期待された老人を長官にいただき、能吏の禾守を次官に配し、この組み合わせによって天皇発願の寺を創建しようとしたのである。

第31表　池原公禾守の経歴

754	天平勝宝六・二・二七	上毛野君粟守(~同七・二・九)。遠江員外少目(~天平宝字二・九・一三)。外嶋院出仕。	(四35)
755	七・二・　九	上毛野君粟守(終見)。遠江員外少目正七位下。外嶋院出仕。	(十三131)
	七・三・二三	池原君粟守(初見。以後池原君(公))。遠江員外少目。奉写宝積経所出仕。	(十三133 134)
	七・八・二五	遠江員外大(少の誤り)目従六位下。嶋院出仕	(十三198)
757	九・六・　三	従六位上行紫微少疏(~宝字二・八・一〇)兼遠江員外少目。	(寧遺626)
758	天平宝字二・六・一八	紫微少疏、中嶋写経所出仕。	(十三237)
	二・七・　四	坤宮官少疏従六位上(~同二・一一・一四)。	(四311)
	二・九・一三	坤宮官少疏従六位上兼遠江少目。	(四315)
760	四・九・二七	外従五位下。	(十四445)
761	五・正・二五	外従五位下行大外記(~同五・三・二〇)兼坤宮少疏。	(十五93)
763	七・正・壬子	讃岐介任(~同七・二・癸未)。外従五位下。	
	七・二・癸未	新羅使推問使となる。讃岐介外従五位下。	
764	八・正・己未	美濃介任。外従五位下。	
765	神護景雲元・正・己巳	外従五位下から従五位下叙。	
	元・九・辛亥	造西隆寺次官任。従五位下。大外記(~同三・六・庚申)右平準令(~同二・七・壬申朔)故の如し。	
766	二・七・壬申朔	播磨介任。大外記右平準令造西隆寺次官故の如し。	
767	三・六・庚申	修理次官任。大外記従五位下。	
776	宝　亀七・三・癸巳	主計頭任。	
777	八・正・戊寅	主計頭従五位下で大外記兼任。	

(1)竹内理三ほか『日本古代人名辞典』一―一六一頁による。
(2)天平宝字五・正・二五以前は主に正倉院文書により、全史料を網羅せず、氏姓、官職、位階に変化があった場合を摘記した。出典は(四35)は『大日本古文書』四巻三五頁を示す。
(3)天平宝字七年正月壬子以後は『続日本紀』により全史料を収録した。
(4)任、叙はその時任官、叙位されたことを示し、記載のないものはその時の現位、現官を示す。
(5)初めて位階、官職が見える場合、その終見の年月日を（~〇〇〇）で示した。

完成の時期　宝亀二年（七七一）八月に僧綱・大安寺・薬師寺・東大寺・興福寺・新薬師寺・元興寺・法隆寺・弘福寺・四天王寺・崇福寺・法華寺とともに西隆寺に印が頒れた（『続日本紀』宝亀二年八月己卯条）。寺印が与えられたことから、この時までに西隆寺には三綱の機構が存し伽藍もほぼ完成していたと考えられ、この時が西隆寺完成時期の下限に当てられる。この間神護景雲二年（七六八）五月に押勝とその子の御楯の越前国の地三百町が西隆寺に施入され、その財政的な基盤が整備された（同神護景雲二年五月辛未条）。

奉写一切経経師写経手実帳のなかの宝亀六年正月三日韓国千村解に増壱阿含経が西隆寺から借り出したものである記載があり（『大日本古文書』二三巻七七頁）、同七年六月以前の西隆寺鎮三綱務所充ての造東大寺司牒に経論を借り出すことが記載され[6]、宝亀六、七年ころ三綱がいて経論が備えられていたことが確認できる。

二　東門地区の遺構と木簡の出土遺構

東門地区の遺構　西隆寺の寺域は右京一条二坊九・一〇・一五・一六坪の四坪を占め、これまでの調査によって寺域中央南部に金堂と金堂院回廊、東南部に塔、東北部に食堂院、また東面中央に東門を検出している（第24図）。これまで木簡は第一次の東門地区から七九点、第三次の金堂地区の井戸から一点のあわせて八〇点が出土している。ここで取り上げるのは東門地区出土の木簡である。同地区では土壙状遺構ＳＸ〇三三・〇三五の二カ所の遺構から木簡が出土している。まず同地区の遺構について述べる（第25図）。

第一次の東門地区の調査は一九七一年三月～五月に、北区・中央区・南区の調査区を設けて行われた。中央区に東門・築地塀・寺内道路などを検出した。東門ＳＢ〇〇一は寺域東面のほぼ中央に位置し、二間・三間の八脚門である。

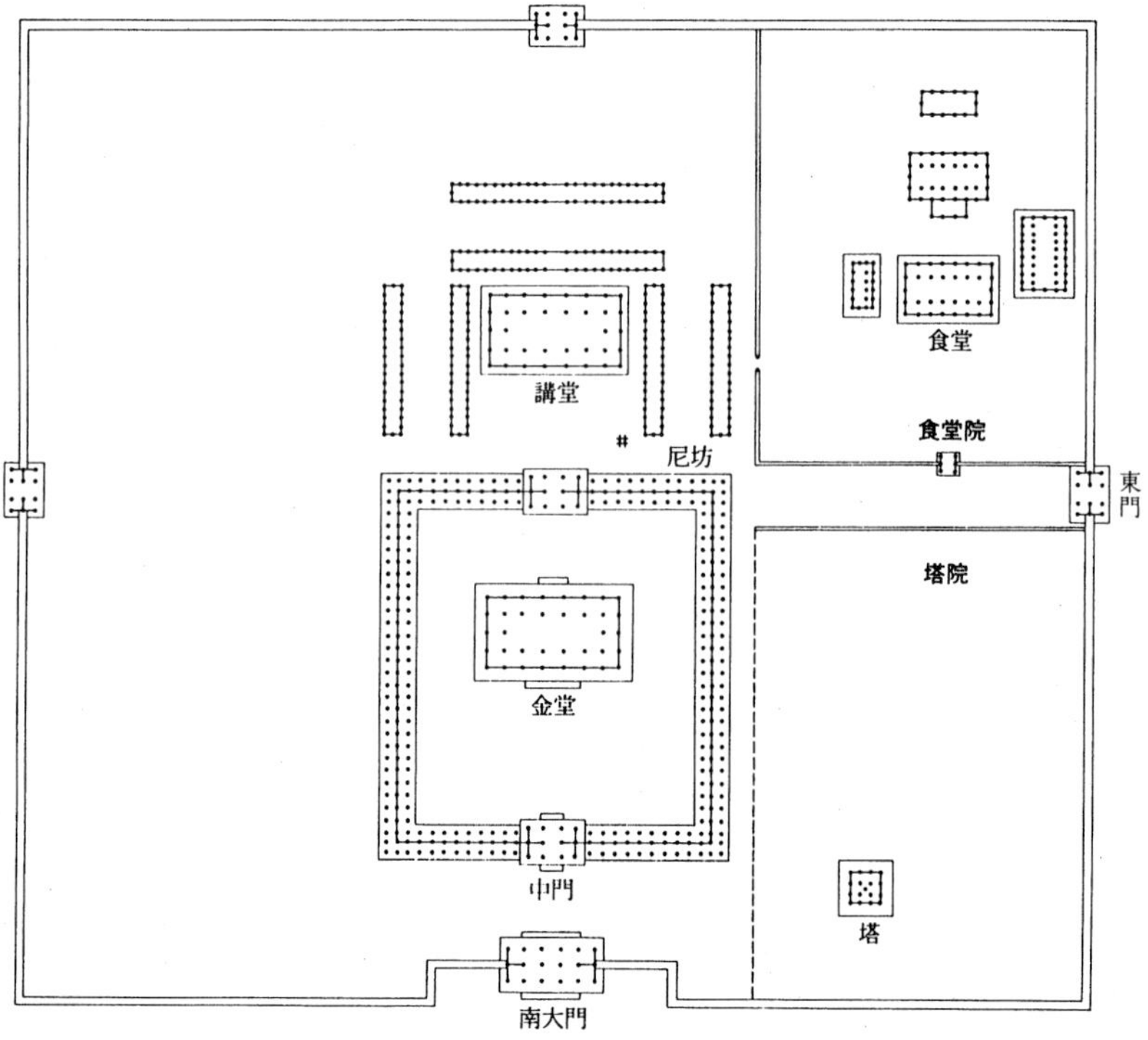

第24図　西隆寺伽藍配置復原図（『報告II』より）

基壇が南北一三・二メートル、東西九・六メートル、門は桁行九・六メートル（三二尺＝九＋一四＋九尺）、梁行六メートル（二〇尺＝一〇＋一〇尺）。門の棟通りに寺域東面の築地塀ＳＡ〇〇二が取り付く。基底幅が一・八メートル（六尺）。東門から西へ寺内の東西道路ＳＦ〇〇六が伸び、その南北両側を画する築地塀が東西に走る。道路は幅が一二・七メートルで、Ａ・Ｂの二時期があり、Ａでは東門の中央間の西に瓦敷きの舗装がある。築地塀は北がＳＡ〇〇四、南がＳＡ〇〇三で、いずれも瓦積み基壇で、前者は基壇幅二・二五メートル、本体の基底幅一・六五メートルである。ＳＡ〇〇四の北の寺域東北の院は食堂院と考えられ、ＳＡ〇〇三の南の東南の院は塔院の可能性が指摘されている（『報告II』）。

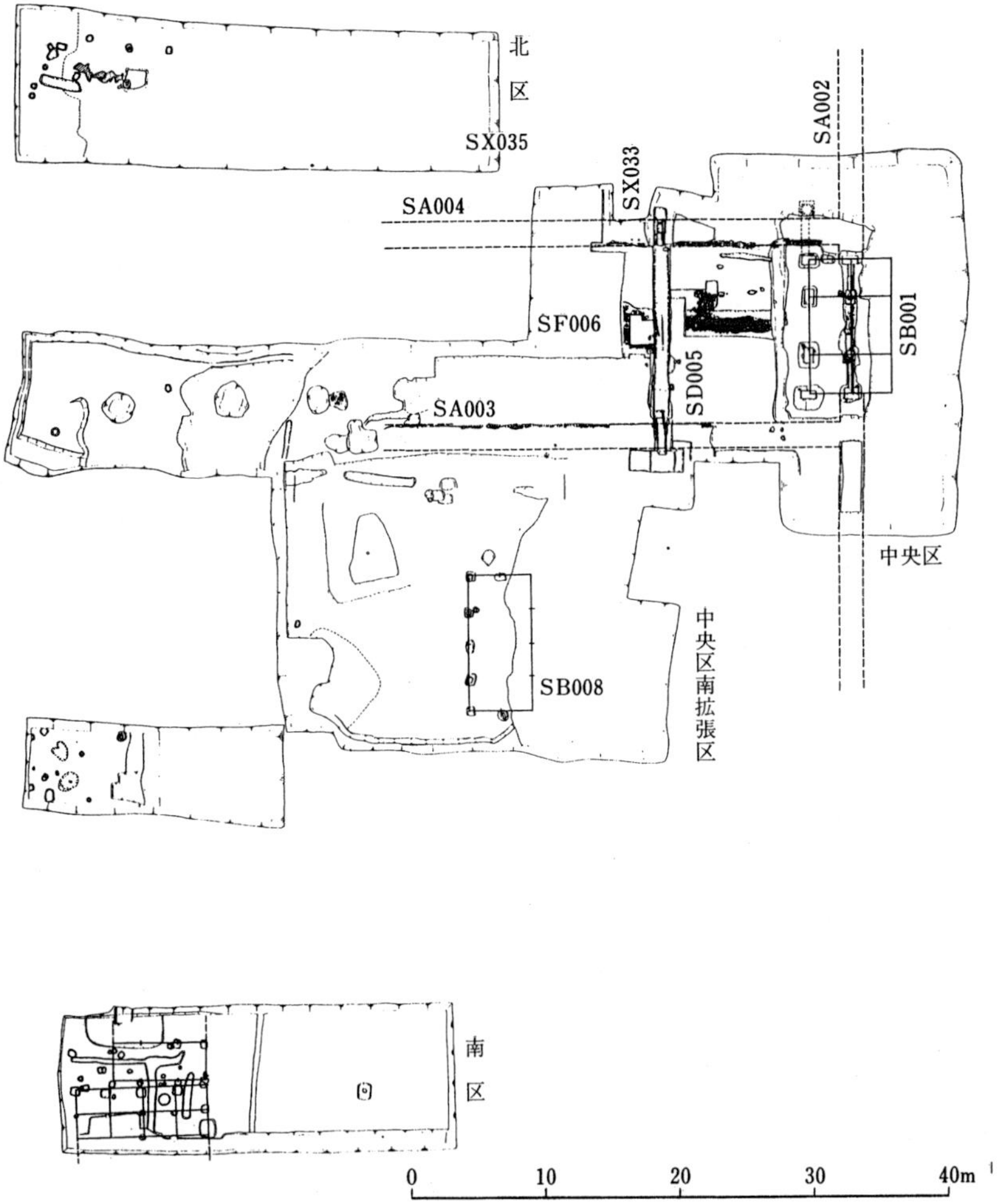

第25図　東門地区遺構配置図（『報告II』付図に加筆）

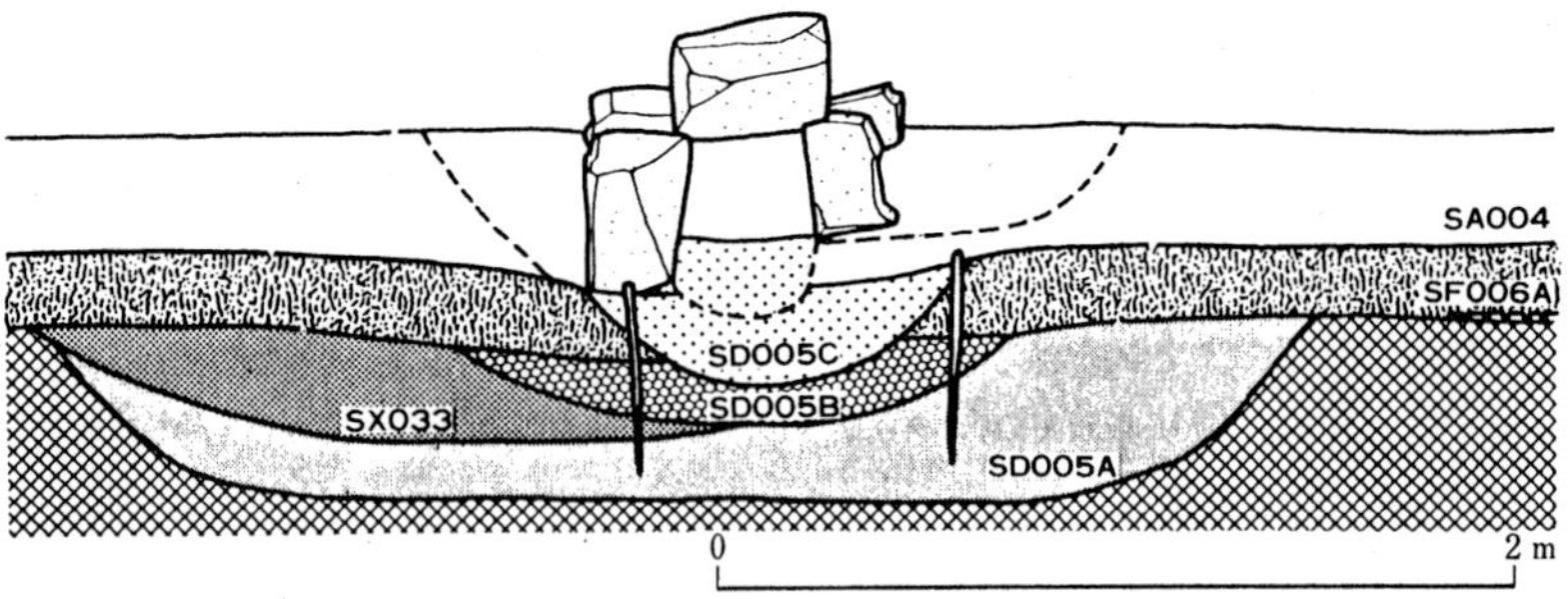

第26図　ＳＸ033・ＳＤ005土層図（『報告Ｉ』より）

南北溝ＳＤ〇〇五は道路ＳＦ〇〇六を南北に横断する溝で、東門の棟通りから西一三・八メートルに位置する。Ａ・Ｂ・Ｃの三時期がある（第26図）。最古のＡは西隆寺造営以前の素掘りの溝で幅が二・五メートル以上、深さ五〇センチメートル。Ｂは創建時の素掘り溝で道路ＳＦ〇〇六Ａと同一層位である。幅一・四メートル、深さ三〇センチメートル。ＣはＡ・Ｂを埋め立てた整地層から掘り込まれる。幅一メートル。道路の中央部の五メートルの範囲の両岸を矢板と横木によって護岸しその部分に橋が架けられていた可能性がある。北と南の築地塀ＳＡ〇〇四と〇〇三との交差点には暗渠が設けられ、Ｃが両築地塀と同時期である。暗渠は北では側石・蓋石、南では側石が残り、いずれも凝灰岩である。

木簡出土の遺構　木簡の出土したＳＸ〇三三・〇三五については、調査期間の制約から十分な調査ができず不明な面が多い。ＳＸ〇三三は南北溝ＳＤ〇〇五Ａの上層で、ＳＤ〇〇五とＳＡ〇〇四との交差点から西に広がる土壙状の遺構である。層位からみてＳＤ〇〇五のＡより新しく、Ｂより古い（第26図）。黒褐色粘質土が堆積し、木簡とともに土器・瓦・木片が出土した。西隆寺造営以前から存したＳＤ〇〇五Ａの周辺が溝状の窪地になっていて、そこに造営の際にそれにともなう廃材や不要物を廃棄したと考えることができる。

ＳＸ〇三五は北区の東南隅、ＳＸ〇三三の西西北約一二メートルに検出した遺構である。土層断面を検討するための断ち割り調査によって検出し、遺構の詳細は不明であるが、黒色砂質土が堆積し、木簡とともに土器・木製品と大量の檜皮が出土し、SX〇三三と同じく西隆寺造営の際に廃材や不要品を廃棄した土壙状の遺構と推測される。木簡は東門地区ではSX〇三三から四七点（本書釈文収載二七点）、SX〇三五から二八点（同二一点）、いずれの遺構か不明のもの四点(7)（同一点）、また金堂地区の井戸SE〇八〇から一点（同一点）が出土した。

三　木簡の内容と年代

SX〇三三・〇三五出土木簡は西隆寺の創建の造営関係という共通した内容をもつが、それぞれ異なる面もあるので、各々の木簡の内容と年代についてみてみたい。

木簡の年代　SX〇三三・〇三五の木簡の年次を記したものと推定できるものを第32表に整理した。SX〇三五では（天平）勝宝元年（七四九）の習書が一点、ほかは米の荷札で天平神護三年（七六七）が一点、（神護）景雲元年（七六七）十月十日が三点である。神護景雲元年の三点は参河国播豆郡熊来郷の同日の荷札である。天平神護三年は八月十六日に神護景雲元年に改元された。習書の年紀は書かれた年代と関係なく記され他の木簡より古くなる場合があるから、(8) SX〇三五の木簡群の年代を決めるには考慮しなくてもよく、この木簡群の年代は他の四点の木簡の年紀から神護景雲元年前後と考えられる。

SX〇三三では（神護）景雲二年（七六八）の調塩の荷札が一点、同年十二月の知識銭荷札が一点、年号を記さず四年五月、四年六月十四日とある文書が二点あり、年代を推定できるものとして、**四三〜四五**の「近衛府」の知識銭荷札は近衛府が天平神護元年（七六五）二月に授刀衛を改称し、さらに大同二年（八〇七）四月に左近衛府に改称したので、

第32表　木簡の年次

遺構	番号	年月日	内容	備考
SX○三五	四九	勝勝宝元年	習書	
	三一	天平神護三年	米荷札	
	三二	景雲元年十月十日	米荷札	参河国播豆郡熊来郷
	三三	景雲元年十月十日	米荷札	
	三四	景雲元年十月十日	米荷札	
SX○三三	二九	□□景雲二年	調塩荷札	
	三七	神護景雲二年十二月□	知識銭荷札	
	九	（神護景雲）四年五□	文書	
	四	（神護景雲）四年六月十四日	文書	
	四三～四五	（天平神護元年二月～大同二年四月）	知識銭荷札	近衛府
	三五	（天平宝字元年～宝亀元年九月）	知識銭荷札	「毗登」姓

（　）は推定による。

その間の年代を与えることができる。

三五は田辺毗登□嶋の知識銭荷札で、「毗登」姓は天平宝字元年（七五七）に「首・史」姓を改めたもので、宝亀元年（七七〇）九月に元に戻されたので（同宝亀元年九月壬戌条）、その間の年代を与えることができる。神護景雲二年の二点と宝亀元年（神護景雲四年を十月一日に改元）以前と推定される一点からみて、「四年」とある二点は神護景雲四年（宝亀元年）と推測できる。以上からみてSX○三三の木簡群の年代は神護景雲二年～四年六月ごろと推定され、SX○三五の木簡群とは一～三年ほどの年代差があることになる。

前述のように『続日本紀』によれば西隆寺の造営は神護景雲元年（七六七）八月に開始され、遅くも宝亀二年（七七一）八月までに完成したと考えられ、SX○三五・○三三の木簡の年代はその期間におさまるから、これらの年代は二つの木簡群が同寺造営に関するものであることの根拠の一つになるのである。

SX○三三の木簡　遺構ごとに木簡群の内容を整理しておきたい。

ＳＸ〇三三では第一に造営関係のものが指摘できる。一は工所の食口の報告の文書である。造東大寺司などの造寺司はその下に木工所・造仏所などのいくつかの「所」を組織していた。この工所は造西隆寺司の下の工所であろう。舎人工は舎人で工になっているもので、正倉院文書に木工中宮舎人の例がある。(9) 自進は仏教の功徳を得るために自ら進んで労力を提供するもので、写経所や造寺司に所属している例がある。(10) 斐太工は飛騨国から徴発された木工であり、斐太工の存在からこの工所が木工所であることが推測できる。

三は某司の屋作使の黒葛の請求の解である。屋作使は屋の造営にあたる組織でやはり造西隆寺司の所管であろう。黒葛は「ツツラ」(11)でツヅラフジという蔓性の植物で、胡簶・籠・筥などの材料とされるとともに、(12)建築材を結い固めたり檜皮を葺くのに用いられており、(13)ここでは後者の用途に用いるのであろう。

四六は御像所の付札で、御像所は造西隆寺司所管の造仏所であろう。以上の三点から造西隆寺司には下部機構として工所、御像所などの所、また屋作使などが設けられていたことが明らかになる。

これらのほか七は檜皮の運搬の夫の飯の支給に関する文書、四は南家が建築部材を進上した解である。南家は藤原南家であろう。桙立（方立）・鼠走は扉構えの部材で、檜皮は屋根葺き材である。後述のように南家が西隆寺造営にあたって建物を施入したものであろう。

四七・四八は題籤軸で、四七「宇治銭用」は宇治津における銭の使途を記した帳簿（銭用帳）を巻いたものである。高嶋山など琵琶湖周辺から平城京への材木の運漕には宇治川・木津川が利用され、宇治津はその中継の津で天平宝字ころには造東大寺司所管の宇治司所（宇治所）が置かれており、(14)また『延喜式』木工式には宇治津における材木の値が定められ、平安京の時代にも材木の売買が行われていたことが知られる。四八は倉代の造営に関する帳簿を巻いた題籤軸である。倉代は倉の一種と考えられるものと、輿や何らかの貯蔵容器を指した場合があり、この倉代は倉であろう。(15)

この二つの題籤軸も造営を示している。以上が造営関係であることが明らかであるものである。

第二にまとまった内容のものとして三五〜四五の一一点の銭の荷札がある。これらは後述するが造営に関係する知識銭の荷札と考えられる。

ＳＸ〇三五の木簡　ＳＸ〇三五の木簡群は造営関係のものと食料の支給に関するものの二群に大きく分けられるが、結局両者は関係して全体が造営に関する食料支給についてのものと考えられる。まず造営関係のものとして、五は井戸を埋める役夫、六は井戸を掘る役夫へのそれぞれ糟（酒滓）の支給文書である。八の衛士への糟支給の文書は五・六と同類であろう。正倉院文書によれば衛士が造宮省に所属し造営に使役されていた例があるから、[16]この衛士も造営に使役されたものであろう。一九は（イ）が最初の文書で官人への間食の支給に関する帳簿で、（ロ）がのちに表裏になされた習書で、裏の「堀・埋」は五・六との関係から掘井・埋井の意味と考えられる。市佐官は市司の令史（サカン）の意かと思われ、[17]間食は激しい労働や夜業の場合に朝夕の間または夜間に支給する食（主に米）であるから、文書も造営に関係するものであろう。三は表が米の収支の記録、裏は習書で、「梠桁炎」は棉梠・桁・飛炎架などの建築部材の略記と考えられるから、やはり造営関係の内容である。以上の造営関係木簡がいずれも食料の支給に関わるものであることに注意したい。

食料支給に関するものとして、一三・一四・一六・一七は同類の食料支給の帳簿である。一人当たりの支給額が一升二合の例が多いなどの共通性もある。一三に「役夫」とあることから、これらは造営関係のものと考えられる。以上のような造営と食料支給の木簡の関係からみて、このほかの一八・二三・二四・二五の食料関係の木簡も造営に関するものであろう。三〇〜三四の米の荷札はこの食料の支給に当てられたものであろう。

以上みたようにＳＸ〇三三・〇三五の木簡群はそれぞれ造営関係の内容を含み、また先に見たようにその年代が西隆寺の創建の造営の年代におさまることから、創建の造営に関するものと考えられる。

両木簡群の造営の差異　SX〇三五と〇三三の木簡群は同じく造営関係のものといっても、それぞれが関係する造営の年代と事業の段階に差異があると思われる。SX〇三五の木簡群はその年代が神護景雲元年（七六七）で西隆寺造営の初期段階にあたり、木簡から知られる造営事業の内容は井戸を埋めあるいは掘ることである（五・六）。これに対してSX〇三三の木簡群は年代が同二年から宝亀元年（七七〇）で前者に引き続き造営の終末までであり、事業の内容は屋・倉代の造作（三・四八）、それに関連して工所（木工所）の活動（一）、宇治津での材木の購入（四七）、南家からの建物の施入（四）、檜皮の運搬（七）であり、また御像所の造仏（四六）も行われていた。

西隆寺の寺域は造営以前すでに建物が建てられ人が生活していたと考えられ、SX〇三五の木簡群の事業は既存の施設を取り壊し寺の土地を造成するものであろう。井戸の埋め立てはその造成の一環であり、また寺のためにそれに代わる井戸も掘られたのであろう。実際造営以前で造営にともなって埋め立てられたと思われる井戸が金堂地区で一基（SE〇八〇）、塔地区で三基（SE〇六〇・二六一・二七九）検出されている。SX〇三五から出土した大量の檜皮は造営を示唆する遺物であるが、それは取り壊した建物の廃棄物であろう。SX〇三三の木簡群の事業が土地造成に引き続く本格的な寺院施設の造営である。

伊賀万呂　いうまでもなくこれら両者は一つの造営の段階差であって連続するものであり、そのことを端的に示すのが両木簡群にみえる伊賀万呂（伊賀麻呂）の存在である。SX〇三五の五の糟の支給文書の差出に見え、一方SX〇三三の九の食料支給の文書、二の食料に関する文書にも見える。[18]前者によれば食料支給の担当者ということになる。伊賀万呂は伊賀（無カバネ）・伊賀臣・伊賀朝臣・伊賀宿禰氏が存するから、[19]伊賀がウジ名で万呂が名前とも、伊加万呂・伊可万呂という名前があるから[20]伊賀万呂で名前とも考えられるが、五と同類の六で日下の差出に「黒全」の名前のみ記すこと、一・一三・一四などの文書でも名前のみ記していることからみて、伊賀万呂は名前と考える。

四　木簡からみた西隆寺の創建

SX〇三三・〇三五の木簡群の西隆寺創建に関する問題点を検討する。

1　知識銭の施入

知識銭荷札　SX〇三三から三五〜四五の一一点の銭の荷札が出土している。四四・四五は銭と明記されていないが、四三と同じく近衛府の荷札であるからそれと同類の一括できるものである。これらは後述のように形態・書式について同じではないが、SX〇三三からの一括遺物であることから同一性格の銭の荷札と考える。三七に「智識銭」と記すこと、三五・三六に「進」と記し銭の進上に関するものであること、さらにこの木簡群が西隆寺の造営に関するものであることから、これらは西隆寺造営に関する知識銭の荷札と考えられる。知識（智識）とは善知識の略で、僧尼の勧化に応じて仏事に結縁のため財物・労力を提供してその功徳にあずかろうとする者をいい、さらにその動機・行為や寄進した資財、結成された団体をも指す。知識によって行われた仏事は造寺、造像、写経、法会、建碑、架橋などがある。(21) この荷札の知識銭は西隆寺造営のために進上された銭である。

施入主体からみてこれらは、個人単位に施入したもの（三五・三六、三八〜四二）と、官司単位、あるいは複数の者をまとめて施入したもの（三七、四三〜四五）の二類がある。そしてそれぞれの中に同一の官司または組織で作成されたと考えられる共通性をもつ三組の荷札がある（第27図）。a三五・三六は個人名の荷札で、形態の上で上部中央に穴をあけ両肩を角切り

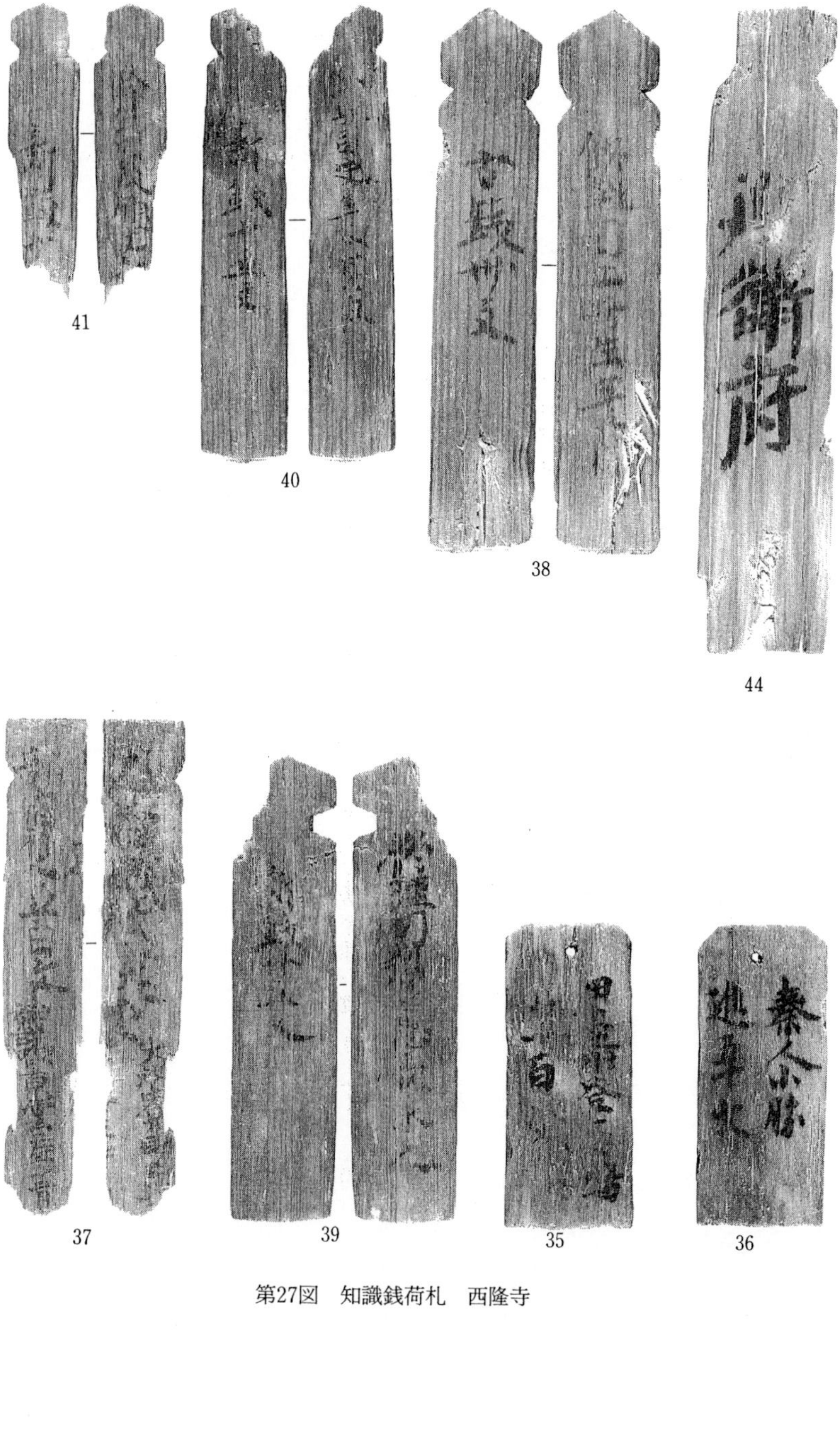

41　40　38　44

37　39　35　36

第27図　知識銭荷札　西隆寺

し、大きさもほぼ同じで、書式の上では表に二行書きし右行に人名、左行に「進〇文」と記すという共通性をもつ。

b三八～四一は修理司の官人らの荷札である。これらはすべて同種の針葉樹の柾目板を用い、形態は三八～四〇が両側辺上部にV字形切り込みをもつ〇三二型式、四一も下部を折損しているがその可能性がある。さらに細部において四点すべてが頭部を山形に作り出し、両側面のV字形切り込みも三八を除く三点が切り込みの先端が∟形になるという共通性をもつ。また書式も表に「修理司＋職名＋人名」、裏に「新（古）銭〇文」と記す同一の書式であり、ことに新銭と古銭を区別するという共通性がある。筆跡が明瞭でないので同・異筆を判別することができないが、これら四点が修理司でまとめて作成されたことは明らかであろう。c四三～四五は近衛府の荷札である。b・cが官司単位に作成されたものであるから、aも同様であろう。いずれも官司単位に作成されたものであるが、個人施入のa・bはcに較べて作り方が丁寧で、書跡も楷好である。すなわち作り方ついてはaは両肩を角切りし、bは頭部を山形に作る点などである。

第33表　知識銭の額

番号	貢進主体	単位	銭額
四二	多治比⊓	個	百文
三五	田辺毗登□嶋	個	百文
三六	秦人小勝	個	五十文
三九	修理司判官息長木人	個	新二十五文
四〇	修理司史生太真□	個	新十五文
四一	修理司民領丈部⊓	個	新十⊓
三八	修理司工丹生豊□	個	古三十文
四三	近衛府	官	新六百八⊓

単位は貢進単位で、個は個人単位、官は官司単位を示す。

知識銭の額　知識銭の施入額を第33表に整理した。荷札には新銭・古銭の区別をしているものがある。新しく銭が発行されるとそれを新銭、それまで行われていた銭を古銭（旧銭）として両者は区別され、交換比率が新銭一文＝古銭一〇文に公定された。この時点では天平宝字四年（七六〇）三月万年通宝が発行されて万年通宝一文＝和同開珎一〇文と公定され（『続日本紀』天平宝字四年三月丁丑条）、さらに天平神護元年（七六五）九月神功開宝が発行されて神功開宝一文＝万年通宝一〇文＝和同開珎一〇〇文と公定されていたらしい。宝亀二年（七七一）に実際に新銭一文＝旧銭一〇文の比率で使われた例がある。[22]しかしこの公定価値は実勢価値とかけ離れていたために宝亀三年（七七二）八月和同開珎の使用を禁じ、神功開宝と万年通宝を同価値とし、さらに同十年（七七九）八月和同開珎の使用を許し、和同・神功・万年の三貨の価値を同じくすることにした。[23]神護景雲年間のこれらの荷札に記された新銭は神功開宝、古銭は和同開珎と万年通宝の可能性があるが、万年通宝であろう。

個人単位の例では修理司判官が新銭二五文、史生が新銭一五文、民領が新銭一〇余文で、銭額が官職の序列に従っている。工の古銭三〇文は法定通り新銭三文相当と考えられる。こうしてみると個人施入の四二・三五の一〇〇文、三六の五〇文は古銭によるものであろう。

知識銭の事例　『続日本紀』には天平十九年（七四七）以降東大寺・諸国国分寺・西大寺などへの知識物の施入の記事が多数見られる。[24]施入物の種類は銭・米・稲・車・牛・商布・鍬・絁・屋・倉など多様で、その量は大量であり、大部分が褒賞としての五位（多くは外従五位下）への叙位をともなう。銭の施入額は一〇〇〇貫が七例、一二〇〇貫・二〇〇〇貫が各一例である。このような『続日本紀』に載せられた多額の知識銭は特別なもので、このほかに少額の知識銭施入が行われていたことが、次の例から知られる。

（1）年次未詳種々収納銭注文。いわゆる丹裏文書の中に金光明寺造物所・造東大寺司の収納銭に関する文書の断簡六片がある。これらは、東大寺大仏造立に関して天平十七年（七四五）から少なくとも天平勝宝元年（七四九）頃までに収納された銭を後にまとめて整理した注文の断簡と考えられている。[25]この注文の知識銭を第34表に整理した。この注文には「知識」と明記するものと記さないものがある。第34表では前者をⅠ、後者のうち知識銭と推測できるものをⅡとして掲げた。

これらの事例は施入主体によれば、複数人をまとめたものと個人単位に大きく分類できる。前者は中央・地方官司

第34表　種々収納銭注文の知識銭

類別	分　類	施入主体	銭　　額	年　月　日	史　料
I 知識と記したもの	中央官司	雅楽寮	1貫		25－ 96
		紫香楽宮の右衛士府	800文		24－315
	地方官司	伊予国	76貫609文	天平17年8月25日	24－315
		大宰府	□1貫*1	天平18年9月	25－ 96
		津　国	5貫 13文		25－ 96
	僧	鵤寺僧泰鏡	1貫		25－ 96
	個　人	藤原朝臣古袁波	122貫		25－ 96
		中衛凡海部高足ら	□貫*2		24－316
		舎人猪広国	200文	天平18年9月	25－ 96
		吉備部兄万呂	143文		25－ 96
		无位真主□	100文		25－ 96
	その他		688文		25－ 96
			279文		25－ 96
			160文		25－ 96
			30文		24－315
II 知識と推測できるもの	中央官司	侍従等所上	5貫987文	天平19年9月20日	25－112
		内膳司所上	400文		25－112
	僧　尼	自(良)弁大徳所来	1貫120文		25－113
		自大尼公所上	61文		25－113
	貴　族	右大臣(藤原豊成)家*3	3貫918文		25－100
		大納言藤原(仲麻呂)家	3貫		25－100
		橘夫人家	2貫 69文		25－100
		造営輔藤原朝臣乙万呂	1貫		25－100
	その他		72文		25－ 96
		左兵衛□臣大國	20文		25－ 96
		七　人	14文		25－ 96
		七　人	14文		25－ 96

史料は『大日本古文書』の巻数・頁数を示した。

＊1　本文は「□一貫文大宰府」とあり、□は十から卌までの可能性がある。

＊2　本文は「□貫中衛凡海部高足引集進智識物」とあり、□は一から九、十から卌までの可能性がある。またこの知識銭は高足個人のものでなく、彼が集めたものである。

＊3　右大臣家から藤原乙万呂までの4項は、「銅所人々所進」の内訳として示されている。

などの官司単位、貴族家単位、僧尼単位などに細分できる。中央官司では雅楽寮・右衛士府・侍従等・内膳司があり、これらの場合官人や官司に所属する者の知識銭を集めたものである。地方官司では伊予国・大宰府・津国があるが、これらも公民などから集めたものではなく、やはり官司の官人や所属する者の知識銭であろう。

雅楽寮は一貫、右衛士府は八〇〇文とちょうどきりのいい額であるのは、所属する者が自主的・任意に知識銭を出したのではなく、官司ごとに一定額が割り当てられたことをうかがわせる。右衛士府八〇〇文は前後の記載から天平十七年と推測される。左右衛士府の衛士の数は時によって変化があるが、天平十七年（七四五）四月に右衛士府衛士の数は八〇〇人で、銭額の八〇〇文と数値が一致するのは偶然ではなく、衛士一人に一文を割り当てた可能性が高い。もっともこの時期に衛士は平城宮・恭仁宮・紫香楽宮（甲可宮）の三宮に分かれて配置されており、この八〇〇文の知識銭は甲可すなわち紫香楽宮から来たものである。しかしこの年四月の右衛士府衛士八〇〇人の配置は平城宮に四九人、恭仁宮に二四八人、紫香楽宮に五〇三人で[26]、同府の本司が紫香楽宮に存したと考えられから、本司が割り当てられた衛士八〇〇人分の知識銭八〇〇文をまとめて送ったと思われる。

貴族家では右大臣家・大納言藤原家・橘夫人家は貴族個人の名を称さず「家」といい、右大臣家と橘夫人家の二例は銭額に端数がつくことから、貴族個人の施入ではなく貴族家に仕える人々の知識銭を集めたものであろう。僧尼では良弁は東大寺造営の中心人物、大尼公は天平勝宝五年（七五三）に法花寺大尼師と見える人と同人であろう[27]。この二人の僧尼の銭は「自〇〇所来・上」と表記され、比較的少額で端数がつく点からみるとこれらの僧尼の所で募った知識銭であろう。下級官人では中衛凡海部高足は「凡海部高足引集進智識物」とあるから高足が周囲の者から集めたものであり、西隆寺の三七の荷札と類似する形態である。

個人単位では藤原古袁波の一二二貫が群を抜いて多額であるが、その経歴は明らかでない。鵤寺僧泰鏡は僧個人の例である。下級官人では舎人猚広国の二〇〇文から、七人で一四文すなわち一人平均二文のような零細な例まである。

（2）東大寺大仏造立に関する知識銭荷札。[28] 一九八八年東大寺大仏殿西面回廊の西外側の発掘調査で二二六点の木簡が出土し、その中に知識銭荷札が含まれていた。この地点は大仏殿以前は深い谷で同殿創建に当たって厚さ四メートル以上の埋め立てをし、木簡はその埋め立てた土層の下の谷の自然堆積層から出土した。自然堆積層の上には銅や銅溶解炉片などの鋳銅関係遺物を含む層、その上には手斧屑を含む層があり、また木簡のなかに鋳銅に関するものがあることから、この木簡群は大仏鋳造の開始された天平十九年（七四七）九月から大仏殿の完成した天平勝宝三年（七五一）までのものと見られている。知識銭の荷札は次の通りである。[29]

・主□〔水ヵ〕智識
・　銭二百文　　　一三〇×一八×二　〇三三

主水の知識銭の荷札である。東野治之氏がいうように、主水は宮内省所管の主水司あるいは春宮坊所管の主水監である。東野氏は次の木簡も知識物に関するものとする。

□□□出雲国大［　　］
大原郡佐世郷郡司勝部□〔屋ヵ〕智麻呂［　　］　（三七七）×四〇×二　〇一九

（1）（2）はいずれも東大寺大仏・大仏殿の造営に関わるもので、聖武天皇が盧舎那仏の造立に広く知識の参加を求めたことが実現されていたことを示す（『続日本紀』天平十五年十月辛巳条）。

（3）天平宝字四年（七六〇）法華寺阿弥陀浄土院造金堂所解。[30] 阿弥陀浄土院金堂造営に関する銭と雑物の収支報告書に「三貫人々所進」として天平宝字三年九月十日に大野内侍、同年十月一日に花焰尼師・信福尼師が各々銭一貫を進めたことを記す。花焰尼師はほかに御床二基の直として二貫を進めている。これらは宮人・尼の個人単位の知識銭

第35表　阿弥陀悔過の知識銭

銭額	50文	30	10	9	8	6	5	4	3	2	1	計	平均
人数	4人	1	32	1	1	1	15	3	7	10	3	78人	
計	200文	30	320	9	8	6	75	12	21	20	3	704文	9文

の施入である。大野内侍は大野東人の女の仲仟で[31]この時内侍司の典侍か掌侍であったと思われる。

（4）年次未詳阿弥陀悔過知識交名[32]。天平宝字年間に造東大寺司写経所の構成員が阿弥陀悔過の法会のために知識銭を集めた際の交名である。第35表に銭額別の人数を整理した。総数七八人が総計七〇四文を施入し、銭額は五〇文から一文の間で一一ランクに分かれ、一人平均九文である。造東大寺司主典の安都雄足を中心に写経所の経師・校生らが個人単位に零細な知識銭を施入した事例である。人別の銭額がバラバラであるから、（1）の右衛士府のような割り当ては行われず、個人ごとに任意に出されたものであろう。

このほか天平宝字六年（七六二）石山寺の造営に当たって米売価銭用帳に同年十一月三十日知識銭九四七文が下充された記載があり[33]、石山寺造営にも知識銭が集められたことが分かる。

但馬国分寺出土の次の銭の荷札は知識銭のものである可能性が指摘されている[34]。

養父田□〔次カ〕万呂十一貫欠二□〔文カ〕　　二六二×三五×五　〇三三

共伴の木簡の年次から神護景雲元、二年ころのものと推定できる。当時の平城京の公定米価によれば一一貫は米五石五斗に当たりかなりの高額である。知識銭とすれば地方有力者の個人単位の国分寺への施入の例である。

奈良時代の知識銭施入　知識物施入について知識銭に限ってみてきた。上記の例から奈良時代の知識銭についてまとめておく。（ア）知識銭の施入は『続日本紀』から知られる一〇〇〇貫以上の多額の例だけでなく、その背景として広く少額の施入が行われていた。（イ）施入は個人単位に行われる場合もあるが、何らかの組織単位にまとめられて施入されることがあった。僧尼・官司・貴族家単位などである。僧尼などの場合宗教的活動として行われたと思われるが、官司単位などの場合一定額が割り当てられたと考えられる例もある。（ウ）（4）阿弥陀悔過知識交名は造東大寺司写経所という一つの官司内での知識銭の醵出がどのように行われたかが知られる史料である。七八人が五〇文〜一文の間の一一ランクの銭額を醵出している。この例では一定額の割り当ては行われていず、任意の額が出されたのであろう。総額七〇四文がこの官司の知識銭として施入されたのである。

西隆寺の知識銭荷札からは次のことが指摘できる。（ア）西大寺については『続日本紀』から明らかであるが、西隆寺の造営でも知識物の施入がなされていた。（イ）施入はc近衛府の官司単位と個人単位のものがあるが、個人単位のうちa、b修理司官人のものはそれぞれ荷札に共通性があり官司単位に作成されたと考えられるから、官司を通して施入されたのであろう。（ウ）官司毎に作成されながら、個人単位施入のa・bが官司単位施入のcに比べて付札の作り方が丁寧で、筆跡が楷好であるのは、知識銭施入が宗教的行為であるという本来的な性格が付札の作成に表れたのかもしれない。

2　南家の建物施入

建物の知識物施入　四は神護景雲四年（宝亀元年＝七七〇）六月に南家が建築部材を進上した際にそえられた解である。桙立は方立で鼠走とともに建物の扉構えの部材、檜皮はいうまでもなく屋根葺き材である。これは単にこれらの建築部材の進上ではなく、既存の建物を解体して進上するものの一部であろう。この建物の進上は知識物としての施入と思われる。前述のように屋や倉を知識物として寺に施入することが行われていた。法隆寺東院の講堂に当たる伝法堂が橘夫人（聖武天皇夫人橘古那加智）の邸宅の建物を施入し、仏堂に作り替えたものであり、また天平宝字六年（七六二）の石山寺の造営において、その法堂は紫香楽にあった板殿を法備国師が施入して仏堂に作り替えたものであることは著名な事実である。[35]

南家の縄麻呂　南家は武智麻呂に始まる藤原南家であろう。南家は武智麻呂の長子で右大臣の豊成が、第二子の押勝の台頭の中で天平宝字元年（七五七）七月の橘奈良麻呂の変に加担したとして大宰員外帥に左降されたが、同八年九月の押勝の変の勃発とともに右大臣に復し、天平神護元年（七六五）十一月薨去した。『尊卑分脈』（第二篇四一三頁）によれば、豊成には上から良因（武良士）・継縄・乙縄・縄麻呂の四男があったが、豊成のあと南家の当主を継いだのは第四子の縄麻呂で、[36]彼がこの神護景雲四年の西隆寺への施入に当たったと考えられる。

縄麻呂（綱麻呂）は天平宝字八年（七六四）九月乙巳の押勝の乱の勃発に当たり正五位下から従四位下に特叙され、『公卿補任』によればこの月参議に任ぜられ、天平神護元年正月己亥に乱の功によって勲三等を授けられ、その後第36表に見るように称徳朝において参議・民部卿・勅旨大輔・侍従・近江守・近江按察使などの政府の要職を占めた。『報告II』で館野和己氏は、南家がこの西隆寺へ施入をしたことについて、西隆寺の建立が豊成を抑圧した押勝を滅ぼした変と関係深いことを指摘している。それとともに縄麻呂自身が押勝の変をきっかけに特進し、称徳朝において廟堂の一角を占め政府の要職にある人物であることも考慮すべきであろう。

政治状況　この施入がなされた神護景雲四年（宝亀元年＝七七〇）六月十四日という時点は、称徳天皇が不予から崩御に向かう政治的に緊迫した時期であった。天皇はこの年二月二十七日から四月六日まで由義宮に行幸している間に病を発し、六月十日には不予の故を以て左大臣藤原永手に近衛事・外衛事・左右兵衛事を、右大臣吉備真備に中

第36表　藤原縄麻呂の経歴（称徳朝）

天平宝字八年九月己巳	押勝の乱勃発。正五位下から従四位下に叙す。この月参議任（公卿補任）。
天平神護元年正月己亥	押勝の乱の功によって勲三等を授く。従四位下現。
元年二月	民部省卿正四位下現（大日本古文書五－五一七、十七－六＊）
元年十月辛未	紀伊行幸の御前騎兵将軍となる。正四位下現。
二年三月丁卯	薨去した大納言藤原真楯の弔使となる。民部卿正四位下兼勅旨大輔侍従勲三等現。
二年三月辛巳	近江守を兼任す。参議民部卿正四位下勅旨大輔侍従現。
二年十月辛丑	正四位下から正四位上に叙す。
神護景雲二年正月乙卯	正四位上から従三位に叙す。
二年二月癸巳	近江按察使任。民部卿勅旨大輔侍従故の如し。
宝　亀元年八月癸巳	称徳天皇崩。左大臣藤原永手ら五人とともに白壁王を皇太子に擁立。参議民部卿従三位現。
四年五月九日	正倉院の検校使となる。従三位民部卿兼勅旨大輔近江按察使現（大日本古文書四－一九六）。

(1)史料は注記したもののほかは『続日本紀』。
(2)＊御願大般若経経師等上日并行事案帳のうちの天平神護元年正月造東大寺司移（大日本古文書五－五一七、十七－六）で押勝の乱の起った天平宝字八年九月十一日に縄麻呂を民部省卿正四位下と記すが、『続日本紀』の位階からみて、これは天平神護元年二月時点における地位とみられる。

衛・左右衛士事を摂知せしめた（『続日本紀』宝亀元年二月庚申・四月戊戌・六月辛丑条）。一方西大寺の造営についても不穏な空気が流れていた。この先二月二十三日には西大寺東塔の心礎を破却した。この石は東大寺の東の飯盛山にあった大石でようやく運び出したが、巫覡が石の祟りを言い立てたので割って破却したのである。天皇が不予になってからトうとこの石の祟りであることが明らかになった（同・同年二月丙辰条）。天皇は八月四日に崩御し、即日左大臣永手らをはじめ縄麻呂を含む六人が禁中に策を定めて白壁王を皇太子に擁立し、十月一日即位した（同・同年八月癸巳・十月己丑朔条）。縄麻呂は参議として政府の枢要に参画していたから、このような緊迫した政治的動向を熟知していたに違い

ない。このような時期になされたこの施入はこれらの政治的動向の中で考察する必要があろう。(補注)

3 修理司

知識銭荷札三八〜四一に見える修理司はこれらの木簡が初見の官司名であるが、SX〇三三の木簡の年代からみて『続日本紀』神護景雲二年（七六八）七月戊子条から宝亀九年（七七八）三月丙辰条まで散見する修理長官・次官の本司名と考えられる。(37) 修理司についてはすでに前稿で論じ、また松原弘宣・森郁夫氏が論考を発表し、さらに私も前稿の見解を改めて再論し、(38) その後館野和己氏も『報告II』で論じている。ここでは私の再論をふまえて必要な限りで述べたい。

職員 修理司は神護景雲二年（七六八）七月造西隆寺司長官伊勢老人が長官に、相模伊波が次官に任ぜられ、この時に設置された。最後の史料は宝亀九年（七七八）三月丙辰条の伊勢老人が中衛中将に任ぜられた際に「修理長官如レ故」とあるものである。延暦元年（七八二）四月癸亥には造宮省が廃止され、遡って天応元年（七八一）五月乙丑の老人の主馬頭の任官の際には修理長官にはふれられていないから、天応元年以前に廃止されたと思われる。

修理司の官人は第37表の通りである。職員は長官、次官、判官、史生、民領、工の存在が確認される。次官は神護景雲二年七月の最初の時は一員であったが、同三年六月には二人が任ぜられ増員されたのであろう。判官以下の存在は木簡によって明らかになったことである。当然主典の存在が想定できる。民領は将領、領とも呼ばれ　木工・役夫などの監督者である。天平宝字六年（七六二）の石山寺造営においては、木材伐採の現場（山作所）、工事現場（足庭）にそれぞれ数人の将領がいた。(39) 民領の例は天平十七年十月二十一日造宮省移に造宮省の所属のものがあり、また平城宮木簡にも見える。(40) 長官の位階が従四位上、次官が従五位下と外従五位下で、九世紀の造営官司である造宮職・修

第37表　修理司の官人

年次・史料	長官	次官	その他
神護景雲二年七月戊子	従四位上伊勢朝臣老人任	従五位下相模宿称伊波任	
同　三年六月庚申		従五位下池原公禾守任	
同　右		外従五位下豎部使主人主任	
宝亀三年十一月丁丑		外従五位下軽間連鳥麻呂	
同　五年九月庚子		外従五位下英保首代作任	
同　九年三月丙辰	伊勢朝臣老人在任		
木簡三九			判官息長木人
同　四〇			史生太真□
同　四一			民領丈部□
同　三八			工丹生豊□

理職[41]の大夫の相当位階が従四位下、亮が従五位下であるのに近く、官司の格において修理司は造宮職・修理職と同等と考えられる。職掌の面で、造宮職は平安宮・京の造営、修理職は京・宮の施設の修理で、異なるから全く同じとはいえないが、官司の格の点から一応修理司の職員構成を考える上で両職が参考になるであろう。修理司の確認できる職員に、参考に修理職・造宮職の職員構成をあわせて第38表として掲げる。[42]

職掌と設置の理由　修理司の職掌について私は前稿で西大寺・西隆寺の造営にともない平城京西北部の条坊の整備に当たったのではないかと考えたが、再論では森郁夫氏の「修」「理」の刻印瓦の研究（注38）をふまえ、修理司という官司名の検討によって、宮内の施設の修理を職掌とすると改めた。さらに修理司がこの時点に設置されたのは、もともと宮内施設の修理の職掌を有した造宮省がこの時期に東内の造営で繁忙であったので、宮内施設の修理を専当する官司が必要になったためとした。さらに修理司長官・次官を造西隆寺司長官伊勢老人・次官池原禾守が兼任したの

第38表　修理司・造営職・修理職の職員構成

修理司			造宮職			修理職		
官	定員	位　階	官	定員	相当位階	官	定員	相当位階
長　官	1	従四位上	大夫	1	従四位下	大　夫	1	従四位下
次　官	1→2	従五位下 外従五位下	亮	1	従五位下	亮	1	従五位下
判　官	アリ		大進	1→2	従六位上	大　進	1	従六位上
(主典)			少進	2	従六位下	少　進	2	従六位下
史　生	アリ		大属	1	七　位	大　属	1	七　位
民　領	アリ		少属	2	従八位上	少　属	2	従八位上
工	アリ		算師	アリ	従八位	算　師	1	
			大工	1		史　生	8	
			少工	1		権任史生	2	
						長上工	10	
						木　工	(5)	
						桧皮工	(1)	
						瓦　工	(2)	
						石灰工	(1)	
						将　領	22	
						工　部	60	
						仕　丁	227	
						飛騨工	63	

修理司の「位階」は官職の相当位階ではなく、現任の人の位階。

は修理司が造西隆寺司をもとに組織されたからであると考えた。一方舘野和己氏は、修理司が宮内の修理を職務としたが、神護景雲二年七月以後造西隆寺司に代わり西隆寺の造営を担当し、さらに西大寺の造営にも関与した可能性があると考えた。その根拠は造西隆寺司長官伊勢老人・次官池原禾守が修理司長官・次官になり、前者は後者の初見の神護景雲二年七月を最後に見えなくなるので、造西隆寺司の機能が修理司に担われるようになったと考えられることである。舘野氏はこの考えにより、木簡に見える工所・御像所が造西隆寺司だけでなく修理司の所属である可能性も考えている。

造西隆寺司と修理司　この舘野氏の見解は修理司設置の目的があいまいである。何故宮内施設の修理を職掌として設置された修理司が寺院の造営まで担当しなければならないのであろうか。律令官制では官司・官職に対応して職掌が定められていて、その対応関係は明確である。ここで両司の長官であった伊勢老人の『続日本紀』の任官記事を見てみたい。彼は神護景雲二年七月を最後に造西隆寺司長官を退いたのであろうか。

A神護景雲二年（七六八）七月戊子条　伊勢朝臣老人為二修理長官一。造西隆寺長官中衛員外中将如レ故。

B宝亀二年（七七一）正月辛巳条　中衛員外中将従四位上伊勢朝臣老人為二兼（皇后宮）亮一。

C宝亀五年三月甲辰条　中衛員外中将従四位上伊勢朝臣老人為二兼遠江守一。

D宝亀九年三月丙辰条　従四位上伊勢朝臣老人為二中衛中将一。修理長官遠江守如レ故。

館野氏はB以降老人が造西隆寺長官であると見えないことからその官職から退いたと考えるが、前述のように西隆寺の完成時期の下限は宝亀二年八月であり、Bの宝亀二年正月の時点に造営は終了していた可能性もある。この可能性が高いが、もし続行していたとしてもBの書様は兼官をすべて書くものでないから、ここに造西隆寺長官が見えないからといって在任を否定することはできない。すなわちA・Dの任官記事が「〇〇如レ故」として兼官を網羅する書様であるのに対して、B・Cは頭に現任を冠し「為二兼〇〇一」という書様である。A・DからみてB・Cの時点に老人は修理長官であり、それにも関わらずB・Cに記さないことからみて、B・Cの書様は現任に中心的な官職のみを記し兼官を網羅しないと思われる。

Aの修理司長官任官の時には造西隆寺司長官を兼任していたから、西隆寺造営続行中はこの体制を継続したものと考える。このような造営官司の官職の兼任については、宮都の造営官司で、副都のための臨時の造営官司の官職を造宮省の官人が兼任したことが参考になる。すなわち天平十四年（七四二）の紫香楽宮造営のための造離宮司の長官・次官を造宮卿・輔が兼任し、天平宝字三年（七五九）の保良宮の造営のための造宮使を造宮輔が兼任したが、これらはこれらの臨時の造宮官司が造宮省の組織の一部を割いて組織されたからであると考えた（注38「八世紀造宮官司考」）。

修理司長官の造西隆寺司長官の兼任もこれと同じで、修理司の設置に当たって、修理司は領・工匠・役夫などの現業組織について造西隆寺司に依存した、いいかえれば修理司と造西隆寺司は現業組織を共有し融通する関係であったと考える。このような両司の関係を調整するために、伊勢老人が両司長官を兼任し一人で両司を統轄する体制をとったのであろう。次いで造大安寺司大工であった軽間鳥麻呂、西大寺兜卒天堂の造営を担当した英保代作[43]を修理司次官に任じたのは、造大安寺司・造西大寺司の組織も修理司に組み込むためであろう。

修理司設置とほぼ同時期の神護景雲三年（七六九）に始まる副都の由義宮の造営に当たった造由義大宮司は、先の造離宮司・造宮使が造宮省に依存したのと変わって、河内・摂津職という地方官司の官人を中心に編成された。これは当時造宮省が平城宮東内の造営に手いっぱいであったからと考えられる。この状況において、修理司はこれまで造宮省が担当していた宮内の施設の修理を担当する官司として特に設けられ、またこのために造西隆寺司などの造寺司を基盤に組織されたのである（注38「八世紀造宮官司考」）。西隆寺の造営の終了後には造西隆寺司の現業組織は修理司の下に改組されたであろう。

造西隆寺司と修理司の関係はこのように考えられるから、西隆寺の造営は途中で修理司が担当するようになったのではなく、造西隆寺司が最初から完成まで担当したと考える。

4　西隆寺の創建

文献史料に木簡を加えて西隆寺の創建についてまとめておきたい。

完成の時期　『続日本紀』から完成の時期の下限が宝亀二年（七七一）八月であると考えられたが、**九・四**から神護景雲四年＝宝亀元年五・六月にまだ造営が続行中であることが知られ、完成は宝亀元年六月〜同二年八月の間と推定される。宝亀元年八月の称徳天皇の崩御によって造営事業が収束の方向に向かったのであろう。

造営の過程　文献史料からは造営の過程は全く明らかでなかったが、木簡によって部分的ではあるが具体的に明らかになった。SX〇三五の木簡群が神護景雲元年頃の造営最初期のもので、西隆寺の寺域予定地にそれ以前から設けられていた施設の取り壊しと敷地の造成が行われ、その過程で既存の井戸の埋め立てとそれに代わる井戸掘りが行われた（五・六）。SX〇三三の木簡群は同二年～宝亀元年の造営の本格化した段階のもので、屋・倉代が造作され（三・四八）、それに関連して工所が活動し（一）、宇治津において材木を購入し（四七）、檜皮が運搬され（七）、南家が建物を施入し（四）、また御像所が造仏などの活動をしていた（四六）。

造西隆寺司の組織　造営を担当した造西隆寺司には工所・御像所などの所、また屋作使などの組織が所属していた。造東大寺司には造物所・木工所・造仏所・鋳所・造瓦所・山作所などの多くの所が所属していたが[44]、造西隆寺司も同様の組織であったことが明らかである。造西隆寺司の下には舎人工・斐太工・自進（工所所属、一）、衛士（八）、夫（五・七・一三）、雇女（九）などが使役されていた。神護景雲二年に修理司がこのような現業組織の一部を共有する形で設けられた。木簡には内匠寮・市司に関するものがあり（一一・一九）、両司も何らかのかたちで西隆寺の造営に関与したのであろう。

造営の財源・資財　造営の財源が国家から支給されたことは明らかであり、木簡の中に調塩・白米の荷札（二九～三四）があるのは官物がこの造営に用いられたことを示している。食料関係の文書があるが、調塩・白米はその食料に充てられたのであろう。知識銭荷札は東大寺・但馬国分寺の出土例とともに貴重な例である。この出土によって西隆寺の造営にも知識物が施入されていたこと、知識銭が官司単位、あるいは個人単位でも官司毎にまとめられて施入されていたことが明らかになった。南家からの建物の進上も知識物の施入と考えられる。四七「宇治銭用」の題籤軸の存在は、東大寺の造営と同じく造営資材の材木を宇治津を通して近江国方面から調達していたことを示す。

注

（1）西隆寺調査委員会『西隆寺発掘調査報告書』（一九七六年、『報告Ⅰ』と略記する）。奈良国立文化財研究所『西隆寺発掘調査報告書』（奈良国立文化財研究所四〇周年記念学報　第五二冊、一九九三年、『報告Ⅱ』と略記する）。

（2）本章のもとになったのは『報告Ⅰ』のⅣ－1「木簡」、Ⅴ－4「木簡からみた西隆寺造営」である。これらを前稿を呼ぶ。『報告Ⅱ』第Ⅱ章「西隆寺の歴史」1「西隆寺の造営」（館野和己執筆）においても、前稿をふまえ新しい論点を加え西隆寺の創建の造営について論じられている。

（3）野村忠夫「飛驒国造氏と西大寺――初期律令制官人構成の一視点――」（『古代貴族と地方豪族』一九八九年）。

（4）今泉隆雄「蝦夷の反乱と多賀城炎上」（渡辺信夫編『図説宮城県の歴史』一九八八年）。『日本古代人名辞典』二巻二九八頁。

（5）なお池原禾守については木本好信「池原公禾守について――下僚にみる藤原仲麻呂政権の崩壊要因――」（『史正』八、一九七九年）がある。

（6）『大日本古文書』一三巻一六九頁。この造東大寺司牒は日付を欠くが、裏の第二次文書から宝亀七年六月以前と考えられる。すなわち、この文書の裏は二次的に奉写一切経所食口案帳（同二三巻一八五～三一六頁）に利用されている。この食口案帳は宝亀六年正月一日～六月二十九日までのもので、巻首に題籤軸を付け、書き継いでいったものと考えられる。問題の造東大寺司牒の裏は宝亀七年六月九・十日の部分（同二三巻三一二頁）であるから、この文書の年代の下限をこの年月にあてることができる。

（7）出土遺構不明の木簡は、遺構から取り上げてきた土を後に洗浄して出てきたものである。SX〇三三・〇三五のいずれかの遺構から出土したものである。

（8）本書第一編第三章。

（9）『大日本古文書』一三巻一五七頁。

（10）『大日本古文書』五巻一二八頁、一三巻三三八・三三九頁。

(11)『類聚名義抄』、『令義解』賦役令1調絹絁条古訓。

(12)『延喜式』主税式上・木工式・縫殿式。

(13)『大日本古文書』一五巻三二二〜三二七頁。『平城宮木簡三』三〇〇九。

(14)『大日本古文書』五巻二五六・二七八・二八〇頁、一五巻二二九頁。琵琶湖周辺の木材は宇治川を流し巨椋池を経て泉川（木津川）を遡行し、泉津（木津付近）で上げて平城京まで陸送した。宇治津の位置は宇治市の宇治橋付近に比定されている（『宇治市史1』四三八頁（一九七三年）。日本歴史地名大系二六『京都府の地名』二四三頁）。

(15)倉代について倉を指す例として、宝亀十一年（七八〇）西大寺流記資財帳に檜皮倉代、瓦葺倉代、瓦板交葺倉代などがある（『寧楽遺文』中巻）。それ以外では『儀式』巻三に大嘗祭の際に北野斎場から大嘗宮への行列で用いられる屋形型の輿をさした例、元慶七年（八八三）観心寺縁起資財帳、仁和三年（八八七）広隆寺資財交替実録帳に貯蔵容器を指した例がある（『平安遺文』一巻一七四・一七五号）。倉代については村尾次郎『律令財政史の研究』第三章（一九六一年）、富山博「正倉建築の構造と変遷」（『日本建築学会論文報告集』二一六号、一九七四年）参照。

(16)『大日本古文書』二巻四七三〜四七五頁、二四巻二九三・二九四頁。

(17)主典を「佐官」と表記した例は『大日本古文書』七巻一七〇頁にある。

(18)伊賀万呂と釈読できる可能性のあるのがほかにSX〇三五で一七、SX〇三三で四がある。

(19)太田亮『姓氏家系大辞典』一巻二六三頁。

(20)名前の例として、奴の伊加万（呂）（『大日本古文書』三巻三六一頁）、また我孫伊可万呂（松嶋順正『正倉院宝物銘文集成』二八〇頁）がいる。

(21)竹内理三『奈良朝時代に於ける寺院経済の研究』第三章第二節（一九三二年）。『国史大辞典』九—四〇三頁の「知識」の項（中井真孝執筆）。

(22)鬼頭清明『日本古代都市論序説』第三章第二節（一九九頁）。

(23)栄原永遠男『日本古代銭貨流通史の研究』第二章「和同開珎の流通」、第九章「律令中央財政と日本古代銭貨」（一九九三年）参照。『続日本紀』天平神護元年九月丁酉・宝亀三年八月庚申・同十年八月壬子条。

(24) 竹内理三注(21)前掲書八四頁表参照。
(25) 吉田孝「律令時代の交易」(『律令国家と古代の社会』Ⅵ、一九八三年)。六断簡はA『大日本古文書』二四—三一五〜三一六、B同二四—三一六〜三一八、C同二五—九六〜九七、D同二五—一一二〜一一三、E同二五—六九〜七〇、F同二五—九九〜一〇〇である。「種々収納銭注文」は『大日本古文書』のAの文書名による。
(26) 天平十七年四月二十一日右衛士府移(『大日本古文書』二巻四二六頁)。
(27) 天平勝宝五年六月造東寺司紙筆墨軸等充帳(『大日本古文書』一三巻三頁)。
(28) 『木簡研究』一一「一九八八年出土の木簡」のうち中井一夫・和田萃「奈良・東大寺大仏殿回廊西地区」(一九八九年)。
(29) 釈文・表裏は東野治之「東大寺大仏の造立と木簡」(『書の古代史』一九九四年)による。
(30) 『大日本古文書』一六巻二七九〜二八三頁。福山敏男「奈良時代に於ける法華寺の造営」(『日本建築史の研究』所収、一九四三年)の史料5造金堂所解の一部。
(31) 野村忠夫『後宮と女官』一五二頁。
(32) 『大日本古文書』一七巻一一一〜一一四頁。『大日本古文書』の編者はこの交名を神護景雲元年(七六七)八月三十日阿弥陀悔過料資財帳(五巻六七一頁)があることから姑く神護景雲元年に収めるとし、『日本古代人名辞典』もこれに従っているが、阿弥陀悔過はこの神護景雲元年にのみ行われたわけでないからこの年次比定には簡単に従えない。高額の施入者は五〇文が安都雄足・上馬養・安都犬養・安都水通の四人、三〇文が勝屋主である。雄足は五〇文のほかに米五斗(稲一〇斤)も出し交名の冒頭に記されているからこの知識銭とりまとめの中心人物と推測され、犬養・水通は雄足と同族の故に高額を施入したものと思われ、上馬養と勝屋主が注目される。安都雄足は天平勝宝六年(七五四)閏十月〜天平宝字二年(七五八)正月の間越前国史生として東大寺の庄園の経営に当たった後、同二年正月〜六月の間に平城京に帰って造東大寺司主典となり終見の同八年正月までその地位にあり、その間同三年夏から四年にかけて法華寺阿弥陀浄土院造金堂所別当となり、同六年には造石山寺所別当となった(安都雄足の経歴については岸俊男「越前国東大寺領庄園をめぐる政治的動向」『日本古代政治史研究』所収、一九六六年。鬼頭清明「安都雄足の活躍」『日本古代都市論序説』所収、一九七七年。『日本古代人名辞典』一巻五頁参照)。上馬養は天平宝字二年十一月写書所に出仕し、同四年四月東大寺写経所領となっており、また東大寺東塔所の事務を扱い、同六年正月雄足によって造石山寺所へ召され領となり、十二月まで同寺の大般若経の書写に関与した（馬養の経歴については鬼頭清明「上馬養の半生」前掲書第三章。『日本古代人名辞典』二巻五二八頁参照）。勝屋主は天平宝字二年十月写書所案主で、同五年十月甲可山作所領、同六年正月〜九月に造石山院所領であり、また造東大寺司番上であった。雄足が造東大寺写経所で阿弥陀悔過の知識を中心になって組織できるようになるのは、造東大寺司主典になった天平宝字二年正月〜六月以後のことであり、その中でも可能性の高いのは阿弥陀悔過ということからみて阿弥陀浄土院金堂の完成した同四年頃か、造石山寺所別当として領の上馬養と勝屋主とともに勤務していた同六年頃のことと推測する。

(33)『大日本古文書』一五巻四五一〜四五三頁。福山敏男「奈良時代に於ける石山寺の造営」（注30前掲書所収）の史料20米売価銭用帳の一部である。

(34)兵庫県日高町教育委員会『但馬国分寺木簡』（一九八一年）。本書第二編第三章。

(35)浅野清『法隆寺の建築』三東院伽藍（一九八四年）。同『昭和修理を通してみた法隆寺建築の研究』後編第八章「伝法堂とその前身建物」（一九八三年）。注(33)福山敏男前掲論文。

(36)豊成の四子の中で南家の当主を継いだ可能性があるのは経歴から見て第二子の継縄と第四子の縄麻呂であるが、次の三点から縄麻呂であったと考えられる。すなわち（ア）両人の位階の昇進・公卿の任官を比べると（第39表）縄麻呂がすべてで先行する。（イ）宝亀元年八月癸巳の六人の貴族が白壁王の皇太子擁立を策した際、藤原氏では北家左大臣永手、式家参議宿奈麻呂・近衛大将蔵下麻呂と南家参議縄麻呂が参加した。継縄も参議であったが縄麻呂だけが参加したのは彼が南家の当主であったからであろう。（ウ）宝亀十年十二月己酉条の縄麻呂の薨伝の「縄麻呂。右大臣従一位豊成之第四子也。

第39表　藤原縄麻呂と藤原継縄の昇進

位階・官職	藤原縄麻呂	藤原継縄
従五位下	天平勝宝元・正	天平宝字七・正
従五位上	天平宝字五・正	天平神護元・正
正五位下	天平宝字八・正	
従四位下	天平宝字八・九	天平神護元・十一
従四位上		宝亀元・十
正四位下	（天平神護元・二）	
正四位上	天平神護二・十	宝亀二・正
従三位	神護景雲二・正	宝亀二・十一
参議	天平宝字八・九	天平神護二・七
中納言	宝亀二・三	宝亀十一・二

（ ）は現在の位階としてみえる時、ほかは昇叙・任官の時を示す。

以二累世家門一。頻歴二清顕一。」の文は彼が豊成の後継者であることを示すものである。継縄が神亀四年（七二七）生まれであるのに対して、縄麻呂は天平元年（七二九）生まれで二歳の年下であった。それにも関わらず縄麻呂が南家を継いだのは、継縄ら三兄の母が路真人山麻呂の女であるのに対して（『尊卑分脈』。『公卿補任』は路真人虫麻呂の女とする）、縄麻呂の母は房前の女であり、母に尊卑があったためである。宝亀十年（七八〇）十二月縄麻呂が亡くなった翌年の二月、継縄は縄麻呂の後任として中納言に任ぜられたことからみて、南家を継いだと思われる。延暦三年（七八二）九月八日奉納興福寺宝物牒によれば、継縄が南家の宝物を興福寺に奉納しているから、この時彼が南家の当主であることが明らかである（『朝野群載』巻七摂籙家、一七八頁）。継縄はこの後右大臣まで昇進し延暦十五年七月薨去した。なお豊成の四子の経歴については、高島正人『奈良時代諸氏族の研究』第二編第二章「奈良時代中後期の藤原南家」（一九八三年）がある。

（37）『続日本紀』の修理司に関する史料は、本文のほかに神護景雲三年六月庚申・宝亀三年十一月丁丑・同五年九月庚子条のみである。

（38）松原弘宣「修理職についての一研究」（『ヒストリア』七八号、一九七八年）、森郁夫「平城宮の文字瓦」（奈良国立文化財研究所『研究論集Ⅵ』一九八〇年）、今泉隆雄「八世紀造宮官司考」（『古代宮都の研究』一九九三年、一九八三年初出）。

（39）福山敏男「奈良時代に於ける石山寺の造営」（『日本建築史の研究』一九四三年）。

（40）『大日本古文書』二巻四七三・四七四頁、『平城宮発掘調査出土木簡概報四』一五頁。

（41）造宮職は平安宮造営のために造宮使の後を受けて延暦十五年六月ころに設置され、同二十四年十二月乙巳に廃止された（『日本後紀』）。修理職は弘仁九年（八一八）設置、天長三年（八二六）七月廃止、寛平二年（八九〇）十月再置される（狩野文庫本『類聚三代格』天長三年七月二十五日・寛平二年十月十六日官符）。注(38)今泉隆雄「八世紀造宮官司考」。

（42）延暦十五年七月二十四日造宮職の官の相当位階は大属を七位とするほか中宮職に准じて定められ、弘仁九年七月十九日修理職の官の相当位階は造宮職に准じて定められた（『類聚三代格』寛平三年八月三日官符）。従って造宮職の官の相当位階は中宮職に准じて決められる。ほかに算師は『日本後紀』延暦十五年十月戊辰条、大工・少工は同・同年七月戊戌条による。修理職は『延喜式』式部式上馬料条に従四位官一人、従五位官一人、六位官三人、七位官一人、八位官二人とあるのを四等官と考え造宮職の四等官の相当位階と対応させて相当位階と定員を復元し、造宮職の官の定員も同じく考定した。史生～飛驒工の定員は中務式時服条、式部式上考人・諸司史生条による。史生の定員は『類聚国史』弘仁九年七月庚寅条では八員と定め時服条でも八人とするが、諸司史生条では十人としそのうち二人を権任とする。八員に権任二員が加えられ、権任には時服が支給されなかったのであろう。長上工の定員は時服条では十人とし、考人条ではその内訳として木工〜石灰工の人数を示すがその合計は九人である。算師は『類聚国史』弘仁十三年七月辛卯条による。注(38)今泉隆雄「八世紀造宮官司考」、松原弘宣「修理職についての一研究」参照。

(43)　軽間鳥麻呂は神護景雲元年（七六七）三月戊午造大安寺大工として正六位上から外従五位下に敘位され、英保代作は宝亀二年（七七一）十月己卯西大寺兜卒天堂の造営によって褒賞され正六位上から外従五位下に敘位された（『続日本紀』）。

(44)　竹内理三『日本上代寺院経済史の研究』第一篇。一九三四年。

(補注)　さきに西隆寺の造営において伊賀万呂（伊賀麻呂）が活動していることを指摘したが（三一九頁）、四の南家の建築部材の進上解の差出の「伊□〔賀カ〕□」がこの伊賀万呂と同人である可能性がある。そうだとすると彼は南家に所属する人でありながら、造西隆寺司のもとで造営において活動していたことになり、南家は単に知識物を進上しただけでなく、造西隆寺司に人も派遣し西隆寺造営に深く関与していたことになる。ただ残念ながら四は折損のため「伊□〔賀カ〕□」が伊賀万呂であることが確定できない。可能性の一つとして指摘しておく。

釈　文

『報告Ⅰ』では東門地区の木簡は遺構を分けて掲出していないので、ここで改めて二つの遺構に分け、金堂地区のものもあわせて掲出する。木簡番号は『報告Ⅰ』と同じである。なお**三五**〜**四一**・**四四**の写真は第27図に掲げた。

土壙状遺構SX〇三三二（東門地区）

一・工所食口合六人　舎人工二人半　自進□〔豊カ〕□〔半カ〕□　□□
　　　　　　　　　　豊□〔氏カ〕　斐太工三人　豊岡
　　　　　　　　　　宿奈万呂　□
・右件□□食口進下如件附□〔監カ〕□□□
　　　□月廿二日□□
（二九七）×四六×五　〇一九

工所の食料支給文書。工所は造西隆寺司所管の「所」。造東大寺司など造寺司の下には、木工所、造仏所などのいくつかの「所」が置かれていた。舎人工は正倉院文書に木工中宮舎人の例がある（『大日本古文書』一三―一五七頁）。自進は功徳を得るために自ら進んで労力を提供する者で、写経所や造寺司に所属していた例がある（同五―一二八頁、一三―三三八・三三九頁）。斐太工は飛驒国出身の木工で、賦役令に里毎に一〇人の匠丁を点ずることが定められている。奈良時代では木工寮、造宮省に所属していたことが知られる（同二―四〇一・四〇二・四六三・四六四・四七三・四七四頁）。斐太工の存在からこの工所が木工所であることが知られる。

二　・大右常人謹啓　菜二連右得人嘱請云件物□ □〔請カ〕莫□者仍□□
・□□□万呂謹啓　御足下　六□
(二六二)×三二×四　〇一九

菜を請求する啓。「右得人嘱請云」は「右、人ノ嘱請ヲ得ルニ云ク」とよみ、大石常人が他人の依頼（嘱請）をうけて請求したことを意味する。「嘱請」の語や「御足下」の脇付は正倉院文書の啓状などにも見える（『大日本古文書』一六―四八三・五五三頁、二二―三七二頁、二五―二六九頁）。下端折れ。

三　□司屋作使解申請黒葛二連□〔司カ〕付工比気田人成申上
(二四七)×四一×四　〇一九

某司屋作使の黒葛の請求解。屋作使は造西隆寺司所管の屋の建造に当たる部署であろう。黒葛は和名ツツラ

(『類聚名義抄』、『令義解』賦役令調絹絁条古訓、『延喜式』主計上中男作物条古訓)、調副物あるいは中男作物として貢進される定めである(賦役令調絹絁条、『延喜式』主計上中男作物条)。用途としては胡簶や籠、筥などの材料とされ(『延喜式』主税上、木工寮、縫殿寮)、また建築材を結い固めたり、檜皮を葺くのに用いた(『大日本古文書』一五―三二二〜三二七頁)。ここでは後者の用途に用いられたのであろう。平城宮木簡には中男作物の黒葛の貢進荷札、建築資材の黒葛に関する文書がある(『平城宮木簡三』二九〇六・三〇〇九)。「司付工比気田人成申上」は解を工の比気田人成に付して申上することを意味する。比気田氏は引田氏で、引田氏には阿倍引田臣・朝臣氏と大神引田君・朝臣氏の二系統がある。天平宝字ころ経師の引田人成が見えるが(『大日本古文書』一四―一六三・一六五頁)、本簡の比気田人成は工であるので別人であろう。上端折れ、下端は刃物を入れて折り原形。下端に穿孔。

四・南家解　申進上材事　⌴貳張　桙立参枝

・鼠走貳枝　檜皮□□⌈　⌴石勝四年六月十四日伊□〔賀カ〕⌈

(一九六十一二五)×(二八)×三　〇一九

途中が欠け、上・下の二片は直接接続しないが、筆跡・材質が酷似し本来同一のもの。南家の建築部材の進上の解。南家は武智麻呂に始まる藤原南家で、この時期の当主は縄麻呂である。知識物として西隆寺に施入したもので、既存の建物を解体として進上するものの一部であろう(三二八頁)。桙立は現在の方立、鼠走は扉の楣をうけるため柱間に渡してある横木、いずれも扉構えの部材で正倉院文書に戸調度として見える(『大日本古文書』一六―一九七頁)。

「四年」は神護景雲四年（宝亀元年＝七七〇年）。表裏面および四周は腐食して荒れる。

七　運檜皮夫二人「∂」飯五升　廿□　一八四×二〇×五　〇一一

九　・□芹□〔雇カ〕女三人「9」別一升二合　四年五□
・「□□□□」〔伊賀麻呂カ〕　（一六三）×二三×二　〇一九

「四年」は神護景雲四年。下端折れ。伊賀麻呂については三一九頁参照。

三　□□□□□
□□□□人
大主典　廿一日辰万呂　（二九五）×三九×四　〇八一

二〇　間食一十七□〔日カ〕□　（六一）×（八）×三　〇八一

間食は激しい労働や夜業の場合に朝夕の間または夜間に支給する食で、主に米を充てる。

二一・〔　〕食一十日伊賀麻呂

・〔　　　　〕一合〔　　〕〔　　（一四八）×一八×三　〇八一

二六・□〔塩カ〕漆升陸合代

・□升　（六七）×二七×四　〇一九

二七　酒万呂川　廿三鷹人　（二五五）×二二×四　〇一九

二七・二八は同筆で同一書式の木簡。記載が簡単で性格が明らかでないが、この遺構の木簡が造営に関係するものであることから、役夫などの就労に関する記録簡か。「酒万呂」が役夫名、「川」は就労の場所あるいは仕事の内容などの略記、「鷹人」は仕事の監督者あるいは責任者と解するのも一案である。下端折れ。

二八　中足川　廿二鷹人　二五六×三三×三　〇一一

二九　・紀伊国日高郡南部郷戸主□□石
・□〔徳カ〕調塩三斗□□景雲二年　二〇七×二二×三　〇一一

調塩の荷札。この荷札が出土したことは西隆寺の造営に官物が用いられたことを示す。

三五　田邊毗登□嶋
□〔進カ〕一百文　五三×二三×五　〇三二

三五〜**四五**は知識銭荷札。**三五**・**三六**は個人施入の荷札。二点は形態の上で上部中央に穴をあけ両肩を角切りし、大きさもほぼ等しく、書式の上で表に二行書きし右行に人名、左行に「進〇文」と記すなどの共通性をもつので、官司単位に作成されたものであろう。「毗登」姓は天平勝宝九歳（七五七）「首・史」姓を改めたもので宝亀元年（七七〇）九月再び「首・史」姓にもどされるから（『続日本紀』宝亀元年九月壬戌条）、この木簡はこの間の年代が与えられる。**三五**の百文、**三六**の五十文は古銭によるものか（三二三頁参照）。

三六　秦人小勝
進五十文
五二×二三×四　〇二二

三七・合□智識銭□所入大炊寮助□□⊓／□⊓
・□
部宿祢人五百文　神護景雲二年十二月⊓
（八四）×（一五）×一　〇三九

数人がまとめて施入した知識銭荷札。下端折れ、左割れ。

三八・修理司工丹生豊□
・　古銭卅文
九二×二七×三　〇三二

三八～四一は修理司官人の知識銭荷札。すべて材は同種の針葉樹の柾目板を用い、形態は不明の四一を除き両側辺上部に切り込みをもつ〇三二形式、細部において四点すべてが頭部を山形に作り出し、両側のV字形切り込みも三八を除く三点が切り込み先端が∨形になるなどの共通性をもち、書式も同一であるので、四点は修理司で作成されたものであろう。四点とも表裏面が荒れている。古銭は旧銭ともいい、新銭に対する語で、この時点では新銭は天平神護元年（七六五）発行の神功開宝、古銭は和同開珎と天平宝字四年（七六〇）発行の万年通宝の可能性があるが、万年通宝であろう。神功開宝発行の天平神護元年九月に神功開宝一文＝万年通宝一〇文＝和同開珎一〇〇文の交換比率を公定し、宝亀三年八月に和同開珎の使用を禁止し神功開宝と万年通宝を同価値としたが、同十年八月に和同開珎の使用を許し和同・万年・神功の三貨の価値を同じくすることにした（三二二頁）。

三九・修理司判官息長木人
・新銭廿五文
八〇×一九×二　〇三二

四〇・修理司史生太真□
・　　新銭十五文
七八×一五×三　〇三二

四一・修理司民領丈部冂

・新銭十⨅　(五二)×一三×三　〇三九

民領は将領・領と同じもので、木工・役夫などの監督者。天平宝字六年（七六二）の石山寺造営においては山作所（木材伐採の現場）、足庭（工作現場）に各々数人の将領がいた。民領の例は正倉院文書に造宮省所属の民領（『大日本古文書』二－四七三～四七四頁）、また平城宮木簡にも見られる（『平城宮発掘調査出土木簡概報四』）。

四二・多治比⨅
・一百文　(六〇)×一〇×四　〇三九

個人施入の知識銭荷札。

四三・近衛府
・新六百八⨅　(六三)×一八×三　〇三二

四三～**四五**は近衛府でまとめて施入した知識銭荷札。近衛府は天平神護元年（七六五）二月に授刀衛を改称し、さらに大同二年（八〇七）四月に左近衛府に改称したので、これらの木簡はその間の年代を与えることができる。

四四　近衛府　一一一×二二×三　〇三二

四五　近衛府　（七七）×二〇×三　〇一九

四六・御像所

・道料　六五×一九×四　〇三二

「御像所」は造西隆寺司所管の造仏所であろう。

四七・宇治銭用

・□□銭用　（一〇〇）×二五×四　〇六一

題籖軸。宇治津における銭の支出を記した帳簿（銭用帳）を巻いたもの。高嶋山などの琵琶湖周辺から平城京への材木の運送は、琵琶湖から宇治川を流し巨椋池を経て木津川（泉川）を遡行し、泉津（木津付近）で上げて平城京まで陸送した。宇治津の位置は宇治市の宇治橋付近に比定されている（『宇治市史1』四三八頁、一九七三年）。天平宝字ころに宇治津には造東大寺司所管の宇治司所（宇治所）が置かれていた（『大日本古文書』五―二五六頁、一五―二二九頁）。『延喜式』木工式には宇治津での材木の価格が公定されており、材木の売買が行われていたことが知られる。この木簡によって西隆寺の造営においても東大寺と同じように材木を近江方面にあおいでいたことが知られる。軸部を両面から刃物を入れて折る。

四八・□□□倉代作用
・□□□代作用
（六七）×二八×四　〇六一

倉代の造営に関する文書を巻いた題籖軸。倉代は倉の一種である建物を指す例とそれ以外の例がある。前者の例として宝亀十一年西大寺流記資財帳に檜皮倉代、瓦葺倉代、瓦板交葺倉代などがあり（『寧楽遺文』中巻）、後者の例として大嘗祭の際に北野斎場から大嘗宮への行列で用いる屋形型の輿を指した例（『儀式』巻三）、元慶七年（八八三）観心寺縁起資財帳、仁和三年（八八七）広隆寺資財交替実録帳に貯蔵容器を指した例がある（『平安遺文』一巻一七四・一七五号）。ここの倉代は倉の一種であろう。表裏面とも腐食し荒れている。

土壙状遺構SX〇三五（東門地区）

五・井埋役夫四人充糟一升半
・　正月廿四日伊賀万呂　一三四×二六×三　〇六五

井戸埋めの役夫への糟支給の文書。六・八も同じく糟支給文書。糟は酒滓。夫への糟支給は天平十年和泉監正税帳に池の修理の人夫に人別三合の例がある（『大日本古文書』二―八〇・九三頁）。伊賀万呂は九・二にも見え氏と名前ではなく名前であろう。下端の二つの丸い山形の整形は墨書以前のもので、他の用途の材を木簡に転用したのであろう。六とともに上端の穴の部分に刃物を入れて折る。西隆寺の敷地造成のために既存の井戸を埋めたてたのであろう。西隆寺跡では寺造営によって埋め立てた井戸を金堂地区で一基、塔地区で三基検出している（三一九頁参照）。

六　堀井六人給糟二升
正月廿二日黒全　一三二×二四×三　〇一一

寺以前の井戸が寺の造営にともなって埋められるとともに、新たに寺のためにそれに代わる井戸が掘られたのであろう。

八・左衛士生部人万呂糟□

・□升八合　十□□□　（八六）×二二×三　〇一九

衛士が造営に駆使されていたことを示す。正倉院文書に衛士が造宮省に所属していた例がある（『大日本古文書』二－四七四～四七五頁、二四－二九三～二九五頁）。下端は刃物を入れて折る。

一〇・□軽部玉国年十四讀文數□

・「□亥亥□上吾公□」　（一九五）×（二一）×八　〇八一

人の貢進状か。知識優婆塞貢進文は人名、年齢、本貫、読経・誦経の経名などを記すが、その記載形式に類似する。裏は異筆の習書。上端焼損、下端折れ。

一二・内匠寮頭藤原朝臣□〼

・　□□□少□〔属カ〕秦千〼　（一三三）×（二九）×三　〇一九

内匠寮は神亀五年（七二八）に設置、工匠技巧のことを掌どる。内匠頭藤原朝臣はＳＸ〇三五の木簡の年代からすれば藤原朝臣雄田麻呂（百川）であろう。彼は神護景雲元年（七六七）二月〜宝亀元年（七七〇）八月に内匠頭であったことが確認できる（『続日本紀』神護景雲元年二月戊申、宝亀元年八月丁巳条）。下端折れ、左割れ。

一三・　〼三合　大野二升　若子八合
　　　〼□合　□□□升

・〼合□〔人カ〕人万呂一升二合ㄑ役夫廿四人四斗七升
〼合ㄑ人長一升二合　ㄑ　（一八五）×一四×三　〇一九

役夫の食料支給帳簿。**一四**・**一六**・**一七**も同様のものである。上端折れ、左割れ。

一四　□□升二合　真告一升二合稲万呂二升
清成一升二合宅成女四合　□［
凵□升□合　□
○九一

一六　九月一升二合　□［
凵合　□万呂一升一合　□□□［
○九一

一七　□　伊賀□□升二合　一升二合
家成　廣
残　人□二升二合
三二五×（一五）×六　○八一

表裏に「新銭」などの習書がある。新銭は三二二頁を参照。左右割れ。

一八　三　三
□四□須々保利□二
（一六四）×（一四）×八　○一九

食料に関する帳簿。須々保利は青菜や菁根に米や大豆を入れた漬け物。下端折れ、左割れ。

一九・間食市佐官六合　次官□〔従カ〕二人一升六合　（イ）
三郎六合

・「　　　□　　　（ロ表）
□升升升又升請升升□」

・「□
堀　堀　堀　堀　埋　埋　埋」　（ロ裏）

（一九二）×（二九）×二　〇八一

（イ）は官人への間食支給帳簿で、後にその表裏に（ロ）の習書をしている。間食は**三〇**参照。「市佐官」は市司の令史（サカン）か。主典を「佐官」と記す例は正倉院文書にも見られる（『大日本古文書』七―一七〇頁）。

三〇・十九日残米二石七斗三升八合

・「□
梠桁炎　」

一五七×（一八）×六　〇八一

米の収納帳簿。裏面の異筆の習書「柖桁炎」は棉柖（茅負の類）、桁、飛炎架などの建築部材に関する文字を書いたものである。左右割れ。

二三 □殿七升二合　(五三)×二五×三　〇八一

二四 二石八〔×七〕升六合　二七七×一五×五　〇一一

二五 二箇月料　(一五四)×二四×三　〇一九

三〇 伊与国湯泉郡箆原郷戸主干縫田人戸白米壹俵　一五三×二一×四　〇三一

白米の荷札。『倭名類聚抄』では伊予国温泉郡に箆原郷は見えない。「干縫」は楯縫姓。白米一俵は五斗。

三一 ・越中国婦負郡川合郷戸主□□

・〔五カ〕□日浪米五斗天平神護三年　一二〇×二一×二　〇五一

三二・参河国播豆郡熊来郷物部馬万呂五斗
・景雲元年十月十日　一六八×一九×六　〇三二

三二～三四は同年月日の参河国播豆郡熊来郷の荷札。品目は斗量から白米であろう。三二・三三は貢進者が同人で、三三は国名を省略する。同様の例は平城宮木簡にもある（『平城宮木簡一』三八～四〇、四二四・四二五）。一つの荷物に複数の荷札が付けられた例であろう（本書第一編第二章）。三二～三四の三点は同筆であるが、形態・大きさが異なり、材も三三は板目板、三三・三四は柾目板である。木簡の材と筆者の関係を考える材料になる。播豆郡熊来郷について『倭名類聚抄』は幡豆郡能束郷とするが、郷名は熊来郷が正しいのであろう。『延喜式』神名帳によれば幡豆郡に「久麻久神社」がある。

三三・播豆郡熊来郷物部馬万呂五斗
・景雲元年十月十日　一七四×二四×四　〇一一

三四・□郡熊来郷中臣部廣万呂五斗

・　景雲元年十月十日

（一五二）×一八×三　〇五九

四九

・□謹及解　　　私　及　及　私年及

及勝内函　函

退□退　私　□〔猪カ〕　　勝　勝　寶　元　年

謹　解　謹　解　解解私及私　及　及　私　及　私私

・「□」　卿足下「啓　楽礼乙□」

（二二三）×四〇×三　〇一九

文書の上に文書の文言などを習書したもの。裏の「卿足下」のみが本来の文書の残りか。

出土遺構不明（東門地区）

一五　□□万呂一升二合　〇九一

井戸ＳＥ〇八〇（金堂地区）

一五〇　寺「浄麻呂」　船[　　（一三一）×二八×一二　〇八一

「浄麻呂」は「寺」「船」と墨色が異なり異筆。寺浄麻呂は『続日本紀』宝亀十一年五月己卯条に見える同名人と同人か。河内国高安郡人で、この時大初位下で、高尾忌寸の姓を賜った。上下端とも折れ、裏面は一部を残してはがれている。

（付記）新稿。本章のもとになったのは、西隆寺調査委員会『西隆寺発掘調査報告書』のⅣ1「木簡」、Ｖ4「木簡からみた西隆寺造営」である。その執筆者は東野治之・今泉隆雄の連名になっているが、これははじめ東野氏がこの仕事に着手し、のちに今泉が引き継いで成稿したためである。本章は東野氏の了解を得て、前稿をもとにしながら新たに稿を起こした。資料の閲覧について奈良国立文化財研究所平城宮跡発掘調査部史料調査室にお世話になった。

第三章　但馬国分寺木簡と国分寺の創建

はじめに

但馬国分寺跡の第五次・第一六次調査においてあわせて四二点の木簡が出土し、それらは奈良時代後半の同寺の状況や活動を生き生きと伝えるとともに、同寺の付属施設の位置や造営過程の問題を考えるうえで重要な史料である。このことはただに但馬国分寺のみならず、諸国国分寺のそれらの問題、特に創建の造営を考察するために注目される。本章では但馬国分寺木簡の諸問題を検討し、但馬国分寺、さらには国分寺一般の創建造営の問題を考察する。私はさきに『但馬国分寺木簡』(1)において第五次調査の木簡によってこれらの問題について論じたが、第一六次調査の成果によって再考が必要になったので、ここに『但馬国分寺木簡』を基にしながら新稿を起こすことにした。

一　遺跡と木簡出土の遺構

兵庫県の北半部は古代の但馬国で、その東部を円山川が中国山脈から日本海へ向かって北流する。但馬国分寺跡は、但馬国のほぼ中央部に当たる円山川中流域の西岸の兵庫県城崎郡日高町大字国分寺に所在する。遺跡は西北に山を負った丘陵東南端の微高地にある（第28図）。この地は古代の気多郡に属し、国府・国分寺が置かれた古代の但馬国の中心的な地域である。周囲の歴史時代の遺跡としては、本遺跡の北方約一キロメートルに国分尼寺跡、同じく西方約四〇〇メートルに祢布ガ森遺跡、東北方約六〇〇メートルに深田遺跡、同じく一キロメートルに川岸遺跡がある。祢布ガ森遺跡・深田遺跡・川岸遺跡はいずれも木簡が出土し(2)、国府跡あるいはそれに関わる官衙跡と推定される。

但馬国分寺跡の調査(3)は、一九七三年に開始され一九九六年三月現在までに一七次の調査を行い、塔・金堂・中門などの伽藍中枢部の遺構を検出している（第29図）。伽藍は北南に相対する金堂と中門に回廊がとりつき、金堂の西の回廊の外に塔が位置するという配置である。木簡は一九七七年に第五次調査で二ヵ所の遺構から三六点、一九八九年に第一六次調査で六点、合わせて四二点が出土している。古代の寺院跡からの木簡の出土は都では飛鳥の坂田寺・山田寺跡、平城京の薬師寺・唐招提寺・東大寺・西隆寺跡など珍しくないが、地方寺院では多くなく、また国分寺では但馬国分寺が最初の出土例で、これほど点数が多く内容が豊富であるのはまだ例がない。本章では内容的に豊富な第五次調査の木簡を中心に取り上げることになろう。

第五次調査の遺構　第五次調査(4)はKS5A・B・C区の三調査区を設けて行い、木簡はKS5A・B区の二区から出土した。

KS5B区は寺域東南隅に設けられ、寺域南辺の築垣とその内側のL字形に曲がる溝SD〇一（内溝）と外側の南辺の溝状遺構SD〇四（外溝）、井戸SE〇二などを検出し、木簡はSD〇一から三四点が出土した（第30図）。

内溝SD〇一は南北溝と東西溝がL字形に接続する素掘溝である。南北溝が築垣内側の東辺、東西溝が南辺に当たる。幅が三・五～四・〇メートル。堆積層は上・中・下層の三層に分けられる。下層は底のところどころに見られる

1 但馬国分寺跡　2 国分尼寺跡

3 祢布ガ森遺跡　4 深田遺跡

5 川岸遺跡　6 カナゲ田遺跡

0　500m　1,000　1,500

第28図　但馬国分寺跡と周辺の遺跡

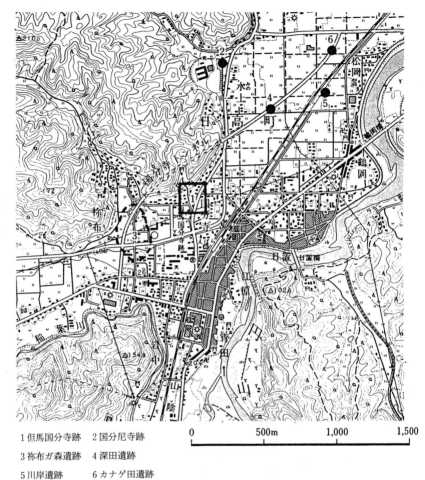

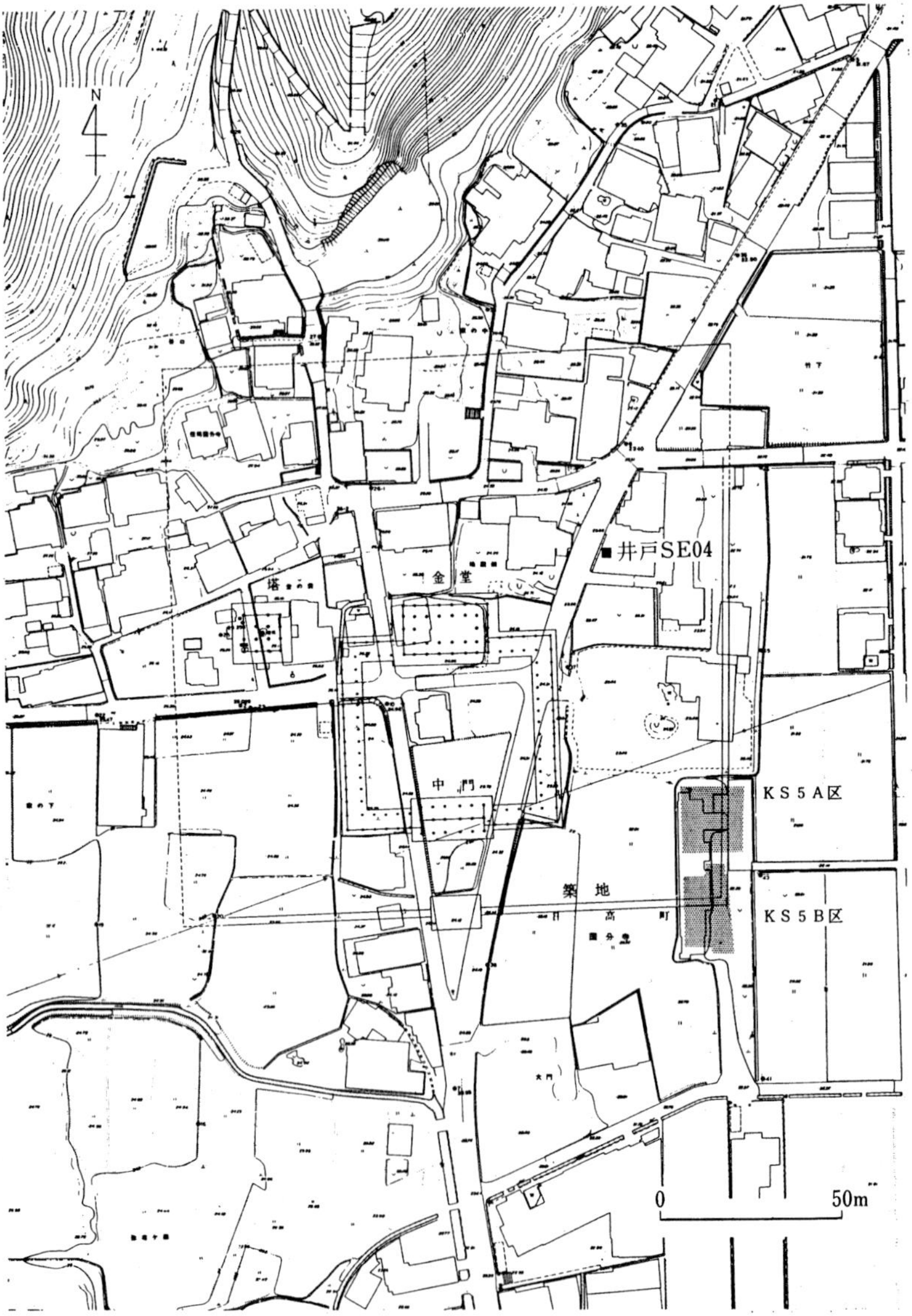

第29図　但馬国分寺の伽藍復原と木簡出土地点

淡青灰色粘土で自然堆積層である。厚さ二～五センチメートル。中層は木切れ、手斧の削屑、木枝などによる層で、木簡はこの層から出土した。厚さ一五～二〇センチメートル。木簡はL字形に曲がる内角の部分から、ヘラ状木製品・曲物などの木製品、鞴の羽口一点、奈良時代後期の多数の完形に近い須恵器、土師器などとともに出土した。中層は木切れ・削屑やその他の遺物を一時に投棄し埋め立てた層である。上層は木片を包含した灰色粘土層で、やはり埋め立てた土層である。厚さ一〇～一五センチメートル。SD〇一は国分寺の創建期に掘られ、短期間に埋め立てられた。三四点の木簡が一括投棄されたものである点は重要である。

SD〇一の南辺溝の南約四メートルに溝状遺構SD〇四があり、両遺構の間の厚さ一〇～二〇センチメートルの灰褐色粘質土の整地層が南辺築垣の基壇土と推定される。

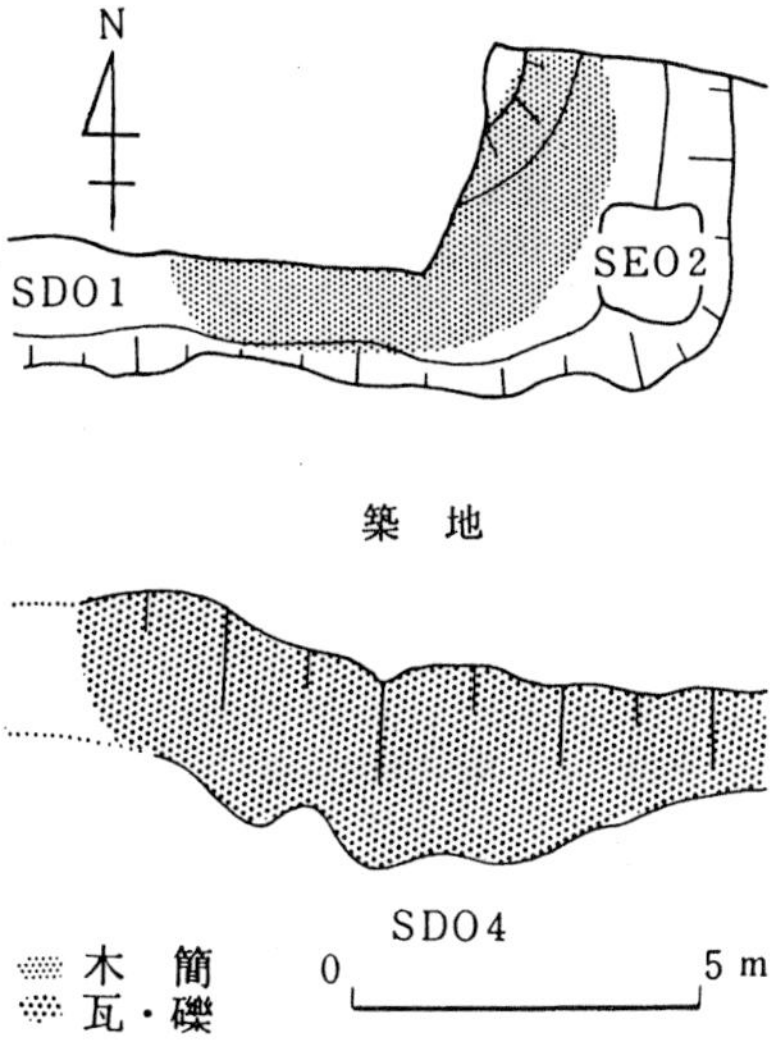

第30図　KS5B区木簡出土遺構

井戸SE〇二はSD〇一内にあり、溝が埋め立てられた後に掘られている。この地区における築垣・内溝・外の溝状遺構の検出によって寺域東南隅が確認され、この国分寺の寺域が約一五〇メートル（約一・四町）四方であることが推測された。

KS5A区はKS5B区の北の寺域東辺に設けられた調査区である。東辺築垣とその内溝SD〇三、外側の溝状遺構SD〇二などを検出し、木簡はSD〇二から二点出土した（第31図）。SD〇三はKS5B区のSD〇一に、SD〇二は同じくSD〇四と接続するものと思われる。SD〇二は規模が不明である。木簡の一点の三五はSD〇二検出以前に予備トレンチを掘った際に出土し、後にSD〇二の堆積層から出土し

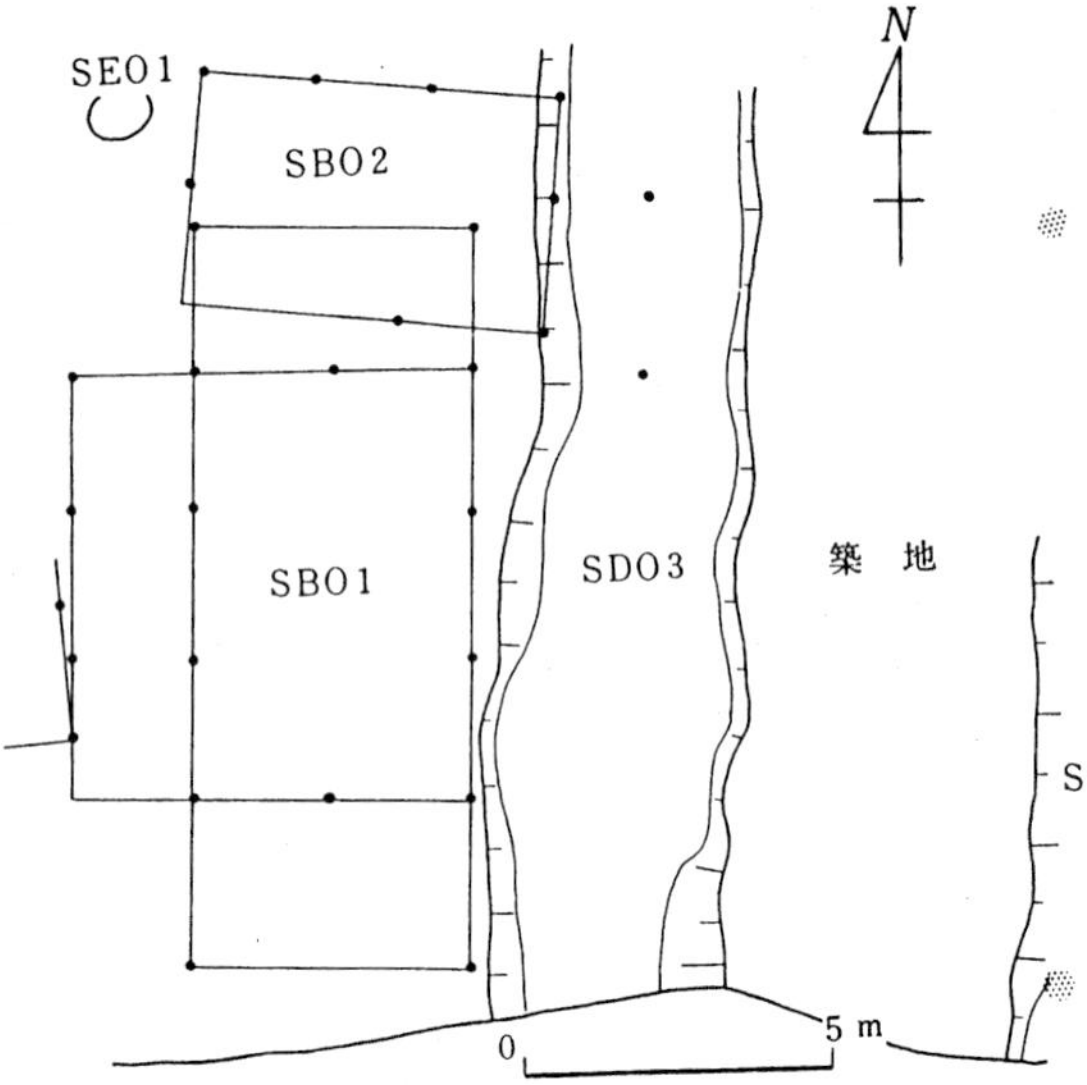

第31図　ＫＳ５Ａ区木簡出土遺構

たものと推測された。**三六**はトレンチ南壁の土層断面を精査している際に出土した。ＳＤ〇二からは平安時代前期の軒瓦が出土している。

内溝ＳＤ〇三は幅三・五〜四・〇メートル、深さ三〇〜六〇センチメートルの規模で、西岸を杭と横板で護岸している。堆積土から奈良時代後期から平安時代前期にかけての灰釉陶器・緑釉陶器、延喜通宝、須恵器、土師器、墨書土器、円面硯、軒平瓦・平瓦・丸瓦、曲物の底板・盤などの木製品などが出土した。延喜通宝は延喜七年（九〇七）の発行であるから、この溝が埋まったのは九〇七年以降の平安前期であろう。溝が埋まった後に西岸に掘立柱建物ＳＢ〇一・〇二が作られた。

第一六次調査の遺構　第一六次調査地区は金堂の東北東約四〇メートルの地点で、道路の拡幅工事にともない二メートル幅の三区のトレンチを設定した。(5) そのうち北端のトレンチから井戸ＳＥ〇四を検出し、木簡六点が出土した（第29図）。ＳＥ〇四は横板組隅柱留めの構造で、四辺を東西南北にあわせる。規模は内法寸法一七〇センチメートルの正方形で、深さ二七〇センチメートルである。底面に礫を敷く。井戸枠の部材は三〇点以上あり、土台・四隅の柱・側板などの材は檜であり、その中には番付を墨書するものがある。但馬国分寺跡ではこれまで四基の井戸を検出しているが、それらの中でこのSE〇四は最大規模で、構造的にも優れている。

堆積層は下層・中層・上層の三層に分けられ、遺物が豊富である。下層からは土器・瓦のほかに、釣瓶、鑰、斎串などの珍しいもの、さらに木簡六点、「大院」と墨書する須恵器、「美含」「養父」「出石」などの郡名、「泉女」「寺」「荒」と墨書する土器が出土した。下層の出土遺物は一時期に投棄されたものではない。中層から大量の瓦、土器、それに斎串、鞍・鐙・手綱を墨描した馬形などが出土した。上層からは井戸の検出面で、軒瓦と一〇世紀の須恵器一点が出土した。

井戸枠の部材の檜材の一点に樹皮が残っており、それを年輪年代法によって検討した結果、残存する最外年輪の形成年、すなわち伐採年は七六三年（天平宝字七年）と判明した。(6) 従ってこの井戸の建造年代は七六三年以降、推測すれば同年より一、二年くらい後すなわち七六四・七六五年（天平宝字八年・天平神護元年）ころに考えられよう。後述のように、木簡には三九宝亀三・四年（七七二・七七三）の借用帳の題籤軸があり、また下層出土の土器の年代ともこの建造年代は適合する。この井戸は七六四〜七六五年ころに建造され、九世紀から一〇世紀にかけて埋め立てられ廃棄されたものと考えられる。この井戸の建造年代が推定されたことは、但馬国分寺の造営を考えるうえで重要である。

二　木簡の概要

木簡は第五次調査のSD〇一から三四点、SD〇二から二点、第一六次調査の井戸SE〇四から六点が出土した。これらの木簡について、内容、形態、樹種・木取りなどの概要に関して述べる。SD〇一の木簡が質量ともに豊かなのでこれを中心に述べる。

1　第五次調査の木簡

SD〇一出土木簡の内容　まずSD〇一出土木簡について述べる。前述のように、SD〇一出土木簡が同時に廃棄された一括遺物である点は、その内容を検討する上で重要である。SD〇一の木簡を内容分類すると第40表の通りで、荷札に比べて文書の比率が高いのが特徴である。

文書では、国分寺内の種々の施設の仕事への人員の割り当てに関するもの（一・二）、「院内」の上申文書（一八）、綱丁を差出とする物資の運送に関するもの（三）、米・赤豆の貸借申請の文書（四）、鋳所の荒炭の請求文書（五）、夫へ支給する糟の請求文書（六）、僧侶の歴名（一〇）、僧侶を差出とする文書（七）などがある。後に検討するように、これらの中には国分寺の施設や機構を示すものがあり、また鋳所や夫に関するものは国分寺の造営に関わるものである。

荷札四点は貢進のためのもので、米二点（二〇・二一）、米と推測できるもの一点（二二）、銭一点（二三）がある。米は国分寺の寺田、寺封あるいは国分寺料稲などからの貢納物である可能性があり、その荷札は国分寺の財政に関わる史料である。銭の荷札はその性格が明確ではないが、国分寺へ進上した知識銭の荷札である可能性が考えられる。

これらの荷札の貢進主体の書式は、郡名＋郷名＋（人名）、郷名＋人名、人名のみなどであり、国名、国・郡名、国・郡・郷名を省略する点が平城宮跡出土の荷札とは異なる特徴である。伊場遺跡出土の荷札の書式は、郷名から記すもの、人名のみのもので、すべて国・郡名を記さず、同様の傾向が見られる。但馬国分寺の荷札は国内の貢進に用いられたので国名を省略したのであろう。

第40表　SD〇一木簡の内容分類

内容分類	点数
文書	一一
荷札	四
習書	三
内容不明	一六
計	三四

習書では但馬国八郡のうち七郡名を習書したものが珍しい（九）。

年代　ＳＤ〇一出土の木簡には、第41表のように年紀・年号を記すものが四点、内容から年代の推定できるものが二点ある。年月日が明らかなものは天平神護三年（七六七）正月八日、同年五月一日、神護景雲二年（七六八）四月二十五日の三点で、天平神護三年は八月十六日に神護景雲元年に改元するから、これらの年月日は神護景雲元年（七六七）正月〜同二年四月の一年三ヵ月の短期間におさまる。このほか年を欠くが天平神護□とあるもの、内容から神護景雲元年十一月以降と推測されるもの、同じく天平勝宝九歳（七五八）〜宝亀元年（七七〇）九月の間と推測されるものの三点も右記の期間と矛盾しない。年月日の明らかな三点から、一括廃棄されたＳＤ〇一出土の木簡群の年代は、神護景雲元年、二年（七六七、七六八）と推測して誤りなかろう。

第41表　ＳＤ〇一出土の年紀木簡

番号	年月日	内容
四	天平神護三年正月八日	文書
三	天平神護三年五月一日	文書
五	(神護)景雲二年四月二十五日	文書
一二	天平神護□	文書
一	神護景雲元年十一月以後	文書
二	天平勝宝九歳〜宝亀元年九月	文書

一・二は内容によって推定したもの。

形態・樹種・木取り　形態については平城宮木簡などと特に異ならないが、文書木簡に比較的大型のものが見られることと、削屑が出土していないことが特徴として指摘できる。

木簡の樹種と木取りについては第42表の通りで、樹種では檜と杉が同数で、木取りでは板目板が柾目板より多い。点数が少ないので統計的に取り立て言えることもないが、このような傾向は平城宮木簡と大きく異ならない。『平城宮木簡三』(7)所載のものを例に取ると、樹種では檜・杉が八七パーセントを占め、両者の間では檜が六二パーセントで多いが、出土遺構

第42表　ＳＤ〇一木簡の樹種と木取り

樹種＼木取り	板目	柾目	計
檜	一四	三	一七
杉	一七	〇	一七
計	三一	三	三四

によっては両者の比率が近接している場合もある。木取りでも板目板が六四パーセントで多い。SD〇一出土木簡では、柾目板は檜に限られ杉には見えないが、平城宮木簡でも杉は檜に比べて柾目板の比率が低い。

SD〇二出土木簡　SD〇二の木簡は、思往郷の材木進上の文書（**三五**）と断簡である。思往郷は初見の郷名で、気多郡所管と推定される。木簡の年代を限定できないが、溝から出土した平安時代前期の軒瓦が年代の目安となる。

2　第一六次調査の木簡

SE〇四出土木簡のうち、**三七**・**三八**は文書のなかの記録簡で、**三七**は供料・雑料の支給を記録したもの、**三八**は各郡から徴発した人員の人数を記録したものである。**三九**は宝亀三年・四年の借用帳と造寺料収納帳を巻いた題籤軸で、宝亀三・四年に寺の造営をしていたことを示す史料である。**四〇**は習書か。**四一**・**四二**は断簡であるが、**四一**には僧と記す。

SE〇四の木簡は一括遺物とはいえないから、内容的に互いに関係するものとして考察できない。**三九**の宝亀三・四年の題籤軸が年紀を記す唯一のものであるが、題籤軸は文書の保存に用いられるから記載する年紀と廃棄の時期に懸隔のある場合があり(8)、また一括遺物でないからこの年紀を他の木簡の年代に及ぼすことはできない。木簡をはじめ下層出土の遺物の年代は、SE〇四の建造

第32図　「大院」の墨書土器　但馬国分寺

年代、題籤軸の年紀や下層出土土器の年代などから、天平宝字七年（七六三）以降の八世紀後半〜九世紀初めに考えることができる。

下層から木簡とともに出土した「大院」と墨書する須恵器は、この地区の性格を考えるうえできわめて重要な史料である（第32図）。

三　古代寺院の院と但馬国分寺の機構・施設

国分寺の機構・施設について、都の寺院を参考に明らかにしておく。第四節の木簡群や各地区の性格の考察の前提となるものである。

古代寺院の院　古代寺院においては、金堂・講堂・塔・僧房などの主要伽藍を中心にして、寺の事務を扱ったり、衆僧の生活を支えるための多くの建物が付属し、それらの建物は機能によってまとめられて区画され、院を形成していた。竹内理三氏は、大安寺・興福寺・薬師寺・西大寺などの平城京の諸大寺の諸院を整理して、一般的な諸院の構成について、（1）塔院、（2）堂并僧房等院、（3）大衆院、（4）政所院、（5）倉垣院、（6）温室院、（7）花苑院、（8）苑院、（9）賤院、（10）その他諸院と考えた[9]。もちろん伽藍配置の相違や規模の大小によって諸院の構成は異なり、ことに規模の小さい寺院ではこれら諸院をすべて備えていたわけではない。ここでは（3）大衆院、（4）政所院に関心があるので、これらに焦点をしぼって話を進めたい。

竹内氏によれば、大衆院は寺によっては食堂院とも称し、いずれも僧侶らの食事を調進するところであり、政所院は上座・寺主・都維那の三綱があって寺務を掌どるところである。ここで各寺の大衆院・食堂院、食堂、政所院の構

成を見てみたい。(10)

大安寺　天平十九年（七四七）
　食　堂　一
　太衆院　屋六＝厨一　竈屋一（瓦葺）　維那房二　井屋一　碓屋一、　板倉三
　政所院　三（そのうち檜皮葺二、草葺一）

西大寺　宝亀十一年（七八〇）
　食堂院　瓦葺食堂一　檜皮殿一　檜皮双軒廊三　瓦葺大炊殿一　檜皮厨二　瓦葺倉代二　瓦葺甲双倉一
　政所院　檜皮屋三　檜皮厨二　草葺厨一　檜皮政庁一　草葺板倉一　檜皮板倉二

興福寺
　食堂院　食堂一　南細殿一　食堂・盛殿之間近廊一　食堂・東僧坊之間近廊一　井殿二　盛殿一　厨殿一
　　　　　醤殿一　米殿一　倉代一　器殿一　大炊殿一

薬師寺(11)　長和四年（一〇〇二）
　天平・宝亀資財帳　大衆院一（二カ）坊　温室・倉垣院一坊　苑院一坊
　新　録　政所・苑院四町
　長和縁起　政所町四町＝政所・大炊院一町　倉垣・薗院一町　修理・温室院一町　苑院一町

法隆寺（西院伽藍）　　天平十九年（七四七）

食　堂　一

太衆院　屋十＝厨二　竈屋一　政屋二（以上、瓦葺）　碓屋一　稲屋一　木屋一　客房二（以上、檜皮葺）

まず食堂院と大衆院との相違については、大衆院（太衆院）とするのは、大安寺、薬師寺の天平・宝亀の資財帳、法隆寺で、食堂院とするのは西大寺、興福寺である。大衆院という場合は食堂がそれとは別にあり、食堂院という場合は食堂がその中に含まれている。『興福寺流記』には、「宝字記」が大衆院と記すのは「盛殿等惣称歟」と記していて、食堂を除き食事の調進施設などを言う場合に大衆院の呼称を用いることが分かる。寺によって小異があるが、大衆院、または食堂を除いた食堂院は、厨・大炊殿（米殿）・竈屋・碓屋・井屋・醤殿などの食事の調進に関わる施設と、倉・倉代などの収納施設の二つを主な構成要素とする。大安寺ではそれらに三綱の一つである都維那が事務を執る維那房を加えている。政所院は三綱が寺務を掌どる政庁を中心に倉、厨が付属する構成である。

ところで大安寺・西大寺などの平城京の大寺では大衆院・食堂院と政所院が別に設けられていたが、伽藍地の狭い中小の寺院では政所が大衆院の中に含まれて政所院を別に設けていなかった。法隆寺は中規模の寺院で、食堂・太衆院はあるが政所院はなかったようである。そして太衆院の中に政屋二棟があり[12]、これが三綱が寺務を執る政所に当たると解され、同寺では政所が太衆院の中に含まれていた。同様の形態と考えられるのが、大和国平群郡の額田寺である。

額田寺は額田部氏の氏寺で、天平宝字年間に作成されたと推定される「額田寺伽藍並条里図」が遺存し[13]、それによって当時の伽藍配置が知られる（第33図）。寺地は条里地割の東西三町、南北二町の六町の中にあり、六町の各町に

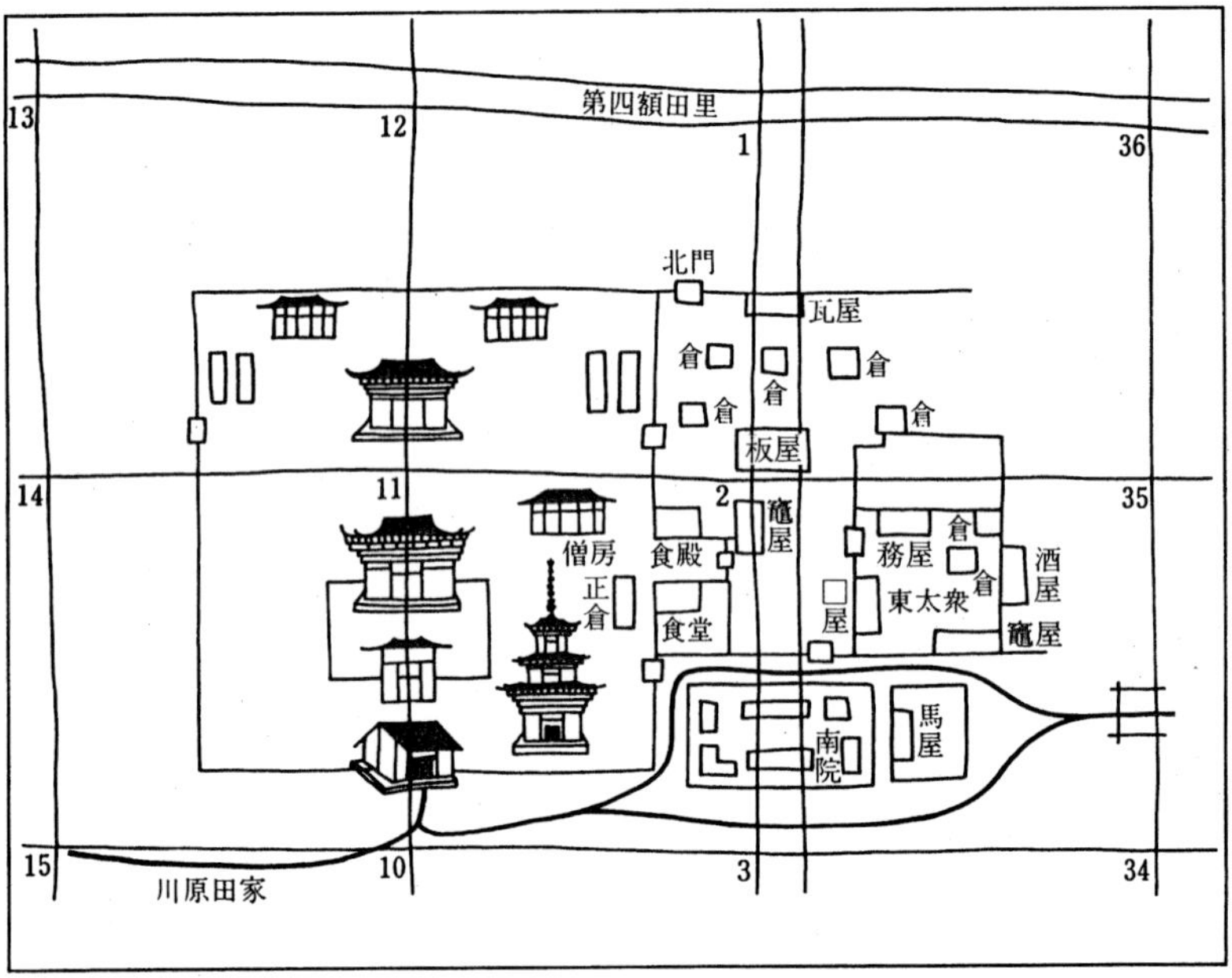

第33図　額田寺の伽藍配置　（集英社刊『日本古寺美術全集』第２巻挿図を改訂）

「寺院」として記す面積の合計は五町一段一七七歩であるが、(14)図中の外郭をめぐらす伽藍地はそれより狭く、広く見積もっても三町ほどの広さである。西半部に南門・中門・金堂・講堂・僧房、塔の主要伽藍を置き、東半部に付属の施設を設ける。付属施設の区域は道を隔てて南三分の一ほどが南院という一院を形成し、東に馬屋が付属する。道の北の三分の二の区域は、北半が倉を配置する倉垣院、南の東半分が一院を構成し「東太衆」と記すから太衆院で、西の主要伽藍に接して食堂、食殿、竈屋がある。太衆院の構成は務屋、倉、竈屋、酒屋である。政所院がないが、太衆院の務屋が政所であろう。務屋については正倉院文書に散見する「務所」の語が想起される。務所は某寺三綱務所、某寺務所、僧綱務所、国師務所、造東大寺司務所、写経司務所、勅旨省務所、藤原夫人家務所、摂津職東生郡務所などの例があり、(15)寺関係では三綱務所の例が多い。また『類聚名義抄』によれば「務」には「政」と同じく「マツリコト」の訓があるから、[16] 務屋は「マツリコトヤ」で、三綱が寺務を執る政所に当たる屋であろう。

薬師寺は大規模寺院であるが、大衆院と政所院の機能が一院にまとめられていた。前述のように、天平・宝亀の資財帳では大衆院があるが、新録・長和縁起では大衆院はなく政所の呼称になっている。福山敏男氏はこれについて天平・宝亀の大衆院二坊（町）は、長和の政所・大炊院一町と倉垣・薗院一町に相当するとし、奈良時代には大衆院の中に政所が含まれていたと考えた（注11前掲書）。このように中小寺院ではもちろん、場合によっては大寺でも政所が大衆院の中に含まれることがある点は、都の大寺と比べると規模の小さい国分寺の諸院構成を考える上で留意すべきである。

但馬国分寺の施設・機構　国分寺が前記の都の大寺と同じく院によって構成されていたことは、断片的な史料ではあるが、上総国分寺の「講院」「東院」[17]、下総国分寺の「講院」「一院」「院」[18]、武蔵国分寺の「中院」[19]、武蔵国分尼寺の「東院」[20]、上野国分寺の「大衆院」、「東院」[21]、下野国分寺の「講院」「読院」「上院」[22]、遠江・甲斐・信濃・陸奥国分寺の「講院」[23]、さらに但馬国分寺のSE〇四出土の「大院」の墨書土器などの史料から推定できる。但馬国分寺の伽藍地の広さは二町弱（＝一・四町×一・四町）と推定され、都の大寺はもちろん額田寺よりも狭いから、政所が大衆院に含まれる形態を考えるべきであり、[24] また墨書土器の「大院」は「大衆院」の略記と考えられる。この墨書土器によって但馬国分寺に大衆院が存したことが推測される。

木簡に見える但馬国分寺の機構・施設について整理すると次の通りである。

醬殿（一）　三綱炊屋（三）

朔御倉（一）　西倉・北倉（三）　□倉（三）

鋳所（三・五）

院内（一・一八）

官坐（三）

西□（一）　□舎（一）

これらのうち、朔御倉以下の倉は倉垣院、醬殿・三綱炊屋は大衆院に属するであろう。倉垣院は正倉院・蔵院などとも呼ばれ、諸倉がまとめて置かれた一郭である。前記の寺では倉垣院以外にも倉を設けている例があるから、[25]木簡の倉が倉垣院の倉とは断定できないが、倉垣院である可能性が最も高い。

醬殿は醬の醸造を行う施設で、神護景雲元年（七六七）十一月、国分二寺僧尼の食事に米塩のほか醬・酢・雑菜を供することが命令されているが、[26]この醬殿はこの命令によって置かれたものであろう。前述のように興福寺では醬殿が食堂院に置かれているから、但馬国分寺では大衆院に置かれたであろう。三綱炊屋は寺の役僧である上座・寺主・都維那の三綱のために炊飯する施設である。西大寺・興福寺の食堂院にある大炊屋は衆僧のための炊飯の施設であるが、三綱炊屋はそれとは別に特に三綱のために設けられたものであろう。西大寺の政所院にある厨三棟の中にそのようなものが含まれているかもしれない。政所が大衆院に含まれる但馬国分寺では大衆院に置かれたと考えられる。「政所院炊屋」ではなく「三綱炊屋」という表記をとっているところに、三綱が政所院という独自の院を形成していないことが読みとれる。

官坐は、二によれば三綱炊屋・鋳所と併記されているから、三綱・鋳所とは別なものであることが明らかである。類例を見つけられないのではっきりしないが、官の座席、あるいは官の居る場といった意味から推測すると、官を代表する国師あるいは国司の居る場であろうか。[27]国師は中央政府から派遣された僧官で、国内の僧尼の統轄、寺の資財の検校に当たり、国分寺に居して寺内の庶務に当たり、また後述のように国分寺の造営にも関与した。[28]ただし国師の居所は正倉院文書では「国師所」「国師務所」と呼ばれている。[29] 国司は国分寺の管理・維持の職掌を有し、[30] 後述のように造営・修営の責任者であった。院内については後に検討する。

次に寺の機構については目新しくはないが、二の三綱炊屋、一〇の僧の歴名や七の僧を差出者とする文書などから、当時すでに但馬国分寺に三綱が置かれ、僧が住していたことが確認できる。国分寺の三綱については天平神護二年（七六六）八月十八日官符に初見し（『類聚三代格』）、前述のように但馬国分寺ではその事務所は大衆院に置かれたと推測した。また国分寺には二十僧が置かれることになっていた。[31]

鋳所は鋳造を行う工房である。東大寺では造営を担当する造東大寺司に造仏所・木工所・造瓦所などとともに鋳所が所属し、鋳所には別当二人の下に将領、雑工（鋳工・銅工・轆轤工）、仕丁、雇夫が所属し、種々の鋳造に当たっていた。[32] 鋳所の活動は必ずしも造営に限るものではないが、五によれば鋳所が鐸の鋳造に当たり、また六によれば夫が働いている。これに加えて後述のＳＤ〇一中層から共伴した大量の手斧の削屑、木材片、木端、鞴の羽口などの遺物をあわせると、この二点の木簡は国分寺の造営に関するものと見られる。神護景雲元、二年ごろ造営事業が行われていたのである。

以上の木簡の検討によって、但馬国分寺では神護景雲元、二年ごろに、僧が居住し、三綱が置かれ、大衆院、倉垣院などの付属の院の建物が建てられ、寺院として活動していたこと、またそのころに造営が行われていたことが明らかになった。

四　木簡群と地区の性格

質量ともに豊富なＳＤ〇一の木簡群の性格と、ＳＤ〇一とＳＥ〇四が所在する地区の性格を考える。木簡群の性格とはそれが国分寺のどのような機構から廃棄されたものかということである。このことは一般的にはその遺構の近辺に所在した機構・施設の性格について明らかにすることになるが、ここでの問題はそう単純ではない。このような地区の性格の決定は、木簡だけでなく遺構やその他の遺物を総合的に考察することが必要であるが、現在未だ発掘調査が十分に行われていず検出した遺構は少ないので、ここでの議論は確定的なものにはならず、大体の見通しを得るに止まらざるを得ない。

ＳＤ〇一木簡と大衆院　木簡群の性格を考察するためには、文書簡の廃棄が差出側と充先側のいずれで行われたかを考えておく必要がある。一般的には文書簡は差出から充先に送られて廃棄されるが、なかにはさらに充先から差出に戻されて廃棄される場合もあるからである。この問題は簡単には決まらないが、ここではかりに一般的なあり方である充先側における廃棄という考えを前提に議論を進めたい。

ＳＤ〇一木簡群のように寺の日常的な事務に関わる内容のものは大衆院が関係すると考えられるが、次の木簡は具体的に大衆院を指し示している[33]。**六**の夫のための糟の請求文書はこの文書の充先が食料の調達に当たる機構であること、**五**の鋳所の荒炭請求文書、**四**の頂龍麻呂の米・赤豆の貸借請求文書は、これらの充先が物資・食料を管理している機構であることを示し、そのような機構として大衆院が考えられる。**五**は鋳所からの、**一八**は院内からの上申文書で、このように寺内の機構からの上申文書の充先としては政所を含む大衆院が相応しい。

次のものは以上のもののように積極的な論拠にはならないが、大衆院のものとして理解することはできる。一・二などの寺内の施設への人員の割り当ての文書は性格が明瞭でないが、これらのことに関する大衆院への報告と考えることが可能である。三の運送に関する文書も同様の大衆院への報告と考えられよう。二〇〜二一の米の荷札、二二の銭の荷札などは米・銭を大衆院で消費する段階に廃棄されたものと考えられる。

前述のように、この木簡群には鋳所、夫に関する文書など造営に関するものがあり、また手斧の削屑などがともに出土しているので、この木簡群を造営に関わる機構から廃棄されたものとするのも一案であるが、他の多くの木簡を造営の観点から理解するのは困難であろう。一・二など寺内にわたる諸施設への人員の配置に関する木簡は造営の観点からは理解できない。

ところで一・一八にみえる院内については、一八によれば文書の発給主体になっているから何らかの組織があったと考えられる。一によれば倉や醬殿と併記されているからそれらが属する院、すなわち倉垣院や大衆院とは異なる院であると思われる。さらに一八は院内を差出とし、政所を含む大衆院を充先とする上申文書と考えられる。これらの諸点によれば、院内は大衆院以外で、政所を含む大衆院よりも下級の組織と推定され、そのような組織として僧房院の組織が想定される。(34) これによれば但馬国分寺には神護景雲元年、二年ごろに僧房院が存したことになる。

SD〇一木簡は大衆院から廃棄されたものと推定されるが、大衆院の所在をSD〇一の所在する寺域東南隅に限定して考えることはできない。SE〇四付近が大衆院と考えられるからである。

SE〇四の地区と大衆院　SE〇四付近を大衆院と考える根拠は次の通りである。すなわち、(1) SE〇四の下層から大衆院を示すと考えられる「大院」の墨書須恵器が出土したこと。「大院」の墨書が、土器が大衆院所属のものであることを示すためのものと解釈すれば、出土地近辺が大衆院と考えられる。(2) これまでに但馬国分寺跡で発見した井戸のなかで、SE〇四の井戸が最も大きく構造上も優れていて、食事を調進する大衆院の井戸に相応しいこと。（3）SE〇四の位置は伽藍中枢部の外であるが、講堂院が推定される地区の東に隣接する地区で、SD〇一が所在する寺域東南隅にくらべて、大衆院のある場所として相応しいことなどである（第29図）。

出土木簡が少ないのでそれを根拠にすることは難しいが、三九借用帳や造寺料出納帳の文書が存在していることは大衆院に相応しく、供料や人員の管理に関する記録簡三七・三八があることは大衆院と矛盾するものではない。

大衆院と造営現場　SD〇一木簡もSE〇四とその遺物も大衆院を指し示しているが、両者の関係はどのように考えたらよいか。私は、大衆院に相応しい大規模な井戸SE〇四があること、全体の寺域における位置について寺域東南隅よりSE〇四の地域が相応しいことから見て、大衆院、またはその中心部はSE〇四の近辺にあり、ただしその地区と寺域東南隅は何らかの形で行き来できる構造であったと考える。SD〇一木簡はSE〇四付近の大衆院に保管されていたものを、SD〇一までもっていって廃棄したと考えるのである。いくつかのあり方が考えられるが、一つは大衆院がSE〇四とSD〇一を含む広さのものとみる考え、二つは大衆院はSE〇四付近の狭い地域であるが、SD〇一の地域と行き来できる構造と見る考えである。SE〇四とSD〇一は約九五メートル離れているが、大衆院あるいはその中心部が講堂と中門を結ぶ回廊の東側の地域まで含んでいたと想定すればもう少し近くなる。

そしてSD〇一近辺には造営の現場があったと考える。その根拠は次の通りである。すなわち（1）SD〇一の中層からは木簡とともに大量の手斧の削屑、木材片、木端が出土し、これらの遺物はこの付近で木材の加工を行っていたことを示し、この付近に木材加工の造営現場の存在を推定できる。（2）SD〇一から鞴の羽口が出土し、そこから離れたA区では焼け面を検出し坩堝片が出土した。鞴の羽口、焼け面、坩堝片は鋳所と直接的に関係し、この寺域東南隅に鋳所の所在が推定できる。（1）（2）の遺物はSD〇一出土の五・六とあいまって神護景雲元、二年ころの造営事業に関わる遺物である。（3）A区の外溝SD〇二出土の平安前期の三五材木進上文書は造営に関するものである。寺域の外からの出土であるが、この木簡は造営現場が平安前期にも奈良時代を引き継いで寺域東南隅に所在したことを示すと考えられる。これら三点から寺域東南隅に材木の加工や鋳造に当たる鋳所などの造営の現場が所在したと推定する。

国分寺の造営・修造のためには都の大寺のように造寺司は置かれず、基本的に国司が責任者として当たり、郡司も担当し、国師も検校という形で関与した。従ってこの造営の現場は国司の管轄する機構に属するものであろう。[35]

ＳＤ〇一をごみ捨て場として寺域東南隅にあった造営現場の木材片などを廃棄するに当たって、ＳＥ〇四付近に所在した大衆院に保管されていた木簡を一緒に廃棄したと推測する。

この各地区の性格については前述したように確定的なものではなく一つの推定に止まる。

五　但馬国分寺と諸国国分寺の創建

但馬国分寺跡の発掘においては、造営を考えるための年代をともなった史料が出現している。実はこのことは国分寺の創建造営の問題にとってすこぶる重要な意味を持っている。というのは、国分寺の造営については『続日本紀』などからおおよそのことが知られるものの、個々の国分寺についていつころ造営が完了して成立したかについて分かる例が少なく、それも確実な年代によるものでないからである。そのような意味で、本国分寺で年代が明らかで具体的な状況を示す木簡をはじめとする史料が出現したことの意義は大きい。ここでは諸国の国分寺の創建造営の過程をふまえて但馬国分寺の問題について考えてみたい。

第43表　国 分 寺 年 表（奈良時代）

	年　次	事　　項
第一期	天平9（737）	3　諸国に丈六釈迦三尊像の造立と大般若経の書写を命ずる。
	12（740）	9　藤原広嗣の乱
	13（741）	1　藤原不比等返上の封戸3000戸を諸国国分寺の造釈迦像料にあてる。 3　諸国国分二寺の建立を命ずる。国分寺の造営・運営の要目を定める。
	15（743）	10　盧舎那大仏造営を発願する。
	16（744）	7　正税を割いて国分二寺の造寺料にあてる。10　国師が国分寺造営を検校し、用粮・造物を僧綱所へ申告することを命ずる。
	18（746）	9　恭仁宮大極殿を山背国分寺に施入する。
	19（747）	11　国分二寺の造営を督励し、3年以内に塔・金堂・僧房の完成を命ずる。以前に加えて、国分僧寺90町、尼寺40町の寺田を施入する。
第二期	天平勝宝1（749）	5　上野・尾張・伊予国分寺に豪族が知識物を貢献する（国分寺知識物貢献の初見）。7　諸寺の墾田額を定める（諸国国分寺・大倭国法華寺1000町、諸国国分尼寺400町、東大寺4000町）。
	8（756）	5　聖武太上天皇崩ずる。6　七道諸国に使工を派遣して国分寺釈迦像の造営状況を催検する。造営を督励し、来年の聖武一周忌斎会までに釈迦像・金堂・塔の完成を命ずる。12　**但馬国など26国に聖武一周忌斎会に用いる荘厳具を頒下する。**
	天平宝字1（757）	7　橘奈良麻呂の乱。　**2**　天平勝宝9歳～宝亀元年9月
	3（759）	11　諸国に国分二寺図を頒下する。
	5（761）	6　国分尼寺に阿弥陀丈六像・脇侍菩薩像の造立を命ずる。
	7（763）	**但馬国分寺の井戸 SE04 の用材を伐採。**
第三期	8（764）	9　恵美押勝の乱。11　国分寺の造寺料物の使途を朝集使に付し報告させる。寺封・地子などの管理を国師にゆだねる。
	天平神護2（766）	8　国分二寺の買奴婢・寺田の管理、国分尼寺の尼の布施・供養法を定める。国分寺の修理は造寺料稲をもって行うことを命ずる。9　諸国官舎の修理に准じて国分二寺の修理を毎年朝集使に付して報告させる。　**12**天平神護
	神護景雲1（767）	11　再び国分寺の塔・金堂の修理を命ずる。国分二寺の僧尼に米・塩のほか醤・酢・雑菜をもって供養させる。 **4**天平神護3年正月、**3**同年5月、**1**神護景雲元年11月以降
	2（768）	3　佐渡造国分寺料稲を越後国から運ぶのをやめ、佐渡国田租をあてる。　**5**神護景雲2年4月
	3（769）	9　尾張国、大水のため鵜沼川の河道変り、国府・国分二寺漂損のおそれが生ずる。
	宝亀3（772）	9　この頃、出雲国に大・少国師造寺専当僧みえる。 **39**宝亀3年・4年

	6（775）	8　伊勢・尾張・美濃国で大風雨のため国分寺・諸寺の塔19が損壊する。
	8（777）	7　**但馬国分寺の塔に落雷する。**
	延暦2（783）	4　国分寺僧の死闕の替には当土の僧の法師たるにたえる者を補すことを命ずる。

(1)事項の文頭の数字は月を示す。
(2)但馬国分寺関係はゴシックで示した。
(3)但馬国分寺出土の年紀木簡を記した。ゴシック数字は木簡番号。
(4)井上薫『奈良朝仏教史の研究』を参考にして作成した。

諸国国分寺の造営過程　天平十三年の国分二寺建立の勅以降、諸国の国分寺の造営は容易に進捗しなかった。井上薫氏は奈良時代後半を三期に区分して国分寺の成立について論じているので、[36] それに基づいて第43表に国分寺の成立について整理した。

第一期　天平九年（七三七）～同二十年（七四八）

天平九年（七三七）三月諸国に釈迦三尊の造像と大般若経の書写が命じられ、[37] 国分寺建立の発端となる。次いで同十三年（七四一）三月、国分僧・尼寺の建立やそれにともなう一連の命令が出され、[38] いよいよ造営が開始される。この時期には天平十三年正月造釈迦像料として食封三千戸を施入し、[39] 同年三月僧・尼寺に各十町の寺田を施入し、[40] 同十六年（七四四）七月同じく僧・尼寺に造寺料として各二万束の正税出挙本稲を施入するなど、[41] 造像・造寺などのための経済的基盤の整備が図られている。しかし造営がどれほど進捗したかは疑わしく、天平十九年（七四七）十一月にははじめて造営の遅延について諸国司らを責め、道別に造営状況の検察のために使者を派遣するとともに、勇幹なる郡司に造営を主当させ、三年以内に塔・金堂・僧坊を完成することを命じた。[42]

第二期　天平感宝元年（七四九）～天平宝字七年（七六三）

この時期には天平勝宝八歳（七五六）五月の聖武太上天皇の崩御にともなって、さらに造営が督励され、中央からの直接的な指導が強化された。一方地方豪族の国分寺への知識物の貢献が見られ始める。

天平勝宝八歳六月使工を七道に派遣して丈六仏像（釈迦像）の造立状況を催検し、また造像を指導させ[43]、さらに同月、翌年五月の聖武太上天皇の一周忌斎会までに仏像（釈迦像）・仏殿（金堂）・塔を完成させることを命じている[44]。天平宝字三年（七五九）十一月には「国分二寺図」が頒下されている[45]。国分寺への知識物の貢献は天平感宝元年（七四九）五月に初見し[46]、それ以後宝亀元年（七七〇）四月まで、飛驒・上野・尾張・伊予・美濃国分寺など九例が見られる。

井上氏の指摘のようにこの時期にはかなり造営の進捗した国分寺もあった。天平勝宝八歳の造営の督励命令では「如有二仏像并殿已造畢一者、亦造レ塔令レ会二忌日一」とあり[47]、仏像・金堂の完成した国もあったと思われる。また後述のように、第三期の天平神護二年（七六六）、神護景雲元年（七六七）には早くも塔・金堂の修理の問題が生じていることからも、第二期の造営の進捗が推定できる。天平宝字三年（七五九）の「国分二寺図」を伽藍配置図や地割図と見て造営の遅れを指摘する考えもあるが[48]、この図については室内の荘厳図とする解釈も可能である[49]。後述のように、伽藍全体の完成には程遠かったにしろ、天平宝字元年（七五七）五月の聖武太上天皇の周忌斎会をめざして、金堂・塔の造営が進められた国分寺もあったのである。

第三期　天平宝字八年（七六四）～延暦三年（七八四）

この時期には金堂や塔の修理に関する命令が出され、また僧尼の供養や寺の資財・奴婢に関する法令から国分寺の人的・物的機構が整えられている様子がうかがえ、さらに具体的な国分寺の建物についての記事も見られ、造営はかなりの程度進んでいると思われる。

建物の修理については、まず天平神護二年（七六六）八月塔・金堂の修理に造寺料稲を当てることを命じ[50]、次いで同二年九月国分二寺の修理の舎屋の数について国府の官舎の修理と同じく毎年朝集使に付して報告することを命じ[51]、さらに神護景雲元年（七六七）十一月塔・金堂の修理の怠緩に関して国司を戒めている。[52] 天平神護二年八月、神護景雲元年十一月のいずれの格でも、当時すでに塔・金堂の朽損するものがあったことを述べており、塔・金堂が完成後かなりの歳月を経たことがうかがわれ、このことから第二期における塔・金堂の造営の進捗を推定したのである。前述のように塔・金堂は国分寺の造営の中で特に督励されており、この時期に早期に完成された塔・金堂の朽損が問題になる国が出てきたのであろう。

具体的な国分寺の建物については宝亀六年（七七五）八月伊勢・尾張・美濃国で大風雨のために「国分并諸寺塔十九」が壊れることがあり、[53] 同八年（七七七）七月には本論で問題としている但馬国分寺塔に落雷したことが見えており、[54] これらの国分寺で塔がすでに完成していたことが明らかである。

以上のように国分寺の造営は三期に分けて跡づけられる。但馬国分寺は宝亀八年以前に確実に塔が完成していた。このような中で但馬国分寺の創建造営はどのように位置づけられるであろうか。

但馬国分寺の創建　但馬国分寺の造営の年代を考える史料は、すでにふれた次のものである。

A　天平宝字八年・天平神護元年（七六四・七六五）ころ　大衆院と推定される地区の井戸SE〇四が建造された。

B　神護景雲元年・二年（七六七・七六八）ころ　僧が居住し三綱が置かれ、大衆院・倉垣院・僧房院などの付属の院の建物が建てられ、寺院として活動していた。また鋳所が活動し造営が行われていた。

C　宝亀三年・四年（七七二・七七三）　三九造寺料出納帳の存在。

D　宝亀八年（七七七）　塔に落雷する。

これらのなかで最も注目すべきは、Bの神護景雲元年・二年時点に大衆院、倉垣院、僧房院などの付属の院の建物が建てられていたことである。そしてこれらの付属の院の造営年代を決定するために注目されるのが、Aの大衆院と推定される地区の井戸の天平宝字八年・天平神護元年ころという建造年代である。これは大衆院の施設の一つの建造年代を示す。ただしこの井戸が大衆院の最初の井戸であるという確証はないので、これは大衆院の建造年代の下限と見るべきであろう。その他の付属の院の建造年代もだいたいこれと同時期と考えていいだろう。

前述のごとく、国分寺の造営は仏像・金堂・塔の造営が先行して進められていたから、このような倉垣院、大衆院、僧房院などの付属の院が完成していることから見て、すでに天平宝字八年、天平神護元年以前に塔・金堂などの伽藍中枢部は完成していたと考えられる。それら伽藍中枢部の完成の時期は、Aの八、九年前の天平勝宝八歳（七五六）十二月の但馬国など二六国への荘厳具の頒下のころと推定する。

『続日本紀』天平勝宝八歳十二月己亥条

越後、丹波、丹後、但馬、因幡、伯耆、出雲、石見、美作、備前、備中、備後、安芸、周防、長門、紀伊、阿波、讃岐、伊予、土佐、筑後、肥前、肥後、豊前、豊後、日向等廿六国、国別頒㆓下灌頂幡一具、道場幡卌九首、緋綱二條㆒、以充㆓周忌御斎会荘餝㆒、用了収㆓置金光明寺㆒、永為㆓寺物㆒、随㆑事出用之、

聖武太上天皇の一周忌斎会の荘餝に用いるために、灌頂幡・道場幡・緋綱などの荘厳具を但馬国など二六国に頒下し、斎会が終わったら金光明寺（国分寺）の寺物として用いよというのである。井上氏が指摘するように、これら二六国が特に荘厳具の頒下に預かったのは他の国よりも国分寺の造営が進捗していたからと考えるのが妥当である。

この荘厳具の頒下の命令は、天平勝宝八歳五月二日の聖武太上天皇の崩御から翌年同日に予定された周忌斎会までの一連の動きの中に位置づけられる。

天平勝宝八歳五月乙卯（二日）　聖武太上天皇崩御。

六月乙酉（三日）　七道諸国に使工を派遣して国分寺の釈迦像の造立を検査し督促させる。

六月壬辰（十日）　来年の聖武の忌日までに必ず釈迦像・仏殿（金堂）を完成し、それらが完成した国ではさらに塔も完成させよ。

六月甲辰（二十二日）　周忌斎戒を行う東大寺大仏殿の歩廊を、明年の忌日までに六道諸国に命じて完成させせよ。

十二月己亥（二十日）　荘厳具を二六国に頒下する。

天平宝字元年五月己酉（二日）　東大寺で聖武の周忌斎会を行う。

五月の聖武の崩御によって翌年に周忌斎会を東大寺で催し、彼自身が発願者であった諸国国分寺でも斎会を設けることが予定され、六月に使工を派遣して国分寺の造営状況を視察させ、忌日までに釈迦像・金堂、さらに塔を完成することを督励した。十二月に至って、帰京した使工の報告に基づき、すでに釈迦像・金堂が完成しているか、あるいは忌日までに完成する予定で、斎会を設けることができる国を選択し、荘厳具の頒下が命じられたと考えられる。以上によれば、但馬国分寺は、天平勝宝八歳（七五六）の時点で釈迦像、金堂、さらにいえば塔が完成したか、それに近い造営状況であったと考えられる。天平十三年（七四一）の国分二寺建立の詔から十五年後である。

この後はAによって、大衆院・倉垣院・僧房院などの付属の院が遅くも天平神護元年（七六五）ころまでに建造されていたと考えられる。天平勝宝八歳（七五六）から九年後である。

C神護景雲元年、二年（七六七、七六八）、D宝亀三年、四年（七七二、七七三）の造営は、Cの時点で大衆院・倉垣院・僧房院などが存していること、この時期は天平神護二年（七六七）をはじめとして塔・金堂の修理が問題になり始めていたことから見て、創建の造営ではなく修理のための造営であると考える。(55) 神護景雲元年、二年は天平勝宝八歳（七五六）から十一、十二年後である。Dの三九の「造寺料」は新造を意味するように思われるが、天平神護二年（七六六）八月十八日官符では「造寺料稲」を塔・金堂の修理に充てることにしているから（『類聚三代格』）、修理料稲と考えてよい。

第44表　天平勝宝八歳の荘厳具頒下国

道	頒下国	非頒下国	比率
北陸道	越後	若狭　越前　越中　佐渡	1／5
山陰道	丹波　丹後　但馬　因幡　伯耆　出雲　石見	隠岐	7／8
山陽道	美作　備前　備中　備後　安芸　周防　長門	播磨	7／8
南海道	紀伊　阿波　讃岐　伊予　土佐	淡路	5／6
西海道	筑後　肥前　肥後　豊前　豊後　日向	筑前　大隅　薩摩　壱岐島　対馬島　多褹島	6／12
計	26国	13国	26／39

比率は道ごとの総国数に対する頒下国の比率。

諸国国分寺の創建　但馬国分寺に関して、神護景雲元年、二年の木簡群、井戸の建造年代をもとに天平勝宝八歳（七五六）の記事を生かして、天平勝宝八歳に伽藍中枢部が完成に近いと考えられたことは、諸国国分寺の創建造営を考察する上で重要である。すなわち天平勝宝八歳条に但馬国とともに、荘厳具を頒下される国としてあげられた二五国の国分寺も、同じく釈迦像、金堂、さらに塔が完成したか、完成に近い造営状況であったと考えられるのである。

第44表は天平勝宝八歳時点の諸国島を天平勝宝八歳条の荘厳具頒下国とそうでない国に区別し、道別に頒下国の比率を出したものである。この表の通り頒下国には畿内・東山道・東海道の諸国が含まれていない。これは、この畿内二道の諸国の造営が遅れていたからではなく、井上氏の指摘のように頒下国の選択に畿内二道は除くという方針があったのか、あるいは史料は残されていないがこの時と時期を違えて頒下したかのいずれかであろう。従って畿内二道の諸国はここでの考察から除かなければならない。

五道の諸国については、個々の国分寺に関して検討しなければならないが、天平勝宝八歳時点において、頒下国の二六国は伽藍中枢部が完成しつつあり、非頒下国の十国三島は未完成であったと、一応推測できる。頒下国の比率を出すと二六÷三九＝六七パーセントである。頒下国は造営進捗国と考えられるが、非頒下国は造営状況とは別な理由で頒下国から除かれたものがある可能性もある。例えば、非頒下国の越前国分寺は天平勝宝六、七年（七五四、七五五）に公廨米が置かれていた記録があり、すでに活動を始めていたかもしれない。[56] そうだとすれば造営進捗国の比率は右記よりも高くなる。天平勝宝八歳（七五六）は国分二寺の建立の詔が発令された天平十三年（七四一）から十五年経過しているが、ほぼ七〇パーセントの国の造営が進捗していたというのはかなりの進捗度と言えよう。[57]

以上の考えは、井上氏が『続日本紀』などから考察したことを受け継いで、但馬国分寺の木簡群をはじめとする調査成果によって補強したに過ぎない。これまで個々の国分寺の造営年代については、山背国分寺について天平十八年（七四六）九月に恭仁宮大極殿を施入し、近江国分寺について天平勝宝三年（七五一）十二月に甲賀宮国分寺が見えるなど特別の国分寺についてその造営時期が推定され、また武蔵国分寺がその文字瓦の郡名に天平宝字二年（七五八）建置の新羅郡のみが見えないことから同年以前に、陸奥国分寺が創建瓦の年代から天平神護三年（七六七）以前に推定されていた。これらに対して但馬国分寺の発掘の成果は、伽藍中枢部と大衆院などの付属の院のそれぞれの造営年代も明らかにし、さらに天平勝宝八歳（七五六）の記事を通して、他の国分寺の造営年代を推定することができるという点で大きな意義をもつものである。但馬国分寺木簡が同国分寺だけでなく、国分寺一般の問題を考察するために重要であるという所以である。

第45表　木簡にみえる氏姓

氏　姓	名　前	備　考
赤染部	得麻呂 **2**	赤染部大野(朝来郡桑市郷*)
采　女	農万呂 **1**	采女直真嶋など(二方郡波大郷*)
刑　部	小　川 **2**	刑部多祁(二方郡宮斗郷、平城概報19－34頁)、刑部宿禰(美含郡・天慶2年5月22日官符、類聚符宣抄)、小坂郷・小坂神社(出石郡)、男坂神社(養父郡)
大生部	弓　手 **2**	大生直山方(出石郡穴見郷*)、大生部兵主神社(出石郡)、大生部匚コ(***)
語(部) **1**		語部広麻呂(養父郡老左郷・天平勝宝7歳、平城宮木簡2－2715号)、語部氏守(養父郡**)
川　人**25**	稲刀自女・小山・山人 **1**	川人部広井(気多郡・延暦3年、続紀)
私　部	宇万呂 **2**、広床女 **3**、庭足**22**(二方郡温泉郷)	私部意嶋など(気多郡余部郷・天平宝字6年、日古16－58頁)
日下部	大万呂 **2**、倉主女 **1**	日下部米□(出石郡***)、日下部良氏(美含郡・貞観17年、三代実録)
己西部	乙万呂**21**	許世部八嶋(出石郡少坂郷・天平8年、平城概報22－38頁)
雀　部	乙　江 **2**	雀部国富(養父郡**)
宗我部毗登 **2**		宗賀部乳主(出石郡少坂郷*)
楯縫部毗登	桑　人 **4**	楯縫首倉継(養父郡**)、楯縫神社(養父・気多郡)
土　師 **2**		
土師部	山　広**35**	土師部美波賀志(出石郡穴見郷*)
日　置 **2**		日置部小手子(美含郡・貞観17年、三代実録)、日置部是雄(気多郡・元慶3年、同上)、日置郷(気多郡)、日置神社(気多郡)
六人部	□　磐 **4**	六人部匚コ(出石郡***)
物部 **2**・**3**	入鹿 **5**、乙日 **2**、宿太万呂・□□ **3**	物部神社(城崎郡)
東方部	文　月 **2**	
東方部公	磐　倉 **2**	
會　見	大　国 **1**	
會見部	大　国 **3**	
頂	龍麻呂 **4**	
浄　人	乙　女 **1**	
高向部	綿万呂 **2**	
仕　丁	国万呂 **1**、国嶋 **3**	
丈　部	子万呂 **1**	

茨　田	宮　継(墨書土器)	
水取部**2**	真　梶**2**	
養　父	田次万呂**23**	

(1)ゴチック数字は但馬国分寺木簡の番号。
(2)備考欄には他の史料によって知られる但馬国の氏姓、また関連する郷名(『倭名類聚抄』)、神社名(『延喜式』神名帳)を掲げた。
(3)出典は次の略記・略号を用いた。
平城概報19＝奈良国立文化財研究所『平城宮発掘調査出土木簡概報』19
日古16＝『大日本古文書』編年16
*＝天平勝宝2年但馬国司解(『大日本古文書』編年3－355頁)
**＝元慶7年観心寺勘録縁起資財帳(『大日本古文書』家わけ第6観心寺文書)
***＝兵庫県出石郡出石町・袴狭遺跡木簡(『木簡研究』11号)

六　木簡にみえる氏姓

第五次調査出土の木簡・墨書土器によって多くの人名が知られた。国分寺らしく数名の僧の名とともに(七・一〇)、二九氏におよぶ氏姓が見られ、これを第45表にまとめた。本貫地の明らかなのは三二方郡温泉郷私部庭足のみであるが、これらのものは何らかのかたちで但馬国分寺に関係したもので、その多くは但馬国を本貫とするものである可能性が高い。二九氏中赤染部氏から物部氏までの一七氏は他の史料によって但馬国における所在が確認できるが、東方部氏以下の一二氏はこの木簡によってのみ但馬国との関係がうかがえるものである。特に東方部・東方部公氏、会見氏、仕丁氏、高向部氏、頂氏、養父氏の七氏は初見の氏姓である。

おわりに

これまでの考察を要約してむすびとする。
(1)寺域東南隅のSD〇一の出土木簡三四点は一括遺物で、神護景雲元年、二年(七六七、七六八)ころのものである。SD〇一木簡から、神護景雲元年、二年ころ但馬国分寺では僧が居住し三綱が置かれ、大衆院、倉垣院、僧房院など付属的な院の建物が建てられ、寺院として活動していたことが明らかになった。

（2）大衆院は、SE〇四を含む地区に所在し、SD〇一のある寺域東南隅には木材の加工や鋳所などの造営の現場が所在した。SD〇一木簡は大衆院で保管されていたもので、SD〇一をごみ捨て場として造営現場の木片などが廃棄されるのとともに廃棄された。

（3）但馬国分寺では神護景雲元年、二年ころ付属の諸院が完成していたことから、天平勝宝八歳（七五六）ころ釈迦像、金堂、さらにいえば塔が完成したか、それに近い造営状況であったと考えられた。大衆院、倉垣院、僧房院などの付属の院は、大衆院の井戸SE〇四の建造年代から天平神護元年（七六五）を下限とする時期に建造された。

（4）天平勝宝八歳条に但馬国とともに、聖武太上天皇の周忌斎会の為の荘厳具を頒下された五道の二五国は、その時点で但馬国分寺と同じ造営状況であった。造営の進捗国の比率は七〇パーセントほどである。

（5）木簡・墨書土器から但馬国に本貫をもつと推定される二九氏の氏姓が知られた。そのうち一二氏はこの木簡によってのみ但馬国を本貫とすることが知られるものであり、また七氏は初見の氏姓である。

注

（1）兵庫県城崎郡日高町教育委員会『但馬国分寺木簡』（日高町文化財調査報告書第五集、一九八一年）は、第五次調査木簡に関する報告書である。私は同書の総説の第二章の三、第三章、釈文を執筆した。同書と考えを改めた主な点については注でふれる。

（2）祢布ガ森遺跡はこれまで祢布ガ森西遺跡と東遺跡に分けて報告されていたが、両遺跡とも古代の遺構があるので一つの遺跡として扱われるようになった。一九九六年三月現在、祢布ケ森遺跡からは木簡が一〇点、漆紙文書一点（『木簡研究』九・一六、一九八七・一九九四年。日高町教育委員会『祢布ガ森遺跡　日高町文化体育館建設に伴う発掘調査』日高町文化財調査報告書第一〇集、

一九九〇年）、深田遺跡からは三六点（『木簡研究』八・九、一九八六・一九八七年、木簡学会編『日本古代木簡選』56深田遺跡、今泉隆雄執筆、一九九〇年）、川岸遺跡から一点が出土している（『木簡研究』七、一九八四年。日高町教育委員会『川岸遺跡発掘調査概報一九八五』、日高町文化財調査報告書第七集、一九八六年）。

(3) 但馬国分寺跡の調査については、兵庫県城崎郡日高町教育委員会『但馬国分寺跡Ⅰ　昭和四八年度調査概報』（日高町文化財調査報告書第一集、一九七五年）が刊行され、同『日高町史　資料編』考古編　第五章歴史時代　但馬国分僧寺（櫃本誠一執筆、一九八〇年）、角田文衛編『新修国分寺の研究』第四巻　山陰道と山陽道の第三「但馬」（武藤誠執筆、一九九一年）、日高町教育委員会『但馬国分寺展――一二五〇年の歴史を歩く――』（加賀見省一編集・執筆、一九九四年）にそれぞれ調査成果がまとめられている。ことに『但馬国分寺展』は展覧会の図録であるが、これまでの調査成果が豊富な図版を用いて、分かりやすくまとめられており、有用である。

(4) 以下の記述は、注(1)『但馬国分寺木簡』総説第二章による。

(5) 第一六次調査と出土木簡については『木簡研究』一二の「一九八九年出土の木簡」の「兵庫・但馬国分寺跡」（加賀見省一執筆、一九九〇年）に報告されているだけである。以下の記述はこれによる。

(6) 光谷拓実「年輪による年代測定法」（木下正史ほか編『新版　古代の日本一〇　古代史料研究の方法』所収、一九九三年）。

(7) 奈良国立文化財研究所『平城宮木簡三』第三表（一九八一年）。

(8) 本書第一編第三章。

(9) 竹内理三『奈良朝時代に於ける寺院経済の研究』第二章第一節（一九三二年）。

(10) 各寺の依拠史料は、大安寺は天平十九年（七四七）大安寺伽藍縁起并流記資財帳、法隆寺は同年法隆寺伽藍縁起并流記資財帳、西大寺は宝亀十一年（七八〇）西大寺資財流記帳（以上、『寧楽遺文』中巻）、薬師寺は長和四年（一〇〇二）薬師寺本薬師寺縁起（藤田経世編『校刊美術史料』寺院編中巻）、興福寺は興福寺流記（『大日本仏教全書』興福寺叢書一）である。

(11) 薬師寺縁起には天平・宝亀の流記資財帳、永保二年（一〇八二）の勘文所引の「新録」などが引用され、各時点の同寺の状況が知られる。各時期の伽藍の復原については福山敏男・久野健『薬師寺』Ⅲ（一九五八年、福山執筆）参照。

(12) 資財帳に記す政屋のうちの一棟の建物の寸法が現在の食堂に近似するので、政屋は現在の食堂に当たるかと推測されている（浅野清『昭和修理を通して見た法隆寺建築の研究』中篇第六章第三節、一九八三年)。食堂は西院伽藍の東部にあり、太衆院はこの付近に所在したと思われる。

(13) 額田寺伽藍並条里図に関する新しい成果として、古瀬奈津子「『額田寺伽藍並条里図』復原複製のできるまで」(国立歴史民俗博物館編『荘園絵図とその世界』、一九九三年)、石上英一「古代荘園図」(木下正史ほか編『新版　古代の日本一〇　古代資料研究の方法』、一九九三年)、山口英男「大和b額田寺伽藍並条里図」(金田章裕ほか『日本古代荘園図』、一九九六年)がある。条里図は東京大学史料編纂所編『日本荘園絵図聚影三　近畿二』の二七、前掲『荘園絵図とその世界』カラー図版四五・四七、白黒図版四六、特に図の文字については『日本古代荘園図』二四八頁の図を参照。この図の作成年代については、石上論文は天平宝字五年(七六一)の班田の時とし、山口論文は天平勝宝八歳(七五六)を上限として天平宝字年間をさほど下らない時期とする。

(14) 注(13)山口論文。

(15) 某寺三綱務所の例は、東大寺三綱務所(『大日本古文書』五―五二五頁ほか)、興福寺三綱務所(同四―一八〇頁ほか)、観世音寺三綱務所(同一五―九八頁)ほか多数。某寺務所の例は、東大寺務所(同三―五八四頁ほか)、大安寺務所(同二三―六一六頁)ほか。僧綱務所は同三―六二一頁ほか。国師務所は同六―三八九頁。造東大寺司務所は同三―一一一頁ほか。写経司務所は同一四―一七一頁。勅旨省務所は同五―六九三頁。藤原夫人家務所は同四―三八頁。東生郡務所は同五―七〇一頁。

(16) 「務」については『類聚名義抄　観智院本』(天理図書館善本叢書)僧上四三オ(八九頁)、「政」については同・僧中二八ウ(二〇八頁)を見よ。いずれも「マツリコト」の訓がある。政所＝マンドコロはマツリゴトドコロの転かという(中田祝夫ほか『古語大辞典』一五四六頁)。なお吉田孝「トコロ覚書」(青木和夫先生還暦記念会編『日本古代の政治と文化』、一九八七年)はすでに「務所」が「政所」と同じ意味であることを指摘している。

(17) 上総国分寺の「講院」「東院」は同寺出土の墨書土器による。ほかに機構・施設を示すものとして「薗」「西館」「厨」「経所」がある。高橋康男「上総国分寺」(関東古瓦研究会『シンポジウム　関東の国分寺――在地からみた国分寺の造営――資料編』、一九九四年)。

(18) 下総国分寺の「講院」「一院」「院」は同寺出土の墨書土器による。ほかに「造寺」「造」などもある。山路直充「下総国分寺」(注17前掲書)。

(19) 武蔵国分寺の「中院」は法隆寺蔵承和十四年（八四七）大菩薩蔵経巻十三奥書。『平安遺文』題跋編三七号。

(20) 武蔵国分尼寺の「東院」は九世紀中頃の須恵器坏の墨書による。有吉重蔵「武蔵国分寺」（注17前掲書）。

(21) 上野国分寺の「大衆院」は長元三年（一〇三〇）上野国交替実録帳に「無実」として「大衆院／仮屋一宇」とみえる。前沢和之氏によれば、大衆院の仮屋一宇が長元三年、その前の国司交替の万寿元年（一〇二四）、さらにその前の寛仁四年（一〇二〇）に「無実」すなわちすでに無くなっていた（「『上野国交替実録帳』国分寺項について――その作成過程と上野国分寺をめぐる二、三の問題――」『群馬県立歴史博物館紀要』一、一九八〇年）。同帳は『平安遺文』九巻四六〇九号、国分寺項は前沢論文に翻刻する。「東院」は僧寺と尼寺の中間地区から出土した九世紀後半の須恵器の墨書による。木津博明「上野国分寺」（注17前掲書）。

(22) 下野国分寺の「講院」「読院」「上院」は同寺僧房の北から出土の九世紀の墨書土器による。大橋泰夫「下野国分寺」（注17前掲書）。大金宣亮「出土資料、その状況資料と文字資料」（『栃木史学』一〇、一九九六年）。

(23) 出土墨書土器による。宮本敬一「墨書土器から見た国分寺の講師院と読師院」（『日本通史月報』二二、一九九五年）は国分寺出土の「講院」「読院」墨書土器を集成し、講院は講師院、読院は読師院の略記であることを指摘している。

(24) 『但馬国分寺木簡』では、中小規模の寺院において政所が大衆院に含まれることを重視せず、国分寺の院の構成を都の大寺と同じく政所院と大衆院が存するものと考え、醤殿は大衆院、三綱炊屋は政所院に属するものとした。

(25) 大安寺では大衆院・禅院、西大寺では食堂院、額田寺では大衆院に、それぞれ倉を置いている。

(26) 『類聚三代格』神護景雲元年十一月十二日勅。

(27) 『但馬国分寺木簡』では官坐について不明としている。

(28) 井上薫『奈良朝仏教史の研究』第五章第二節（一九六六年）。

(29) 「国師所」は『大日本古文書』六―六〇四頁、二四―六〇三頁、「国師務所」は同六―三八九頁。

(30) 『類聚三代格』天平十三年二月十四日勅、『続日本紀』天平十三年三月乙巳条。

(31) 『類聚三代格』天平十三年二月十四日勅、『続日本紀』天平十三年三月乙巳条。

(32) 竹内理三『日本上代寺院経済史の研究』五〇頁。『大日本古文書』五―一九八頁、四―三七三頁。

(33) 『但馬国分寺木簡』では木簡群の性格を政所院あるいは大衆院に関わるものと考えている。

(34)『但馬国分寺木簡』では院内について政所院を指す可能性を指摘している。
(35)創建の造営については天平十三年（七四一）の国分二寺建立の詔で国司が造営の担当者とされ（『続日本紀』天平十三年三月乙巳条の詔、『類聚三代格』同年二月十四日勅）、同十九年（七四七）十一月に国分寺造営の遅延について国司が責められている（『続日本紀』天平十九年十一月己卯条）。造営の遅延の中で同十六年（七四四）十月国師が造営の検校に加わり（『類聚三代格』天平十六年十月十七日勅）、さらに同十九年十一月国司と国師の下で勇幹の郡司を塔・金堂・僧坊の造営に専当させた。国師が造営に当たった実例として宝亀三年（七七二）九月二十三日出雲国国師牒に大国師兼造寺専当満位僧、少国師兼造寺専当満位僧が見える（『大日本古文書』六―三九八頁）。修造についても同様で、天平神護二年（七六六）九月戊午勅で国分二寺の修理の建物数をいずれも朝集使に付して申上させることにし（『続日本紀』）、神護景雲元年（七六七）十一月十二日勅で国分寺の塔・金堂、仏像の朽損について国を責め（『類聚三代格』）、これらはいずれも修造が国司の責任であることを示す。また国師は延暦十四年（七九五）に講師と改称されるが、弘仁三年（八一二）三月二十日の官符で講師も修理の検校に加わることとなった（『類聚三代格』）。
(36)井上薫『奈良朝仏教史の研究』第二・五章。
(37)『続日本紀』天平九年三月丁丑条。
(38)『類聚三代格』天平十三年二月十四日勅、『続日本紀』同年三月乙巳条。周知のように国分二寺建立勅の発布の年代については天平十年、十二年、十三年説などの諸説があるが、ここでは井上薫氏の十三年三月十四日説に従う（注36前掲書第二章）。
(39)『続日本紀』天平十三年正月丁酉条。
(40)『続日本紀』天平十三年三月乙巳条、『類聚三代格』天平十三年二月十四日勅。
(41)『続日本紀』天平十六年七月甲申条。
(42)『続日本紀』天平十九年十一月己卯条。
(43)『続日本紀』天平勝宝八歳六月乙酉条。
(44)『続日本紀』天平勝宝八歳六月壬辰条。
(45)『続日本紀』天平宝字三年十一月辛未条。
(46)『続日本紀』天平感宝元年五月戊寅条。

(47)『続日本紀』天平勝宝八歳六月壬辰条。
(48) 石田茂作『東大寺と国分寺』。
(49) 井上薫注(36)前掲書二八九頁。
(50)『類聚三代格』天平神護二年八月十八日官符。
(51)『続日本紀』天平神護二年九月戊午条。
(52)『類聚三代格』神護景雲元年十一月十二日勅。
(53)『続日本紀』宝亀六年八月癸未条。
(54)『続日本紀』宝亀八年七月癸亥条。
(55)『但馬国分寺木簡』ではこの木簡の造営について、創建の続行と修理の造営の二つの可能性を指摘している。
(56) 天平勝宝六年閏十月検米使解(『大日本古文書』四―二九頁)、同七歳九月二十六日越前国雑物収納帳(同四―七六頁)。いずれも「国分寺」に公廨米が置かれていたことを記し、越前国分寺が活動を始めていたかもしれない。
(57) 非頒下国十国三島のうち国分寺・嶋分寺の存在が積極的に証明できないのは多褹島だけで、その他は文献史料に存在が確認できる(角田文衛編『新修　国分寺の研究』第三巻東山道と北陸道(一九九一年)、第四巻山陰道と山陽道(一九九一年)、第五巻上南海道(一九八五年)、第五巻下西海道(一九八七年)、『弘仁式』主税・『延喜式』主税上諸国本稲条)。なお非頒下国のうち奈良時代に造営されなかったと推定できるのは壱岐嶋分寺である。壱岐嶋分寺は『延喜式』玄蕃寮式に壱岐嶋直の氏寺を嶋分寺にするとある。その規定が発令された時期は明確ではないが、同条の中の同様の規定を設ける和泉国分寺は『続日本後紀』承和六年(八三九)五月癸未条、加賀国分寺は同・同八年九月丁丑条、能登国分寺は同・同十年十二月乙卯朔条、伊豆国分寺は『日本文徳天皇実録』斉衡二年(八五五)九月甲戌条でそれぞれ発令されているから、壱岐嶋分寺に関するこの命令は九世紀前半にだされ、同寺は奈良時代には造営されなかったのであろう。

釈文

第五次調査のSD〇一、SD〇二の木簡は『但馬国分寺木簡』により、補註に補訂を加えた。第一六次調査のSE〇四の木簡は『木簡研究』一二の「兵庫・但馬国分寺跡」（加賀見省一執筆）により、新たに木簡番号を付し補註を加えた。文字を釈読できない木簡は省略したので、木簡番号がとんでいるものがある。

SD〇一溝出土木簡

一・□

［　　］□□事　西阝□［　　］□〔刀カ〕自女　川人稲刀自女

合□□〔三カ〕人　朔御倉川人山人　釆女□〔農カ〕万呂

・［　　］□

□□　醤殿日下マ倉主女　浄人乙女　川人小山　□□

□　□〔富カ〕□□〔魚カ〕　院内丈マ子万呂　□□〔語カ〕

小王女　□舎仕丁国万呂　會見大国　呰人

（四六九）×五二×四　〇一九　檜・板目

上端折れ、下端は二次的に切込みを入れて折る。左右辺削り。表裏面とも上部三分の一ほどは面が腐朽している。表の冒頭に事書きをして、人員の合計を記し、表裏にわたって、国分寺内の施設、その下に人名を列記する書式である。各施設におけるある仕事に関する人員の割りあてを報告した文書であろう。「朔御倉」は北御倉の意か。「醬殿」は醬を醸造する殿。醬はヒシホ（和名抄）、大豆・塩・米・酒などによって作り、現在の生ダマリのようなもの（関根真隆『奈良朝食生活の研究』一九三頁）。『興福寺流記』によれば、興福寺では醬殿が食堂院に井殿・米殿・器殿・大炊殿などとともにおかれていた（『大日本仏教全書』興福寺叢書一、三七四頁）。また神護景雲元年（七六七）十一月国分二寺僧尼の斎食に、米塩のほか醬・酢・雑菜を与えて優遇することが命じられているが（『類聚三代格』神護景雲元年十一月十二日勅）、この醬殿の存在はこの命令によるものであろう。従ってこの木簡の年代は神護景雲元年十一月以降と推定される。「院内」は一八にもみえるが、国分寺内の諸院の一つで、僧房院か（三八一頁参照）。なお天平宝字四年（七六〇）年法華寺阿弥陀浄土院造金堂所解と同六年造石山院所解案に「院中」という表現がみられる（『大日本古文書』一六―二八二、二一〇頁）。人名については、裏の最下段の「□□〔語カ〕」は語部か。仕丁・會見氏は初見の氏姓名である。太田亮『姓氏家系大辞典』（第一巻一六六頁）によれば、會見氏は伯耆国會見郡會見郷より出ずるとするが、古代史料では初見。なお會見大国は三會見部大国と同人であろう。浄人については、氏姓ではなく、寺院の雑役に当る低い身分の者の名称とする見解があるが（直木孝次郎「浄人について」『奈良時代史の諸問題』所収）、本木簡によって氏姓としての浄人もあると考えられる。「院内」にみえる呰人は氏姓を記さないので奴か。国分二寺では各々奴三人・婢三人を買うことを許されていた（『類聚三代格』天平神護二年八月十八日官符）。

二・高向マ綿万呂　西倉東方マ文月雀マ乙江　三綱炊屋日下マ大万呂

□□□□　□刑マ小川　北倉赤染マ得麻呂　鋳所東方マ公磐倉

物マ乙日　官坐私マ宇万呂

大生マ弓手　□

・土市〔師〕　日置　水取マ

□□

宗我マ毗登　物マ　水取部真梶

（三五三）×五八×三　〇一九　檜・板目

下端・左右辺削り。上端折れ。下端左寄りに大きな穴、「刑部小川」の左下に小穴をうがつ。**一**と同じく、各施設におけるある仕事への人員の割りあての報告の文書か。三綱炊屋は国分寺の三綱の炊飯に当る屋。鋳所は**五**にもみえ、国分寺の造営に関連して鋳造に当った所。東大寺の造営に当った造東大寺司にも鋳所がおかれていた（三七九頁参照）。官坐は官の座席あるいは官の居る場という意で、官を代表する国師あるいは国司の居る場所か（三七八頁参照）。人名のうち、高向部・東方部は初見の氏姓。高向氏は高向臣（のち朝臣）、高向真人、坂上氏系の高向史・高向調使・高向村主・高向漢人などの諸氏がみえるが、高向部はいずれかの氏の部か。東方部に関連しては、『日本後紀』弘仁二年（八一一）八月己丑条に山城国人・高麗人の東部黒麻呂がみえるが、同姓か否か不明。宗我部毗登は宗我部首。天平勝宝九歳（七五八）首・史姓を毗登に改め、宝亀元年（七七〇）九月元の表記にもどした（『続日本紀』宝亀元年九月壬戌条）。この点から本木簡の年代は天平勝宝九歳〜宝亀元年九月の間に限定できる。

三・□〔仕カ〕丁国嶋　□□マ和□□　曾見マ大国
私マ廣床女　□倉　物□〔マカ〕□□　□　□□□□
天平神護三年五月一日綱丁物マ宿太万呂　(二七七)×二八×四　〇一九　杉・板目
・□　勘領物□〔部カ〕　□

上端折れ、下端切断。左右辺削り。歴名であるが、日付の下の差出しが綱丁であることからみて、物資の運送に関する文書であろう。綱丁は一般に官物などの運送に当って運脚を指揮し、貢納物を宰領する小頭的な存在である。貢納物ではなく物資の運送に当ったものを綱丁といった例もある。官物の運送は本来国司、さらに郡司の責任で行われたが、九世紀中葉以降、綱丁の地位が上昇し、国郡司に代って貢納の主体的位置を占めるようになるといわれる。しかし八世紀でも例えば天平宝字五・六年（七六一・七六二）ごろ、石山寺の造営に当った造石山院所への近江国愛智郡の封租米の運送に当った綱丁は封租米と共に進上解を付され、納入後返抄を与えられて帰るということをしている（北条秀樹「愛智郡封租米輸納をめぐる社会機構」『日本歴史』三三一号参照）。また長岡京出土の延暦八・九年の地子物の荷札では、綱丁名を記したものがある（本書第二編第一章）。「勘領」は物品などの受納を示す文言で、例えば正倉院文書の宝亀年間の宇治部男勝請假解で、浄衣などの物品を返上したことに関して、受納者が異筆で「勘領味酒廣成」の署名を施している例がある（宝亀某年宇治部男勝請暇解、『寧楽遺文』中巻六〇八頁）。本木簡の「勘領物□〔部カ〕」も同様の意味と思われるが、「勘領」の文字が他より大きいが異筆と断定することはむずかしい。あるいは受納者が決っているので、差出側が「勘領物□〔部ヵ〕」まで記しておき、受納者が人名のみ自署するはずであったのが、署名していないとも考えられる。表の歴名については、運搬に当った運夫あるいは貢納物の負担者が考えられるが、第三段目の會見部大国が一の會見大国と同人とみられ、彼は一方で国分寺の仕事に従事していることからみて運夫の可能性が強い。二段目の人名の上の「□倉」、三段目の判読できないが同様の記載と思われる文字の意味については明らかでないが、運送してきた物資を納める倉などを意味するか。

四・頂龍麻呂解　中米借請事　合一斗(ママ)『斗斗』赤豆五斗

・天平神護三年正月八日　六人部「□磐」　『□衆
〔楯縫部ヵ〕□□□毗登「桑人」　衆　□□□』

三四三×四一×七　〇一一　檜・板目

上下端・左右辺削り。ただし左辺上半が割れて欠損する。材の下部が曲っているのは木目の曲りのためである。裏の人名の楯縫部毗登の「桑人」は異筆で自署か。六人部の「□磐」は墨がうすいので判別むずかしいが、氏の名にくらべて人名の文字が大きいので一応異筆とみておく。表に「斗斗」の習書、裏にも人名の下に墨書がみえ異筆か。米と赤豆を借請するための解。「赤」は「赤」か。「赤豆」は小豆か。古代ではアヅキは小豆と書くのが通例であるが、『和名抄』で小豆の項に「赤小豆」を引用している。文書の差出者「頂龍麻呂」の「頂」は氏姓名とすれば、これまで見えない。楯縫部毗登は楯縫部首。天平勝宝九歳（七五七）に首・史姓を毗登に改め、宝亀元年（七七〇）九月さらに本字にもどしており（『続日本紀』宝亀元年九月壬戌条）、本木簡の年紀はこの改変と時期的に合致する。

養父郡に楯縫首氏の所在が知られる（第45表参照）。この木簡の性格については、事書きに「申米借請事」と貸借を意味する文言があるから、単なる食料請求文書ではなく、米・赤豆の貸借申請文書と考えられる。古代における有利の貸借である出挙に関しては、正倉院文書に造東大寺司で行われた銭出挙（月借銭と出挙銭）の申請文書が多数残されている。それらの申請文書は、一般的に「申請月借銭事」あるいは「申請出挙銭事」の事書きで始まり、借銭額、利率、返済期限、質物、保証人（償人・證人）を記す書式をとる（竹内理三『奈良朝時代に於ける寺院経済の研究』、鬼頭清明「八、九世紀における出挙銭の存在形態」『日本古代都市論序説』所収など参照）。また一方同文書には、利率、質物、保証人を記さない貸借申請文書もあり、無利の貸借（借貸）も行われていたらしい。例えば、義部省中解部で写経所に経師として出仕していた韓（辛）国連毛人が、天平宝字二年（七五八）九月、十月に写経所から米・銭を借請するための啓などがある（『大日本古文書』十四―四七・五〇頁）。本木簡は、利率・質物を記さない点からみると、無利の貸借に関するものともみられるが、また日付下の二名の署名を保証人とみれば、出挙に関するものともみられよう。

五　鑄所解　申請荒炭事　　合十籠　□□〔鐸カ〕鑄料　　景雲二年四月廿五日物マ入鹿　　四九八×四四×五　〇一一　檜・板目

四辺削り、完形。保存良好。鋳所が「□鐸」の鋳造に用いるための荒炭を請求した解。鋳所については**二**参照。「□□〔鐸カ〕鋳料」は、第一字は文字の右半がきえ、第二・三字は右半の墨が薄れる。第一字の墨痕は「大」の残画かとも思われるが、確定できない。「鐸」字は異体字使用。鐸は『類聚名義抄』僧上によれば、オホスス、ヌリテ、サナキなどの訓があり、また『和名抄』は「寳鐸」について大鈴と注するが、風鐸の如き大型の有鈕有舌のカネをさすものであろう。風鐸をさす「鐸」の例としては、宝亀十一年（七八〇）西大寺資財流記帳にみえる薬師金堂・弥勒金堂の屋根の隅に懸けた「銅鐸」「鈴鐸」（『寧楽遺文』中巻三九五頁）、また天平宝字四年（七六〇）法華寺阿弥陀浄土院の金堂造営に関する文書にみえる「鐸」（天平宝字四年造金堂所解、『大日本古文書』一六―二五四～二五五頁、二五八頁、二六五頁など）などがある。また正倉院南倉には金銅製鎮鐸十九口が伝えられ、このうち十口には「東大寺枚幡鎮鐸／天平勝宝九歳五月二日」の銘文があり（九口は刻文、一口は墨書）、これらが聖武太上天皇の一周忌斎会の荘厳に用いられた幡に懸けられたものであることが知られる（『正倉院の金工』原色図版一四九、単色図版一四七～一四九、五六・一二〇頁）。このほか弥生時代の遺物である銅鐸を「銅鐸」といった例もある（『続日本紀』和銅六年七月丁卯条、『三代実録』貞観二年八月十四日辛卯条）。本木簡の「□鐸」がどのような用途のものか断定できないが、第一次の塔の調査で三個の風鐸が出土しているのが本木簡との関連で注目される。造営関係の木簡の一つ（三七九・三八九頁参照）。

六　謹解　申可請糟事　合夫十人　之中小子三人　（四二六）×五五×八　〇一九　檜・板目

上端・左右辺削り。下端折れ。保存良好。役夫の糟請求の解。糟は「カス」とよみ（和名抄）、酒かすのことで、湯で溶いて酒として飲用した（関根真隆『奈良朝食生活の研究』二七一頁）。「之中小子三人」の注記は、夫十人の中に小子三人が含まれることを示す。小子は尊人に対して身分卑しきものを意味することもあるが（『平城宮木簡三』三五六八）、ここでは年少者を意味し、具体的には戸令三歳以下条に定める年令区分の「小（少）」に当る。「小（少）」は戸籍・

計帳に「小子・小女」としてみえ（養老五年下総国葛飾郡戸籍、天平五年右京計帳など、『寧楽遺文』上巻）、戸令によれば四歳以上、十六歳以下であるが、天平勝宝九歳（七五七）四月四日勅によって中男年齢が一歳引きあげられたので（『類聚三代格』）、この木簡の時期には四歳以上、十七歳以下のものである。

七　□三人□□□　□　□□〔十月カ〕□九日興傳　□
　　□師一人一升
　　（三五九）×四四×四　〇一九　杉・板目

上端折れ。下端切断。左辺削り。右辺は下部三分の一が割れているが、ほかは削り面。「□〔月カ〕」と「九」の間で折れて二片に分離する。両字の間は折損に伴って面が剝離していて墨痕は残らないが、一字存したと思われる。文書の差出者「興傳」は僧侶であろう。「□師」の下に人数と升量を記す形式の文書と思われるが、内容不明。

八　・□　□　□
　　・右件□□□□　□□
　　（二八一）×（三〇）×四　〇五一　檜・板目

上端・左辺削り。右辺割れ。下端折れ。表裏面とも墨書が削りとられている。

九

郷部部朝来郡郡養父郡気多□
〔城埼郡美含郡出石郡七美郡カ〕
□□□□□□□□□□□

(三四二)×三四×五　〇一九
檜・板目

上端・左右辺削り。上端の削りは墨痕を切り、左右辺の削りは表裏面にも及び、一部墨痕を削りとっているから、いずれも二次的なものである。下端折れ。下端のひげ状にのびた部分にも墨痕が残る。左行はわずかに墨痕が残るだけである。但馬国の郡名などの習書。『延喜式』（神名下、民部上）、『和名抄』によれば、但馬国は朝来・養父・出石・気多・城埼（崎）・美含・二方・七美郡の八郡であるが、本木簡には七郡名がみえる。郡名記載の順序は、『延喜式』『和名抄』とも上記の通りで、また天平十年（七三八）但馬国正税帳では神戸を朝来・養父・出石郡の順に記す（『寧楽遺文』上巻二四四・二四八頁）。本木簡には二方郡が見えずそれを除くと、『延喜式』『和名抄』の記載順序とは出石郡の順序が異なる。なお「出石」「養父」と郡名を墨書する土器が出土している。

10

□教□〔師カ〕　□□□〔師カ〕　□□□
□印□〔師カ〕　□道□〔師カ〕　正□□〔師カ〕
□□□　　　　　　　□□□

(一八三)×(三六)×五　〇八一
杉・板目

上端折れ、下端は右側に一部切断面を残す。左右辺割れ。僧侶の歴名か。僧侶名に「師」を付す例は正倉院文書に散見する（『大日本古文書』八－五七七頁、九－三六三・六三三頁、十一－一〇四・一〇八頁）。天平十三年（七四一）二月十四日勅によれば、国分寺には二十僧を置くことになっていた（『類聚三代格』）。

一一　進上　　（一八四）×（三四）×九　〇八一　杉・板目

上端は切込みを入れて折る。下端折れ。左右辺割れ。右辺上半、左辺の一部、裏面は焼けた痕がある。

一二　□□□〔件飯魚カ〕可用解申天平神護□　　（二三九）×（一八）×八　〇八一　杉・板目

上端焼損、下端折れ。左右辺割れ。解の末尾。

一三　□〔麻カ〕□　□〔麻カ〕呂　呂
「苅苅　苅　苅」　　一九七×三七×七　〇三三　檜・板目

下端左右にV字形切込みを施し上端を尖らせる。上下端・左辺削り。右辺割れるが、切込みより下は削り。上端・左辺の削りが墨痕を切っているから、全体の整形は二次的なものであろう。淡墨（「麻呂」）と濃墨（「苅」）の二筆の習書がある。淡墨の最下部の「呂」の上部は一部削られ、その削り面の上に濃墨の「苅」字がかかれていることからみて、濃墨の「苅」字の習書が後筆と思われる。

一四　□〔稲カ〕請□□　(一六〇)×三四×四　〇八一　檜・柾目

上下端折れ。左右辺削り。左右辺を表裏から削り、断面が凸レンズ状になるように整形する。

一五　一斗九升　一五〇×二二×五　〇一一　杉・板目

四辺削り。

一六・訁□　□

・□　(一五一)×(一八)×六　〇八一　杉・板目

上下端・左辺削り。右辺割れ。

一七　□□〔請カ〕如常　(一三八)×(二六)×七　〇八一　檜・板目

上下端折れ。左辺削り、右辺割れ。第一字より上部は剝離する。文書の書止めか。

一八　院内申　（六七）×一九×二　〇一九　檜・板目

上端は左側に一部調整面をのこす。下端折れ。左右辺削り。「院内」は一にもみえる（三八一頁参照）

一九　□〔口カ〕四□〔人カ〕□　（三二）×（九一）×五　〇八一　杉・板目

上下辺割り、左辺は表裏から切込みを入れて折る。右辺折れ。木目が左右方向になるように、材を横方向に使う。

二〇　朝来郡伊由郷米五斗　（一八四）×三二×三　〇三九　檜・板目

上端原形か。下端折れ。左辺は大部分削り面を残す。右辺は「来郡伊」の右側部分に削り面を残す。左・右辺の上端に切込みの下部が残る。「朝」の上部は損傷。裏も左半から下半にかけて損傷。米の荷札。伊由郷は『和名抄』

の刊本・高山寺本とも伊田郷とするが、すでに池辺彌『和名類聚抄郷名考證』が『延喜式』神名下の伊由神社などをひいて伊由郷かとする。本木簡によって伊由郷説が裏づけられた。

二　□□郷己西マ乙万呂米五斗　一九五×二七×四　〇三一　杉・板目

上端・左右辺削り。下端は左側の部分に調整面が残るか。米の荷札。五斗は米一俵。郷名は墨が薄れ釈読困難。

三　二方郡温泉郷五戸私マ庭足四斗六升　二二一×三一×四　〇三二　杉・板目

四辺削り。五戸は戸令五家条に定める五保のこと。平城宮跡出土の荷札にも、五戸あるいは五保と記す例がみられ（『平城宮木簡二』三五・三六一・三九二など）、五戸・五保記載の荷札は舂米に限られることが指摘されている（東野治之「古代税制と荷札木簡」『日本古代木簡の研究』所収）。

三　養父田□〔次カ〕万呂十一貫欠二□〔文カ〕　二六二×三五×五　〇三三　檜・板目

上端切断。下端、左右辺削り。表面の中央やや右寄り、第四字目から下端まで、縦に溝状に剥離している。文字は一部剝離面にかかって墨書されている。銭の進上に関する荷札と思われるが、その性格については未詳。国分寺への銭の貢進としては、寺封に伴なう調銭や仕丁の養物銭の可能性が考えられ、両者の荷札は平城宮跡からも出土しているが（『平城宮木簡二』二〇七九・二〇八〇、『同三』三〇七六・『平城宮発掘調査出土木簡概報四』二〇頁、『同十二』九頁）、但馬国は調銭輸納国ではなく（『続日本紀』養老六年九月庚寅条）、また本木簡の銭額は養物銭の荷札と異なるから、両者の荷札とは考えにくい。一つの可能性として但馬国分寺造営に伴なう知識銭進上の荷札が考えられる。国分寺への知識物施入は、天平勝宝元年（七四九）五月から宝亀八年（七七七）四月までに九例みえ、その貢納物は米・稲の例が多く銭の例はないが、畿外諸国の豪族らが中央へ対して行った財物貢献で多額の献銭をした例がみられる（米田雄介「財物貢献について」『郡司の研究』所収）。なお平城京西隆寺東門の発掘調査において、同寺造営に伴なう知識銭荷札一点が出土している（本書第二編第二章）。銭の荷札は本木簡一点だけであり、記載内容も簡単なので、その性格については断定をさけ後考をまつことにする。ちなみに天平神護元年（七六五）の京の東西市での籾一斗（＝米五升）百文の公定価格（『続日本紀』天平神護元年二月庚寅条）を基準に換算すると、銭十一貫は米五石五斗（現量二石五斗三升）に当り、かなりの高額である。なお養父氏は古代史料にはみえない。養父郡を本貫とする氏族か。

二四　□□佳　　一三七×一七×五　〇三二　杉・板目

四辺削り。

二五・愧愧證愧　□　　一三三×二四×四　〇三一　檜・板目

・川人

上下端切断。左右辺削り。川人は一にもみえる。

三二・□□□□□〔明カ〕□□　　(一四三)×(一〇)×四　〇八一　檜・柾目

・　□　□

上端は切込みを入れて折る。下端折れ。左右辺割れ。

三三　□〔謹カ〕□□□〔参カ〕□　　(五八五)×四九×三　〇一九　檜・板目

上端・左右辺削り。下端折れ。墨書後表面を削り、わずかに墨痕が残る。

SD〇二溝出土木簡

三五　思往郷□□〔進上カ〕□□□木四枚　□□
□□□□　土師□□〔マ山カ〕廣□□
□□□□　□□四人□　□□
▭　□
(六八四)×四三×七　〇一九　檜・板目

上端・左右辺削り。下端折れ。表面が腐朽し墨書の遺存状態がわるい。思往郷からの材木進上の文書。思往郷は『和名抄』にみえないが、『延喜式』神名下に気多郡思往神社がみえるので気多郡所管の郷であろう。『延喜式』の古訓によれば「思往」は「オモノユク」または「オモヒヤリ」。現在思往（オモイヤリ）神社が日高町大字中に所在する（『日高町史』上巻二〇二頁）。平城京二条大路のSD五三〇〇出土の天平八年（七三六）八月の白米の荷札に「但馬国気多郡思殖郷波太里」とある思殖郷と思往郷の関係は検討を要する（『平城宮発掘調査出土木簡概報』二四―二八頁）。下半部は判読できないが、材木の運搬に当る人名を列記したものか。

三六　□□□□□□〔十人カ〕□□□□〔月カ〕
(一三一)×(一二)×五　〇八一　杉・板目

上端は斜めに切断。下端折れ。右辺削り。左辺割れ。

SE〇四井戸出土木簡

三七　供料六斗　「飛飛飛飛　司」合一石三斗八升五合
「飛」雑料七斗八升五合「飛」「月月月月」
（四〇八）×三二×一九　〇一九

供料（供養料）・雑料の支給を記録した記録簡。「合」として供料・雑料の合計を記す。のちに「飛」「月」などの習書をする。

三八　□人□四　朝□《〔来カ〕》四人□□四人出石五養父五
三五六×二三×三　〇一一

但馬国の郡名の下に人数を記した書式。各郡から徴発した人員の人数を記した記録簡か。『延喜式』神名下・民部上の郡名記載の順序は朝来・養父・出石・気多郡で木簡の順序と一致しない。

三九・寶亀三年四年
借用帳
・造寺料収納帳　　　　(五四)×二六×五　〇六一

題籤軸。宝亀三年、四年(七七二、七七三)の借用帳と造寺料出納帳を巻いたもの。年次は造寺料出納帳にもかかるものと思われる。国分寺の造営費用は正税出挙と封戸が主なものである。天平十三年(七四一)正月に藤原氏の返還した封戸三千戸を国分寺の釈迦像造立の料に施入し(『続日本紀』天平十三年正月丁酉条)、同十六年(七四四)七月国別に正税四万束を割き各二万束を僧・尼寺に施入し、その出挙利稲各一万束を造寺料に充てることとした(同天平十六年七月甲申条、『類聚三代格』同年月二十三日詔)。後者は『弘仁式』主税、『延喜式』主税上の諸国本稲条の雑稲の中の国分寺料に当たり、但馬国は『弘仁式』では四万束、『延喜式』では二万束である。天平神護二年(七六六)八月十八日官符によって造寺料稲を塔・金堂の修理に充てることとなる(『類聚三代格』)。天平宝字八年(七六四)十一月十一日官符によって、国分寺の年中に造営したものとその費用の財物を朝集使に付して申上することになり(同上)、造寺料出納帳はこの報告の基になるものであろう。借用帳は四の貸借申請文書の存在が注意される。宝亀三、四年に造営をしていたことを示すが、本文の通り創建の造営ではなく修理であろう(三八九頁)。

四〇・国南国

・□元　四二二×六一×四　〇一一

四〇　□僧一人　（六二）×（二七）×三　〇八一

四一　光□　（五〇）×（一五）×三　〇八一

（付記）　新稿。元になった原稿は『但馬国分寺木簡』（兵庫県城崎郡日高町教育委員会、日高町文化財調査報告書第五集、一九八一年）の総説の第二章「第五次調査の遺構と遺物」の三、第三章「但馬国分寺木簡の問題点」、釈文である。この報告書は第五次調査の木簡の報告で、本章は、これに第一六次調査の成果をあわせて新たに稿を起こした。同書第二章の三、第三章を全面的に改稿して二〜六とし、第二章の一・二を基に新たに一を書き加えた。釈文は第五次調査の分は文字の釈読できない木簡を省略し、補註の一部を補訂し、第一六次調査分は補註を付した。

但馬国分寺木簡について報告書以外に私が執筆したものとして次のものがある。

日高町史編集専門委員会『日高町史　資料編』考古編第五章第二節（1）但馬国分僧寺　（一九八〇年）。

木簡学会編『日本古代木簡選』57但馬国分寺跡（一九九〇年）。

日高町教育委員会『但馬国分寺の木簡は語る』（日高町文化財講演会記録第二集、一九九四年）

本章の執筆に当たっては、日高町教育委員会の加賀見省一氏からご教示を得、資料の収集にご助力をいただいた。

第三編　個別木簡の考察

第一章　平城宮跡出土の郡領補任請願解の木簡

はじめに

私は旧稿「八世紀郡領の任用と出自」(1)において、七世紀中葉から九世紀初頭に至る郡領（評造）の任用制度とその出自について論じたことがあった。そこでは、(1)郡領の任用の基本は譜第主義であり、才用主義は譜第主義を前提とするものにすぎなかったこと、(2)八世紀前半までの譜第任用は、大化立評時に評造に任用された氏族（譜第氏族）による傍親間の世襲任用で、八世紀後半以降は譜第氏族から分立してきた譜第家の世襲であること、(3)大化立評以降八世紀を通じて、郡領層の多くは譜第氏族に占められ、新興氏族が大幅に台頭してくるのは九世紀初頭をまたねばならなかったこと、(4)郡領の子弟のトネリ（兵衛・中衛・近衛など）としての中央出仕制が、郡領任用制度に密接に関係していたことなどを論じた。旧稿については一部批判もいただいたが、また旧稿の視角をさらに深められた論考にも接した(2)。

本論では旧稿で考察した諸点のうち、(4)トネリの郡領補任に関わると思われる史料を平城宮跡出土の木簡の中にみいだしたので、これを紹介し、さらに聊かの考察をめぐらしてみたい。

一　木簡の内容と状態

ここに紹介するのは、左に釈文を掲げた某郡大領補任に関する請願文書と考えられる木簡である。(3) この木簡は平城宮内裏北外郭区に検出した土壙SK八二〇から出土した。木簡は長さ五四八㎜、幅二一㎜、厚さ五㎜の大きなもので、三箇所で折れて四断片となっている。原物についてみると、上・下端と左辺は削られ、(4) 左辺下端は斜めに角切りされ、右辺は割られている。文字の筆跡は、釈文に示したようにA・B・Cの三筆がある。Aは本論で問題とする文書で、

〈釈　文〉

・□□□解□〔消カ〕息事右〔補二〕□□□者蒙□〔恩カ〕擇□□延年如常□□□□□□□□□□〔上カ〕等□〔師カ〕　(A)

「　□　□□□□□□□□□□□

□□□　□〔還カ〕

□□□　能能能□〔不カ〕能自自還□〔還カ〕□　□□戴□戴□□□□　」(B)

(A・Bは重ね書き)

・□□□□□□□□□□□□〔状カ〕謹啓今願所者□□□□□□〔人カ〕□□□□□〔仰カ〕彼郡大領所令仕　(A)

奉止謹解

『□□』(C)

『□□□』(C)

表・裏に記され、裏の下半の「今願所者」より下は双行に割り書きされている。Bは表の下半部にAと重ね書きされている習書で、Aとは異筆で、細筆の小字で「能」「自」「還」「戴」などの文字が繰り返し記されている。Cは裏の上半の左・右辺寄りにみえる墨痕で、いずれも左辺の割り、右辺の削りで切られ、わずかに墨痕を残すのみで釈読できない。Bとは異筆とみられAとの同・異筆は筆跡からは判断できないが、字配りからみてAと一連のものとはみられないので、一応異筆としておく。

これら三筆は、四周の整形との関係で、整形以前と以後に書かれたものに分けられる。Bは右辺よりの文字が右辺の割りで切られ、また最下部の「還」字が下端の削りで切られているようなので、少くともこれらの整形以前にかかれたものである。Cは後述のように第一断片の裏の左辺の割れは後次的なものなので判断できないが、右辺よりの墨痕は削りで切られているから、Bと同じく整形以前にかかれたものである。Aは表の「解」字の旁が右辺の割りで切られているが、ほかは四周の整形によって切られることはない。左右辺に対する文字のおさまりは、両辺のほぼ中央に字配りされている。特に裏の双行の文字も両辺の間にきちんとおさめられ、最下部の「仕」字は右辺下端の角切りを意識して、上の文字より左へよせて記されている。裏の下半部が割り書きされているのは、途中まで墨書してきて、かくべき文字数と余白を考えて割り書きしたものと思われる。上・下端に対する文字のおさまり方は、上端は墨書が一部削りとられているので判断できないが、下端は表裏とも自然なおさまりで、また後述するように、Aの文書は内容からみて文首から文末まで備えていると思われる。これらの諸点からみて、Aは上・下端と左辺の削りはもちろん、右辺の割りが施された後に記されたものと判断される。旁が切られた「解」字については、この文字のかかれた第一断片の右辺の割りが下の他の断片よりやや内側になっているので、他の断片の割りとは異なって、折損後の二次的な割れとみることができる。以上から、Aの文書はBの習書とCの書かれた木材に整形を加えて、墨書されたものと考えられる。なお本木簡は、Aを墨書後に表裏面が部分的に削りとられており、このため釈読できない文字が多い。

次にAの文書の内容を検討していく。この文書は、文首が「□□□解」で、文末に「謹解」とあることから、解の様式の文書と考えられる。いうまでもなく、解は公式令の規定では、被管官司から所管官司に上る文書であるが（公式令解式条）、実際にはその使用範囲は広く、個人から官司へ、あるいは下位の個人から上位の個人へ上る文書としても用いられている。本文書は「謹啓」の文言のあることやその内容からみて、個人の上った解とみられる。奈良時代には私の文書として「啓」「状」の文言をもつ啓、状が用いられているが、本文書は個人の解であるために解の書式の中に「謹啓」の文言が混用されているのであろう。正倉院文書の個人の解をみると、文首が「某（差出者）解」あるいは「謹解」で始まり、次に事書きがあり、さらに「右……」として本文を記し、「以解」「謹解」などの文言で書き止め、年月日を記す書式である。文首を「謹解」で始める場合は日付の下に差出者を記す。(5) これらと比較すると、本文書では「□□□解」が書き出しで、「解」字の上の文字は三字と推測され、また「解」字の上の文字は残画からみて、「謹」にはならないから、書き出しは「某解」の書式をとるのであろう。次の「□（消カ）息事」が事書きに当り、(補一)「右……」以下が本文で、「謹解」が書き止めである。従って、年月日を記さないが、本文書は一応書き出しから書き止めまでの内容を備えているとみられる。

本文については「蒙二恩沢一」は啓・状の常套句である。(6)「延年」は年を迎えるの意であるから、(7)「蒙二恩沢一《ヲ》□□延《エルコト》レ年《ヲ》如レ常」は、充所の人の恩沢（めぐみ）を蒙って長年過してきたという意の本文冒頭の挨拶の文言であろう。(8) そして裏の「今願所者」以下が本文書の趣旨で、「仰彼郡大領所令仕奉止謹解」が請願の内容を示すものと思われる。この文言についてはいくつかの釈読が可能かと思うが、一応次のように釈読する。(補二)

……仰、彼郡大領所令二仕奉一止謹解。　＝……仰、彼郡大領所ニ仕ヘ奉ラ令メムト謹ンデ解ス。

この釈読では、「仰」を上の欠字部分に続くものとみて、その下で句切ったが、「彼郡大領所ニ仰セテ」（すなわち「彼郡大領所ニ命ジテ」の意）という釈読も可能性がないわけではない。しかし、その釈読では「仕奉」るべき客体がないことになるから、前記の釈読の方が文章のおさまりがよい。以上のように釈読できるとすれば、この文言は、後述する大領補任文書として著名な天平二十年海上国造他田日奉部直神護解の文末の文言「海上郡大領司尓仕奉止申」と、文体は異なるが、ほぼ同じである。神護解の文言は「海上郡大領に仕官すると申す」の意味で、木簡の文言はこれに準じ「彼の郡の大領所に仕官セシメヨ」と解される。「今願所者」がこの文言までかかると思われるので、本文書は某郡大領補任を請願する文書と考えられる。

ところで前記のように、本文書はすでに習書などの墨書のある材にかかれていることや、余白の都合で途中から割り書きされている書き方などからみて、正式に申上された正文ではなく、下書き（土代）と思われる。この点は本文書の史料的性格を考える上で心しておくべき点である。

二　年代と筆者

欠字部分が多く、文書の年代も筆者も明らかでないので、本木簡の史料的価値は低いように思われるが、ここではさらに共伴した木簡の検討からこれらの点を考えてみる。

本木簡の出土した土壙SK八二〇は内裏北外郭区に検出した。(9)平城宮の内裏は、近年和銅創建の当初から、宮南面東門（壬生門）中軸線上にある大極殿・朝堂（いわゆる第二次朝堂院）の北方に所在したと考えられるに至っている。(10)内裏は基本的に、築地回廊に囲まれた内郭と、その外側を大極殿院を含んでさらに広く築地塀で囲まれた外郭とからなる。内郭が内裏の中枢で、外郭には内裏と関係の深い宮内省所管の内廷諸官司が所在したと考えられている。内郭に北接する、外郭の北部を北外郭区と呼称しているが、この区は東・中・西区の三区に区画されている。中区は内膳司に推定され、ＳＫ八二〇は東区に検出された。ＳＫ八二〇は塵芥を投棄するための土壙で、平面形は一辺三・八ｍの方形に近く、深さは一・七ｍである。埋土の土層や出土遺物の状況から、遺物はごく短期間のうちに捨てられ、すぐ埋めもどされたと考えられている。土器・瓦・木製品など遺物は豊富で、ことに木簡は一八四三点の多数が出土した。将来日本木簡史が書かれるとするならば、その初期にこれほど質量ともに豊富な木簡が出土したことの意義は忘れてはならないことであろう。

この土壙の埋没年代については、六五点にのぼる年紀を記した木簡の検討によってすでに明らかにされている（第一編第三章、第10表）。木簡の年紀は養老二年（七一八）から天平十九年（七四七）七月までにわたるが、このうち養老二年から天平三年までの西海道諸国の調綿の荷札一五点の年紀は、木簡の書写の年代を示すものでないから、年代決定の史料から除かなければならず、結局神亀四年（七二七）から天平十九年までの五〇点が検討の対象となる。これらの年紀の分布をみると、神亀四年から天平四年（七三二）までの古い群（五点）と天平十三年から同十九年までの新しい群（四五点）にわかれる。古い群のものは長期間の保存の可能な調塩の荷札に限られて、それらは長期間貯蔵された後に消費され、その段階に荷札が廃棄されたと考えられる。新しい群の中では、天平十七、十八年が各々一九点で、全体の七六％を占め、天平十九年は五点で点数が少く、月も七月までで九・十月に地方から発送される調荷札を含んでいない。これらの諸点から、この土壙の埋没年代は天平十九年七月を程遠からぬ時期に考えられる。一般に文書木簡は長期間保管することは少く、書写から廃棄までの期間が短く（11）、その上、正文ではなく下書きの場合、長期間保管する必然性はさらに少いと考えられるから、本文書の書写の年代は、土壙の埋没年代の近い時期に想定され、天平十九年前後とみるのが妥当であろう。

次に本文書の筆者を考えるためにＳＫ八二〇出土の木簡の内容についてみてみよう。文書木簡では、民部省（四四）のほか、宮内省（五三）、大膳職（四五・四六・五〇）、主菓餅（大膳職、四九）、木工寮（五二）、内膳司（四七）、園池司（五一）、中務少丞（四三）、図書寮（四八）など宮内省・中務省とその被管官司あるいは官職が多くみえる。貢進物荷札では調・贄・中男作物・白米などの荷札があり、宮内の他の地区にくらべて贄荷札の点数の比率が高いのが特徴である。物品付札では、衣服・繊維の保管・整理に用いた付札が多数出土している。このような各種木簡にみられる諸特徴は、内裏に隣接するこの地域の性格を反映するものである。

しかしこれらの諸特徴にくらべて、より顕著なのは、西宮を守衛する兵衛に関する文書木簡が、五一点もまとまって出土していることである。その中で多いのは、西宮に開く門号の下に兵衛の人名を列記した書式のもので、兵衛の各門の守衛の割りつけであるとともに、食料の請求をした文書である。

九二・西宮東一門　室川上　矢田部茨田　膳舘　右七人
・二　檜前三野　錦部土師　漆部尾張　合六人

一〇〇・東三門　額田各務　林漆部　神秦　北門　日下部縣　北府　大伴服□〔結カ〕

・合十人　　五月九日食司日下部太万呂状

このほか兵衛の召喚状（五四）、月借銭申請文書（七〇）などもある。兵衛は内裏の閤門（内門）を守衛することになっているから、西宮とは内裏をさし、この地区の南の内裏内郭の呼称と考えられ、[12]さらにＳＫ八二〇を検出した東区に兵衛詰所の所在が想定されている。

さて私はこの大領補任請願解は、この西宮の兵衛の一人によって書かれたものと考える。ＳＫ八二〇出土木簡の中で、西宮兵衛木簡の一群は大きな比重を占めており、また旧稿で明らかにし後述もするように、郡領の子弟が兵衛などのトネリとして出仕し、後に郡領に補任されることが行われていたからである。ところで兵衛には内六位～八位の嫡庶子と郡領の子弟が補任される規定であるから（軍防令内六位条・兵衛条）、当然西宮兵衛にもこれら両系の出自のものが含まれていたであろう。西宮兵衛の木簡には、兵衛あるいはそれと推定できる者の氏姓名五四氏がみえるが、[13]試みに、これらと七世紀中葉から八世紀末までの間に諸国で評造・郡領に任用された氏族（郡領氏族）の氏姓を比較すると、[14]第46表に掲げた一七氏（三一％）が共通する。[補三]これら一七氏の中には中央氏族として活動するものもみえるから、もちろんこれら一七氏がすべて郡領氏族の出自のものであるとはいえない。しかし少くとも、このことから西宮兵衛の中に郡領氏族出自のものが含まれていることは主張できようし、本文書の筆者の候補者として、一応この一七氏の兵衛をあげることは許されよう。

以上の考証によって、本文書は、天平十九年前後に、郡領氏族出身の西宮兵衛が、某郡大領に補任されんことを願って作った解の下書きであることが明らかになった。

第46表　西宮兵衛と郡領氏族

西宮兵衛	木簡番号	郡領の氏姓	出典
敢	113	伊賀国阿拝郡大領　敢朝臣（天平勝宝元・3年）	日古3－135，501
礒	91	伊勢国度会評助督　礒連　（孝徳朝）	皇太神宮儀式帳
大伴	70.97.98.100	武蔵国多磨郡大領　大伴部（天平勝宝元年）	霊異記中巻第九縁
		紀伊国名草郡少領　大伴櫟津連（神亀元年）	続紀
尾張	91.92.110	尾張国愛智郡大領　尾張宿祢（和銅2年）	続紀
		尾張国(春部郡)大領　尾張宿祢（天平2年）	日古1－415
		尾張国中嶋郡大領　尾張宿祢(聖武朝)	霊異記中巻第二十七縁
		尾張国海部郡少領　尾張宿祢（延暦18年）	後紀
膳	92	豊前国京都郡少領　膳臣　(慶雲2年)	霊異記上巻第三十縁
		豊前国仲津郡擬少領　膳　(天平12年)	同上
各務	100.127	美濃国各務郡少領　各牟勝(大宝2年)	日古1－46
紀	118	豊前国上毛郡大領　紀　(天平12年)	続紀
		紀伊国名草郡大領　紀直（神亀元年，天平神護元年）	続紀
日下部	95.100.112	摂津国東生郡擬少領　日下部忌寸（天平宝字5年，神護景雲3年）	日古4－452，5－702，704
		摂津国武庫郡大領　日下部宿祢（天平神護2年）	続紀
		豊後国(日田郡)大領　日下部連，同少領日下部君　(天平9年)	日古2－40
丹比部	99.102	出雲国仁多郡大領　蝮部臣（天平5年）	出雲国風土記
		出雲国秋鹿郡権任少領　蝮部臣（天平5年）	同上
丹波	154	丹波国天田郡大領　丹波直（延暦4年）	続紀
春米	107	筑前国糟屋評造　春米連　(文武2年)	妙心寺鐘銘(寧楽遺文965頁)
額田	100.102.103	長門国豊浦郡擬大領・少領・大領　額田部直(天平10・12年，神護景雲元年)	日古2－133，続紀
		出雲国大原郡少領　額田部臣（天平5年）	出雲国風土記

秦	62.100.132	近江国愛智郡大領　依智秦公（天平宝字６・７年） 近江国愛智郡少領　秦大蔵忌寸（同上）	日古5－218・219，16－390～399 同　上
桧　前	92	大倭国高市郡大・少領　桧前忌寸（宝亀３年）	続　紀
三　野	92.97.98.110	備前国津高郡少領　三野臣（宝亀７年）	日古６－591，592
民	96	尾張国(春部郡)大領　民連（天平２年）	日古１－415
養　徳	91.144	(大倭国城下郡)大領　大養徳連（天平14年）	日古２－318

*郡名に（　）を付したものは推定による。
**出典の略号は次の通りである。
日古３－135＝『大日本古文書〈編年〉』３巻135頁，霊異記＝『日本霊異記』

三　他田日奉部直神護解との比較

郡領補任に関する文書といえば、正倉院文書の中の海上国造他田日奉部直神護解案（以下「神護解」と略称する）が著名である。神護解と比較してさらに本文書について明らかにする。まず神護解を引用しよう。

謹解　申請㆓海上郡大領司仕奉㆒事(15)
中宮舎人左京七條人従八位下海上國造他田日奉部直神護我、下総國海上郡大領司尓仕奉止申故波、神護我祖父小乙下忍、難波朝庭少領司尓仕奉支、父追広肆宮麻呂、飛鳥　朝庭少領司尓仕奉支、又外正八位上給弖、藤原朝庭尓大領司尓仕奉支、兄外従六位下勲十二等國足、奈良・朝庭大領司尓仕奉支、神護我仕奉状、故兵部卿従三位藤原卿(麻呂)位分資人、始㆓養老二年㆒至㆓神亀五年㆒十一年、中宮舎人、始㆓天平元年㆒至㆑今廿年、合卅一歳、是以祖父父兄良我仕奉祁留次尓在故尓、海上郡大領司尓仕奉止申、

神護解は宣命体で書かれ、年月日を記さないが、内容から天平二十年（七四八）に書かれたものと考えられ、左京七条に住む中宮舎人の神護が、下総国海上郡大領に補任されることを申請した文書である。

その内容は、自分の家が祖父・父・兄の三代にわたって、孝徳朝以来同郡の大・少領（評督・助督）に補任されてきた譜第重大の家柄であること、さらに神護自身が養老二年（七一八）から天平二十年までの三十一年間位分資人・中宮舎人として出仕してきた労効をもつことを主張し、祖父・父・兄に続いて同郡大領に補任されんことを請うたものである。

この文書の伝来や用途、筆者についてはすでに明らかにされている。この文書の裏は天平宝字六年（七六二）石山寺経所食物下帳に利用されているが[16]、吉田孝氏によれば、この文書は、造東大寺司主典・造石山寺所別当の安都雄足と関係の深い「石山寺紙背文書」の中の一つで、おそらく雄足と密接な関係をもつ造石山寺所案主下道主によって、石山寺造営の際反故として利用するため奈良から運ばれたものであると推定されている[17]。さらに西山良平氏は、この吉田氏の伝来に関する見解をふまえて、神護解が国衙に提出するために作られたものではなく、中央政府の式部省における郡領補任の簡試に提出するためにかかれたものと推定し、さらに進んで、この文書が宣命体で書かれているのでよみあげられるものであると考えられることから、式部省銓擬の儀式で行なわれた「令レ申二譜第一」（弘仁式部式試諸国郡司主帳以上条）ことに直接関係する文書であることを示唆されている（注2論文）。この見解によれば、神護解は式部省簡試に提出するために作られた公的な性格の文書ということになる。

神護解の筆者については、内藤乾吉氏がその筆跡から、坊舎人で造東大寺司史生・写経所校生であった志斐連麻呂[18]、吉田孝氏は安都雄足を示唆する（注17論文）。内藤氏が認めるように両人の筆跡は酷似する場合があり、筆跡だけからは決めにくく、文書の伝来を考えあわせれば、雄足の筆である可能性が高く、神護が雄足に代筆を依頼して書かれたものと思われる。雄足は天平二十年九月ごろ写経所に出仕する舎人であったが（『大日本古文書』一〇－二七七頁）、この文書が特に能書家の多い写経所の官人に代筆を依頼して作られたのは、式部省に上申するための公的な性格の文書であったからであろう。そして雄足が依頼されたのは中宮舎人の神護と舎人であることから何らかのつながりがあったためであろうか。

ところでこの文書は雄足によって書かれ、後彼との関係で造石山寺所に反故としてもたらされたものであるから、式部省には提出されず雄足の手元に留められていたわけであり、このことから正文ではなく、下書きか控と考えられる。写真版でみると明らかなように[19]この文書は正楷で書かれた立派なもので、正文といってよさそうなものであるが、例えば公式令闕字条に闕字の扱いをすることを定める「朝庭」に関して、「難波　朝庭」は闕字になっているが、「藤原朝庭」、「奈良朝庭」は闕字としていず、公式な文書として破格な点があり、特に「奈良朝庭」では「朝」字の上に墨点を打っている。この墨点は闕字すべき所をしていないので、後で訂正するために打ったものと考えられ、このように文書自体からも下書きであることがうかがわれるのである。

さて神護解と本木簡を比較すると次の点が注目される。

(1)いずれも解の様式をとるが、文体は神護解が宣命体であるのに対して、木簡は変体の漢文である。

(2)いずれも正文ではなく下書きと思われるが、一方が紙に書かれているのに対して他方は木簡に書かれている。

まず(1)については、木簡でも「……奉止謹解」と助辞を万葉仮名で記しているが、このような例は奈良時代の私文書によくみられ、これだけでは宣命体とはいえない。この点や「今願所者」などからみて変体漢文というべきである。この文体の相違は文書の用途や充先に関わる問題である。先に神護解が宣命体であることから、式部省に提出され簡試の儀式に読みあげられたものではないかという西山氏の見解をみたが、もしそうであるならば、宣命体でない本木簡は、同じく郡領補任請願文書といっても、直接には式部省簡試には関係ないものと考えられる。整った文体の神護解とくらべて、変体漢文の本文書は公式な文書とは考えにくく、私は、個人から個人に充てられた補任の嘆願の文書か、あるいは西山氏が紹介したように、主帳補任に関して所属官司に式部省あての推挙状を申請した例があるので[20]、そのような本司あての請願文書の可能性があると思う。「蒙二恩沢一□□延レ年如レ常」の文言が個人あての啓状によくみられるものであることからみると、後者よりも前者の個人あての請願文書である可能性が高いと思う。

(2)の紙と木簡の問題については直接本論と関係ないが、この二つの史料は近年木簡研究において論議されている紙と木簡との使いわけの問題を考える一例となるかもしれない[21]。岸俊男氏は、紙と木簡の使いわけの一例として、木簡は削れば再使用できることから、浄書のための筆ならしや練習に用い、浄書には貴重な紙を用いるという使いわけを想定しているが[22]、この場合は両者はいずれも下書きであるから、このような想定にあてはまらないようである。この両者の相違については、式部省へ上申する公文書と個人あての私文書という文書の性格の相違の観点や、書写の場の相違という視点から解釈できよう。すなわち後者についていえば、紙の豊富な写経所とそうでもないらしい兵衛詰所という書写の場の相違が書写素材の相違となったと解釈するのである。

四　歴史的背景

これまで知られていた神護解のほかに、ここに新たに郡領補任のための文書木簡一例を史料として付け加えることができた。この両者は文書の性格を異にするとはいえ、天平末年のほぼ同時期のものであり、さらに差出者が中宮舎人と兵衛で、いずれも地方出身のトネリである点が注目されるのである。

私は旧稿で郡領の任用において、郡領の子弟がトネリ（兵衛・中衛・近衛など）として中央に出仕し、その後郡領に任用されるコースがあることを指摘した。すでに令に兵衛の郡領任用を前提とする規定がみえ、（軍防令兵衛考満条）、さらに郡領任用に関する重要な改変である天平二十一年（七四九）の譜第重大家の嫡々相継の格、延暦十七年（七九八）の才用者の任用の格に関連して、トネリを郡領に任用する措置がとられたのである。トネリ出仕制は、譜第主義を前提とする郡領任用にかなうとともに、それに才用主義的要素を付け加えるものとして位置づけられていた。すなわち郡領の子弟のトネリ出仕は彼らの次代の官人の地位を保障するものであるとともに、トネリ制は正式な官人として出仕する以前の官人養成機関としての役割を果したから、彼らに律令官人としての才用を身につけさせる意味があったのである。このようなトネリ制の意義は郡領任用だけに関わる特殊なものではなく、律令官人制全般にわたることであった。その後このような私見をうけて、西山良平氏が郡司の在地支配において都城が大きな役割を果したという見解に発展させている（注2論文）。このような意味で、本木簡は兵衛の郡領補任を示す史料として注目されるのである。しかし本木簡の意味をさらに具体的に明らかにするためには、神護解も含めて天平末年の時点における郡領任用の問題の中に位置づけてみることが必要である。

天平七年（七三五）五月、同二十一年（七四九）二月に郡領任用に関して重大な改変がなされる。(23) 本木簡と神護解の年代はちょうどこの二つの改変の間に当る。天平七年格以前の郡領任用については、大宝選任令郡司条の才用任用の規定があるがくわしくは知られない。事実上は大化立評の時に評造に任用された氏族が郡領職を世襲してきた。これが天平七年格に「難波朝廷以還譜第重大」とみえる譜第氏族である。譜第氏族による世襲任用は嫡系による世襲ではなく、氏族を構成する複数の家による傍親間の世襲であった。傍親間世襲の方式は当時の一般的な氏上の相続にもみられ、郡領任用の場合も譜第氏族の構造を基礎に行われたもので、郡領任用とはすなわち氏上の決定であると思われる。従ってこの方式は根強く行われ、時代の推移とともに譜第氏族の分裂、すなわち各譜第家の分立が進行していく。

さて天平七年五月二十一日格は、これまで譜第氏族が郡領職を独占的に世襲している状況において発令されたもの

で、次の二つの格を内容とする。(24)

(a)同一氏族による郡司四等官の連任を禁止する。これは同一氏族による連任（四等官に同時に任用されること）が独占的世襲を生じさせるという認識の下に、連任の禁止によって譜第氏族の郡司職の独占的世襲を抑制しようとする意図をもった格である。

(b)国司が申送する郡領の候補者として、国司が銓擬した者（国擬）のほかに、譜第氏族（難波朝廷以還譜第重大）の四・五人を副え、さらに譜第の資格がなくとも、才用に優れた者と労効を積んだ者を別副して、式部省に申送させる（副擬制という）。この格は式部省が郡領補任における実質的な権限を掌握することを意図したものである。すなわちこれまで式部省簡試における候補者は国擬一人であったので、補任における式部省の権限は形式的なものにすぎなかったが、候補者を複数にすることによって、国司銓擬の意義は相対的に低下し、式部省が実質的な権限を掌握することになる。そして式部省の意図する補任は、新しく譜第氏族以外に才用者・労効者を申送させていることから明らかなように、才用、労効の重視の任用である。結論的にいえば、(a)(b)二格をあわせた天平七年格の意図は、同一氏族による連任禁止と副擬制による式部省の実質的な補任権限の掌握によって、譜第氏族の郡領職独占を抑制し、才用・労効者の任用を促進しようとしたものといえる。ただし、あくまでも譜第氏族の独占の抑制であって、その排除を意図したものではない。(a)の連任禁止でも例外規定として少領以上の連任を認めているし、国司の申送する候補者にも譜第氏族（国擬と難波朝廷以還譜第重大）が入っていた。譜第氏族の勢力は強大で、彼らを排除しては地方政治の運営は不可能であったのである。

さて天平二十一年二月勅は天平七年制を改め、郡領の補任は「立郡以来譜第重大之家」を簡定し、その家による「嫡々相継」、すなわち嫡系の世襲任用とすることになる。(25)同勅には従来行われてきた補任の方式とその問題点を記している。すなわち、これまで「譜第優劣」(譜第家の家柄)、「身才能不」(才用)、「舅甥之列」「長幼之序」を基準とする国司の銓擬を行い、式部省簡試では「譜第」「家門」よりも才用・労効を重視する補任を行ってきたが、その結果、譜第氏族から分立してきた各譜第家が式部省において補任をめぐって争い、濫訴が絶間ない状況だったというのである。国司銓擬における四基準は長期間行われてきた傍親間世襲の中で慣例的に定められたものと思われるが、このような式部省簡試の方式や状況は天平七年制の結果であると考えられる。すなわち、まず式部省において補任をめぐる争いが生じていたのは、天平七年制の副擬制によって式部省簡試をうける候補者の枠が広げられた結果である。次に式部省が実質的な権限を掌握し、才用・労効重視の補任を行ったのは、天平七年制の意図が実現したものである。天平二十一年勅によれば、式部省簡試では候補者の口頭試問を行って補任の可否を決定しており(「式部更問二口状一、比二校勝否一、然後選任」)、また何よりも式部省簡試において争いが生じていたことは式部省が実質的な権限を握っていたことを示している。ただし、才用・労効重視については、補任を争ったのは譜第氏族から分立してきた譜第家のものたちに限られていたから、譜第氏族以外の才用・労効者の登用という天平七年制の意図はそのままの形では実現していなかった。それだけ譜第氏族の勢力が強大であったからである。

ところで、本木簡と神護解はまさに天平七年制の前記のような状況の下に作られたものであり、在京の兵衛が郡領補任請願の文書木簡を認め、中宮舎人の神護が式部省における郡領簡試に提出した文書に、譜第とともに資人・中宮舎人としての労効を記す契機となったのは、天平七年制によって郡領候補者の枠が拡大され、式部省が実質的な権限を掌握して、才用・労効重視の補任を行っていた所にあったと考えられるのである。彼らの資人・中宮舎人、また兵衛としての出仕の実績は労効を積んだ者という補任の条件に合致しており、また中央政府はトネリら中央出仕者は才用者であるという認識をもっていたから、才用という点でも評価されたはずである。神護はその申請文書の中に補任さるべき理由として、譜第氏族の出自であることとともに、資人・中宮舎人としての三十一年間の出仕の労効をかき上げていたのである。式部省の実質的な補任権の掌握もトネリらにとって有利な条件となったであろう。彼らは長い中央出仕の間につながりをもった中央官司や有力な官人の縁故に頼って式部省の補任に介入できたであろう。前述のように、本木簡が個人あての文書と考えられるならば、本木簡はそのような有力官人への補任嘆願の文書ではないかと考えられる。

有力者の縁故に頼って官職を得ようとすることは奈良時代にもみられ、正倉院文書にその嘆願文書が残されている。例えば、天平宝字六年（七六二）和雄弓が写経所経師に就職しようとして書いた嘆願状（『寧楽遺文』下巻九五四頁、『大日本古文書』五―三三二頁）、上咋麻呂が、「左右兵衛・左右衛士府等一々末任」に任用されんとして記した嘆願状（補四）（『寧楽遺文』下巻九五六頁、『大日本古文書』二十二―二一三頁）などがあり、いずれも充先を記さないが、内容から個人あてのものとみなされる。天平二十一年勅に記す、式部省簡試の争いにおける「濫訴」や「争訟」というのは、このような有力官人や所属官司を通しての訴えではないかと考えられ、本木簡はそのような一事例とみることができる。

天平末年の西宮兵衛の一人の請願解の木簡と中宮舎人の神護の解の歴史的背景として、以上みたような天平七年制によって生じた郡領補任をめぐる諸条件や状況があったのである。その意味で二通のトネリの郡領補任申請文書がほぼ同時期の天平末年のものであることは単なる偶然ではなく、必然性があったのである。

ところで天平二十一年勅にみえる式部省における補任をめぐる争いの根本的な原因は、旧稿に説いたように、評制施行以来百年にもわたって行われてきた傍親間世襲による、譜第氏族の氏族的結合の弛緩、すなわち譜第家の分立にあった。しかしその争いは、現象的にはトネリと在地の国擬の者の対立という形であらわれたのではないだろうか。天平二十一年勅にいう、譜第・家門よりも才用・労効を重視する方針は、当然それの条件に最も適合するトネリの進出を促進したものと思われるのである。もちろん労効・才用者のトネリといえども、譜第氏族の出身で、譜第の資格も有してはいたのであるが。わずか二通ではあるが、トネリの補任申請文書が天平末年に集まっていることは決して軽視すべきでないだろう。延暦十七年（七九八）三月郡領補任は才用任用に改められ、(26)それに伴なって同十八年五月在京のトネリを才用に優れた者として国司銓擬を経ずに式部省簡試に預らせることにし、(27)その結果、式部省の補任ではトネリらが国司の銓擬者を抑退して、優先的に任用される状況が生じていた。才用、労効重視という同じ傾向をもった天平七年制の下でも、これと同様の状況が生じていたのではないだろうか。ただし、天平七年制においてはトネリが国司銓擬なしに式部省簡試に預ることは許されていなかったから、トネリ対国擬者の対立という抗争の形が、補任に関する争いを全面的におおうようなものであったのかは断言できない。しかし天平後半における郡領補任の抗争が、一面でこのような対立の様相をとったことはたしかで、その意味で天平七年制は、郡領補任において根本的に内在していた譜第家の間の対立と抗争をトネリ対在地者という形でふきださせる役割を果したということができる。

おわりに

あらためて前論を要約することはせず、郡司とトネリの関係を考える資料として、静岡県藤枝市御子ヶ谷遺跡出土の「中衛」の墨書土器を紹介して締めくくりとする。(28)この遺跡は駿河国志太郡家跡と推定される遺跡で、八世紀前半から九世紀にかけての四期にわたる掘立柱建物群が検出されている。その出土遺物で最も注目されるのは二六四点をかぞえる大量の墨書土器で、その中にはこの遺跡を志太郡家と推定する根拠となった「大領」「少領」「志大領」「志太少領」「主帳」「志太厨」など郡司の官職や志太郡を示す土器が数多く含まれている。「中衛」の墨書土器は八世紀代の須恵器坏蓋に墨書したもので、(29)志太郡家に中衛が存在していたことを示している。現任の中衛であるのか、すでに退いているのか明らかではないが、郡家の食器にその職名を残しているのであるから、この者は郡家において中衛の肩書きでもって、一定の地位を占めていたことは明らかである。この墨書土器はその年代を狭く限定することができないので、前記の問題に直接結びつけることはむずかしいが、この中衛は中央出仕の労効を積んで帰郷し、郡領あるいは軍毅の候補者として待機していたものではないだろうか。西山氏が論じたように、郡司はいろいろの形で中央政府とつながりをもち、その在地支配は「都城」を媒介として再生産されていた。本論ではその中で、郡司とトネリに関して、これまで気づかれていなかった史料を紹介することを主目的として、いささか考察を加えてみた。

注

(1)「八世紀郡領の任用と出自」(『史学雑誌』八一編一二号、一九七六年　以下旧稿とよぶ)。ほかに関連論文として「『国造氏』の存在について」(『続日本紀研究』一六四号、一九七二年)があり、米田雄介著『郡司の研究』の書評(『史学雑誌』八七編一一号、一九七八年)にも私見の概要を記した。

(2)米田雄介『郡司の研究』(一九七六年)、渡部育子「律令国家の郡領政策」(『関晃先生還暦記念日本古代史研究』所収、一九八〇年)などで批判を受け、原秀三郎「郡司と地方豪族」(『日本古代国家史研究』一九八〇年、一九七六年初出)、西山良平、「『律令制収奪』機構の性格とその基盤」(『日本史研究』一八七、一九七八年)が私見をさらに展開している。

(3)奈良国立文化財研究所『平城宮木簡一』(二〇)。図版はPL14。なお図版は釈文と左右が逆になっている。釈文は写真と原物によって新たに作り直した。

(4)特にことわらない場合、木簡の左右は表を基準として木簡に向っての左右をいう。

(5)相田二郎『日本の古文書』上　二一五頁。なお『寧楽遺文』中巻写経生等請暇并不参解(五七三頁)など参照。

(6)天平宝字六年大津大浦啓(『寧楽遺文』下巻九五〇頁)、葛木戸主状(同九五一頁)、天平宝字六年僧正美状(同九五四頁)など。

(7) 諸橋轍次『大漢和辞典』巻四―六四七頁。

(8) 類例としては注(6)僧正美状に「但下民僧正美者、蒙二恩光一送レ日如レ常」とある。

(9) ＳＫ八二〇土壙の年代や出土木簡の内容については奈良国立文化財研究所『平城宮木簡一（解説）』、同『平城宮発掘調査報告Ⅶ』による。なおＳＫ八二〇出土木簡については、『木簡研究』二号（一九八〇年）の「一九七七年以前出土の木簡」に今泉隆雄「平城宮跡（第一三次）」でその概要を記したことがある。

(10) 今泉隆雄「平城宮大極殿朝堂考」（『古代宮都の研究』第二部第一章）。

(11) 本書第一編第三章・第五章。

(12) 阿部義平「平城宮の内裏・中宮・西宮考」（奈良国立文化財研究所『研究論集Ⅱ』所収、一九七四年）。

(13) 前掲『平城宮木簡一（解説）』二九頁、第三表「木簡にみえる兵衛」。

(14) 旧稿に述べるように、九世紀初頭に新興郡領が台頭してくるので、八世紀末までの郡領氏族と比較することにした。なお郡司一覧については高橋瑞枝「奈良時代郡司一覧」（「続日本紀研究」一の一一、一九五四年）、「九世紀以前郡司一覧表」（『古代の日本9 研究資料』所収、一九七四年）を参照。

(15) 『大日本古文書』三―一四九頁、正倉院文書正集四四巻。写真は正倉院事務所編『正倉院の書蹟』単色図版七八に掲載。

(16) 『大日本古文書』五―二三～二四頁。正倉院文書正集四四巻。同文書の接続については福山敏男『日本建築史の研究』三一四頁。

(17) 吉田孝「律令時代の交易」（『律令国家と古代の社会』一九八三年、一九六五年初出）。

(18) 内藤乾吉「正倉院古文書の書道史的研究」図版七八、八四解説（前掲『正倉院の書蹟』所収）。

(19) 注(15)『正倉院の書蹟』単色図版七八。

(20) 天平勝宝二年（七二〇）五月造東大寺司牒案。『大日本古文書』一一―二五二頁。中宮舎人で造東大寺司に出向していた某千虫が主帳補任の推挙状を中宮職に申請し、結局出向先の造東大寺司から給わることになった。注(2)西山論文。

(21) 本書第一編第一章Ⅰ。

(22) 岸俊男「木と紙」（『宮都と木簡』一九七七年、一九七六年初出）。

(23) 以下第三項の天平七年格、同二十一年格の理解は注(1)旧稿による。

(24)　a格は『類聚三代格』『令集解』の弘仁五年三月二十九日官符所引。b格は『続日本紀』天平七年五月丙子条。

(25)　『続日本紀』天平勝宝元年二月壬戌条。

(26)　『類聚国史』巻十九・四十所引延暦十七年三月丙申条。

(27)　『日本後紀』延暦十八年五月庚午条。

(28)　藤枝市埋蔵文化財調査事務所『日本住宅公団藤枝地区埋蔵文化財発掘調査報告書－奈良・平安時代編－志太郡衙跡（御子ヶ谷遺跡・秋合遺跡）』の墨書土器一〇一号。

(29)　II期に属する掘立柱建物SB二〇部分の灰色有機質包含層出土。同遺跡の須恵器坏蓋の分類では3A2に当り、八世紀のもので、同遺跡の土器編年では比較的初期のものに当る。

（付記）　初出稿「平城宮木簡の郡領補任請願解」。『国史談話会雑誌』二三に掲載（一九八二年二月）。改題し、内容は補注で記した点を改め、ほかに文章を整え引用論文の出典を補訂した。

（補一）　事書きの部分は、「息」の上の字は右半の旁が削られ左半に「氵」が残るだけであるが、次の正倉院文書の解・啓の事書きに「消息事」とする用例があるので、「□〔消カ〕息事」と釈読する。すなわち、いずれも天平宝字六年（七六二）造石山寺所解移牒符案に収めるもので、書き出しと事書きを示すと次のようである。A天平宝字六年二月三十日造石山寺所解案「造石山寺所解　申消息事」（『大日本古文書』十五巻一五六頁）、B同年三月十三日造石山寺所啓案「謹啓　削息事」（同一六五頁）、C同年五月四日造石山寺所解案「石山院解　申消息事」（同一九九頁）、D同年九月十四日石山院奉写経所解案「石山院奉写経所解　申削息事」（同二四三頁）。B・Dは「削息事」と記すが、『大日本古文書』編者が（ママ）とするように「削」は同音による「消」の誤りであろう。古代における「消息」の意味は、(1)変化するものごとのその時その時のありさま。動静。安否。(2)手紙を書くこと。手紙。（小学館版『日本国語大辞典』十巻五七一頁、『新潮国語辞典　第二版』一〇四七頁）などがあるが、前掲の四通の文書はいずれも一つ書きをして何らかの状況を伝えるもので、Aでは末尾にそれらの一つ書きを受けて「以前消息、付二秦足人一、申上如レ件、以解」とあるから、四通の文書の事書きは(1)の意で状況の報告といった意味であり、本木簡の「消息事」も同様で、事情の説明といった意味であろう。

(補二)　初出稿では次のように釈読した。

……仰、彼郡大領所レ令ニ仕奉一止謹解。＝……仰、彼郡大領ニ仕へ奉ラ令メム所ト謹ンデ解ス。東野治之氏の教示によって本文のように変えた。

(補三)　笹山晴生「兵衛についての一考察」(青木和夫先生還暦記念会編『日本古代の政治と文化』、一九八七年)も西宮兵衛木簡の兵衛の氏の分類をしている。私のように郡領氏族に限定せず、氏族全般として検討している。

(補四)　上咋麻呂状。続々修三十九帙四裏。表の第二次文書は宝亀三年食口案で、同案は宝亀二年閏三月～宝亀三年十一月の文書の反故を用いているので、この文書は宝亀二、三年ころ以前のものである。

(補記)　本論の論旨の前提になっているのは、本文に引用した「八世紀郡領の任用と出自」(『史学雑誌』八一―一二、一九七二年一二月)である。この論文についてはこれまで肯定的な意見もあったが、一方批判も頂いた。それらの批判の中でも山口英男氏の「郡領の銓擬とその変遷――任用関係法令の再検討――」(笹山晴生先生還暦記念会編『日本律令制論集』下巻、一九九三年)は、この論文とほぼ同じ問題を扱い、一つ一つの史料に関して新しい解釈を示し、この論文に対する全面的な批判を展開している。教えられるところもあるが、その批判に全面的に従うことができない。山口論文は本論を直接批判したものではないが、本論の前提に対するものなので、ここではあえてその批判にお答えし、山口説に対する疑問・批判を記すことにする。

山口説の概要　山口説について私見との相違する点に重点を置いてその概要をまとめておく。

(1)郡領は奏任官で、その任用については国司と式部省の二段階の銓擬のあり方が重要である。八世紀半ばまでの天平七年(七三五)五月と天平勝宝元年(天平二十一年、七四九)二月の法令は銓擬業務の行政技術的整備という側面での改正である。令の郡領の銓擬基準は徳行と才用であるが、実態としては譜第と労効であったがあいまいで、天平七年格は初めて銓擬の実態を成文化したものである。この格は二つからなるが(拙稿の史料14―a・b)、b格は国司の選定した候補者(国擬者)を上申し式部省の銓擬のために上京させるが、それ以外に難波朝廷以還譜第重大の者を四・五人と譜第はないが労効の者を文書に記して副申する。譜第重大四・五人と労効の者の副申は式部省における国擬者の銓擬の参考資料にするためで、彼らが上京して銓擬を受けるわけではない。b格はこれまで行われていた譜第と労効の基準を明文化し、譜第について難波朝廷以還譜第重大四・五人という形で限定した。今泉がいう、この格が国司の銓擬者を複数にすることによって郡領補任における国司銓擬の意義を相対的に低下させ、式部省に実質的な補任権を掌握させようとしたものという考えは成立しない。

a格は郡司の同姓者の並任を禁止したものである。格の中の「代遍」の語は「一生を通じて」の意味で、この格は「郡領は終身の任であって、一生を通じて勤めるべき官職である。したがって、三等親連任禁止では不十分であり、並任禁止の対象を同姓者に拡大する」という意味であり、次のような事例を想定している。すなわち終身の任であるから現任郡領（甲）の二世代下の者が銓擬の対象になることがある。令制の三等親以上連任禁止ならば、甲の孫（丙）は二等親だから銓擬されず、甲の弟の孫（乙）は四等親であるから銓擬の有力な候補者である。乙が銓擬されれば譜第の資格が傍親へ拡散することになり、このような事態を防止するために並任禁止の範囲を三等親から同姓に拡大した。

（2）天平七年格の結果、祖先・家門を異にし郡領就任者に連なる多くの人が任用の申請をみだりに提出するようになったので、天平勝宝元年二月勅（拙稿史料12天平二十一年勅）は立郡人の系譜に連なる譜第の事実の重大な家を「立郡以来譜第重大之家」として一郡に四・五家ないしその前後を簡定し、その家の嫡系の者のみを銓擬の対象にした。銓擬基準について労効をやめ譜第に一元化し、譜第基準の適用範囲を譜第重大家の嫡系の者に限定した。銓擬対象と譜第基準適用範囲の明確化という点で天平七年格の発展である。

（3）八世紀後半に郡領の資質として行政実務を処理できる能力を重視する方向が強まり、延暦十七年（七九八）から弘仁十三年（八二二）までの銓擬制度の改変はこの資質の変化を反映して行われる。延暦十七年三月銓擬における譜第基準を廃し、芸業（今泉のいう才用）基準に一元化する。この芸業基準は郡の行政実務を処理できる実務者の銓擬を意図したもので、同年二月格の副擬郡司の禁止と関係する。国司の主導によって置かれてきた実務能力のある副擬郡司をやめ、そのような存在を正任郡司に登用しようとしたものである。

延暦十八年五月格は中央出仕の労効を芸業に該当するものと認め、彼らを式部省銓擬の対象にするというものである。この格は延暦十七年格に対する調整のために出されたが、銓擬基準が芸業と労効の二基準を併用する点、式部省の銓擬のみで適用される労効基準が持ち込まれることによって式部省銓擬が国司銓擬を否定するようになる点などにおいて、その内容は十七年格に反するものである。このような食い違いは十七年格に関する国司と中央政府の理解の違いから生じた。延暦十七年・十八年格を一体の改変とする今泉の考えは誤りである。

（4）弘仁二年（八一一）格は譜第基準を芸業基準に優越させる内容であるが、その目的は銓擬基準の変更よりも、銓擬主体として国司を式部省より優越させる点にあった。延暦十八年格によって式部省銓擬において中央出仕者が国擬者を退けて任用されるような状況であったので、弘仁二年格は譜第基準による国司の銓擬結果を、労効の事実も勘案した式部省の芸業基準による銓擬に優先させようとしたものである。しかしこれはうまく行かなかったので翌年の弘仁三年格は郡司の任用は国司の銓擬によるという郡司国定の原則を打ち出し、式部省から銓擬の実質的な権限を奪った。

（5）弘仁十三年格は同三年格を受けて、国司は郡司の候補者を擬任して三年間実務に試用し、その業績の結果によって式部省に銓擬・上申することにした。これによって正員郡司以外に複数の擬任郡司が郡務に従事する状況が現出し、郡領は国司下僚として郡務を円滑に処理できる執務能力を要求されるようになる。延暦十七年に始まる郡領任用政策転換の最終的完成である。

山口説の問題点　私見に対する批判について答え、山口説の問題点を指摘したい。

（1）天平七年格についての解釈については、まずb格については国擬者のほかに副申される難波朝廷以還譜第重大の四・五人、さらに才用・労効の者も上京して式部省簡試を受けると考えるべきであり、この格はやはり国司の銓擬の意義を低下させ、式部省が実質的な補任権を掌握するためのものと考える。その根拠は、（ア）b格は「除二国擬一外」の記載から明らかなように、これまで行われていた国擬については何も定めていず、この格で定めたことは別副される難波朝廷以還譜第重大と才用・労効に関してである。したがって末尾の正身の上京期限の規定は当然別副される人たちに関することであり、彼らは上京して銓擬に預ったのである。またこの点からいえば、山口氏が指摘する天平七年以前から国擬者以外の副申が行われていたという可能性はない。（イ）天平勝宝元年格によれば式部省の簡試の場で候補者の間で抗争があったが、これは天平七年格によって式部省の簡試に複数の候補者が預かるようになったからである。山口氏はこの抗争について譜第の者が郡領任用の申請をみだりに提出するものであるという。そのようなこともあり得ないことではないが、すでに本論で指摘したように、式部省簡試が抗争の場になることは、式部省が実質的な補任権を掌握していたことを示すのである。

a格については並用禁止を同姓にまで拡大すると、山口氏の想定において郡領の弟の孫の乙だけでなく、郡領の孫の丙も銓擬から排除され、現任郡領の氏以外の氏から銓擬されることになるが、それは嫡系・傍系を問わないわけで、決して傍親間への譜第の拡大を抑制することにはならない。元慶七年十二月官符に見える「代遍之格」は天平七年格を指すと考えるが、代遍が「一生を通じて」という意味ならば「代遍之格」とは終身の任の格という意味になる。しかし天平七年格は郡司が終身の任であることを定めたものでないから、「代遍之格」というのはおかしいであろう。a・b格は同日に発令されたものであるが、山口説では両者の関係がよく分からない。

（2）延暦十七・十八年格、弘仁二・三年格についての山口氏の理解で特徴的なのは、延暦十八年格を同十七年格と内容的に反対のものと捉えて両者の関係を否定すること、それに対して弘仁二・三年格の関係を密接なものとして弘仁二年格の目的を同三年格のそれを先取りしたものとし、銓擬基準の芸業から譜第への変更の意義を低くみることである。延暦十七年・弘仁二年格は銓擬基準、延暦十八年・弘仁三年格は銓擬方式に関する格であるが、四格相互の関係は本論で指摘したように次の通りである。延暦十八年格には同十七年格を、弘仁三年格には同二年格をそれぞれ引用し、それぞれ後格が前格をふまえて発令され、さらに延暦十七年格が弘仁二年格によって変更されると翌年弘仁三年格によって延暦十八年格が変更された。私はこのような四格の相互関係からみて、延暦十七年・十八年格、弘仁二年・三年格がそれぞれ密接に関係して一体となり、後二格が前二格を変更するという関係であると考える。山口氏は四格の意義について個別的に考察しているが、そのような考察の前提に四格相互の全体的な関係をふまえなければ正しい理解には達しないのではあるまいか。

山口氏は延暦十七・十八年格の違いについて、銓擬基準が前者が芸業であるのに対して後者が労効であり、両者を峻別すべきであるとする。しかしトネリ制が官人養成の役割を果したという井上薫氏の見解をふまえて本論で強調したことであるが、天平宝字元年格（『続日本紀』天平宝字元年正月甲寅条）でも延暦十八年格でも中央出仕者は才用に優れ官人の素養を身につけたものと認識されていたのであるから、延暦十八年格が延暦十七年格と反する内容という必要はない。山口氏は、延暦十七・十八年格の食い違いの背景として前者が国司の意向、後者が中央政府の意向を反映するものであることを想定するが、両者ともに中央政府が発令したものであるからそのような想定は不自然ではなかろうか。

延暦十七年格・弘仁二年格の銓擬基準の変更について、山口氏は延暦十七年格の芸業基準への変更を行政の実務能力を有する者を銓擬するものとその意義を高く評価するのに対して、弘仁二年の譜第基準の優先については実務能力者の銓擬という点では変わらないとするが、銓擬基準が変りながら銓擬対象に変更がないというのは納得できない。銓擬方式に関する延暦十八年格によって生じている問題を弘仁二年の銓擬基準の変更によって変えようというのは、はじめから無理な話なのであり、いうまでもないことであるが、弘仁二年格は延暦十七年格を変更したものである。二回とも銓擬基準の変更が方式の変更の前年に行われているから、基準の問題が方式より重要であったのであり、弘仁二年格も基準の変更として重要なのである。

延暦十七年格の才用任用がはじめから中央出仕者の優先任用を意図していたかは論証しにくいことであるが、翌年にそれを受けて中央出仕者の優先任用が打ち出されている点からみて、その才用基準が中央出仕者のもつ官人的素養を想定していたとは言えるであろう。郡領銓擬基準の歴史の中で延暦十七年の才用基準は特異なものであった。これまでだいたい譜第基準であり、才用基準といってもそれは譜第基準を前提としたものであったのに対して、この才用基準は譜第基準を否定した上でのものであるからである。譜第基準の否定は在地の郡領氏族に濃厚にある譜第的な秩序から自由になることであり、中央出仕者の登用につながるのではなかろうか。延暦十七年格の裸の才用基準、十八年格の国擬者の抑退という政策はこれまでの任用政策のなかで特異なものであったので、わずか十三年という短期間で変更されることになる。

「八世紀郡領の任用と出自」は四半世紀も前に発表されたもので、古証文を取り出すごとくここで問題にしたのは、山口氏が批判の対象にしてくれたことによって、まだ学問的な意義をもっていることを認識したからである。拙稿への批判の労をとられ再考の機会を与えてくれた山口氏に謝意を表したい。

第二章　平城宮跡出土の日向国の牛皮荷札

――牛皮貢進制と宮城四隅疫神祭――

はじめに

平城宮跡東張出部の東南隅の外側から、和銅年間の日向国の牛皮の荷札木簡が二点出土している。本論はこの牛皮荷札をめぐって、牛皮の貢進制度と宮城四隅疫神祭について論じようとするものである。八、九世紀の西海道諸国からの貢納物についてはすでに平野邦雄氏が全体的に論じられ、その特殊性を明らかにされた(1)。すなわち西海道諸国の調庸は大宰府に収納されて府料に当てられ、その残余の調綿が京進されたこと、調綿以外では贄・雑物が京進されたが、いずれの貢納物も大宰府が京進あるいは生産において関与したことなどである。本論はこの日向国の牛皮の貢進が朝集使貢献物制＝交易雑物制によるものであり、さらに隼人の朝貢貢献物と関係することを明らかにする。平城京で執行された祭祀についてはこれまで考古学の遺物などによって論じられているが(2)、本論ではこの牛皮が宮城四隅疫神祭で用いられたものであることを明らかにしたい。

一　木簡の出土状況と現状

出土遺構と状況　考察するのは次の二点の荷札木簡である。(3)

(1)　日向国牛皮四枚　　一九一×二六×六　〇三二

(2)　日向国牛□〔皮カ〕□　　一四九×二六×五　〇三二

二点の木簡は、平城宮跡第四四次調査(4)で検出した二条条間大路南側溝SD五七八五から出土している。第四四次調査区は平城宮東張出部東南隅（条坊でいえば平城京左京二条二坊七坪）から二条条間大路を横断し六坪北西隅に至る地区である（第4・34図）。調査の結果、東張出部の東面と南面の大垣築垣の接合部を検出するとともに、宮内では後にその全貌が明らかになる玉石組の園池の東南部を、大垣の外では、東二坊坊間大路西側溝で宮の東面外堀に当るSD五七八〇（旧）・SD五七八一（新）、二条条間大路SX五九四〇、その北側溝で宮の南面外堀に当るSD五二〇〇、また南側溝を検出した。南側溝は四回掘削されているが、SD五七八五が最も古く、次いでSD五七八八→SD五七八七→SD五七五六の順に改修されている。二点の木簡はこの条間大路の南側溝の最古のSD五七八五から出土したわ

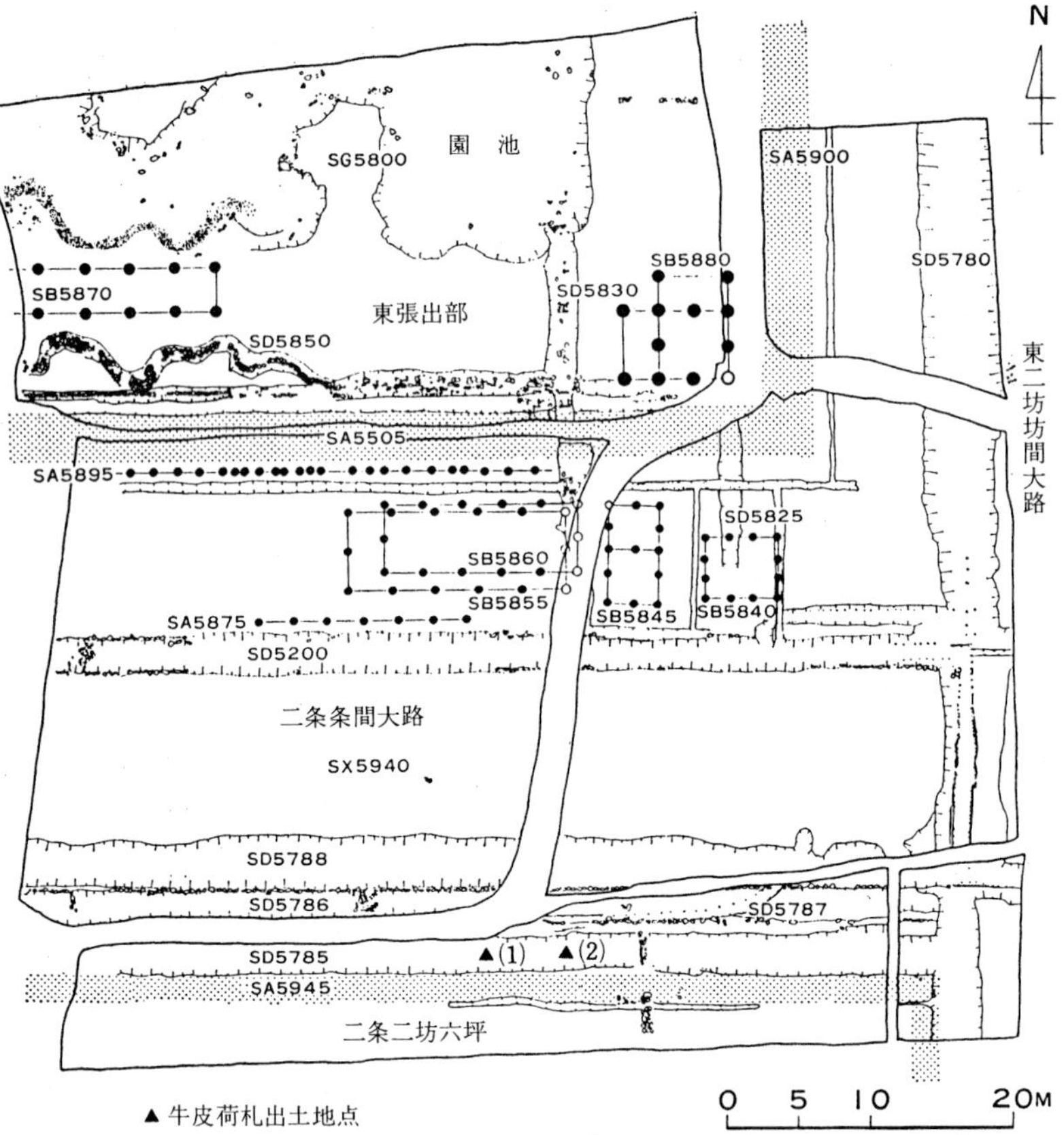

第34図　平城宮跡第44次調査遺構図（『奈良国立文化財研究所年報1968』より）

けである。SD五七八五の木簡出土点数は一五一点で、この調査ではほかにSD五七八〇、SD五七八一、SD五七八八の三個所の遺構からも木簡が出土し、総点数は三八六点となる。

SD五七八五は幅二・〇～二・五メートル、深さ四〇～六〇センチメートルの素掘りの溝で、本調査区では延長六〇メートルにわたって検出した。溝の東端で、SX五九四〇を横断する坊間大路西側溝SD五七八〇にT字状に接続する。堆積土は二層に分かれ、下層は水流による薄い堆積層で木質遺物を包含する。上層は黒色粘土層で溝をうめたてた土層とみられる。(1)の木簡はSD五七八〇との合流点から西へ三〇～三三㍍の小地区、(2)は同じく二四～二七㍍の小地区で、(5) いずれも上層から出土した。

木簡の年代　二点の木簡の年代を明らかにするために、SD五七八五の埋没年代についてみてみる。SD五七八五出土の年紀を記す木簡は、和銅六年（七一三）五月十日の召喚状一点、同七年二月十七日の白米荷札一点があり、また八年八月九日付けの文書木簡一点があるが（以上『平城概報』六―五・六頁）、これは和銅八年（九月二日霊亀元年改元）とみられ、年紀をもつ木簡は和銅六年五月～八年八月となる。また荷札は判断できる五点すべてが霊亀三年（七一七）以前の郡里記載である（同六―六頁）。従って、SD五七八五は平城京造営開始の和銅元年九月以降に掘削され、和銅八年（霊亀元年）をほど遠からぬ時期に埋めたてられ、それに代ってSD五七八八が掘られたと思われる。木簡に記された年紀は和銅六～八年であるから、日向国の二点の荷札を含む上層出土の木簡の年代は和銅六～八年とみてよいであろう。

木簡の現状　次に木簡の現状について記しておく（第35図）。(1)は、料材が檜の柾目板で、(6) 右肩を欠損するが、ほぼ完形である。上端は水平に削り、下端は左右から斜めに削って鈍角に整形する。左・右辺も削る。右辺は真直ぐでなく、下端へ向って幅が狭くなるように、ゆるいカーブを描いて削る。左・右辺上端にV字形の切りこみを施す。小口の横断面でみると、上端では右辺へ向って、下端では左辺へ向って薄くなるように楔形に整形され、また裏面の下部三分の一ほどは下端へ向って薄くなるように削られ、全体に厚さが均一でない。墨書は薄れている。

(2)は、料材が杉の斜柾目板で、左肩と右辺の中央部から下端にかけて欠損し、そのため「牛」字より下はわずかに一字分の墨痕を残すだけである。上端は水平に削り下端はかろうじて原形の切断面をのこす。杉材ではよくみられることであるが、表裏面・左右辺とも材の早材部が腐蝕し晩材部が浮き上っている。このため左右辺は整形法を判断できないが、字配りからみて原形とみてよいであろう。左右辺上端にV字形の切りこみを施すが、その位置は上の切り

(1)　(2)

第35図　日向国牛皮荷札　平城宮

こみが材料のほぼ上端から入れられており、(1)の切りこみが上端から六ミリメートルほど下がっているのと異なる。全体がほぼ同じ厚さで、(1)のような部分的な厚薄がみられない。

同　筆　(1)(2)の筆跡は同筆と判断される。同筆であることと、ほぼ同一の地点・層位から出土していることから、両簡は同一時に作成・貢進・廃棄されたものと考えられる。同筆は同人によって墨書されたことを、また出土地点・層位の同一性は同一時の廃棄を示すにすぎないが、別の時点に同人によって墨書されて送られてきた荷札が、偶然にも同一時に廃棄されたと考えるよりも、前記のように考えた方が蓋然性が高いであろう。一つの荷に複数の荷札が付けられることがあるから[7]、あるいは二点は同一の荷物に付けられてきた可能性も考えられる。たとえそうでないとしても、右の墨書・貢進の同時性からみて、(2)の「牛」字以下の欠損の文字は(1)と同文と考えてよいであろう。「牛」

字の下の文字の残画は、上から下へ引いた墨線と左下から右上へ引いた墨線が十文字に交叉しているが、これは(1)の「皮」字とくらべると、その第一・二画に当り、「皮」とみることができる。(1)は材料が長いので墨書の下に余白があるが、(2)は欠損の文字を補うと、ほぼ下端まで墨書で埋まることになる。

墨書と料材製作　ところで本題からはずれるが、この二点の荷札における、筆跡の同一と、料材に関する大きさ・樹種・整形方法の相違という対照性ははなはだ興味深い。同一時に同人によって墨書された荷札でも、料材については共通性を持たないのである。日本の木簡は大きさに関して規格性が稀薄で、先に紹介した長岡京木簡の同一材から作られた請飯文書木簡・地子荷札でも、同一の大きさに作るという意識はなく、(8)本例もそのような一例である。また本例は料材の樹種についても同種の材を使っていない。木簡料材の樹種は針葉樹が圧倒的に多く、檜と杉が代表的な木簡料材の樹種であるが、本例ではその両樹種が用いられている。

さらに本例は木簡の作成における墨書と料材製作の関係を考える資料となりうるものと思われる。この問題は、これまでつきつめて考えられたことがなく、漠然と料材製作と墨書が同一人の手によって行われたと考えられているように思われる。しかし、そのように作成されたとするならば、墨書と料材に関して同一性があるはずであり、本例のように料材に関する相違と墨書についての同一というような様相を示さないはずである。料材における相違と墨書の同筆からみて(1)(2)は別人の手によって料材製作がなされ、後に同一人の手によって墨書されたとみられる。すなわち本例から考えられる木簡の作成の仕方は、まず複数の手によって一括して料材が作成され、次にまとめて墨書するというやり方が考えられる。もちろん木簡の作成の仕方はこのようなやり方が唯一だったのではなく、一人が料材製作も墨書もするというやり方もあったと思われる。例えば、完形と思われる木簡で、上・下端の整形や付札のV字形切りこみによって墨書が切られているものがあり、このような例は、一定幅の料材の原材に墨書したのち、最終的な整形を施して作ったもので、料材製作と墨書が同一人によって一連のものとしてなされた例である。ここでは木簡作成の仕方にこのような二つのやり方があったことを指摘しておきたい。

二　牛皮貢進制

二点の荷札には貢進物の種類が記載されていないが、この点について牛皮の貢進制度と荷札の書式の二点から明らかにする。[9]

八・九世紀における牛皮の貢進制については、朝集使貢献物制→交易雑物制と牧牛皮貢進→年料別貢雑物制の二つの制度がある。

(3) **朝集使貢献物制→交易雑物制**　賦役令35貢献物条に次の諸国貢献物制を定める。

凡諸国(朝集使)貢献物者、皆尽二当土所出一、其金、銀、珠、玉、皮、革、羽、毛、錦、罽、羅、穀、紬、綾、香、薬、彩色、服食、器用、及諸珍異之類、皆准レ布為レ価、以二官物一市充、不レ得レ過二五十端一、其所レ送物、但令レ無二損壊穢悪一而已、不レ得三過レ事修理、以致二労費一、[10]

すなわち国が官物を以て当土所出の特殊高級物品を交易して貢献する制度である。古記によれば大宝令では「朝集使貢献物」とよばれ、朝集使が上京に際して貢献した。また古記によれば官物は郡稲であるが、天平六年（七三四）正月の郡稲の正税混合以後は、正税を以て交易進上し、天平前半の諸国正税帳にその記載が見えている。『延喜式』段階では、賦役令にやはり郡稲を以て交易進上することを定める土毛臨時応用物とあわせて、民部式下に交易雑物制として定められている。[11]賦役令の朝集使貢献物＝諸国貢献物から『延喜式』の交易雑物制への変遷の中で貢進品目に変更があったが、牛皮は一貫して貢進されたと思われる。大宝・養老賦役令の貢献物品目に皮があり、天平の正税帳でも天平十年（七三八）但馬国、同十年周防国正税帳に「御履牛皮」、同九年駿河国正税帳に「御履皮」の直稲が計上されて交易進上されており、[12]民部式下の交易雑物制でも、一二国と大宰府から「履料牛皮」が計一〇七枚貢進される定めである（第47表）。

牧牛皮貢進→年料別貢雑物制　律令国家は文武四年（七〇〇）諸国に馬牧・牛牧を設定し、必要な馬牛の供給を図った（『続日本紀』文武四年三月丙寅条）。『延喜式』段階では牛牧は一五国に一九牧以上が設けられている[13]（第47表）。国家が管理する馬牛が死亡すれば、皮をはじめ有用のものは収公して利用することになっていた。廐牧令にはその処分法として、26官馬牛条、27因公事条、28官畜条の三条が定められているが、牧牛一般については次の26官馬牛条が適用

第47表　『延喜式』の牛皮貢進国と牛牧所在国

国　名	交易雑物	年料別貢雑物	牛　牧
摂　津			1枚
駿　河			○
甲　斐	3枚		
相　模	15		1
武　蔵	2		1
上　総		6枚	1
下　総		6	1
常　陸	9		
信　濃	3		
上　野	20		1
下　野	7		
越　前	6		
加　賀	2		
能　登	4		
越　中	4		
越　後	8		
備　前		6	1
周　防			1
長　門		8	1
讃　岐		10	○
伊　予		3	1
大宰府	24		筑前 1 肥前 3 日向 3
計	107	39	19以上

(1)『延喜式』の交易雑物・年料別貢雑物による牛皮貢進枚数と牛牧数を示した．
(2)牛牧については注(13)参照．
○は牧数が不明であるが、牧の所在が知られることを示す．

されたと思われる。

(4)　凡官馬牛死者、各収二皮脳角胆一、若得二牛黄一者別進、

すなわち官の馬牛が死亡したならば、馬牛皮・馬脳・牛角・牛胆は収公し、牛黄は別進せよというのである。[14] ここで問題にしている牛皮は「収」すなわち収公と定めているだけであるが、『令義解』は所在官司――牧牛ならば国――での利用と解している。27因公事条は、官私馬牛を公事に用いて死亡した場合の処分法を定めるが、正当な理由があって死亡した場合は皮と肉を売却してその価を本司に入れると定め、[15] 28官畜条は官馬牛が輸貢の間に罹病した場合の処分法を定めるが、病死したならば所在官司の公用にあてることを定める。官馬牛条の皮の処分の仕方の「収」とは、牛黄の「別進」に対していわれていると考えられ、また因公事条・官畜条の処分法を参考にすれば、令意としては『令義解』の注するように所在官司での利用を想定し、京進は考えられていなかったとみられる。ところで官馬牛条の古記は次のような門答をしている。

(5)　古記云、問、若得二牛黄一者別進、未知、其別、答、皮脳角此等収集、至二調時一共進、又得レ充二国内雑用一、但牛黄一色、随レ得即進上、不レ得二遅迴一、故云二別進一之也、

すなわち特に別進とする牛黄は得るに随って進上するが、皮脳角等は国内雑用に充てるか、貢調の際に京進するというのである。これによれば、牧牛皮は古記成立の天平十年（七三八）ごろには国内雑用充当のほか一部を京進することが行われるようになったと思われる。

この牧牛皮の京進を制度化したのが、『延喜式』に定める年料別貢雑物制の牛皮貢進である。民部式下に諸国から紙・筆などの雑物を貢進する年料別貢雑物制が定められ、その中に上総・下総・備前・長門・讃岐・伊予国の六国から計三九枚の「牧牛皮」を貢進することになっていた。年料別貢雑物制は令に対応する条文がみられず、物品の調達

方法も明文がないが、雑徭によって調達したと考えられている[16]。別貢雑物制の牛皮貢進は、「牧牛皮」とあることから明らかなように、令本来では国内雑用に充てることが意図され、のちに京進されるようになった牧牛皮を別貢雑物制の中に制度化したものである。しかし『延喜式』段階でも牧牛皮はすべて別貢雑物として京進されたのではなく、交易してその価稲を正税に入れられることがあり[17]、本来の国内雑用充当が形を変えて続いていたことは注意を要しよう。

二つの牛皮貢進制　牛皮貢進に関する朝集使貢献物＝交易雑物と年料別貢雑物とを比較すると、(イ)『延喜式』では牛皮貢進枚数は交易雑物が一〇七枚で、別貢雑物の三九枚より多い。(ロ)貢進国は、交易雑物が一二国と大宰府、別貢雑物が六国で、相互に貢進国が重ならない（第47表）。(ハ)牛皮を得る方法は、交易雑物が郡稲、のちには正税による交易であるのに対して、別貢雑物は牧牛皮であり、入手方法が異なる。この点は主税式下の正税帳の書式によれば、牧牛皮は交易してその価稲が正税に入れられる一方、交易雑物の「年料進上御履牛皮料」の支出が計上されていること、また別貢雑物牛皮貢進国六国はいうまでもなくすべて牛牧所在国に一致しているのに対して、交易雑物の牛皮を貢進する一二国と大宰府は、三国と大宰府所管国に牛牧が所在しているにすぎないこと（第47表）の二点から確認できる。この二つの牛皮貢進制の関係は、朝集使貢献物制＝交易雑物制が令に定められているのに対して、別貢雑物制は令に規定がなく、本来国内雑用に充てる牧牛皮を京進にまわしたものであること、また(イ)の貢進枚数の差などからみて、前者が本来的で主要な制度であり、後者は前者の牛皮の不足を補うための後次的・補足的な制度と位置づけられよう。(ロ)の両制度の貢進国が重複しないのも、両制度がこのように補完的な関係にあったからと思われる。

日向国牛皮荷札と牛皮貢進制　この日向国の荷札の牛皮は、その和銅六～八年の年代と貢進国からみて、二つの牛皮貢進制のうち朝集使貢献物＝交易雑物に当るものと考えられる。朝集使貢献物＝交易雑物の牛皮貢進が、令に基づき大宝令当初から行われたのに対して、別貢雑物制は和銅まで遡ることはとても考えられず、その前身の牧牛皮京進も古記により天平十年（七三八）までしか確認できない。貢進国については交易雑物では牛皮を大宰府から貢進することになっているが、別貢雑物では日向国はもちろん大宰府からの貢進もない。日向国には野波野・長野・三原野牧の三牛牧がおかれているが、その牛皮は京進されなかったのである。この二制度のほかに、『延喜式』民部式下に、大宰府が管国の調物に「染造」の加工を施して、紫革・緋革・纈革・画革・洗革・白革などの革製品として貢進することが定められ、この制度はすでに承和五年（八三八）以前から行われていることが確認できる（『続日本後紀』承和五年十月甲寅条）。しかしこの制度が和銅末年まで遡ることは確認できず、これらの革が牛皮であるかも明らかでない上に、生の皮でなく、鞣しの加工を施し染色した革であるから、荷札の牛皮とは結びつけられない。[18]以上牛皮貢進制の検討からは、日向国の牛皮荷札は朝集使貢献物制＝交易雑物制によるものと考えられる。

荷札の書式と交易雑物　次に荷札の書式から検討する。牛皮荷札の書式は「国名＋品名＋数量」で、貢進主体の書式は国名のみを記す。ここで藤原・平城・長岡京出土荷札で、国名のみの貢進主体の書式のものを整理すると第48表の通りで二〇例ある（同国同種のものは一例と算える）。このうち貢進物の種類が明らかなのは、贄六例（3〜8）、交易物三例（9〜11）、地子物四例（12・18〜20）があり、不明のものは七例あって牛皮もその中の一つである。そのうち、2御野国の楡皮は『延喜式』典薬式の年料雑薬、15近江国の生蘇は同民部式の諸国貢蘇にそれぞれつながるものであり、13遠江国の雑魚腊と14上総国の猪腊は贄であろう。国名のみの書式の点からは日向国牛皮の貢進物の種類は一応右記のものに限定できる。さらに品目からみて、年料雑薬・諸国貢蘇といった特殊なものではもちろんありえず、また贄は水産物・獣肉・果実など食料品であるから該当せず、結局交易物と地子物の可能性がのこる。地子はいうまでもなく、公田を賃租してその獲稲の二割を徴収するもので、舂米とするか、軽貨に交易して太政官に送り、その雑用に充

第48表　「国名」書式の荷札

番号	国	種類	品目	年紀	出土遺跡	出典	備考
1	伊勢国		木油		藤原宮	藤概五－12	典薬式年料雑薬
2	御野国		楡皮	大宝三年	〃	藤原木簡一－一六一	
3	出雲国	贄	若海藻		平城宮	平城木簡一－四〇七	
4	阿波国	贄	若海藻		〃	同－四〇三	
5	但馬国	贄	若海藻	天平十九年	〃	同－四〇九	
6	因幡国	贄	酢海藻		〃	同二－二七五一	
7	備前国	贄	水母	天平十八年	〃	同一－三九八	
8	備前国	贄	海細螺		〃	同二－二三八二	
9	伊豆国	交易	麁堅魚	神護景雲三年	〃	平概四－19	
10	土佐国	交易	籠		〃	同－20、	
11	出雲国	交易	紫菜		〃	平城木簡二－二八三六	
12	近江国	乗田価銭		天冂	〃	平概七－5	
13	遠江国		雑魚腊		〃	同　四－19	二点。贄か
14	上総国		猪腊	和銅二年	〃	同十二－12	贄か。
15	近江国		生蘇		〃	平城木簡一－四六六	民部式諸国貢蘇
16	美作国		檜木簀		〃	同　四七一	
17	日向国		牛皮		〃	平概六－6	二点
18	紀伊国	地子	塩	（延暦八・九年）	長岡京	長岡一－五三～五六	四点
19	美濃国	（地子）	米	〃	〃	同　六七～七〇	四点
20	近江国	（地子）	米	〃	〃	同　五九～六六	八点

(1)（　）は推定によるもの。
(2)出典の略称は次の通り。
藤原木簡一－一六一＝『藤原宮木簡一』一六一号。平城木簡一－四〇七＝『平城宮木簡一』四〇七号。藤概五－12＝『藤原宮出土木簡五』一二頁。平概四－19＝『平城宮発掘調査出土木簡概報四』一九頁。いずれも奈良国立文化財研究所編。長岡一－五三＝向日市教育委員会『長岡京木簡一』五三号。

てるものである。[19] しかし大宰府管内諸国の地子は、『弘仁式』主税式によれば、対馬・多褹二島司の公廨に充てることになっており、この制はすでに天平宝字四年（七六〇）八月甲子の大隅・薩摩・壱岐・多褹等司の公廨に充てる制に始まり（『続日本紀』『類聚三代格』）、さらに遡って、同二年五月丙戌の大宰府奏言によれば、すでにこの時に管内諸国の地子は公廨となして大宰府中の雑事に充てられており（『続日本紀』）、大宰府管内諸国の地子は他の諸国と異なり、伝統的に京進せず、大宰府あるいは管内の一部の国・島司の公廨に充てられている。和銅末年については確認できないが、このようなあり方からすれば京進していなかった可能性が高く、従って日向国牛皮は地子交易物である可能性は低い。また『延喜式』主税式上では管内諸国の地子は、一部を対馬島司の公廨に充て、残余を交易して進上することになるが、その品目は絹・綿で[20]牛皮は入っていない。さらに範囲を広げて諸国の地子交易物についてみても牛皮は品目に入っていず、[21]品目からみても牛皮荷札は地子交易物ではありえず、従って交易雑物だけが残ることになる。前述のように、『延喜式』民部式下によれば、大宰府貢進の交易雑物に履料牛皮二十四張が定められている。交易物荷札にはこのほか郷名まで記すものも二例あるが、[22]書式の検討からも日向国牛皮荷札は交易雑物と考えることができる。

小　結　迂遠な考証を重ねてきたが、牛皮貢進制と書式の二点から、日向国牛皮の荷札二点は朝集使貢献物＝交易雑物に当ることが明らかになった。このことによって、和銅六〜八年ころに日向国から交易雑物として牛皮が貢進されていたことが明らかになり、ここに交易雑物制に関する新しい史料を付け加えることができた。これまで大宝賦役令朝集使貢献物条の施行の実例は、天平六年（七三四）尾張国正税帳をはじめとする天平前半の諸国正税帳の記載であったが、この二点の荷札によって、それより二〇年ほど遡って和銅六〜八年ころに、同条に基づく牛皮貢進が行われていたことが確認できた。大宰府の交易雑物についていえば、民部式下に定める牛皮の貢進がすでに和銅六〜八年ころに行われており、その貢進国の一つが日向国であることが明らかになった。この日向国の牛皮は、天平六年正月の郡稲の正税混合以前であるから、日向国の郡稲を以て交易され、他の貢進物と同様にまず大宰府に輸貢されたものであろう。そして和銅六〜八年という時期からみて、令条の通り、大宰府の朝集使によって京進されたと思われる。

三　牛皮と隼人の朝貢

日向国の牧畜　日向国の牛皮貢進に関連して同国の牧畜と牛皮の入手先の問題について見ておきたい。このことはすでに中村明蔵氏が論ぜられ、隼人と牧馬の関係を指摘し、日向・大隅・薩摩の三国の南九州では、火山灰質の土壌や耕地の狭小のため農耕文化が未発達で、採集・狩猟とともに牧畜への依存度が高かったことを明らかにしているが[23]、ここでは日向国に限って整理しておくこととする。まず『延喜式』兵部式によれば、日向国には馬牧が野波野・堤野・都濃野牧の三牧、牛牧が野波野・長野・三原野牧の三牧が所在している[24]。馬牧には、毎年御馬を貢上する御牧が信濃一六牧、上野九牧、武蔵四牧、甲斐三牧のあわせて四国三二牧と（『延喜式』左馬寮式）、諸国牧が一八国に二八牧ある（同兵部式）。御牧所在国は牧馬の国として著名であるが、御牧を除くと、諸国牧の中では、日向三牧は下総の四枚に次ぎ肥前三枚と並んで第二位の牧数である。牛牧は諸国牧が一四国に一八牧以上あるが（乳牛飼養の摂津国味原牧を除く）、日向の三牧は肥前の三牧と並んで第一位の牧数であり、日向国の牧畜の盛んなことが知られる。遡って七世紀には中央での饗宴の歌謡に「馬ならば日向の駒」と歌われ[25]、日向馬が優秀な馬であることが中央政府で知られていた。恐らく日向から馬が貢上されていたのであろう。そして八世紀初頭からの牛皮貢進も日向国の牧畜を示している。この牛皮は、前に強調したように、官牧の牛皮ではなく交易によって得られたものであるから、八世紀初めに官牧以外に牛の牧畜が行われたことを示す。

中村氏が指摘するように、その牧牛は隼人が行ったものである可能性が高く、この日向国の牛皮は隼人との交易で入手されたものであろう。ただしそういうためには牛皮荷札の年代と大隅国の日向国からの分国の年代の間に微妙な問題がある。後述のようにこの牛皮荷札の牛皮は和銅六年（七一三）四月の疫神祭に用いられたから、和銅五年以前に貢進されたものである。一方大隅国が日向国から分国されるのは同六年四月で、この牛皮荷札が貢進された時点には日向国が大隅国の地域を管轄していたから、この牛皮が隼人との交易で入手されたことが十分考えられるのである。この牛皮の入手先の問題は、次に述べる日向国の牛皮貢進の性格を考える上で重要である。

隼人の朝貢と朝集使貢献物　日向国の朝集使貢献物の牛皮の性格について隼人の朝貢の貢献物との関係で考える。すでに明らかにしたように、[26] 隼人は確実なところでは天武十一年（六八二）を初例として延暦十二年（七八三）まで原則として六年間隔で京に朝貢した。この朝貢は天皇・国家と隼人の支配・服属関係を確認する服属儀礼であり、朝貢の儀礼の中で服属の証として方物あるいは調物を貢献した。この隼人の朝貢貢献物の中に牛皮が含まれていた。

(6)『日本書紀』持統三年（六八九）正月壬戌条

筑紫大宰粟田真人朝臣等、献二隼人一百七十四人、并布五十常、牛皮六枚、鹿皮五十枚一。

すでに指摘したように（注26中村・今泉論文）、この筑紫大宰の隼人の献上は隼人の朝貢であり、献上物は朝貢の際の貢献物で、その中に布・鹿皮とともに牛皮がある。先の日向国の牛皮が隼人との交易によって入手されたという推測を考えあわせると、この日向国の牛皮貢進は隼人の朝貢貢献物を引き継いだものという推測が成り立つ。

さらに朝集使貢献物の前身の観点から考えたい。朝集使貢献物＝交易雑物の前身については諸説あるが、渡辺奈穂子氏は、交易雑物制は大和政権の時代に国造が服属の証として諸国の特産物を貢献した国造貢献物を引き継ぎ、調庸制に包摂し収取できない性格の物品を交易によって調達するもので、調庸制を質的に補完する制度であることなどを明らかにした。(27) この考えをふまえると日向国の朝集使貢献物の牛皮貢進は、隼人が服属のために朝貢して貢献していたものを引き継いだもので、調庸制によって収取するのが困難であるために朝集使貢献物として調達したと考えられる。八世紀にも隼人は朝貢して調物を貢献したからその中に牛皮が含まれていた可能性があるが、それは原則として六年一貢であるから毎年の需要を賄うことは難しかったので、朝集使貢献物に組み込まれたのであろう。朝貢における貢献物は服属の証としての儀礼的な意味が大きいと思われる。

四　牛皮と宮城四隅疫神祭

牛皮荷札がなぜこの地点から出土したのか、またそれに関係して牛皮は何に用いられたのかという問題について述べる。(28) 私はこの牛皮は平城宮東張出部の東南隅の外側で執行された宮城四隅疫神祭の幣帛に用いられ、荷札はそのためにこの地点に廃棄されたと考える。

宮城四隅疫神祭は『延喜式』神祇三の臨時祭に定められ、疫病の際疫神が宮城内に侵入するのを防止するために宮城の四隅で執行する祭祀である。『延喜式』には祭祀料が定められ、その中に牛皮が熊皮・鹿皮・猪皮とともにあげられている。荷札の牛皮について前記のごとく考える大きな根拠は、宮城四隅疫神祭が宮城の四隅で執行され牛皮を幣帛に用いるからであるが、牛皮荷札の和銅年間と『延喜式』との間には二百年余の時代的な懸隔があるから、両者を結びつけるためにはなお検討しなければならない問題がある。

疫神祭と道饗祭　『延喜式』において牛皮を祭祀料にあげる祭祀をあげると第49表の通りである。第49表には各祭祀の祭祀料を整理した。これらの祭祀はその性格も祭祀料の品目も互いに共通している。

第49表　牛皮を用いる祭の祭祀料

祭名	宮城・京城四隅疫神祭	畿内堺十処疫神祭	道饗祭	野宮道饗祭	蕃客送堺神祭	障神祭
場所 / 品目	宮城京城四隅	畿内十堺	京城四隅		畿内堺	京城四隅
五色薄絁	各4尺	各4尺	各1丈	各1丈	各4尺	各3尺
倭文	4尺	4尺	4尺	4尺	2尺	3尺
木綿	1斤2両	1斤2両	1斤10両	1斤10両	2斤	3斤
麻	2斤	1斤2両	7斤	7斤5両	2斤	3斤
庸布	2段	2段	2段	2段	4段	2段
鍬	4口	4口	4口	4口	4口	4口
牛皮	1張	1張	2張	2張	2張	1張
熊皮	1張	1張	4張	2張	2張	1張
鹿皮	1張	1張	4張	2張	2張	1張
猪皮	1張	1張	4張	2張	2張	1張
米	1斗	1斗	——	4斗	4升	1斗
酒	1斗	1斗	4斗	4斗	2斗	1斗
稲	4束	4束	4束	4束	12束	4束
鰒	4斤	4斤	2斤5両	2斤5両	2斤	2斤
堅魚	4斤	4斤	5斤	5斤	2斤	2斤
腊	5升	5升	8升	8升	8升	5升
海藻	4斤	4斤	5斤	5斤	4斤	2斤
雑海菜	4斤	4斤	——	——	——	——
塩	5升	5升	2升	2升	4升	5升
滑海藻	——	4斤	——	——	——	——
金人像	——	1枚	——	——	——	——
鉄人像	——	1枚	——	——	——	——
盆	1口	1口	4口	4口	2口	1口
坏	2口	2口	4口	4口	4口	2口
匏	1柄	1柄	4柄	——	2柄	1柄
槲	4把	4把	8把	——	8把	3把
薦	1枚	1枚	2枚	1枚	2枚	1枚
藁	1囲	1囲	——	4囲	4囲	——
梠棚	1脚	——	——	——	——	——
輿籠	——	1脚	——	——	——	——
杤	＊1/4枚	1枚	——	——	——	——

(1)『延喜式』神祇一、三、五による。
(2)史料は4ヵ所分の祭祀料を記すものもあるが1ヵ所分に換算して記した。疫神祭の＊の杤1/4枚は4ヵ所分で1枚の意味である。
(3)蕃客送堺神祭は畿内界での祭料と京城での祓料を記すが、後者は省略した。

疫神祭としては、宮城四隅疫神祭のほかに京城の四隅で、執行する京城四隅疫神祭と畿内十堺で執行する畿内堺十処疫神祭があり、京城四隅疫神祭は京城に、畿内堺十処疫神祭は山城国と畿内に疫神が侵入するのを防ぐ[29]（『延喜式』神祇三、臨時祭）。いずれも疫病流行の際に行う臨時祭である。京城四隅疫神祭は『延喜式』宮城四隅疫神祭条に一緒に定められ、祭祀料は同じである。『延喜式』では三祭が一体となり、宮城を中心に同心円状に宮城四隅、京城四隅、山城国堺、畿内堺という四重の防衛線で疫神の侵入を防ぐという構造である。

道饗祭は鬼魅が京城に侵入するのを防止するために毎年六月・十二月に京城四隅で執行する恒例の祭祀である（神祇令5季夏条、9季冬条、『延喜式』神祇一、四時祭上）。野宮道饗祭は伊勢斎宮の野宮で執行する同種の祭である（『延喜式』神祇五斎宮）。

蕃客送堺神祭は蕃客が入朝した際に畿内堺で却送神を祭り、京城に至った際に祓いをする祭であり、障神祭は同じく蕃客が入京する前に京城の四隅で障神を祭る祭である（『延喜式』神祇三臨時祭）。いずれも外蕃の使節（蕃客）には蕃神や悪霊が付いているという考えから、それらの畿内・京城への侵入を防ぐための祭祀である。前者の却送神はそれら蕃神などを「却け送る神」、後者の障神は悪霊などを塞ぎり止める「さへのかみ」であり、これらの神を祭り彼らに悪霊などの侵入を防いでもらうという考え方である[30]。以上のようにこれらの祭祀は悪神・悪霊が一定の区域に侵入してくるのを境界で防衛するという点で共通している。

特に疫神祭は道饗祭と関係が深い。天平七年（七三五）八月大宰府で疫瘡が流行した時、長門国以東の諸国では守もしくは介が「道饗祭祀」を行うことを命じられた（『続日本紀』天平七年八月乙未条）。これは大宰府の疫瘡の疫神が山陽・山陰道諸国へ侵入するのを防止する疫神祭であり、道饗祭祀と呼んだのは「道で饗する」という点で疫神祭が道饗祭と同じ構造の祭祀であるからであろう。

道饗祭の構造については令の注釈書と『延喜式』の祝詞の間で考えが異なる。義解は、卜部が京城四隅の道で執行し、鬼魅が外部から京城に侵入してくるのを防ぐためにあらかじめ路に迎えて「饗遏」すなわち饗して止めると注釈し、令釈も同様の注釈をし、『令集解』は古記が令釈と同じとする（『令集解』神祇令5季夏条）。一方『延喜式』の道饗祭の祝詞では鬼魅を防遏する八衢比古、八衢比売、久那斗神に幣帛を奉って祭り、それらの神によって疫神の侵入を防衛するという考え方であり（『延喜式』神祇八、祝詞）、前記した蕃客送堺神祭・障神祭もこれと同じ考え方である。次田潤氏は平田篤胤の説により後者の祝詞の考えが古意であるとするが、(31)これは逆で令義解をはじめ令の注釈書の説が古く、『延喜式』の祝詞の考え方が新しいのであろう。(32)道饗祭も疫神祭も道で鬼魅・疫神を饗しなだめて退散してもらうという考え方なのである。

大宝令神祇令に定める道饗祭は疫神も含む悪神・悪霊の侵入を防衛するための、六月・十二月に執行する恒例の祭祀で、それが『延喜式』の四時祭式に引き継がれた。一方『延喜式』の三つの疫神祭は疫病が流行した際に執行する臨時の祭祀で、道饗祭と同じ構造をもつ点からみると、恒例の道饗祭から派生したものと位置づけられる。

『延喜式』の疫神祭の初見は『続日本紀』宝亀元年（七七〇）六月甲寅条に京師四隅・畿内十堺に疫神を祭ると見えるもので、その後宝亀六年六月〜同九年三月の間に畿内諸国または畿内諸堺に疫神を祭ることが見える。(33)疫神祭そのものの初見は、さらに遡って前記の天平七年（七三五）八月の長門以東の諸国に命じられた道饗祭祀である（『続日本紀』天平七年八月乙未条）。宮城四隅疫神祭が確認できない憾みはあるが、このような疫神祭の実施状況と、前記の恒例の道饗祭と臨時の疫神祭との関係からみて、道饗祭が規定された大宝令の施行から程なくして疫神祭が執行された可能性は大きいと考える。

牛皮と幣帛　祭祀の幣帛としての牛皮について考えておこう。第49表によれば、掲出の各祭祀の祭祀料の品目は若干の異同があるがほぼ共通する。特に特異な牛をはじめ熊・鹿・猪の四種の獣の皮がいずれにも含まれていることに注意したい。この祭祀料の共通性は前記の祭祀の性格の共通性による。

道饗祭については『延喜式』神祇八に載せる祝詞と祭祀料の品目との比較によれば、祭祀料のうち容器・用具を除く繊維製品・皮・食料品は神に奉る幣帛と考えられる。牛・熊・鹿・猪の四種の皮は、祝詞に記す「山野尓住物者、毛能和物毛能荒物」すなわち毛の柔らかい小さい獣および毛の荒い大きい獣に当たる。[34]『令集解』神祇令5季夏条の令釈によれば、道饗祭に牛皮・鹿皮・猪皮を用いるとあり、さらに『令集解』はこの令釈について「古記无レ別」とするから、道饗祭にこれら四種の皮を幣帛に用いることは少なくとも古記の天平十年（七三八）前後に遡る。以上の道饗祭の幣帛に関する考察は第49表の他の祭祀にも当てはまると考えてよく、宮城四隅疫神祭にも八世紀前半から牛皮など四種の皮を幣帛に用いていたと考えられよう。

ところでこれらの祭で牛・熊・鹿・猪の四種の皮はどのような意味で幣帛として神に奉られたのであろうか。これらの皮はそれぞれの獣そのものの代替物で、本来食物として神に捧げられたものと考えられる。それは前述したように、道饗祭の祝詞にこれらの皮を「毛能和物、毛能荒物」すなわち獣そのものとして、「鰭乃広物、鰭乃狭物」すなわち魚類、および「奥津海菜、辺津海菜」すなわち海藻類などの食物と並べてあげ、それらはまさしく神を饗する祭の幣帛であることから明らかである。

古い形態では神に獣そのものを食物として奉る例がある。『日本書紀』皇極三年（六四四）七月条に東国の不尽河のほとりで常世神を祭るのに、酒・菜とともに六畜すなわち馬・牛・羊・豕・狗・雞を捧げたとある。『古語拾遺』御歳神の条に、大地主神が営田の時に牛宍を田人に食わせたところ御歳神が怒って祟りを為したので、御歳神に白猪・白馬・白鶏を献じて怒りを解き、これが祈年祭に御歳神に白猪・白馬・白鶏を献ずる由縁であると記す。ここで注目すべきは田人に食わせた牛宍で、これはもともと御歳神に饗として奉られた食物である。[35] また『日本霊異記』中巻第二十四縁には、閻羅王の使者の鬼に追われた男が鬼に干飯・食を饗すると、鬼がさらに牛宍をねだったという話があり、鬼が牛宍を好んだという興味深い事例である。

『古語拾遺』崇神天皇の条に、いま神祇の祭に熊皮・鹿皮・角・布を用いる由縁は崇神天皇の時天社と国社を祭り、男の弭の調と女の手末の調を貢じたことに始まるとする。すなわち熊・鹿皮、角は男の狩猟の獲物として神に奉られたのである（注35『古語拾遺』三八・一三五頁）。

以上によって、『延喜式』に規定する疫神祭が大宝令施行以降から執行され、八世紀前半からその幣帛に牛皮などを用いていたことが推測でき、牛皮など四種の獣の皮は本来神に饗の食物として奉られた獣そのものの代替物であることが指摘できる。

牛皮と宮城四隅疫神祭　前項までの検討をふまえて、この牛皮荷札の牛皮は宮城四隅疫神祭に幣帛として使用したと考える。このように考えるのは宮城四隅疫神祭が宮城の四隅で執行されて牛皮を使用し、一方この牛皮荷札が平城宮東張出部東南隅の外から出土しているからである。第49表に掲出した祭祀はいずれも牛皮を用いるからこれらも全く可能性がないわけではないが、宮城の四隅で執行することがはっきりしているのはこの祭祀だけであるから、宮城四隅疫神祭にあてるのである。

宮城四隅疫神祭は『延喜式』では平面が四角形の平安宮に適用されるから四隅で行う規定であるが、平城宮では東張出部があってその東南隅も執行地点と考えられ、この隅も含めて五カ所、あるいはさらに東張出部の南辺西端の入隅部も加えて六カ所で行ったであろう。前述の義解によれば、道饗祭は京城四隅道上で行うから、疫神祭の執行地点も宮城大垣の隅の外の道路上であり、東張出部東南隅では二条条間大路SX五九四〇と東二坊坊間大路の交差点付近の大路上で行ったであろう。前述のように、牛皮荷札の出土地点は宮城南面大垣から二条条間大路を隔てたその南側溝ＳＤ五七八五の東二坊坊間大路西側溝ＳＤ五七八〇との接続点から西へ二四〜二七メートル、三〇〜三三メートルの地点であるから、想定執行地点とはいささかずれるが、祭祀の不要物を廃棄した場所としては許される範囲であろう。

この牛皮荷札の年代は和銅六〜八年の間に推定されているが、ちょうどその間の和銅六年（七一三）四月大倭国で疫病があり薬を給することがあった（『続日本紀』和銅六年四月乙未条）。この年代の重複からみて、この牛皮荷札を用いた宮城四隅疫神祭はこの和銅六年四月の大倭国の疫病の際に執行されたと推定できる。従ってこの牛皮は和銅五年以前に貢進され、同六年四月の疫神祭に用いられ、荷札はその時に牛皮の消費地点付近に廃棄されたと推定できる。

以上によって、この牛皮荷札の牛皮は和銅六年四月に大倭国で疫病が流行した際に執行した宮城四隅疫神祭に幣帛として使用され、そのゆえに荷札が執行地点の一つである平城宮東張出部東南隅の外から出土したと推測できる。このことからすでに平城京の遷都当初の和銅六年に宮城四隅疫神祭が行われていたことが明らかになった(36)。

幣帛と隼人の貢献物　日向国の牛皮の祭祀の幣帛料という使途は、朝集使貢献物の皮としては特異である。前記のように朝集使貢献物＝交易雑物の牛皮の使途は、天平年間の諸国正税帳から『延喜式』まで履料であるからである。また『延喜式』神祇三交易雑皮条によれば、祭料の熊・猪・鹿の皮は伊豆・紀伊国の神税を交易して貢進する規定であり、これらの幣帛の皮が神税を財源とする特別なものであることが知られる。この規定がどれほど遡るか明らかでないが、古いものであるとしても牛皮が含まれていないから、牛皮はこれ以外に調達され、日向国の朝集使貢献物が充当される可能性がある。この日向国の牛皮が疫神祭の幣帛という特異な使途に充てられたのは、この牛皮が隼人の服属の証としての朝貢貢献物を引き継いだものであるからではなかろうか。(6)持統三年（六八九）の隼人の朝貢貢献物の牛皮・鹿皮・布の三品目すべてが第49表の祭祀幣帛料に含まれることが注目されるが、この関係が単なる偶然でないのならば、隼人の朝貢貢献物は幣帛料に充てるために貢献されたと憶測されるのである。一見何の関係もないように見える持統三年条の隼人の朝貢貢献物と『延喜式』の祭祀幣帛料の間を、日向国の牛皮荷札と疫神祭との関係を媒介として細い糸で結びつけてみたのであるが、いかがであろうか。

おわりに

わずか二点の荷札木簡からあまりに多くのことを語りすぎたようだ。要約してむすびとする。

(1)日向国の牛皮荷札二点は平城宮東張出部東南隅の外の二条条間大路南側溝ＳＤ五七八五の上層の埋め立てた土層から出土した。その年代は共伴した木簡の年代から一応和銅六〜八年（七一三〜七一五）の間に考定される。

(2)律令制においては牛皮の貢進制度として、朝集使貢献物制＝交易雑物制と、官牧の死牛の皮の収公とそれを受け継いだ年料別貢雑物制の二制度があるが、制度の内容と牛皮荷札の貢進主体の書式が国名のみを記載することから、この荷札の牛皮貢進は前者によると考えられる。

(3)日向国は牛馬の官牧が多く牧畜が盛んで、隼人も牧畜を行い、朝集使貢献物の牛皮は隼人との交易によって入手された。日向国の朝集使貢献物の牛皮の貢進は、隼人の服属の証としての朝貢貢献物を引き継いだものである。

(4)『延喜式』に定める宮城四隅疫神祭は、宮城への疫病の侵入を防ぐために宮城の四隅で牛皮を幣帛の一つとして執行する祭祀であり、八世紀前半から疫神祭は牛皮を幣帛として執行されており、この荷札の牛皮は平城宮東張出部東南隅の外で執行された宮城四隅疫神祭に幣帛として用いられた。その疫神祭は和銅六年四月の大倭国の疫病の際に執行され、従って荷札はその時に廃棄され、牛皮は和銅五年以前に貢進されたと推定される。朝集使貢献物の牛皮を祭祀の幣帛に用いるのは特異なことであるが、それはこの牛皮が隼人の服属の証としての朝貢貢献物を引き継いだものだからではなかろうか。

注

（1） 平野邦雄「大宰府の徴税機構」（『律令国家と貴族社会』所収、一九六九年）。

（2） 金子裕之「平城京と祭場」（『国立歴史民俗博物館研究報告』第七集、一九八五年）、巽淳一郎『まじないの世界II（歴史時代）』（日本の美術№三六一、一九九六年）。

（3） 奈良国立文化財研究所『平城宮発掘調査出土木簡概報』六―六頁（以下『平城概報』六―六のように略記する、一九六九年）。

（4） 『奈良国立文化財研究所年報』一九六八「奈良国立文化財研究所要項」一研究調査概況平城宮跡発掘調査第四四次調査。

（5） 遺物のとり上げは三㍍方眼の小地区を設定して行っているので、このような地点の表記となる。

（6） 樹種鑑定は奈良国立文化財研究所埋蔵文化財センター光谷拓実氏をわずらわせた。肉眼による鑑定である。

（7） 本書第一編第二章。

（8） 本書第二編第一章。

（9） 本節はその多くを前沢和之「古代の皮革」（『古代国家の形成と展開』所収、一九七六年）に負っている。

（10） 右傍の○の部分は大宝令復原可能部分、×の部分は大宝令文と異なることを示し、左傍に置きかわる大宝令文を（　）を付して示した。以下令文の引用については同じ。

（11） 早川庄八「律令財政の構造とその変質」（『日本経済史大系1』古代、一九六五年）。

（12） 天平十年但馬国正税帳（『寧楽遺文』上巻二四三頁）、同十年周防国正税帳（同二五九頁）、同九年駿河国正税帳（『大日本古文書』二―六八頁）。

（13） 諸国の牛牧は『延喜式』兵部式諸国牧条に定める。それ以外に駿河国の官牛牧、上野国の占市牧（主税式上諸国本稲条）、讃岐国（民部式下年料別貢雑物条）、摂津国東生郡の乳牛飼養の味原牧（典薬式牛牧条）の所在が知られる。駿河・讃岐国は牧数が不明なので一牧以上として算定した。

(14) 馬脳は脳髄、牛胆は胆嚢、牛黄は病牛の胆中に生ずる結石で、牛胆とともに薬物として用いる（日本思想体系『律令』四二〇頁頭注、一九七六年）。

(15) 天平年間の正税帳には、死亡伝馬皮の価稲を正税に入れる事例が数多くみられるが、これは同条文の適用例と考えられる。天平六年尾張国、同八年薩摩国、同九年和泉監、同十年駿河国、同十年周防国、同十一年伊豆国の各正税帳（『寧楽遺文』上巻二一八・二二〇頁、『大日本古文書』二―一八頁、『寧楽遺文』上巻二〇四・二一一頁、『大日本古文書』二―七一頁、『寧楽遺文』上巻二二八・二六〇・二三四頁）。

(16) 注(11)早川論文参照。

(17) 『延喜式』の牛牧所在国一五国のうち別貢雑物制の牛皮貢進国は六国で、九国では貢進されなかった（第47表）、また主税式下の正税帳の書式によれば、牧馬牛皮は交易されてその価稲が正税に入れられることがあった。

(18) 「皮」が生皮に近いもの、「革」が造皮加工を施し製品化したものであることについては、注(9)前沢論文参照。

(19) 大宝田令公田条の復原や地子の京進の問題については、鎌田元一「公田賃租制の成立」（『日本史研究』一三〇、一九七三年）参照。

(20) 延喜十四年（九一四）八月十五日官符（『別聚符宣抄』『政事要略』）。

(21) 注(20)官符によれば、地子貢進物の品目は、米・海産物などの食料品、絹・絁・布などの繊維製品、その他の物品（莚・鉄・鍬・紙・墨）で、その用途は、太政官官人へ支給する常食や禄・時服、また太政官の執行する行事や宴で支給する膳や禄、その他の雑用である。従って牛皮のような原材料が貢進品目に入ることは考えにくい。橋本義彦「太政官厨家について」（『平安貴族社会の研究』、一九七六年）参照。

(22) 『平城宮木簡一』四三、『平城宮木簡二』二八二。

(23) 中村明蔵「隼人と馬――隼人と牧畜――」（『隼人の研究』、一九七七年）。

(24) これら六牧の所在地については、都濃野牧が『和名抄』の児湯郡都野郷、延喜式神名帳の都農神社に関係する地名で、現在の都農町付近。長野牧は那珂郡所在か。佐渡原町に「下那珂」の地名が遺る。その他の牧の所在地は確定しない。『日本歴史地図』原始古代下一九―五図参照（一九八二年）。

(25) 『日本書紀』推古二十年（六一二）正月丁亥条。正月七日の饗宴で大臣蘇我馬子の献歌に和えた天皇の歌謡に「真蘇我よ　蘇我の子らは　馬ならば　日向の駒　太刀ならば　呉の真刀　諾しかも　蘇我の子らを　大君の使はすらしき」とある。この歌で馬がでてくるのは、馬子に和える歌であることと、正月七日宴が八世紀には白馬の節会であるから、その関係があるかもしれない。記紀歌謡では、他に御牧所在国の「甲斐黒駒」がみえるだけである（『日本書紀』雄略十三年九月条）。

(26) 今泉隆雄「蝦夷の朝貢と饗給」（高橋富雄編『東北古代史の研究』、一九八六年）。関係する論文として中村明蔵「隼人の朝貢をめぐる諸問題」（『隼人の研究』、一九七七年）、同「天武・持統朝における隼人の朝貢」（『隼人と律令国家』、一九九三年）がある。

(27) 渡辺奈穂子「律令収取体系と交易」（『お茶の水史学』三一、一九八八年）。

(28) 初出稿では、交易雑物の牛皮が履料に用いられることから、皮や履の製作を担当する大蔵省または内蔵寮の工房が出土地付近の宮外に所在した可能性を示唆した。しかしその後の発掘調査の進展によって、工房の存在を想定した左京二条二坊六坪に近接する坪は、皇族・貴族の邸宅が占地することが明らかになってきた。すなわち南の二条二坊五坪は藤原麻呂宅、その南の三条二坊一・二・七・八坪は長屋王宅で、五坪の東の十二坪は回廊をめぐらす邸宅で梨原宮かと推測されている（奈良国立文化財研究所『平城京左京二条二坊・三条二坊発掘調査報告――長屋王邸・藤原麻呂邸の調査――』第Ｖ章、一九九五年）。このような付近の坪の利用状況から見て、六坪に遷都直後から宮外官衙として皮革工房が置かれたとは考えにくいので、初出稿の考えを改め本文のように考える。

(29) 畿内堺十処疫神祭の執行地は山城国堺と畿内堺である。山城国堺では近江・丹波・摂津・河内・大和・伊賀国との国堺の六処、畿内の堺は大和と伊賀、大和と紀伊、和泉と紀伊、摂津と播磨のそれぞれの国堺の四処で、あわせて十処である。執行地点は京から発する主要官道と国堺との交差点なのであろう。平安京を中心に山城国堺、畿内堺と二重に防衛線を設けているのである。

(30) 次田潤『祝詞新講』道饗祭の項（一九二七年）。

(31) 注(30)次田著書。賀茂真淵『祝詞考』下巻道饗祭の項は令義解の説を是とする立場をとる（神道大系古典註釈編六）。

(32) 令の注釈書の説を古いと考える根拠は次の通り。（1）令の注釈書の説は古記の天平十年（七三八）前後までさかのぼれる古い説である。（2）鬼魅を直接饗して撃退するという考えが、八衢比古などを介在させる考えよりも単純である。（3）疫神祭については「祭二疫神一」（『続日本紀』宝亀元年六月甲寅・二年三月壬戌条など）「防二祭疫神一」（『続日本後紀』承和九年三月庚戌条）などの表記があり、疫神祭の名称通り疫神を祭る祭祀である。（4）『日本霊異記』（弘仁年間成立）中巻第二十五縁にある女が病気になったとき山海の珍味を調え門の左右に祭って疫神に賄賂して饗したとあり、また中巻第二十四縁に閻羅王の使者の鬼を饗を設けて籠絡したとあり、疫神をはじめ鬼などを直接饗して撃退することが見える。なお鈴木重胤『延喜式祝詞講義』は疫神を疫病の神ではなく疫癘神を防御する神とするが（十三道饗祭の項、鈴木重胤先生学徳顕揚会刊『延喜式祝詞講義』巻二、四八四頁）、前記の「防二祭疫神一」の用例からみて当たらない。

(33)　宝亀元年（七七〇）六月の疫神祭は同月乙卯条の京師の飢疫の為である。畿内の疫神祭は『続日本紀』宝亀六年六月甲申・同八月癸未・同八年二月庚戌・九年三月癸酉条。ほかに諸国の疫神祭が宝亀二年三月壬戌・同四年七月癸未条、『続日本後紀』承和四年（八三七）六月己丑・九年三月庚戌・同年五月庚申条に見え、承和六年（八三九）閏正月丙午条に郷邑毎に毎季執行とある。神祇による疫神祭の実例は承和九年（八四二）三月が最後の例で、これ以後はこの前から行われてきた仏教的な疫神祭に変わってくる（『日本文徳天皇実録』仁寿二年（八五二）十二月丁亥、『日本三代実録』貞観七年（八六五）五月十三日癸巳条など）。

(34)　三省堂版『時代別国語大辞典　上代編』二八一頁。中田祝夫ほか『古語大辞典』五六八頁。「毛のにこもの」を鳥、「毛のあらもの」を獣にあてる説は両辞典がいうように誤り。

(35)　岩波文庫版・西宮一民校注『古語拾遺』五三・一一二・一四三頁。同書は大同二年（八〇七）撰上。

(36)　東張出部東南隅の外の東二坊坊間大路の西側溝SD五七八〇から人面墨書土器が一点出土している（巽淳一郎「平城京における墨書人面土器祭祀」。国立歴史民俗博物館研究報告第七集・共同研究「古代の祭祀と信仰」付篇「祭祀関係遺物出土地地名表」、一九八五年。巽氏の論文は未刊で同氏の好意によって閲読させていただいた）。牛皮荷札とは時期が異なるが、人面墨書土器は疫病の祭祀に関わると推定されているので注目される。人面墨書土器は甕形の土器に男の人面を墨描きしたもので、八世紀前半～九世紀前半の間行われる。当初日常用いる土師器の甕を用いるが、八世紀中頃から人面を墨書する祭祀専用の甕形土器が作られるようになる（注2金子裕之「平城京と祭場」、巽淳一郎『まじないの世界II（歴史時代）』。上村和直「人面土器製作技術の検討」中山修一先生喜寿記念事業会『長岡京古文化論叢II』、一九九二年）。人面は疫神の顔と推定され、巽淳一郎氏は平城京の出土地点が宮内は少なく、宮城の周囲の四隅の道路側溝、京内では東西大路・小路と交差する南北大路の側溝などであることから、人面墨書土器は宮城四隅を含むある区域の周囲で執行する疫神祭において疫神を饗応する食器として用いられたと推定した（注2巽著書）。これによれば東張出部東南隅は宮城四隅疫神祭の執行地点であり、本文の推定を支証する。しかし人面墨書土器については疫病の祭祀ではあるが、疫病の穢を祓う祓に用いるとする考えもある（水野正好「人面墨書土器――その世界――」、『古代の顔』福岡市立歴史資料館開館一〇周年記念特設展図録、一九八二年。注2金子裕之「平城京と祭場」）。そうだとすれば疫神祭とは直接結びつかない。人面墨書土器と疫神祭との関係はなお検討の余地がある

（付記）改稿。初出稿今泉隆雄・鬼頭清明「平城宮出土の西海道木簡」（『大宰府古文化論叢』上巻、一九八三年一二月、吉川弘文館）。初出稿は今泉執筆の1「日向国の牛皮荷札」と、鬼頭氏執筆の2「筑後国生葉郡煮塩年魚の荷札」をあわせたものであり、本稿は1をもとにした。初出稿に小見出しを入れるなど形式的に整え、内容的には三の「隼人の朝貢と朝集使貢献物」以下を全面的に書き改め、それより前は若干補訂した。

第三章　多賀城跡出土の付札木簡の製作方法

はじめに

多賀城跡第四七次調査において、料材の製作方法を考察できる七点の付札木簡が出土している。すでに報告書において詳しい報告・考察がなされているが[1]、長岡京木簡に関連して料材の製作方法に関して考察をめぐらしたい。

一　遺構と木簡の状態

遺構と出土状況　第四七次調査は多賀城跡の西辺外郭の北からほぼ三分の一の地点で、外郭施設の構造を解明するために行われた。検出した主な遺構は、西辺の外郭施設である南北方向の材木塀SA一五一三、その西の外溝の南北溝SD一五一一、東の内溝SD一五二六などである。木簡はSD一五一一から八点、SD一五二六から一点の計九点が出土し、ここで問題にする七点の付札はSD一五一一から出土したものである。

外郭の材木塀SA一五一三は丸太材を密接して立て並べた塀で、A〜Cの三時期があり、Cは九世紀末〜一〇世紀

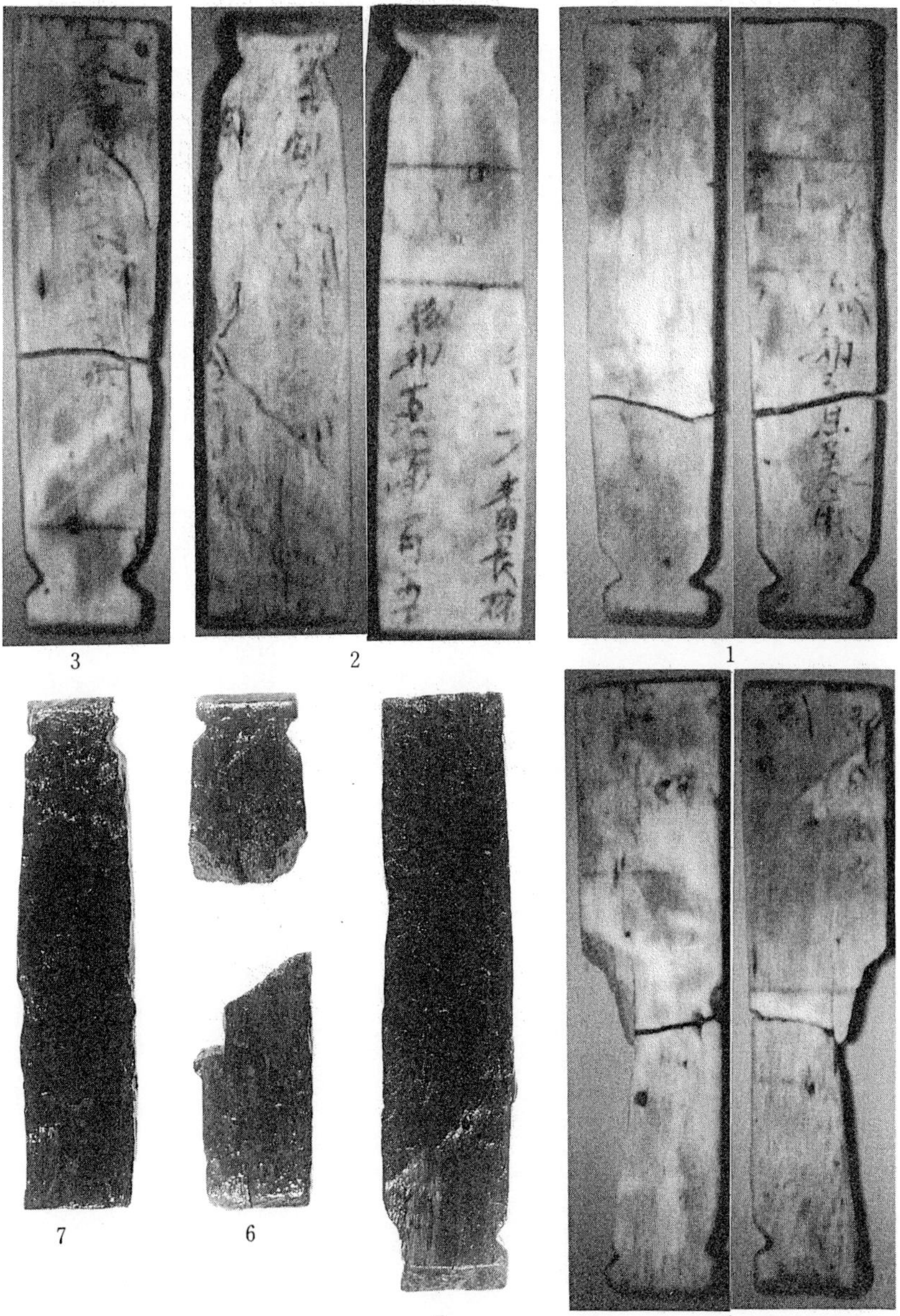

第36図　付　　札　多賀城

第50表　付札木簡の法量

番号	法量 長	法量 上幅	法量 下幅	法量 厚	墨書	横界線	備考
1	139	24	32	13	↑↑	下下 1 2	
2	140	(22)	35	15	↓↓	上上 1 2	
3	140	27	35	13	↑	上 1	
4	139	27	36	14	↑↑	下中 2 2	
5	161	30	34	13	↑	上 2	
6	(50＋68)	26	(33)	14	↓	ナシ	中間欠損
7	137	26	32	12	ナシ	上 1	

(1)付札木簡の法量、墨書の有無と方向、横界線の有無と位置・本数を示した。
(2)上下は第二次木簡の付札の上下である。すなわち両側面のV字形切り込みのある方を上とする。後掲の釈文は第一次木簡の墨書の方向によって上下としているので、本表の付札の上下と一致しない場合がある。
(3)法量は長さ、上端幅、下端幅、厚さを示す。単位はミリメートル。欠損し原寸法が不明のものは（　）を付す。
(4)墨書、横界線の項で二行記載しているのは表裏二面にあるもので、記載の右左は後掲の釈文の表裏の配列に対応する。一行記載は一面だけにあるものである。
(5)墨書の項の↓は墨書の方向を示す。↓は付札の上から下に、↑は下から上に記すことを示す。
(6)横界線の項では、界線が付札の上・中・下部の位置に何本あるかを示す。

前半に構築され一〇世紀前半~半ばに廃絶し、A・Bは九世紀に構築されたと推定されている。外溝SD一五一一はSA一五一三の西一・六メートルを平行して走る。SA一五一三Cより古く、AないしBと併存する。幅は上端で三・一メートル、下端で一・八メートル、深さは一メートルであり、材木塀側の東岸を杭としがらみで護岸する。堆積土は三層に分かれ、いずれも自然堆積の層である。七点は同一小地区の中層の最下部から出土し、そのうち特に後掲の(1)~(4)は一括して出土した。中層からは少量の土師器・須恵器、瓦、馬歯と、皿・鉢・曲物・折敷などの木製品、木片が伴出した。中層の堆積年代はロクロ調整の土師器が出土していることから八世紀末以降、上層は一〇世紀前半と推定され、木簡も含めて中層の遺物はほぼ九世紀のものと考えられている。

木簡の内容　ここで取り上げる木簡は次の七点である（第36図）。法量などを第50表にまとめた。（釈文は第一次木簡の墨書の方向によって上下を決めている。「—」は第一次木簡の刻線の横界線を、〈 〉は第二次木簡の付札の両側面のV字形切り込みを示す）。

(1)・—十月□—服部意美麻呂〈
　　　　　　□□　□〉

・□〔月カ〕—上□〔旬カ〕□〈〉　一三九×三二×一三

(2)・〈——□人番長旅
　　〉——物部□〔真カ〕事百五十

・〈—下旬一人番長火□〔長カ〕□
　〉—□　□　一四〇×三五×一五

(3) 一人番長火長物部荒□ 〉〈　一四〇×三五×一三

(4) ・□　麻呂——
　　□　——　〉〈
　・在　一　〉〈　一三九×三六×一四

(5) 一　一□□部 〉〈　一六一×三四×一三

(6) 〉〈七　(五〇＋六八)×(三三)×一四

(7) 〉一〈　一三七×三二×一二

第一次・第二次木簡　これら七点の木簡は現在保存処理がなされている。[2] 以下の検討は報告書、および原物の観察、実測図によって行った。[3] これら七点は(6)が途中を欠損し、また(4)も部分的に欠損するが、いずれも一端の両側面にV

字形の切り込みを入れた、いわゆる〇三二形式の付札の形態である。前掲と第50表に示すように(7)のほかの六点に墨書が確認でき、(6)のほかの六点に刃物で引いた横方向の刻線がある。刻線は墨書と一体で横界線と考えられる。(4) (1)(2)に明らかなように墨書は付札の整形によって切られ、(1)(3)(4)(5)に見るように墨書の方向が付札の上下と逆になるから、墨書と刻線は付札に伴うものではなく、付札以前の木簡のものである。すなわち墨書と刻線をもつ第一次木簡を転用して第二次木簡である付札を製作したのである。第二次木簡は未完成品であり、そのために第一次木簡の墨書・刻線が残り、これらを手がかりにして第二次の付札の製作方法が考察できるのである。

付札の整形方法　七点の付札は次の共通性をもつ。（ア）樹種は檜かと推定される針葉樹の板目板で、木目は上下方向に通る。（イ）形態が一端の両側面にV字形切り込みを施す〇三二型式であり、細かなところでは下端幅が上端幅より広い形である。（ウ）途中が欠損する(6)と(5)を除き、長さ・幅・厚さが近い数値である。（エ）調整方法は、上下端は削って調整し、断面でみると上端は二面あるいは三面に削って尖らせ、下端は基本的に水平に削り、角を削っているものもある。左右側面は割ったままで削っていない。表裏面は削っているが墨書・界線が残るから、これは第一次木簡の際の調整であり、第二次木簡としては未調整である。（オ）両側面のV字形切り込みは二方向からの切り込みが合してV字形になるものと、合さずに⎹⁄形になるものがあるが、(1)のように両形の切り込みをもつものもあるから技法の違いと言うわけではないであろう。厚いので前者のようにしようとしても後者のようになることがあったのであろう。以上の点から、これら七点は同一人によって製作されたもので、近い地点から出土しているから同時に作られ同時に廃棄されたものであろう。これらは未完成品で使用されなかったので、同一人が同時に製作したものがまとまって廃棄され出土しているのである。

二　木簡の製作方法

同一材から製作された付札　報告書が指摘するように、これら七点のうち(1)(2)は直接接続しないが、刻線・墨書、年輪、厚さ・大きさなどから同一材から作られたものと考えられる（第37・38図）。(1)(2)の取材の位置関係は、第38図のように、(2)の表の右に(1)の表の上端を下にした位置になる。(5) その根拠は次の通りである。（ア）(1)(2)をこのような位置に並べて側面を合わせると、表裏の横刻線がそれぞれ一直線に通る。表では上半部に右下がりの二本の横刻線、裏では上部に右上がりの一本の横刻線が通る。このように表裏の横刻線が通るように並べると両端はほぼ同位置となる。（イ）この位置に並べた二点の中央部の断面で厚さをみると、(2)は一四ミリメートルで厚薄なく、(1)は左端が一四ミリメートル、右端が一〇ミリメートルで左から右に薄くなるが、二点はスムーズにつながる。（ウ）小口では確認できなかったが、接続する側面の年輪を観察すると二点はよく似ている。以上の三点から、この二点の付札は同一材から第38図の位置関係で取材されたものと考えられる。

しかしこの二点は両側面は割ったままであるが、側面を合わせても密着せず、直接には接続しない。しかしまた（ア）の横刻線の通り方、（イ）の厚さの点から二点の間の欠損部はそれほど大きくないと考えられる。二点の間の欠損部は次のようにして生じたと考える。二点はそれぞれ上端が下端に比べて狭く、第38図の位置関係になるから両者は斜めに割って離されたように考えられるが、この板は一四ミリメートルと厚いから斜めに割り離すことは難しい。両簡は木目にそって垂直に割って離され、その後にそれぞれ側面を斜めに割って上狭・下広の形にし、そのために両簡の間に若干の隙間ができたと考える。

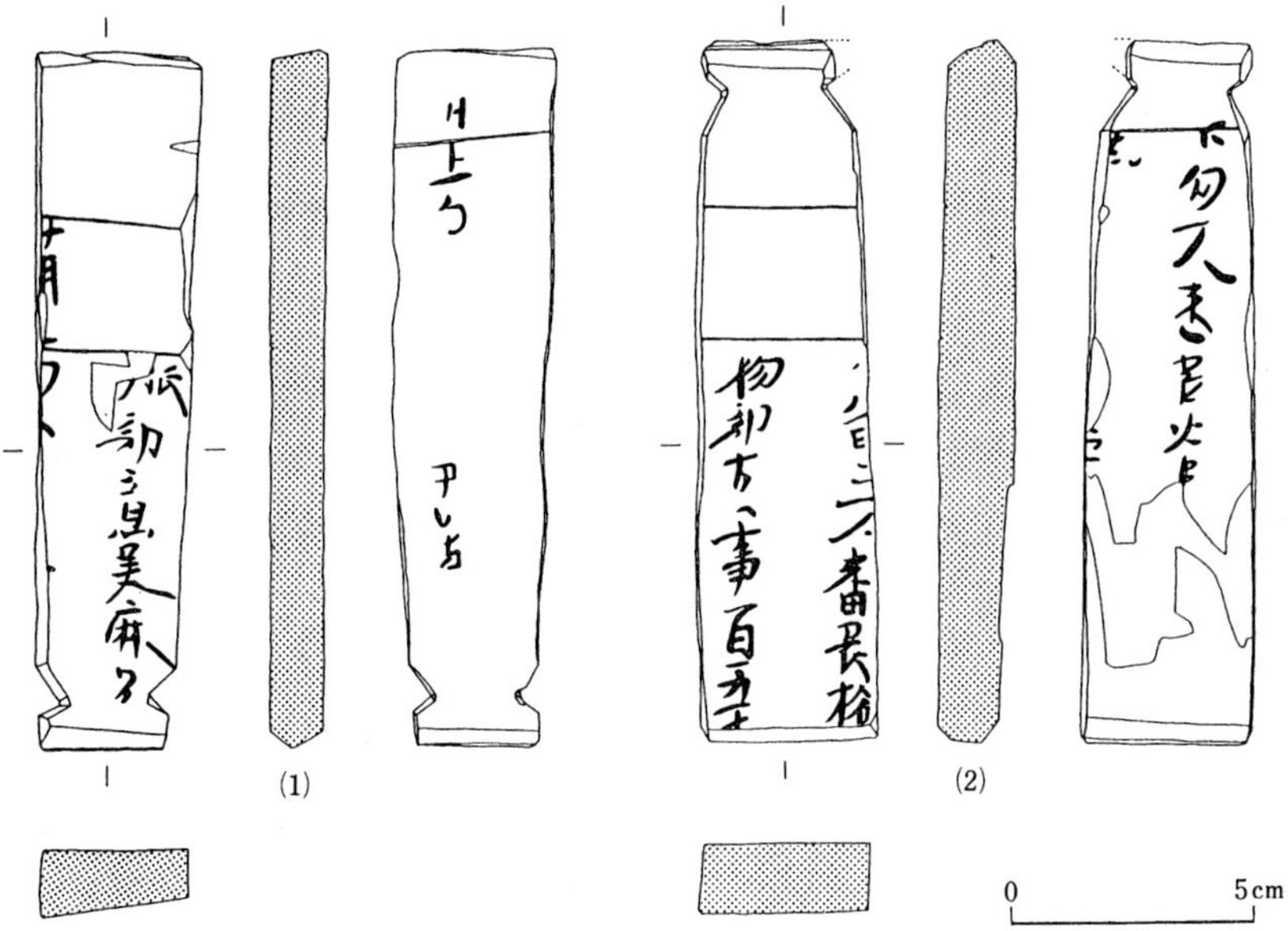

第37図　付札実測図　多賀城（『宮城県多賀城跡調査研究所年報1984』より）

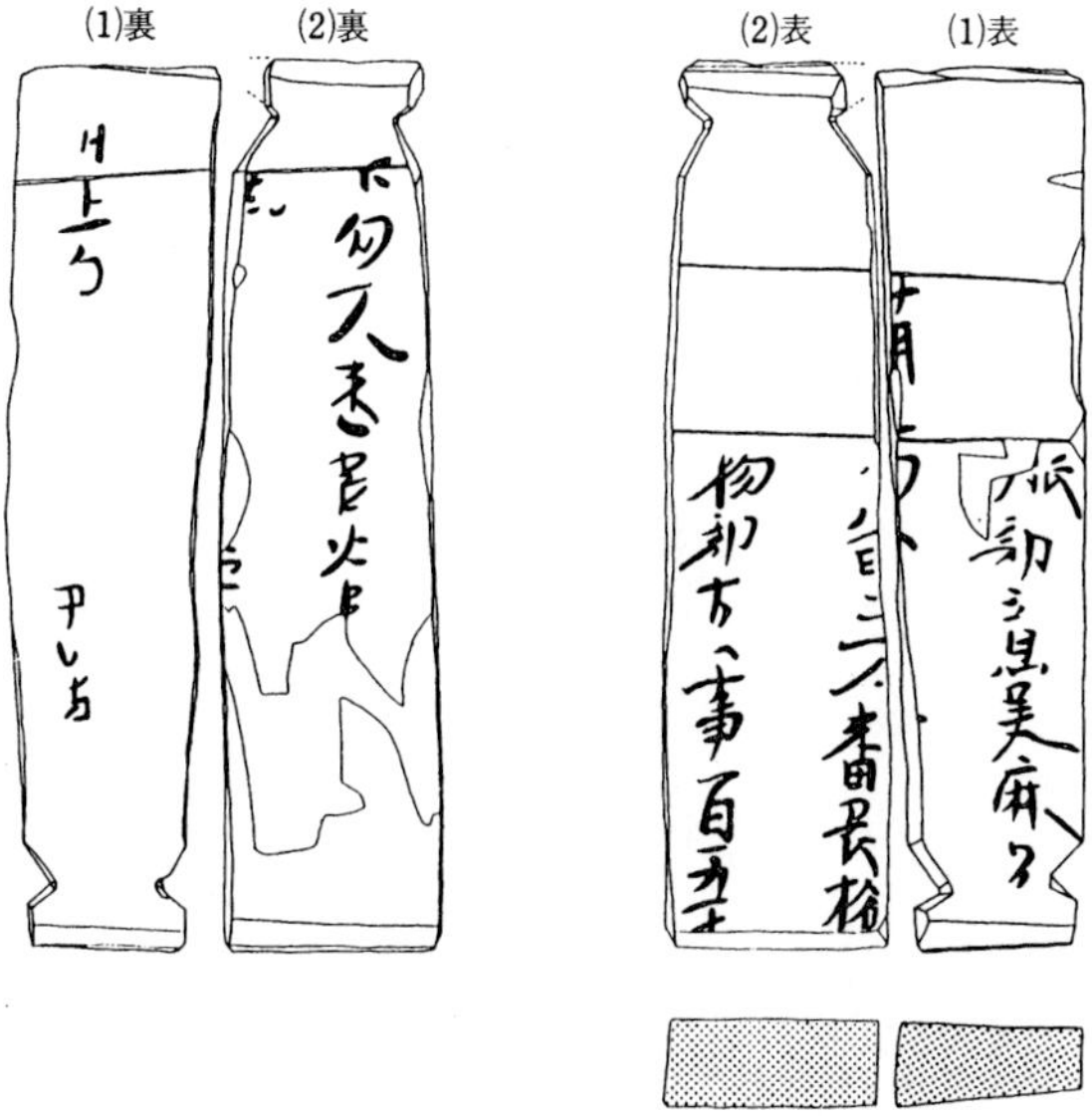

第38図　付札(1)・(2)の元の位置

第一次木簡の形態　二点が同一材で横に並ぶことが明らかになっただけであるが、報告書がいうように第一次木簡が軍団兵士の上番に関する「兵士番上簿」と言うべき帳簿であること、横界線を引いていることの二点から、第一次木簡はこの二点を並べた幅以上のかなりの横幅を有するものであると考えられる。

ただし次の二点からその幅は極端に長いものではないと推測される。（ア）一般の短冊形の木簡に対して横幅を大きくした板状の木簡には、いわゆる横材木簡と呼ばれる、木目を横方向に用いたものがある。すなわち板の木目と文字の方向が直交するものである。これまで完形のものが出土していず、割られたものが出土しているだけで高さが不明であるが、平城宮跡出土の例では幅が六二三ミリメートルになるものもあり(6)、かなり幅が広い。木目を横方向に取材するのはこのように幅広い板を作るためである。これに対してこの第一次木簡は木目が縦方向である。このような板は幅が原木の太さに規制されるから、幅は横材木簡のように長くならない。（イ）第一次木簡は表裏に墨書し同内容の帳簿として用いているらしいが、その墨書は表裏が同方向に記し、天地が逆になっていない。このことから、この木簡を裏返す場合上下方向ではなく横方向に裏返すと考えられる。このことはこの木簡は横幅が高さより長くないことを推測させる。

次に第一次木簡の高さについては(2)の表の墨書が下端の整形で切られていることから第二次木簡の長さより長いことは明らかで、特に一行目の墨書「□□人番長旅」の内容からみて欠損部は大きく、元来かなりの高さがあったと思われる。この(2)の下に接続する可能性のあるのが同一地点から出土した(4)である。側面の木目の観察によれば(2)表の下に(4)表が上端を下にして接続する可能性がある。もちろん(2)下端も(4)下端も後に削られていて直接接続しないから、この接続は一つの可能性である。

しかしまた(5)と長さが不明な(6)を除く、五点の長さが一四センチメートル前後であることは注意すべきことである。

第一次木簡の高さが(2)の墨書から一四センチメートルよりかなり高いものであることを考慮すると、第一次木簡の高さは二八センチメートル前後でそれを横に半分に切ったので五点の第二次木簡の長さが一四センチメートル前後になったと推測することができる。

以上から第一次木簡は高さが二八センチメートル前後、幅をそれを越えない広さの縦長あるいは正方形に近い方形の板と推測する。それに表裏に刻線の横界線を引き墨書している。(1)(2)(4)が同一材から作られた可能性があるが、その他は刻線、木目、厚さなどからみて別材らしいから、第一次木簡は同類のものが複数枚あったと考えられる。

第二次木簡の製作方法　以上の観察・推測によれば第二次木簡の製作過程は次のように考えられる。

I　全形の作り方は二つの方法が想定できる。(ア)第一次木簡を第二次木簡の幅に割り、その短冊形の板を横に半分に切断する。(イ)第一次木簡を横に半分に切断し、その各々を第二次木簡の幅に割る。(イ)の場合最初の切断は木目に直交して第一次木簡の幅に及ぶから、そのためには鋸を使用する必要があるであろう。(ア)の場合切断は第二次木簡の幅だけであるから、刀子を用いて切れ目を入れて折るなどの方法で可能である。この使用の道具の点から(ア)の可能性が高い。

II　両側面を斜めに割り、上狭・下広の形にする。

III　両側面一端にV字形の切り込みを入れ、上・下端を削って整形する。

この後表裏面を削って第一次木簡の墨書・界線を消して調整すれば完成である。両側面は削って調整した方が丁寧であるが、一般的に使用されている付札は必ずしも両側面を削っているわけでないから割ったままでもよい。これらの付札はこの最終段階を経ていない未完成品であり、未使用のまま廃棄されたものである。一般的に使用されればその廃棄場所は同じとは限らないが、未完成・未使用品なので、同一人によって製作されたものがまとまって廃棄され、出土しているのである。

先の長岡京木簡の製作方法と比較すると、Iの段階で（ア）の可能性が高いとすれば、長い原材を横に切断して作るという点では長岡京木簡も本例も同じである(7)。ただし長岡京木簡では最初の原材の厚さを作ろうとする木簡の幅として、木簡の厚さに割ると想定しているのに対して、本例では木簡の幅に割る点が異なる。

注

（1）『宮城県多賀城跡調査研究所年報　一九八四　多賀城跡』Ⅳ第四七次調査（一九八五年）。

（2）一般的に木簡は真空凍結乾燥法などの方法で保存処理をすると変形・縮小などを生ずることがある。現在木簡研究は微細な調整・整形方法、年輪の観察による製作技法の究明の段階に至っているから、保存処理技術も変形・縮小の克服はもちろん、そのような観察に耐えられる技術段階が求められる。

（3）原物の調査などについては多賀城跡調査研究所の進藤秋輝氏、佐藤和彦氏にお世話になった。記して謝意を表したい。

（4）刻線の横界線をもつ木簡の例として『平城宮木簡三』三一〇があげられる。

（5）第二次木簡の付札について上下はV字形切り込みのある方を上とし、表裏はかりに前掲の釈文の右にある方を表とする。

（6）『平城宮木簡二』三三六。釈文は次の通りである。

・造酒司解　申□□〔人カ〕　□　　合陸人　□

・「請□　□米〔カ〕□　請日今來　事　□」
　米□　後〔酒〕□□　人

六二三×（二一）×七　〇八一

報告書の補註は表裏の墨書に時間的な差を認め、表が先で裏が後とするが、裏の墨書が左右辺の整形によって切られ、表の縦書きの墨書が現在の幅の中に収まっているから、裏の横材木簡としての使用が第一次で、表はそれを割って用いた第二次木簡である。

（7） 第二編第一章第七節。

あとがき

本書は前著『古代宮都の研究』（一九九三年吉川弘文館刊）と姉妹編をなすものである。というのは両書に収めた研究はほぼ同時期に進められ、また研究方法の上でも文献史学を基本としながら考古学にも大きく依拠している点で共通しているからである。前著刊行後すぐに本書に収めた論文の整理にとりかかったが、若年に執筆したものには未熟なところが目立ち、それらを改稿したり、あるいは新たに稿を起こしたりしているうちに、思わぬ年月を費やしてしまった。

私が〝木簡よみ〟の修行を始めたのは、奈良国立文化財研究所に発掘調査員として入所した一九七二年四月のことである。研究所では初め平城宮跡発掘調査部史料調査室に所属した。この室の職務は文献史学の立場から平城宮について研究するとともに、出土する木簡を解読して報告書として公刊することであった。私が入所した当時の日本史のスタッフは、同室に室長の狩野久氏、横田拓実氏、加藤優氏、東野治之氏、春日野の本庁舎に歴史研究室長の田中稔氏、飛鳥・藤原宮跡発掘調査部に鬼頭清明氏がおり、私の翌年には綾村宏氏が加わった。すでに横田・田中の両氏は鬼籍に入られたが、当時最年長の田中氏がまだ四十代の半ばで、みな若く活気に溢れていた。いま振り返ってみると、錚々たる顔ぶれであったと実感する。奈良国立文化財研究所という独創的な研究環境のなかで、これら優秀な同学の研究者に囲まれて研究者としてのスタートをきり、十一年間にわたって調査・研究に携わってこれたことは大きな幸せであった。

入所後すぐに木簡の調査方法をたたき込まれ、始まっていた『平城宮木簡二』の編集に参加することになった。木簡の調査では一点一点について調書を取る。研究所では「記帳」といっていた。料材の見取り図を描きその状況を記入し、墨書を運筆の通りよみとって書き込むのである。このことは出土したばかりの木簡の状況を記録しておくという意味があり、また墨書を書き写すことを通して文字の釈読を行うのである。この作業は木簡を遺物としてみる観察眼を高め、古代の書跡に対する感性を養うのに有効であった。

田中氏が主宰する歴史研究室は南都・京都の諸寺の典籍・古文書の調査を行い、日本史のスタッフはこれに参加していた。私が勤務したころは西大寺、仁和寺の典籍・古文書、唐招提寺の古経巻、興福寺の春日版の版木・典籍・古文書、東大寺文書の調査などが進められた。毎年時期を決めて一週間ほど寺に通って調査に当たっていたが、さすがに地の利を得た奈良にある研究所のことではある。これらの調査を通して田中氏から紙や書跡の見方を教えられたが、何といっても原物史料のもつ豊かさを学んだことが大きい。

木簡よみに終始していた私が木簡の研究を始めるきっかけになったのは、一九七六年から三回にわたって奈良国立文化財研究所が開催した木簡研究集会である。この研究集会で日本の木簡と中国の簡牘の研究の現状と課題について教えられ、特に第一回集会の岸俊男氏の「木簡研究の課題」の報告は木簡の研究方法について学ぶことが多く、その後の研究の指針となった。第二回集会で私も「貢進物荷札について」という報告をした。これが私の木簡に関する研究らしいものの最初で、のちに本書第一編第二章の論文に発展する。この報告のもとは、田中氏から常日ごろ同筆の荷札を検出すれば荷札を作成した段階が分かるという示唆をうけていたことである。報告の準備段階で、まず荷札の写真を国別にはったアルバムを作り、所内の研究会で田中氏が同筆の荷札に関する報告をし、それをうけて私が研究集会で報告をすることになった。年明けに開く研究集会の報告のために、年末年始の休暇で誰もいない研究所のなかで木簡の写真とにらめっこをしていたことを思い出す。

研究所では各地の遺跡の発掘調査によって出土する木簡の釈読を依頼されることがあった。その中で特に点数も多く、報告書の編集も担当することになったのが、本書に収めた但馬国分寺と長岡京の木簡である。これらの木簡は研究所で見ている藤原宮・平城宮の木簡と違う時代の木簡、また地方の木簡を見るよい機会であった。

本書に収めた論文を読みかえしてみると、木簡に対している時いつも、どうしたらより多くの歴史的事実を引き出すことができるかという方法を考えていたように思う。

本書の研究がなるについては多くの方々から大きな学恩を受けた。古代史の手ほどきをうけた恩師関晃先生は、昨年四月お亡くなりになられた。寄るべなく心許ない気持ちである。奈良国立文化財研究所で席を同じくした故田中稔氏、故横田拓実氏、狩野久氏、鬼頭清明氏、加藤優氏、東野治之氏、綾村宏氏ら先輩・同僚の方々からは木簡研究の初歩からお教えをうけ、つねに研究上の刺激を受けてきた。また研究所の考古学・建築史・庭園史などの他の分野の方々からも多くを学んできた。長岡京木簡を通して知遇を得た山中章氏からは考古学のことについていつもお教えをうけてきた。木簡研究を続けてくるなかでいつも頭を去らないのは、私もその一員であったが、困難な条件のなかで発掘調査に従事している調査員の方々のご労苦である。学恩をうけた方々のお名前を上げつくすことはできないが、この機会を借りて感謝の微意を捧げたい。

本書の刊行に当たっては、吉川弘文館編集部にお骨折りをいただき、永田英明氏、吉田歓氏、岡崎玲子氏に校正・索引についてご助力を得た。写真の掲載と資料の調査・収集について、奈良国立文化財研究所、宮内庁正倉院事務所、宮城県多賀城跡調査研究所、向日市埋蔵文化財センター、兵庫県日高町教育委員会からご援助をいただいた。あわせ記して厚くお礼を申し上げたい。

本書を永く苦楽を共にしてきた妻の瑞枝に献げる

一九九七年十二月

仙台西郊蕃山麓の寓居にて

今泉隆雄

成稿一覧

序　章　本書の意図と方法（新稿）

第一編　木簡の史料学的研究

第一章　木簡研究の成果と課題

I

原題「日本木簡研究の現状と課題」『歴史学研究』四八三　一九八〇年八月

II

原題「文字資料研究の現状　木簡」『季刊　考古学』一八　一九八七年二月

第二章　貢進物付札の諸問題

奈良国立文化財研究所『研究論集』IV　一九七八年三月

第三章　木簡と歴史考古学

『日本歴史考古学を学ぶ（下）』有斐閣選書　一九八六年三月

第四章　門牓制・門籍制と木簡――木簡のライフサイクル――（新稿）

関係する論文　奈良国立文化財研究所『平城宮木簡三』総説第三章「平城宮の小子門について」　一九八一年三月

第五章　文書木簡の廃棄と計会制度

原題「文書木簡はいつ廃棄されるか」『木簡研究』一六　一九九四年一一月

第二編　木簡群と遺跡

第一章　長岡京太政官厨家の木簡　（改稿）

元になった論文　京都府向日市教育委員会『長岡京木簡一』総論第三章「溝ＳＤ一三〇一出土木簡の諸問題」　一九八四年一〇月

第二章　平城京西隆寺の木簡とその創建　（新稿）

関係する論文　奈良国立文化財研究所『西隆寺発掘調査報告書』Ⅳ－１「木簡」、Ⅴ－４「木簡から見た西隆寺造営」（東野治之氏と連名）　一九七六年　三　月

第三章　但馬国分寺木簡と国分寺の創建　（新稿）

関係する論文　兵庫県日高町教育委員会『但馬国分寺木簡』総説第三章「但馬国分寺木簡の問題点」、釈文　一九八一年　三　月

第三編　個別木簡の考察

第一章　平城宮跡出土の郡領補任請願解の木簡

原題「平城宮木簡の郡領補任請願解」『国史談話会雑誌』二三　一九八二年　二　月

第二章　平城宮跡出土の日向国の牛皮荷札――牛皮貢進制と宮城四隅疫神祭――　（改稿）

元になった論文「平城宮出土の西海道木簡」（鬼頭清明氏と連名）の１「日向国の牛皮荷札」『大宰府古文化論叢　上巻』　吉川弘文館　一九八三年一二月

第三章　多賀城跡出土の付札木簡の製作方法　（新稿）

〈日本史学研究叢書〉
古代木簡の研究（オンデマンド版）

Digital Publishing

2018年10月1日　発行

著　者　今泉《いまいずみ》隆《たか》雄《お》
発行者　吉川道郎
発行所　株式会社 吉川弘文館
〒113-0033 東京都文京区本郷7丁目2番8号
TEL 03(3813)9151(代表)
URL http://www.yoshikawa-k.co.jp/

印刷・製本　株式会社 デジタルパブリッシングサービス
URL http://www.d-pub.co.jp/

今泉隆雄（1947～2013）
ISBN978-4-642-72327-5

日本史学研究叢書

『日本史学研究叢書』刊行の辞

戦後、日本史の研究は急速に進展し、各分野にわたって、すぐれた成果があげられています。けれども、その成果を刊行して学界の共有財産とすることは、なかなか容易ではありません。学者の苦心の労作が、空しく筐底に蔵されて、日の目を見ないでいることは、まことに残念のことと申さねばなりません。

吉川弘文館は、古くより日本史関係の出版を業としており、今日においてもそれに全力を傾注しておりますが、このたび万難を排して、それらの研究成果のうち、とくに優秀なものをえらんで刊行し、不朽に伝える書物としたいと存じます。この叢書は、あらかじめ冊数を定めてもいず、刊行の期日を急いでもおりません。成るにしたがって、つぎつぎと出版し、やがて大きな叢書にする抱負をもっております。

かくは申すものの、この出版にはきわめて多くの困難が予想されます。ひとえに日本の歴史を愛し、学術を解する大方の御支援を得なければ、事業は達成できまいと思います。なにとぞ、小社の微意をおくみとり下され、御援助のほどをお願い申します。

昭和三十四年一月

著者略歴

一九四七年　福島県郡山市に生まれる
一九六九年　東北大学文学部卒業
一九七二年　同大学大学院文学研究科博士過程中退
　　　　　　奈良国立文化財研究所文部技官・東北大学
　　　　　　文学部助教授を経て
現　　在　　同教授（日本史専修）博士（文学）

主要編著

『平城宮木簡三』（共編、一九八一年・奈良国立文化財研究所）
『但馬国分寺木簡』（共編、一九八一年・日高町教育委員会）
『長岡京木簡一』（共編、一九八四年・向日市教育委員会）
『新版古代の日本9　東北・北海道』（共編、一九九二年・角川書店）
『古代宮都の研究』（一九九三年・吉川弘文館）

古代木簡の研究

平成十年三月二十日　第一刷発行

著　者　今《いま》泉《いずみ》隆《たか》雄《お》

発行者　吉川圭三

発行所　株式会社　吉川弘文館
郵便番号一一三―〇〇三三
東京都文京区本郷七丁目二番八号
電話〇三―三八一三―九一五一〈代〉
振替口座〇〇一〇〇―五―二四四

印刷＝藤原印刷・製本＝誠製本

索　　引

事項索引

ア　行

カ　行

サ　行

タ　行

ナ　行

ハ　行

マ　行

ヤ　行

ラ　行

ワ　行

研究者名索引

ア　行

カ　行

サ　行

タ　行

ナ　行

ハ　行

マ　行

ヤ　行

ワ　行